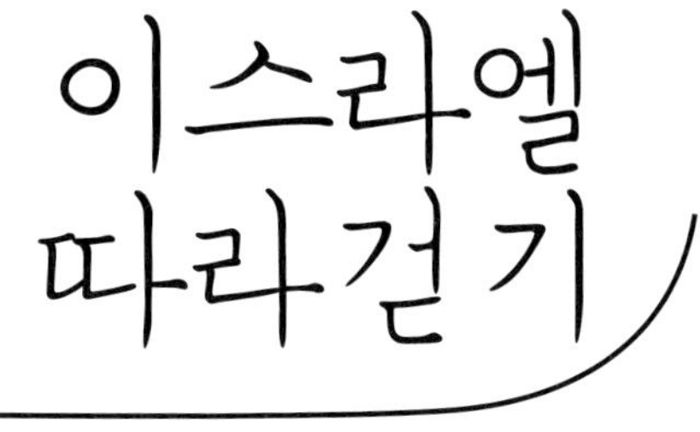

이스라엘 따라걷기

이익상 지음

규장

저는 이스라엘 성지순례를 20회 이상 했습니다. 그때마다 성도들에게 도서 추천을 해야 했습니다. 대부분의 책이 관광용으로 된 피상적인 도서들이었습니다. 더러는 전문 서적이 있지만 평신도용으로 적합하지 않았습니다. 늘 성지순례라는 목적에 부합한 책의 필요를 느끼고 있었습니다.

이익상 목사님의 책이 바로 이런 필요에 꼭 적합한 책입니다. 이익상 목사님은 실제로 명 가이드로 순례자들을 감동시키곤 했습니다. 현지에서 쌓아 올린 학문의 깊이와 영성이 순례자들의 갈한 목을 축이곤 했습니다. 이제 성지순례를 떠나는 분들에게 한 권의 책만 가지고 가면 된다고 말할 수 있게 되었습니다. 문자 그대로 이 한 권의 책을 들고 성지의 땅을 따라 걸으시면 됩니다.

이스라엘로 출발하기 전에 시간을 내어 대략 이 책의 개요를 익히십시오. 그리고 순례에서 돌아오신 후 시시때때로 다시 이 책을 읽어보십시오. 목회자에게는 정확한 성지 정보로 설교의 놀라운 도우미 역할을 할 것입니다. 평신도에게는 말씀의 목마름을 해소하는 여름날 생수가 될 것입니다. 신학적, 고고학적인 배경, 그리고 히브리 문화가 거대한 비블리아 스크린을 만들고 있습니다.

이익상 목사님은 이 책으로 한국 교회에 큰 유익을 끼치게 되었습니다. 그리고 이 책을 읽는 우리 모두는 그에게 은혜의 빚을 지게 되었습니다. 나는 설교자와 성경 연구자들에게 이 한 권의 책을 꼭 소유하라고 권합니다. 본인이 직접 성지순례를 몇 차례나 하는 그 이상의 도움을 얻을 것이기 때문입니다. 이 책으로 성경과 가까워질 많은 사람의 미소를 상상하며 기쁨으로 이 책을 추천합니다.

이동원(지구촌교회 원로목사, 지구촌 미니스트리 네트워크 대표)

안식년 중 이스라엘에서 40일을 보낼 기회가 있었는데, 이익상 목사님을 따라 이스라엘 곳곳을 다녀볼 수 있었습니다. 그때 좋은 인도자를 만나면 보는 것이 달라진다는 것을 깨달았습니다. 성경과 성지를 보는 눈이 열렸습니다. 교인들과 함께하였던 성지순례 때 가이드로 섬겨주었는데, 모두 다 부흥회를 한 것 같았습니다. 성경과 성지에 대한 깊은 지식과 통찰력, 애정이 있는 가이드를 만난다는 것은 정말 큰 복이었습니다.

그때 받은 감동을 이 책을 통하여 다시 경험합니다. 듣고 보면서 받은 감동도 컸는데 손에 들려지니 황홀할 정도로 놀랍습니다. 자신의 보배 같은 지식과 자료를 나누어준 저자에게 깊이 감사합니다. 이스라엘 하면 왠지 가슴 설레는 곳이지만 막상 가보면 낯설고 어려운 느낌의 땅입니다. 성지순례를 관광처럼 하다보면 종교 각축장 같아 실망감이 들기도 합니다. 그래서 이 책은 또 한 권의 성지 안내서가 아닙니다. 성경과 이스라엘을 보는 눈이 열리게 되는 하나님의 선물과 같은 책입니다.

저자인 이익상 목사는 이스라엘 텔아비브 대학에서 구약 전공으로 박사 학위를 하는 중에 성서학 연구소인 비블리아(BIBLIA)를 운영해왔습니다. 비블리아는 이스라엘과 이스라엘의 소식, 그리고 학술적인 소식에 쉽게 접근하기 힘든 목회자와 신학생, 그리고 성도들을 위하여 성경을 좀 더 쉽고 정확하면서도 신선한 시각으로 볼 수 있도록 이스라엘 정부의 법인 허가를 받은 비영리 연구소입니다. 인터넷으로 누구나 들어가 볼 수 있는 이곳에는 저자 자신이 성경을 연구하고, 이스라엘 구석구석을 다니면서 현장을 보고 정리한 자료들이 가득하며, 성경학자들이 사용하는 학문적인 용어들을 평신도들까지 이해할 수 있는 쉬운 말로 풀어서 설명하고 있습니다.

이 책도 그중에 하나입니다. 저자는 학문적인 소양이 깊은 성경학자이면서, 영적으로도 깊고 성숙한 목회자이기도 하며, 진리를 추구하는 열정이 너무나 뜨거운 분입니다. 게다가 자신이 아는 것을 다른 사람들에게 잘 전달하는 능력은 감탄할 정도입니다. 이 책을 읽으면 누구나 이스라엘에 대한 안목이 열리는 기쁨을 얻게 될 것입니다. 책을 잠깐 살퍼보기만 해도 느끼겠지만 저자 자신이 현장에 가서 직접 찍은 사진들과 탁월한 감각으로 만든 도표 등 시각적인 자료들이 풍부하여 책을 읽는 재미가 큽니다.

성경을 좀 더 정확하면서도 깊이 연구하고 싶고 이스라엘 성지를 보는 눈이 열리기를 원하는 모든 이들에게 기쁨으로 추천합니다.

유기성(선한목자교회 담임목사)

추천의 글 3

이익상 목사는 탐나는 사람이다. 선배 목회자라면 누구나 청출어람(靑出於藍)을 기대한다. 목회 현장과 교단 신학교에서도, 또 다른 배움의 현장에서도 그가 학위를 마치고 속히 귀국하기를 기다렸다는 사실을 잘 알고 있다. 그만큼 그는 시대를 향한 하나님의 비전을 알게 하는 인물이자 하나님이 다루시는 인물의 쓰임새를 읽게 만드는 사람이다.

그러나 나는 그의 실력(實力) 이전에 그의 성실(誠實)을 더 높이 평가한다. 목사 안수 과정에서 그는 잠시 이스라엘에서의 학업을 멈추고 강원도 영월읍에 소재한 흥월교회에서 열심히 목회했었다. 기대 반 우려 반이던 주변의 예상과는 달리 흥월교회의 건축을 일사천리로 훌륭하고 멋지게 해나갔다. 목조로 된 교회가 광야의 성막처럼 주변과 절묘한 조화를 이루며 완성되었고, 그의 성실은 10여 명 남짓했던 교인을 30명 넘는 교인들로 성장시켜 나갔다. 교회의 건축과 교인의 성장은 그냥 이뤄지는 것이 아니다. 모든 성실에는 희생이 따른다. 건축 과정에서 손가락 한 마디를 잃는 사고도 겪었다. 진정한 실력은 희생의 경험을 통해 양생(養生)된다는 진리를 그는 몸으로 새겼다.

이익상 목사는 하나님께서 탐내는 사람이다. 한 신학자는 인간을 두고서 '하나님의 지문(指紋)'이라고 말한 적이 있다. 손가락으로 찍어 새긴 하나님의 흔적이 사람이라는 말이다. 하나님의 형상을 따라 지음 받았으니 당연한 말씀이다. 그러나 지금 시대의 목회자들에게서 하나님의 흔적을 찾기란 쉽지 않은 일이다. 예수님께서 걸어가신 그 길을 걸어가는 목회자들만이 '비아 돌로로사'의 흔적을 갖게 되기 때문이다. 여행을 떠나는 사람들은 많아도 순례의 여정에 들어선 사람들은 쉽게 눈에 띄지 않는다. 그런 측면에서 이 책은 순례의 진정한 가치를 열어준다. 길은 걸음을 떼며 걸어가야만 길이 되고, 책은 열고 읽어가는 순간에만 책이 된다. 《이스라엘 따라 걷기》는 순례의 길을 걸어간 이익상 목사의 광야 묵상이며 성경을 펴고 읽어 내려간 영성 기록이다. 그리고 성경의 모든 사람은 그렇게 하나님의 지문을 순례의 발걸음으로 새겨나간 인물들이었다.

바야흐로 성지 여행의 거품을 걷어내고 성지순례의 광야에 나설 때가 되었다. 한국 교회는 비로소 여행자들의 모임에서 순례자들의 공동체로 거듭나고 있다. 이러한 때에 하나님께서는 참으로 시의적절한 타이밍에 이익상 목사의 손과 발을 사용하셔서 이스라엘을 걸어가게 하시고, 예수님의 흔적을 기록하게 하셨다. 이익상 목사의 순례 기록은 앞서 〈광림뉴스레터〉를 통해 계속 연재되며 광림교회 성도들에게도 이스라엘 현지에서 전해지는 감동의 메신저이자 인간의 역사 건너편에서 선포되는 은혜의 메신저가 되고 있다. 이 책은 책꽂이에서 수시로 튀어나와 어떤 사람들에게는 순례의 안내 책자로 이용될 것이고, 또 다른 사람들에게는 성경의 해설 사전으로 사용될 것이며, 무엇보다 목회자들에게 성경을 펴게 만드는 영성의 보물 창고로 전해질 것이다.

김정석(광림교회 담임목사)

저자 서문

잠시나마 묵상하고 기도할 수 있는
참순례의 동반자가 되기를

이스라엘에서 유학을 하면서, 학업과 동시에 가정생활을 꾸려야 하는
가장으로 살았습니다. 그래서 선택한 것이 한 달에 한 번씩 하는 성지
순례 안내자였습니다. 그런데 의외로 많은 한국 교회의 교인들이 이스
라엘에 관심을 가지고 있으며, 동시에 이스라엘에 대해서 피상적으로
만 알고 있었습니다. 또 성경을 본인들이 살아왔던 환경에 맞추어 이
해하다 보니, 예수님 당시의 이스라엘과 동떨어진 이해를 하는 모습들
도 보았습니다.

　어떻게 하면 성경이 살아 움직이는 이스라엘을 보여줄 수 있을까 생
각하던 중, 우연한 기회에 감리교 월간지인 〈기독교 세계〉와 광림교회
의 주간신문인 〈광림뉴스레터〉에 매달 연재할 기회를 얻었습니다. 이
기회들이 성경과 이스라엘에 대한 정보와 신앙을 하나로 엮어내는 촉
매제가 되었습니다. 의무적으로 지면을 채우기보다는 시간을 들여서
라도 전달하려고 하는 메시지를 좀 더 쉽게 이해할 수 있는 사진을 찍
고, 그림들을 그려나갔습니다. 그리고 성지순례로 이스라엘을 찾아오
시는 분들께도 이해를 돕기 위해 눈에 보이는 자료를 주어야겠다는 생
각에 지도와 그림들을 그려나갔습니다. 이 책은 그 과정의 일부를 엮
은 결과물입니다.

　책을 구상하며 성지순례 안내 책자로 만들어야겠다는 생각은 하지
않았습니다. 이미 좋은 성지순례 안내책들이 서점에 넘쳐나고 있습니
다. 그리고 성지순례를 가면 눈으로 직접 만나는 이스라엘과 사람들을
소개해주는 훌륭한 안내자들이 있습니다. 안내자의 말에 좀 더 귀를 기
울이신다면, 그보다 더 멋진 성지순례는 없을 것입니다.

이 책은 방문하는 장소 장소에서 사진을 찍기보다 묵상하기 원하는 이들을 위한 도우미입니다. 정보를 얻기보다 예수님을 만나고 하나님과 대화하려고 하는 신앙인들을 위한 친구로 이 책을 기획했습니다. 뜨거운 태양을 가려주는 시원한 나무 그늘 아래에서 이 책에서 나누는 해당 장소의 이야기를 읽고 잠시 묵상하며 기도하신다면, 성지순례가 바삐 움직이며 사진을 남기는 관광이 아닌 '참순례'가 되리라 기대해봅니다. 그리고 단 한 곳에서라도 이 책이 바로 그 역할을 한다면, 이 책이 책으로서의 가치를 다했다고 생각합니다. 동시에 이 책은 성경과 함께 펴놓고 책상에서 이스라엘을 느끼고 성경 말씀을 이해할 수 있도록 도움을 주는 안내자입니다. 머릿속으로 상상하며 자신의 경험을 바탕으로 읽는 성경이 아니라, 책상 위에서일지라도 사진과 그림을 보며 주님의 말씀을 서로 나누는 책이 되기를 꿈꿉니다.

이 책을 쓰면서 주님께 감사드리는 것은 당연히 가장 먼저이려니와, 감사해야 할 많은 이들이 있습니다. 가까이는 가진 재능마저 버리고 이스라엘에서 가족들의 생계를 꾸려 나가기 위해서 밤이 새도록, 그리고 새벽 일찍 순례객들의 도시락을 쌌던 헌신적인 아내 이지은과 저와 아내의 비타민인 사랑하는 두 딸, 노엘이와 노하입니다. 제 가족들은 하나님께서 제게 주신 가장 큰 선물이자 은혜입니다. 저희 가족을 보내고 매일 눈물로 기도하셨던 어머니의 기도의 열매가 지금의 제 가족입니다. 굶지 말라며 꼬박꼬박 성지순례팀을 제게 맡겨주셨던 루체 여행사의 대표인 제 형도 말하지 않고 넘어갈 수 없습니다.

춘천중앙교회 권오서 목사님은 마치 아버지처럼 든든히 저의 뒤에서 계서주셨던 모교회의 목사님이십니다. 아들이 아버지에게 칭얼거리듯 힘들 때마다 마음 편히 칭얼거릴 수 있는 아버지 목사님이십니다.

광림교회 김정석 목사님이 계시지 않았다면 이스라엘에서의 공부를 꿈꾸지 못했을 것입니다. 미자립교회에서 목회하던 시절에 처음으로 만나 뵙게 된 목사님과의 만남으로 교회와 목회를 보는 제 기준과 가치관이 바뀌었습니다.

웨슬리펠로우(Wesley Fellow)를 통해서 처음 인연을 맺게 되었던 만나교회의 김병삼 목사님은 신선한 아이디어를 주시는 목사님이십니다. 비블리아를 비영리 법인으로 만들고 목회자들을 섬기는 것은, 사실 만나교회의 월드휴먼브리지를 흉내낸 것입니다.

지구촌교회의 이동원 목사님은 어떻게 목회자들과 평신도들을 돕고 섬길 수 있는지를 보여주셨습니다. 학자와 같은 머리를 가지되, 성도들의 언어로 성경과 신앙을 풀어내시는 목사님은 제 목회와 학문의 이상향이기도 합니다.

선한목자교회의 유기성 목사님은 어떤 지식을 소유하든 그것이 예수 그리스도의 복음에 늘 매여 있어야 함을 가르쳐주신 목사님이십니다. 그리고 제가 이 책에서 글로 풀어내는 말과 제 삶이 일치되어야 하며 예수 그리스도를 보여주어야 한다는 거룩한 부담감을 주신 목사님이시며, 또한 제 글을 출판하도록 격려하고 도와주신 분이기도 합니다.

최헌영 감독님, 방원철 목사님, 박장혁 목사님, 그리고 송구스럽게도 미처 말씀드리지 못한 모든 분들에 대한 감사의 마음을 글로 써보라고 한다면, 또 다른 한 권의 책을 써야 할지도 모르겠습니다. 성지순례를 통해서, 그리고 이스라엘을 방문하며 만나 뵈었던 모든 분들께 감사드립니다. 여러분이 제 선생님이셨습니다.

이익상

이 책의 활용 방법

책의 차례를 고민하면서, 성지순례를 가며 이 책을 사용하신다는 가정 아래에서 목차를 만들어 보았습니다. 이스라엘에서 체류하는 기간이나 이용하는 항공사에 따라서 그 일정은 조금씩 다릅니다. 예를 들어서 이스라엘만을 순례하기 위해서 항공을 이용한다면, 주로 다음과 같은 순서로 이동합니다.

❖ 이스라엘 –요르단 2개 국가를 순례하는 경우

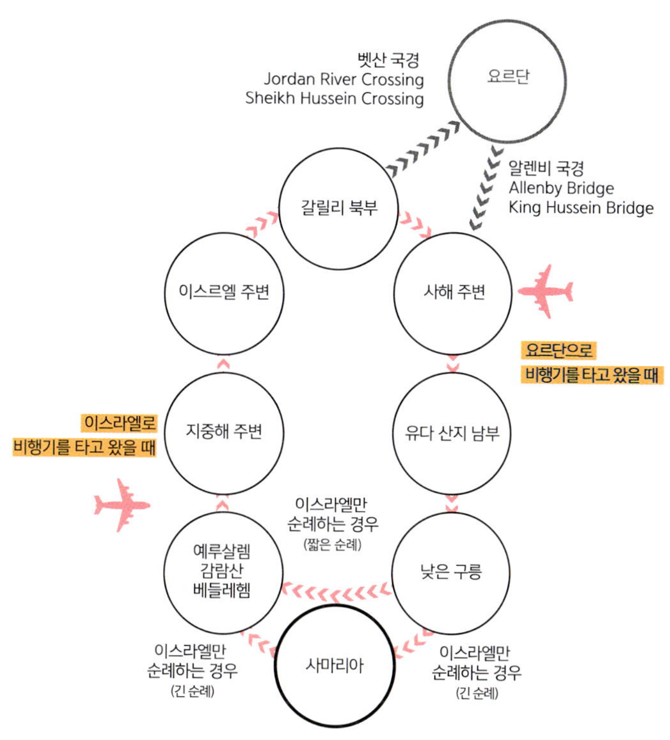

경로 1

지중해 주변 - 이스르엘 골짜기 주변 - 갈릴리(북부) - 사해 주변 - 유대 산지 남부 - 낮은 구릉 - 예루살렘 · 베들레헴

경로 2

지중해 주변 - 이스르엘 골짜기 주변 - 갈릴리(북부) - 사해 주변 - 유대 산지 남부 - 낮은 구릉 - 사마리아 - 예루살렘·베들레헴

그리고 요르단과 이스라엘 두 나라를 한 번에 순례하는 것은 요르단 부터 시작하는 경우와 이스라엘부터 시작하는 경우의 두 가지로 나누어볼 수 있습니다.

요르단에서 시작하는 경우

알렌비 국경으로 입국 - 사해 주변 - 유대 산지 남부 - 낮은 구릉 - 예루살렘·베들레헴 - 지중해 주변 - 이스르엘 골짜기 주변 - 갈릴리(북부) - 벳산 국경을 통해 요르단

이스라엘에서 시작하는 경우

지중해 주변 - 이스르엘 골짜기 주변 - 갈릴리(북부) - 벳산 국경을 통해 요르단으로 출국 - 요르단 - 알렌비 국경으로 입국 - 사해 주변 - 유대 산지 남부 - 낮은 구릉 - 예루살렘·베들레헴

이 책은 어떤 나라에서 출발하든, 그리고 어떤 장소에서 시작하든 권역별로 원을 그리면서 움직이는 성지순례 일정의 특성을 따라 원형 구조를 기본으로 목차를 정했습니다. 그러므로 안내자와 동행하는 성지 순례이든, 홀로 걸어가는 순례이든 어느 곳에서 출발하더라도 그 장소를 중심으로 목차의 아래로 내려가면서 순서대로 볼 수 있도록 구성했습니다.

이스라엘의 기후와 지형

이스라엘을 떠올리는 많은 이들은 제일 먼저 무덥고 건조한 광야를 생각합니다. 그러나 독특한 지형의 이스라엘은 봄, 여름, 가을, 겨울을 모두 경험하게 해줍니다. 우리나라의 늦가을과 겨울은 이스라엘의 우기

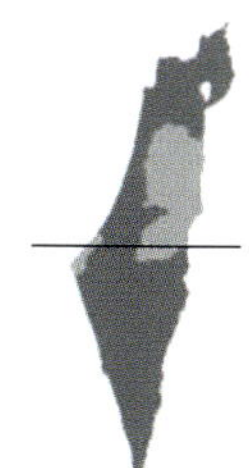

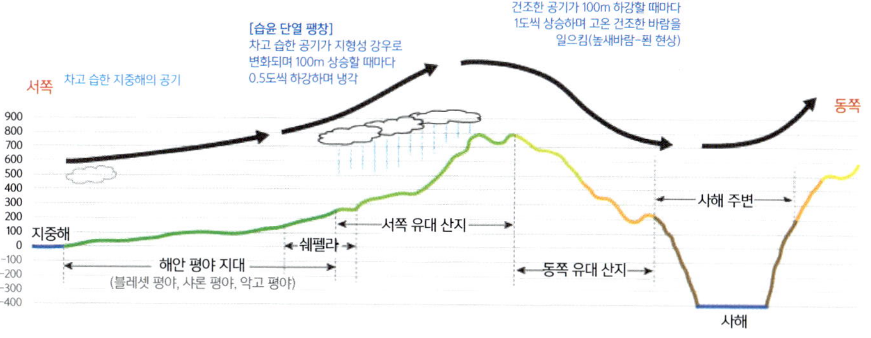

(이스라엘 사람은 "겨울"이라고 부릅니다)로, 유대 산지 높은 지역에는 눈도 제법 내립니다.

여기에서 한 가지 눈여겨볼 표현 중에 "낮은 구릉"이라는 곳과 "산지"라는 표현이 있습니다. 이스라엘을 동서로 절단하였을 때, 지중해에 인접한 유대 산지의 서쪽 지역은 푸르르고 비옥합니다. 구름이 이동하면서 우기에는 많은 비를 쏟기 때문에 물 걱정도 아주 심하다고 말할 수 없습니다. 반대로 동쪽 지역은 지형적인 특징과 이에 따른 기후의 영향으로 메마른 곳입니다. 그리고 지중해 바다보다도 더 낮은 곳에 사해 바다가 있습니다. 이런 지형 중에 낮은 구릉 지대를 히브리어로 "쉐펠라"라고 부릅니다. 산지에 살던 이스라엘이 서쪽의 지중해 평야로 진출하기 위해서 교두보의 역할을 하던 이 지역은 예로부터 많은 전쟁이 있었던 곳입니다.

일러두기

1. 성경은 개역개정판과 새번역을 사용했습니다.
2. 약어로 기원전은 BCE(Before Common Era), 기원후는 CE(Common Era)를 사용했습니다.

CONTENTS

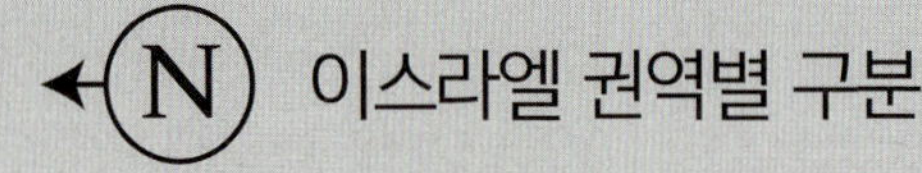

헬몬산
가이사랴 빌립보
텔 단
요단강
거라사
하솔
가버나움
디베랴
아르논강
요단강
벳산
갈릴리 북부
갈릴리와 그 주변
다볼산
길보아산
나인
모레산
나사렛
시돈
에발산
두로
이스르엘 골짜기와
그 주변
므깃도
사마리아
악고
기손강
갈멜산
가이사랴
지중해 주변
지중해
N
이스라엘 권역별 구분

요단강
여리고
쿰란
사해 주변
엔게디
마사다
소돔산
지역
실로
아이
감람산
기브아
예루살렘
벧엘
기브온
베들레헴
베들레헴과 그 주변
예루살렘과
그 주변
아라드
헤브론 (기럇 아르바)
유대 산지 남부
벳세메스
립나(?)
게셀
아벡
에글론
마레사
라기스
가드
브엘세바
쉐펠라 지역
욥바
야브네
시글락(?)
아스돗
그랄
아스겔론
가자

예루살렘과 그 주변

요단강
벳산
길보아산
산
에발산
실로
감람산
기브아
예루살렘
기브온
사마리아
여리고
쿰란
엔게디
므깃도
헤브론 (기럇
립나(?)
아벡
게셀
마레사
가이사랴
아르논강
에글론
라기스
가드
욥바
야브네
아스돗
아스겔론
가자

마가의 다락방

⏻ BIBLE VIEWFINDER

들어가 그들이 유하는 다락방으로 올라가니 베드로, 요한, 야고보, 안드레와 빌립, 도마와 바돌로매, 마태와 및 알패오의 아들 야고보, 셀롯인 시몬, 야고보의 아들 유다가 다 거기 있어 여자들과 예수의 어머니 마리아와 예수의 아우들과 더불어 마음을 같이하여 오로지 기도에 힘쓰더라 _행 1:13,14

지금으로부터 약 3,300년 전에 하나님께서는 시내산에서 이스라엘 백성들에게 율법을 주셨습니다. 칠칠절(שבעות 샤부옷)은 하나님께서 주신 율법을 기념하는 날입니다. 샤부옷이라는 말은 영어로 'weeks'라고 번역할 수 있는데, 유월절부터 칠칠절까지 일곱 주간의 간격이 있기 때문입니다. 이 칠칠절은 유대인들에게 매우 중요한 명절입니다. 기독교에서 예수님과 우리의 관계를 신랑과 신부의 관계로 표현하듯이, 구약성경에서도 하나님과 이스라엘 백성의 관계를 신랑과 신부의 관계로 비유하여 설명하는데, 유대인 랍비들은 칠칠절이 하나님과 이스라엘 백성 사이의 결혼식과 같은 절기라고 설명합니다. 그래서 샤부옷을 동음이의어인 "맹세"라는 의미로도 이해합니다. 신랑이신 하나님과 신부인 이스라엘 백성 간의 맹세가 담겨 있는 율법과 그 율법을 기념하는 날이라는 뜻이지요. 칠칠절이 시작되는 저녁에는 여자들이 촛불을 켜고 명절이 시작되는 것을 알립니다. 그리고 이틀간의 칠칠절 기간 중 첫날 밤은 다들 잠을 자지 않고 성경을 읽고 배웁니다. 모든 남자,

시내산 이집트 시나이 반도의 아랫자락에 있는 바위산 가운데에서 사진 왼쪽 가장 높은 봉우리를 "모세 산"(Jebel Musa)이라 부른다. 출애굽(니산/아빕월)한 지 세 번째 달(시반월)에 이스라엘 백성이 시내산에 도착하였다. 도착한 지 셋째 날인 시반월 3일부터 이틀에 걸쳐 하나님을 만나기 위해서 백성들이 옷을 빨며 스스로 정결하게 하였고, 사흘 후인 여섯째 날에 우레와 번개와 빽빽한 구름 가운데 나팔 소리와 함께 하나님께서 강림하셨다. 출애굽기 19장은 당시 시내산에 연기가 자욱하였고, 하나님이 불 가운데서 강림하셨다고 설명하고 있다.

여자 그리고 아이들까지 회당으로 가서 십계명 낭독을 듣습니다.

칠칠절의 다른 이름은 맥추절(חג הקציר 하그 하카찌르, 출 23:16)입니다. 맥추절은 말 그대로 보리(밀)를 수확하는 절기예요. 농사력에 따라 불리는 이름이지요. 이스라엘의 날씨는 우기와 건기로 나누어져 있습니다. 비가 내리는 우기(대략 9월 말-10월 중순 사이에 시작해서 3월 말-4월 중순까지)는 유월절에 끝나는데, 우기가 끝나면 아라비아 사막에서 뜨거운 바람이 불어옵니다. 아랍어로는 함신이라고 하는데 숫자로 50을 뜻합니다. 유월절부터 오십 일 동안 뜨거운 바람이 불어서 우기 때에 자란 밀과 보리가 영글면 수확을 시작하는 것입니다. 이스라엘 사람들은 처음 익은 열매를 하나님께 감사의 제물로 드렸는데, 그래서 초실절(יום הביקורים 욤 하비쿠림, 출 34:22 ; 민 28:26)이라고도 불립니다. 이 시기를 배경으로 잘 알려진 성경 이야기가 나오미와 룻 그리고 보아스가 등장하는 룻기입니다. 그래서 칠칠절에는 십계명과 함께 다윗 왕의 직계 선조의 이야기인 룻기를 읽습니다.

유대교의 달력

필요에 따라 아다르월이 끝난 후에 29일을 더 추가해서 베아다르월을 마치 우리나라의 윤달처럼 지킬 수 있음. 규칙은 3,6,8,11,14,17,19년째 되는 해에 넣음

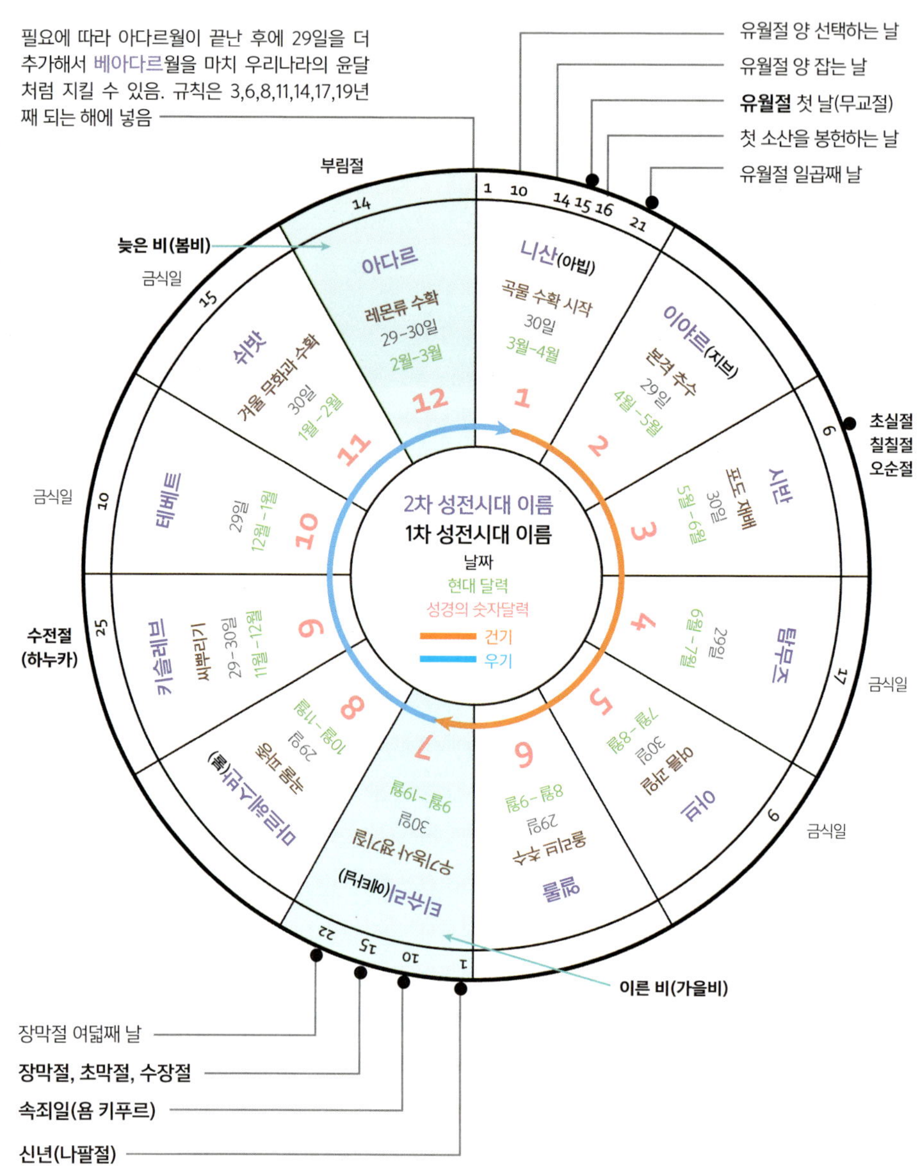

성경에는 여러 종류의 달력이 나온다. 가장 대표적인 것이 숫자로 첫째 달, 둘째 달과 같이 세는 달력과 달별로 고유한 이름이 있는 달력이다.

기독교에서는 칠칠절이나 초실절 또는 맥추절이라는 이름보다 오순절($\pi\epsilon\nu\tau\eta\kappa\sigma\sigma\tau\tilde{\eta}\varsigma$ 펜테코스테스, 행 2:1. LXX $\pi\epsilon\nu\tau\eta\kappa\sigma\sigma\tau\delta\varsigma$, 마카비하 12:32)이라는 이름을 더 선호합니다. 오순절이라는 말은 히브리어 샤부옷을 그리스어로 번역한 것일 텐데, 이 단어는 특별히 사도행전 2장부터 소개되는 것과 같이 마가의 다락방에서 있었던 성령 강림 사건을 기념하는 절기로 이해하기 때문입니다. 마가의 다락방은 지금 예루살렘의 시온산에 있습니다. 시온산(시온산성)이라는 말은 사무엘하 5장 7절에서 나오는데, 이 성경 구절에 근거하면, 현재 시온산이라고 부르는 지역은 성경과는 관계가 없는 지역입니다. 다윗이 빼앗은 시온산 위의 성은 지금의 시온산 아래에 '다윗의 도시'(City of David)라는 이름으로 보존되어 있거든요. 그래서 학자들은 시온산이라는 지명이 가리키는 곳은 처음에는 다윗이 여부스 족속으로부터 빼앗은 현재 다윗의 도시 지역에서 솔로몬이 건축한 성전산 일대를 포함한 지역을 가리키는 말로 바뀌었다가 로마에 의해서 예루살렘이 멸망당하기 전(68년경)에는 예루살렘 성벽이 두르고 있는 성 전체를 지칭하는 말로 사용되게 되었다고 의견을 내놓습니다. 그 예루살렘 성 중에서 가장 높은 지역이 현재 시온산이라고 불리는 지역인 것이지요.

현재의 시온산과 오순절을 말할 때마다 꼭 기억해야 할 사람이 마가입니다. 마가(Mark the evangelist)에 대해서 흔히 오해하는 것이,

그가 사도 중에 하나였다고 착각하는 것입니다. 알다시피 사도란 예수님의 열두 제자들을 말하는 거죠. 베드로, 안드레, 야고보, 요한, 빌립, 도마, 마태, 알패오의 아들 야고보, 다대오, 시몬, 바돌로매, 맛디아(맛디아 이전에는 가룟 유다), 이 열두 명이 사도입니다.

마가가 누구인지, 직업은 무엇인지 성경이 주는 단서는 별로 없습니다. 초대 교부들의 글에도 마가의 직업이 원래 무엇이었는지 나올 법한데, 제가 찾은 데까지에서는 아무런 이야기가 없습니다. 마태는 세리였고, 누가는 의사였고, 요한은 어부였는데 말이지요. 마가가 뭐하던 사람이었다고 억지로 우기지는 않겠습니다만, 마가가 만만한 사람이 아니었던 것만은 분명합니다. 그것은 마가의 집 위치만 보아도 알 수 있습니다. 고대 사회에서는 사회적으로 높은 위치에 있는 사람들이 지리적으로 높은 지역에 거주하였고, 그보다 낮은 계층의 사람들은 그 아래에 집을 지었습니다. 그러니까 집을 지은 위치만 보더라도 누가 더 높은 계층의 사람이었는지를 짐작할 수 있지요. 예수님 당시 예루살렘은 상부 도시와 하부 도시로 나뉘어 있었는데, 마가는 상부 도시의 사람이었습니다. 또 마가의 집이 제사장 가야바의 집보다도 더 높은 곳에 있었어요. 헤롯의 궁전을 기준으로 했을 때도 마가의 집은 가야바의 집보다 훨씬 가까웠습니다. 비록 종교적으로는 가야바가 이스라엘 사회에서 최고의 지위에 있었지만, 정치 경제적으로는 마가가 가야바보다 더 상류층

이었다는 것을 우회적으로 말해주는 증거라고 말할 수도 있겠습니다.

예수님께서는 예루살렘 성에 계실 때 마가의 집에 머물곤 하셨던 것 같습니다. 예수님께서 제자들의 발을 씻어주고 마지막 만찬을 나누던 바로 그곳이 마가의 다락방이었거든요. 예수님의 안전을 보장받기에 마가의 집만큼 안전한 곳도 없었을 거예요. 적어도 가

야바가 마음대로 자기의 수하들을 들이닥치게 할 수 있는 곳은 아니었을 테니까 말입니다. 하지만 자신의 집을 빌려주었다고 마가의 신앙도 그만큼 영글었다고는 말하기 힘든 것 같아요. 이집트 콥틱 교회의 전통에 의하면, 예수님께서 잡히시던 날 밤, 겟세마네 동산에서 벗은 몸으로 도망한 제자가 마가였다고 하니 말입니다(막 14:51,52). 그러나 예

헤롯의 궁전

마가의 집 마가의 다락방이 있는 곳. 현재의 모형에는 '다윗 왕의 묘'를 기념하는 탑의 구조물이 설치되어 있다. 현재 '다윗 왕의 묘'라는 회당이 마가의 다락방(2층)의 아래층(1층)에 있다. 그러나 성경은 다윗이 죽은 후에 다윗성에 장사되었다고 말한다. 다윗의 시대에 이곳은 성 밖이었으므로, 다윗의 무덤이 이곳에 있으리라 상상하기는 어렵다.

가야바의 집 대제사장 가야바의 집터 위에는 현재 베드로 통곡교회가 세워져 있다. 이 모형 상으로 가야바의 집은 하부 도시의 맨 위에 위치한다.

안토니아 요새 로마의 속주였던 유대아 지방에 파견된 로마 총독은 가이사랴에 거주하다가, 유대인의 명절이 되면 유대인들의 민심을 살피기 위해서 예루살렘을 찾았다. 예루살렘을 찾은 로마 총독은 성전의 마당을 내려다볼 수 있는 안토니아 요새에 묵었다.

성전

예루살렘 성 예루살렘 성을 1/50로 축소해놓은 예루살렘 성 모형은 현재 이스라엘 국립 박물관에 전시되어 있다. 사진에서 붉은색 지붕이 있는 지역이 상부 도시이고, 그 오른쪽 비탈로 지붕이 없는 하부도시들이 있다. 마가의 집은 상부 도시에, 그리고 제사장 가야바의 집은 하부 도시의 맨 위에 있다.

마가의 다락방 마가복음 14장 15절에는 예수님께서 제자들과 마지막으로 유월절 식사를 하신 곳을 '큰 다락방'(ἀνάγαιον μέγα, 아나가이온 메가)이라 하고, 사도행전 1장 13절에는 예수님의 승천을 목격한 제자들이 함께 모여 기도하던 곳을 '다락방'(ὑπερῷον, 휘페론)이라고 한다. 마가와 누가가 서로 다른 그리스어를 사용하여 다락방을 표현하였지만, 그 두 단어는 모두 2층의 방을 가리킨다. 4세기부터 기독교인들이 시온산에 있는 마가의 다락방을 순례하였다는 기록이 남아 있다. 그 당시에도 마가의 다락방은 회당으로 사용되었는데, 기독교인들의 회당이었을 것으로 추측할 수 있다. 1009년에 유대인 기독교인들의 교회이자 회당이 이슬람의 모스크로 바뀌었다. 다시 십자군 시대에 시리아 정교회와 가톨릭교회가 16세기까지 이곳을 관리하였다. 오스만 튀르크 제국 시대에 이르러 다시 모스크가 되고, 현재 모스크의 흔적이 마가의 다락방에 고스란히 남아 있다.

수님의 부활 이전의 마가와 예수님의 부활과 승천을 지켜본 마가는 전혀 다른 사람이 됩니다. 두려움을 물리치고 120명이나 되는 예수님을 따르는 이들에게 자기의 집 이층을 내어주고 오순절이 되기까지 함께 기도하였으니 말이지요(먹거리를 제공했을 테니 그 돈만 해도 대단했을 겁니다).

제롬(347-420 CE)은 마가가 야고보가 죽던 다음 해에 순교하였다고 말합니다만, 누구에게 어떤 방법으로 순교를 당하였는지는 자세하게 설명해놓지 않아 무어라고 단정 지어 말하기는 어렵습니다(Lives of Illustrious Men, ch. 2, 8). 그러나 제가 마가라면 마지막 순교의 순간에 떠올렸을 과거 중의 하나는 예수님과 함께 고난당하는 것에 대한 두려움으로 겟세마네에서 벗은 몸으로 도망쳤던 부끄러운 기억이 아니었을까 합니다. 하지만 순교를 앞둔 마가는 더 이상 부끄럽지 않았을 것입니다. 마가에게는 그 도망의 기억과 함께 오순절에 자기의 집에서 경험하였던 뜨거웠던 성령 체험의 기억과 더불어 재림하실 주님과 함께 부활의 약속을 받은 것이 있었기 때문이지요.

마가의 다락방에서는 모스크인지 집인지 알 수 없는 장식물들에 정신을 놓기보다는 그날밤, 살과 피를 나누어주셨던 예수님과 오순절에 임하셨던 성령을 기억하며, 신랑이신 예수 그리스도의 신부 된 우리 신앙의 열매가 무엇인지 헤아려보는 것이 더 좋지 않을까 합니다.

바위사원

⏻ BIBLE VIEWFINDER

나 주 여호와가 이같이 말하노라 네가 맹세를 멸시하여 언약을 배반하였은즉 내가 네 행한 대로 네게 행하리라 그러나 내가 너의 어렸을 때에 너와 세운 언약을 기억하고 너와 영원한 언약을 세우리라 _겔 16:59,60

에스겔서 16장 59,60절을 해석해주시는 교수님의 강의를 들으면서 "아!" 하는 소리가 강의실 이곳저곳에서 터져 나왔습니다. 좀 모호한 그 구절에 그런 의미가 있을 줄이야 누가 알았겠습니까?

감람산에 올라서서 예루살렘 성을 바라보면, '옛 성이구나!' 하는 생각과 함께 '이슬람의 성지네!'라는 생각이 가장 먼저 듭니다. 왜냐하면 하나님의 성전이 있었던 바로 그 자리에 이슬람의 3대 성지 중의 하나인 예루살렘의 바위사원(Dome of the Rock)이 우뚝 서 있기 때문입니다. 691년에 세워진 바위사원의 지붕은 1993년도에 80킬로그램의 황금을 녹여서 발라놓았는데, 해가 쨍한 날이든 아니든, 탁한 석회질 돌들의 빛바랜 누런색을 뚫고 유난히 반짝반짝 빛나는 황금색 지붕은 사람들의 시선을 먼저 끌어당깁니다. 그렇기 때문에 예루살렘 성이라고 하면 가장 먼저 상징적으로 그려지는 그림이 바로 이 황금 지붕의 바위사원일 수밖에 없습니다.

이 바위사원의 뜰에 들어가 보는 것도 쉽지 않습니다. 2000년 당시 이스라엘 보수당의 강경파 국방장관이었던 아리엘 샤론이 바위사원에 군과 경찰을 동원하여 들어가서 팔레스타인 사람들과 이슬람 사람들의 자존심을 건드린 것입니다. 이 일이 빌미가 되어 이스라엘과 팔레스타인 사이의 갈등이 격화되었고(팔레스타인 민중 봉기, 2000년), 한동안 이스라엘 사람을 비롯해서 외국인에게도 개 방하지 않다가 요즘에야 하루에 겨우 몇 시간 정도 들어갈 수 있 게 되었습니다. 또 들어간다 하더라도 뜰에만 머무를 수 있고 정 말 바위사원 안에 들어가 보는 것은 불가능합니다. 오로지 이슬 람 교인들에게만 출입을 허락하기 때문이지요. 한국에서 온 이슬 람 교인이라고 거짓말이라도 하고 한 번 들어가 보고 싶은 생각도 있었지만, 그 사원에 한번 들어가 보겠다고 제 신앙의 지조까지 버 릴 이유가 뭐 있겠습니까? 다만 그렇게 한 번만이라도 들어가 보 고 싶은 이유는 바위사원이 서 있는 그 자리가 바로 하나님의 성전 이 있었던 자리였기 때문입니다.

에스겔은 여호야긴 왕과 함께 바벨론에 포로로 끌려간 제사장 이자 예언자였습니다(597 BCE). 바벨론에 의해 외환(外患)을 겪고 역사 속에서 유다가 사라져갈 무렵, 에스겔은 희망의 실오라기라 도 잡아보려고 발버둥치는 유다 백성에게 청천벽력 같은 소리를 합니다. 하나님께서 예루살렘을 심판하실 거라는 거지요. 에스겔 은 하나님께서 왜 심판하시는지 묻는 유다 사람들에게 그들의 신 앙 상태를 조목조목 따지고 듭니다. 에스겔은 비유와 환상을 통 해서 유다의 신앙 상태를 보여주지요. 간단하게 말하자면, 겉은 하나님의 성전을 가장하고 있지만, 그 실상은 이방 신들이 가득하 고(겔 8:1-10), 보기에는 하나님께 예배를 드리고 있는 것 같지만, 실상은 이방 신에게 절을 하고 있다는 것입니다(겔 8:13-16). 더군 다나 백성들을 이끄는 지도자들인 장로들과 제사장들이 더하다 고(겔 8:11,12) 한탄합니다. 하나님께서 이런 유다의 모습을 보고 직접적으로 "역겹다"라고까지 하셨으니, 하나님의 분노가 얼마나 대단했는지 짐작해볼 수 있습니다.

에스겔이 여러 가지 비유로 유다의 신앙 상태를 말하지만, 가장 충격적인 비유는 유다가 마치 "창녀"(겔 16) 같다는 지적입니다. 예

루살렘이 하나님을 떠나서 이방 신들을 숭배하는 모습을 이렇게 비유적으로, 그리고 너무나 원색적으로 질타하는 에스겔이 환영받지 못했을 것은 의심의 여지가 없습니다.

하나님을 떠나서 이방의 신들을 따르던 예루살렘의 영적 상태를 꼬집는 에스겔은 하나님께서 예루살렘 성전을 떠나신다는 벼락같은 말들을 쏟아냅니다. 그러고는 정말로 에스겔서 10장부터는 하나님께서 지성소를 떠나서 성전의 문지방으로(겔 10:4), 그리고 문지방을 떠나서 공중의 그룹들에게로(겔 10:18), 성전의 동쪽 문으로(겔 10:19), 그리고 결국 성전과 예루살렘을 떠나서 예루살렘의 동쪽에 있는 산(감람산)꼭대기(겔 11:23)로 점점 성전에서 멀어져 가시는 모습을 그림처럼 보여주고 있습니다.

에스겔은 유다 멸망의 원인이 바벨론의 전투력에 밀려서 전쟁에서 패망하게 될 빈약한 유다의 국방 때문이 아니라 이방 신들을 섬기는 이스라엘의 배반적인 신앙이 만들어낸 유다 백성의 신앙 정체성의 위기 때문이라고 말하는 거지요. 그런데 여기서 아주 모호한 말이 나옵니다. "나 주 하나님이 말한다. 너는, 네가 한 맹세를 하찮게 여겨, 그 언약을 깼으니, 나도 네가 한 것과 똑같이 너에게 하겠다. 그러나 나는 네 젊은 시절에 내가 너와 맺은 언약을 기억해서, 너와 영원한 언약을 세우겠다"(겔 16:59,60).

여태까지 유다의 죄가 어쨌다느니, 마치 창녀와 같다느니, 소돔과 사마리아가 유다보다 훨씬 죄를 덜 지었다느니 하더니만, "그래, 그렇게 네가 언약을 깼으니, 그 언약을

바위사원 하나님의 성전은 여러모로 수모를 겪었다. 132-135년 바르 코흐바의 항쟁 이후, 하드리안 황제는 예루살렘을 "하드리안의 신도시"라는 의미의 'Aelia Capitolina'로 이름을 바꾸고 성전 터에 제우스 신전을 세웠다. 이슬람 사람들이 예루살렘을 점령하고 모스크를 세운 것은 691년 움마야드 왕조 시대였다. 1015년 큰 지진으로 원래의 모스크는 무너지고, 1022-1023년에 다시 현재 모양의 모스크가 건축되었다. 십자군이 예루살렘을 점령한 시기에는 돔 위에 십자가를 세우고 성전 기사단의 본부로 사용되기도 하였지만, 1187년에 살라딘이 다시 점령하고는 십자가를 철거하고 초승달로 바꾸었다. 현재 모스크 바깥을 장식하고 있는 푸른색 타일은 16세기 오트만 제국 시대에 술레이만이 장식한 것이다.

기억해서 너와 영원한 언약을 세우겠다"라고 말씀하시는 하나님의 약속이 말이 되느냐는 말입니다!

교수님께서 이런 질문을 던졌을 때, 수업을 듣고 있던 다섯 명 남짓의 누군가가 분명히 대답을 했어야 했는데, 다들 꿀 먹은 벙어리가 되어버렸습니다. 저도 속으로 '그러네. 정말 이게 말이 안 되네'라고만 생각했지요. 교수님께서 제게 그러시더군요. "영어나 너희말로 쓰인 성경 본문은 이제 잊어버리고 히브리어로 된 성경 본문을 잘 보라"라고 말이지요. 무슨 말인고 하니, "그러나"로 번역하지 말고, "그래서"로 이해해야 한다는 겁니다. "너는, 네가 한 맹세를 하찮게 여겨 그 언약을 깼으니, 나도 네가 한 것과 똑같이 너에게 하겠다. 그래서 나는 네 젊은 시절에 내가 너와

맺은 언약을 기억해서, 너와 영원한 언약을 세우겠다"로 이해해야 한다는 겁니다.

하나님께서 거룩한 땅, 가나안을 이스라엘 백성에게 주셨습니다. 그러고는 마치 이전의 가나안 사람들이 하던 것같이 역겨운 일들로 스스로를 더럽히지 말라고 하셨지요(레 18:24). 만약 스스로를 더럽히면, 더불어 머무르는 땅까지 더럽게 된다고(레 18:25) 하나님께서 말씀하셨습니다. 이렇게 더럽힌 땅을 하나님이 벌하실 것이고, 땅은 자기 안에 살고 있는 사람들을 토해낼 것이라고 말합니다. 마치 땅이 이전에 살던 가나안의 주민을 토해내고 이스라엘 백성을 받아들인 것과 같이, 자신을 더럽히고 땅을 더럽히면 또다시 땅은 이스라엘 백성을 토해낼 것이라는 겁니다(레 18:25-29). 이것이 하나님과 이스라엘

백성이 맺은 언약입니다. 그런데 유다 백성들은 가나안 땅을 차지하고 나더니만, 그 땅에 애착심도 없어지고 하나님이 함께해주시는 것에 대한 감사도 없어진 겁니다. 그래서 유다는 하나님을 떠나기로 결심을 하지요. 하나님을 떠나는 방법은 매우 간단했습니다. 하나님과 맺은 언약을 깨어버리면 그만이거든요. 그리고 하나님과 맺은 언약을 깨는 것도 간단했습니다. 율법을 지키지 않으면 언약은 자동으로 깨지는 것이니까요.

유다는 하나님과의 언약을 깨뜨리려고 하나님을 떠나 이방 신을 섬기기 시작했습니다. 이제 하나님과의 계약(언약)은 깨져버린 것이지요. 하나님과 유다는 아무런 관계가 없는 남남이 되어버렸습니다. 그러니 하나님은 계약대로 가나안 땅에게 유다의 백성들을 토해내게 하셔야 하고, 하나님은 유다 백성들을 버려야 합니다. 그런데 하나님은 이런 유다 백성에게 이렇게 말씀하십니다.

"그래, 너희들이 내가 싫어서 나와의 약속을 깨뜨리고 이방 신과 함께 살겠다 이거지? 좋아. 그러면 나도 내가 너희들과 한 약속을 깨뜨리겠어. 우리가 서로 한 약속대로라면, 네가 약속을 깨면 우리의 약속의 관계도 자동으로 깨지고, 나도 원칙대로 너와 나의 관계를 남남으로 만들어버리면 되지만, 내가 너희들이 원하는 것을 그대로 해줄 수는 없지. 그러니 나도 애초에 우리가 했던 약속을 깨고, 이 약속의 관계를 계속 일방적으로 유지하겠어. 아무리 발버둥을 쳐도 넌 내 거야!

예루살렘 성을 남쪽에서 바라본 모습 예루살렘 성은 서쪽으로는 벤힌놈 골짜기, 동쪽으로는 기드론 골짜기를 경계로 건축되었다. 성의 남쪽 벽에는 현재 시온문과 분뇨문이 있다. 기드론 골짜기를 기준으로 서쪽에는 성전이, 동쪽에는 감람산이 있다. 하자, 이제 내가 하나님인 줄 알겠지?”

하나님을 버리려고 하는 이스라엘 백성에게 하나님은 끝까지 놓지 않으시겠다는 겁니다! 그러면서 이렇게 말씀하십니다. “내가 이렇게 하는 까닭은, 네가 저지른 모든 악한 일을 용서받은 다음에, 네가 지난 일들을 기억하고, 놀라고, 그리고 부끄러워서 다시는 입도 열지 못하게 하려는 거야”(겔 16:63).

비록 하나님의 성전은 무너졌지만, 하나님께서 유다의 백성들에게 작은 성소가 되셔서(겔 11:16) 그들이 어느 곳에 있든지 ‘성전’이라는 공간에 제약받지 않으시고, 그곳이 바벨론일지라도 끝까지 함께하시겠다는 선언이 바위사원을 뚫고 기드론 골짜기에 쩌렁쩌렁 울리는 듯합니다.

어찌 보면 감람산 정상에 서서 바위사원을 바라보며 우리가 관심을 두어야 할 것은, 하나님의 성전이 무너졌고 그 자리에 이슬람 모스크가 서 있다는 눈에 보이는 사실이 아니라, 하나님은 지금 내 신앙의 상태가 어떠하든 절대로 나를 버리지 않으신다는 그 말씀, 그리고 그렇게 나를 버리지 않으시는 이유가 나를 부끄럽게 하시고 하나님 앞에서 입도 뻥긋하지 못하게 하시려고 그러신다는 그 말씀 때문일지도 모릅니다. 그 말씀에 비추어 본다면 저처럼 뻔뻔한 사람도 세상에 없습니다.

나님의 영이 성전에서 떠올라 동문을 지나서 골짜기를 거쳐 산 위로 올라가는 모습이 에스겔서에 있는데, 골짜기는 기드론 골짜기, 그리고 하나님의 영이 넘어가는 산은 감람산일 수밖에 없다.

베데스다

(U) **BIBLE VIEWFINDER**

예루살렘에 있는 양문 곁에 히브리 말로 베데스다라 하는 못이 있는데 거기 행각 다섯이 있고 그 안에 많은 병자, 맹인, 다리 저는 사람, 혈기 마른 사람들이 누워 [물의 움직임을 기다리니 이는 천사가 가끔 못에 내려와 물을 움직이게 하는데 움직인 후에 먼저 들어가는 자는 어떤 병에 걸렸든지 낫게 됨이러라]_요 5:2-4

'(연)못'이라고 하면 금붕어와 잉어 떼가 헤엄치고, 연잎이 둥둥 떠다니는 그림을 상상하겠지만, 성경에 나오는 베데스다 못은 그런 곳이 아닙니다. "못"이라고 번역하기는 했어도, 사실 베데스다는 물 저장고였습니다. 물 저장고 중 일부는 야외에 노출된 곳도 있었고, 또 건물 아래, 실내에 있기도 했습니다. 예루살렘 성안에는 대규모의 물 저장고들이 꽤 있었는데, 가장 대표적인 것으로는 성전 제의(祭儀)에 사용되는 물을 보관하기 위해서 성전 마당 아래에 만들어놓은 물 저장고를 들 수 있겠고, 그다음 단일 시설을 위한 물 저장고로 큰 것이 아마 베데스다였을 겁니다. 베데스다의 용도에 대해서는 두 가지의 견해가 있는데, 하나는 정결례(淨潔禮)를 하던 곳이었다는 것과 예수님 당시 병원 밀집 지역에서 입원한 환자들의 수술과 치료에 사용될 깨끗한 물을 저장하던 장소였다는 것입니다.

우리말 성경에서는 "히브리 말로 베데스다"라 하는 못에서 예수님이 38년 된 병자를 만나셨다고 말하는데, 아마 이것은 "히브리말"이라고 번역한 그리스어 원어가 '히브리어' 또는 '아람어'로도 번역될 수 있기 때문에 생긴 번역상의 혼동인 것 같습니다. 베데스다라는 말은 아람어로 "자비의 집"이라는 뜻이거든요. 환자들을 긍휼히 여기며 그들에게 자애로운 마음으로 육체의 질병뿐 아니라, 마음까지 보듬을 수 있는 곳으로 하나님의 은혜가 넘치는 자비의 집이라면 얼마나 좋을까요? 그러나 꼭 그런 것은 아니었던 것 같습니다. 예수님 당시의 미쉬나 기록에 의하면, 이 베데스다는 로마의 신을 위한 장소라고 말하거든요. 그리스-로마 신화에 에스클리피우스(Asclepius)라는 신이 나오는데, 이 신은 약(藥)의 신이면서 동시에 의술의 신이기도 합니다. 병원에서 흔히 보는 그림 중에 하나인, 뱀이 지팡이를 뱅뱅 돌아 꼬며 올라가 있는 그 지팡이가 바로 에스클리피우스의 지팡이입니다. 그런데 고고학자들이 에스클리피우스 신상의 일부를 베데스다에서 발견한 것입니다. 그러고 보면, 병자들이 바랐던 '자비'는 '하나님의 자비'가 아니라

베데스다 물 저장고 밖으로 드러난 베데스다의 물 저장고 중에서 가장 큰 것으로, 기원전 3세기부터 사용되던 것이다. 이 물 저장고의 동쪽 편 건물들은 예수님 당시의 건물들이다. 아마도 예수님은 이 물 저장고 주변에서 38년 동안 앓아왔던 병자를 만나셨을 것이다.

에스클리피우스 그리스-로마 신화에서 의술의 신으로 한 손에는 지팡이를 들고 있다. 이 지팡이에는 뱀 한 마리가 있는데, 에스클리피우스의 지팡이는 의료용품이나 기기에 "치료"의 상징으로 새겨져 있다. 때로는 뱀 두 마리가 날개 달린 지팡이와 함께 있기도 한데 그것은 헤르메스의 지팡으로, 에스클리피우스의 지팡이를 잘못 이해한 것이다. 그러나 헤르메스의 지팡이 역시 이제는 일반화된 "치료"의 상징이 되어버렸다.

그리스-로마 신화에 등장하는 '에스클리피우스의 자비'였을지도 모릅니다. 예수님은 베데스다에서 38년 동안 고통을 간직한 채 낫고자 하는 열망으로 물 곁에 앉아 있던 한 남자를 만났습니다. 그런데 말입니다, 이 병자가 예수님을 기다렸던 것은 아닙니다. 그렇다고 이 사람이 기다렸던 것이 하나님의 천사라고 딱히 말할 수도 없습니다. 우리말 성경 요한복음 5장 3,4절에 [물의 움직임을 기다리니, 이는 천사가 가끔 못에 내려와 물을 움직이게 하는데, 움직인 후에 먼저 들어가는 자는 어떤 병에 걸렸든지 낫게 됨이러라]라고 기록되었는데, 대괄호로 묶여 있는 이 이야기는 로마의 신화입니다! '천사'라는 표현 때문에 성경을 읽는 사람은 이 천사를 하나님의 천사로 오해하지만, 그리스어로 '천사'라는 말, '앙겔로스'는 "소식을 전하는 자"를 뜻하는 말로 메시지를 전하는 신적인 존재나 사람 누구라도 가리킬 수 있는 말이었습니다. 그러니 제우스의 메시지를 사람에게 전하는 에스클리피우스 역시, 굳이 그리스어로 표현하자면, '앙겔로스'가 될 수 있다는 거지요. 그렇기 때문에 이름을 알 수 없는 이 사람이 기다렸던 것은 예수님이 아니라, 물을 움직이고 홀연히 사라져버리는 에스클리피우스라고 말할 수 있습니다.

베데스다의 중앙이나 어느 한쪽에 세워져 있었을 에스클리피우스의 석상을 바라보면서 그 돌덩어리가 내려와 물을 움직여주기를 기다리는 그 사람을 보신 예수님이 얼마나 안타까우셨을까요! 하나님을 섬기는 사람들이 그토록 중요하게 생각하던 예루살렘, 그것도 바로 성전 옆에서 말입니다. 게다가 자기가 내려갈 때 혹시 다른 사람이 내려갈까 봐 노심초사하는 그 이의 말을 듣고 있자니 얼마나 답답하셨을까요! 38년 된 병자가 얼마나 오랫동안 베데스다 연못가에 앉아 그 물이 움직이기를 기다렸는지는 모르겠지만, 분명히 그에게는 간절함이 있었습니다. 낫고자 하는 그 간절함은 아마 처음 발병해서 다리를 쓰지 못했을 때부터 예수님과 대화하는 순간까지도 지극했을 것이 분명합니다. 하지만 간절함이 있다고 모든 것이 다 이루어지는 것은 아니었습니다. 간절함을 이루고자 애달프게 바라보는 그 석상, 그 신화! 바라보고 있는 곳이 영 엉뚱하니 그 간절함이 이루어질

리 만무할 수밖에 없었습니다. 요한은 그의 간절함이 그를 낫게 했다고 말하지 않습니다. 그가 낫게 된 이유는 예수님이 그를 찾아오셨기 때문입니다.

저에게도 간절함이 있습니다. 우리 모두에게는 간절함이 있습니다. 남들이 도무지 상상하지도 못하는 애절함이 있습니다. 하지만 꼭 기억해야 하는 것은 그 간곡한 간절함만으로는 아무것도 할 수 없다는 것입니다. 그 간절함이 성공 '신화'를 좇는 것이라면 말입니다. 예수님이 계셔야 하거든요. 헛된 신화를 좇던 그에게 예수님이 찾아오셨습니다. 그리고 말씀하셨습니다. "네 자리를 들고 걸어가라." 여러분에게는 예수님이 계신가요? 여러분은 지금 예수님을 기다리고 계신가요?

비아 돌로로사

BIBLE VIEWFINDER

백성은 서서 구경하는데 관리들은 비웃어 이르되 저가 남을 구원하였으니 만일 하나님이 택하신 자 그리스도이면 자신도 구원할지어다 하고 _눅 23:35

비아 돌로로사(Via Dolorosa)는 "고통의 길"이라는 라틴어입니다. 특별히 예수님께서 십자가를 지고 안토니아의 요새에서 골고다까지 걸어가셨던 길인지라, 이 길을 걸어가는 순례자들이 꿈꾸는 비아 돌로로사는 엄숙함과 침통함이 감도는 한껏 가라앉은 옛 성입니다. 예수님의 손길과 숨결이 닿아 있는 곳곳마다 서서 깊게 한숨 들이마시고 성경 말씀을 묵상하면서 한걸음 한걸음 예수님의 십자가를 묵상하며 따라가는 길! 수도원의 영성과 같이 들숨과 날숨 사이의 파르르한 떨림을 느낄 수 있는 예수님의 길! 그런데 막상 비아 돌로로사를 들어서면 그런 이상과 꿈은 온데간데없이 사라져버립니다. 아니, 심한 실망에 빠져버리기까지 합니다.

오른쪽 왼쪽에 빽빽이 들어선 상점에서는 "원 달러!"(One dollar)를 외쳐대며 물건을 팔기에 안달이 난 아랍 상인들이 소리를 질러대고 있고, 예루살렘 성을 여행 삼아 찾은 많은 사람과 어깨를 부딪치며 걸어가야 합니다. 함께 온 일행을 잃어버리지 않기 위해 앞사람만 보며 걷다 보면, 수도원의 영성과 같은 말은 머릿속에 떠

오르지 않지요. 게다가 예수님이 오르셨다는 골고다를 언제 올랐는지도 모르게 오르고 나면, 우리의 상상을 크게 비껴간 비아 돌로로사에서, 은혜는 이미 물 건너간 셈입니다. 비아 돌로로사를 끝낸 뒤에는 마지막 골고다 언덕에서의 감동만이 조금 남을 뿐입니다.

순례객들은 자신이 머릿속에 그려놓은 길과 실제의 비아 돌로로사가 같기를 바랍니다. 언제나 그렇듯이 내가 기준이고 현실은 나를 따라와주어야 한다는 이기적인 생각과 어리석은 신앙의 모습은 비아 돌로로사에서도 그대로 나타납니다.

예수님은 그날아침 묵상하듯 십자가를 지신 것이 아니라 시장통에서 "원 달러"를 외치던 상인들의 모욕과 조롱을 들으면서 그들에게 원 달러짜리 싸구려 물건 취급당하셨다는 것을 이해한다면, 이 길이 더욱 감동적이고 이 길이 더 은혜가 됩니다.

이렇게 많은 사람이 오가는 시장통에서 그렇지 않아도 피 흘리고 지친 예수님의 절룩거리는 몸뚱이를 툭툭 쳐대며 조롱하던 그

비아 돌로로사 비아 돌로로사 양옆에 늘어선 상점들을 지나가다 보면, 상인들이 중국인인 줄 알고 "차이나!" 하며 부른다. 그러면 경건하게 걸어가다가도 "노, 코리아!" 하고 꼭 대꾸한다. 이미 경건한 비아 돌로로사는 물 건너간 셈이다.

예루살렘 성 지도

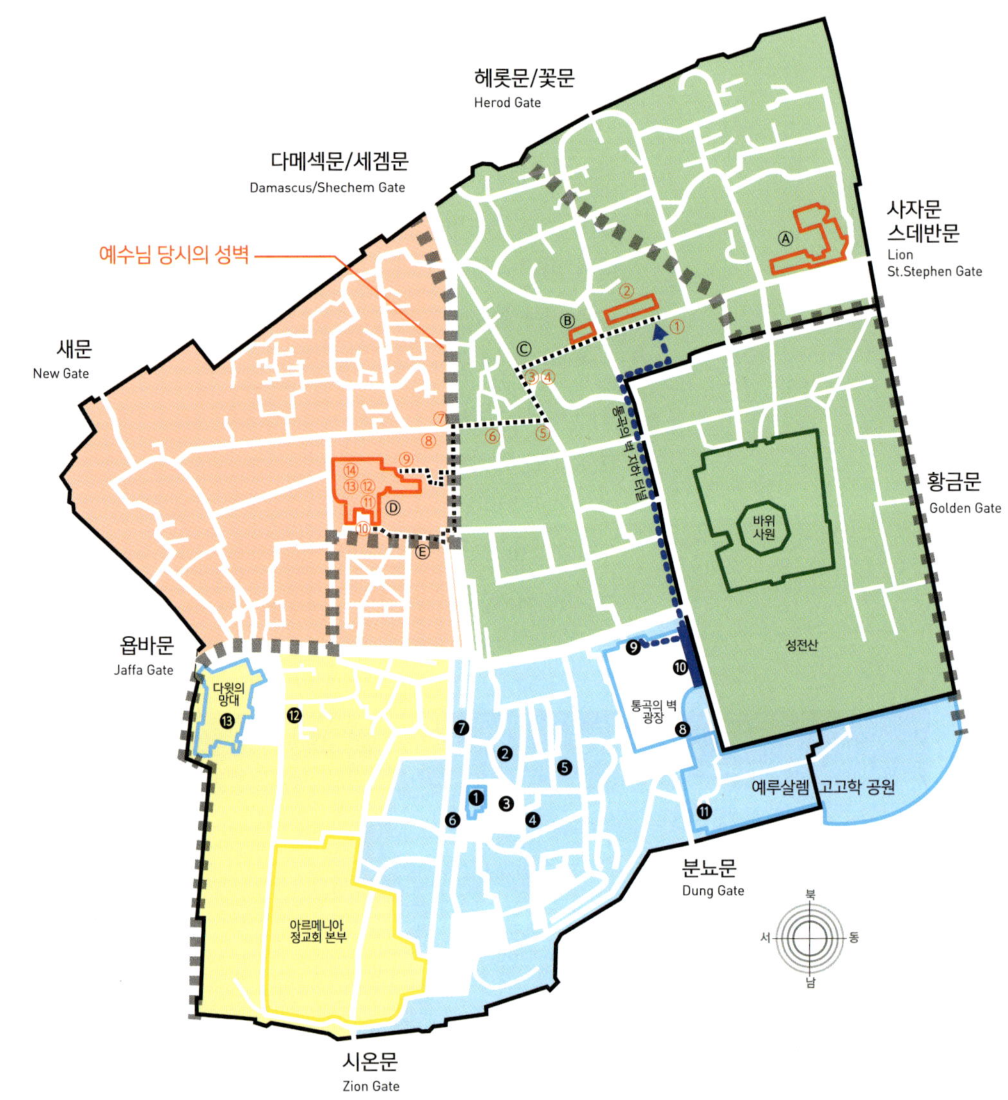

비아 돌로로사의 총 거리는 600미터가 채 되지 않는다. 비잔틴 시대 4세기 이후로 순례자들이 예수님의 고난의 길을 걸었다는 기록이 있다. 이 길은 감람산 – 겟세마네 – 안토니아 요새 – 성묘교회로 이어지는데, 예루살렘 성의 모양과 도로의 위치는 조금씩 변했기 때문에 예수님께서 십자가를 지고 걸어가신 길의 정확한 진행 방향은 알 수 없다. 8세기에는 겟세마네에서 시작하여 기드론 골짜기를 따라 제사장 가야바의 집을 거쳐 시온산을 통과하여 성묘교회로 순례자들이 예수님의 흔적을 뒤좇았다. 14세기에는 프란치스칸 수도회에서 가톨릭 교인들을 위한 비아 돌로로사 순례 지점들을 공식적으로 선포하였는데, 당시의 비아 돌로로사는 이전과는 정반대로 성묘교회부터 시작하여 안토니아 요새로 걸어갔다. 16세기에 이르러 예수님의 사람들이 바로 나라는 것을 깨닫지는 못할 망정, "비아 돌로로사가 뭐 이래?"라고 투덜 거리며 좇아오다가 "이게 정말 예수님께서 십 자가를 지고 가신 길이 맞아요?"라고 어디선 가 들은풍월로 이 길의 역사를 의심하는 사 람들을 만날라치면 "당신도 예수님께서 십자 가를 지고 가실 때 모른 척했던 바로 그 제 자들 중에 하나요"라고 말하고 싶은 충동을 느낍니다. 더 당황스러운 것은 비아 돌로로 사의 엄숙한 길을 마치고 나면, 아까 그 비 아 돌로로사 주변에 있던 상점에서 쇼핑(!) 좀 하면 안 되냐고 물어보는 사람들이 꼭 있 다는 겁니다. 이 정도면 주님도 참 난감하실 겁니다.

이슬람 구역 Muslim Quarter

Ⓐ 베데스다
Ⓑ 에케호모교회
Ⓒ 오스트리아 호스피스

❖ 비아 돌로로사
① 사형선고를 받으심
② 십자가를 지심
③ 처음으로 쓰러지심
④ 어머니 마리아를 만나심
⑤ 시몬과 십자가를 짐
⑥ 베로니카가 수건으로 예수님 얼굴을 닦아드림

기독교 구역 Christian Quarter

Ⓓ 성묘교회 (골고다)
Ⓔ 구원자의 교회

⑦ 두 번째로 쓰러지심
⑧ 여인들을 위로하심
⑨ 세 번째로 쓰러지심
⑩ 예수님의 옷을 벗김
⑪ 못박음
⑫ 십자가에서 돌아가심
⑬ 세마포에 싸이심
⑭ 무덤에 묻히심

유대인 구역 Jewish Quarter

❶ 후르바 회당 Hurva Synagogue
❷ 히스기야 성벽 Broad Wall
❸ 후르바 광장 Hurva Square
❹ 올 고고학 박물관 Wohl Archaeological Museum
❺ 불탄 집 Burnt House
❻ 카르도 Cardo
❼ 카르도 기념품 상가
❽ 성전산 출입구
❾ 통곡의 벽 지하터널 입구 Western Tunnel
❿ 통곡의 벽
⓫ 예루살렘 고고학 공원 Jerusalem Archaeological Park

아르메니아 구역 Armenian Quarter

⓬ Christ Church
⓭ Tower of David

고난의 길을 시간적인 순서에 따라 안토니아 요새에 서 성묘교회에 이르는 경로로 공식적으로 바꾸었다. 오늘날 성지순례객들이 걷는 비아 돌로로사의 14개 거점은 19세기에 확정되었다.

십자가의 길
구레네 시몬

⏻ BIBLE VIEWFINDER

나가다가 시몬이란 구레네 사람을 만나매 그에게 예수의 십자가를 억지로 지워 가게 하였더라 _마 27:32

디아스포라는 원래 자기가 살던 땅에서 떠나 다른 나라에 흩어진 사람들이 공동체를 이루며 살아가는 것을 말하는데, 디아스포라 하면, 가장 먼저 떠오르는 이들이 유대인일 겁니다. 오늘날 이스라엘 땅에 사는 유대인들은 그 출신에 따라서 아쉬케나짐(אשכנזים), 스파라딤(ספרדים), 미즈라힘(מזרחים)으로 나뉩니다. 중앙 유럽과 동부 유럽의 디아스포라 출신들을 아쉬케나짐, 서부 유럽 지역의 디아스포라 출신들을 스파라딤, 그리고 중동 지역에서 살고 있던 사람들을 미즈라힘이라 부르는 거예요. 그중 가장 많은 비율을 차지하는 사람들은 아쉬케나짐들로 이스라엘에 거주하는 유대인 인구의 60퍼센트 정도입니다. 이 서로 다른 유대인들은 단지 출신지만 다른 것이 아니라 율법을 해석하고 이해하는 방법도 조금씩 다릅니다. 많이 다르다고 한다면 많이 다르다고도 할 수 있고요. 그래서 이들은 한 회당에서 섞여서 예배드리지도 않습니다. 각각의 회당이 따로 있어요. 마치 요즈음 한 동네에 감리교회, 성결교회, 장로교회, 침례교회가 각각 있듯이 유대인 동네마

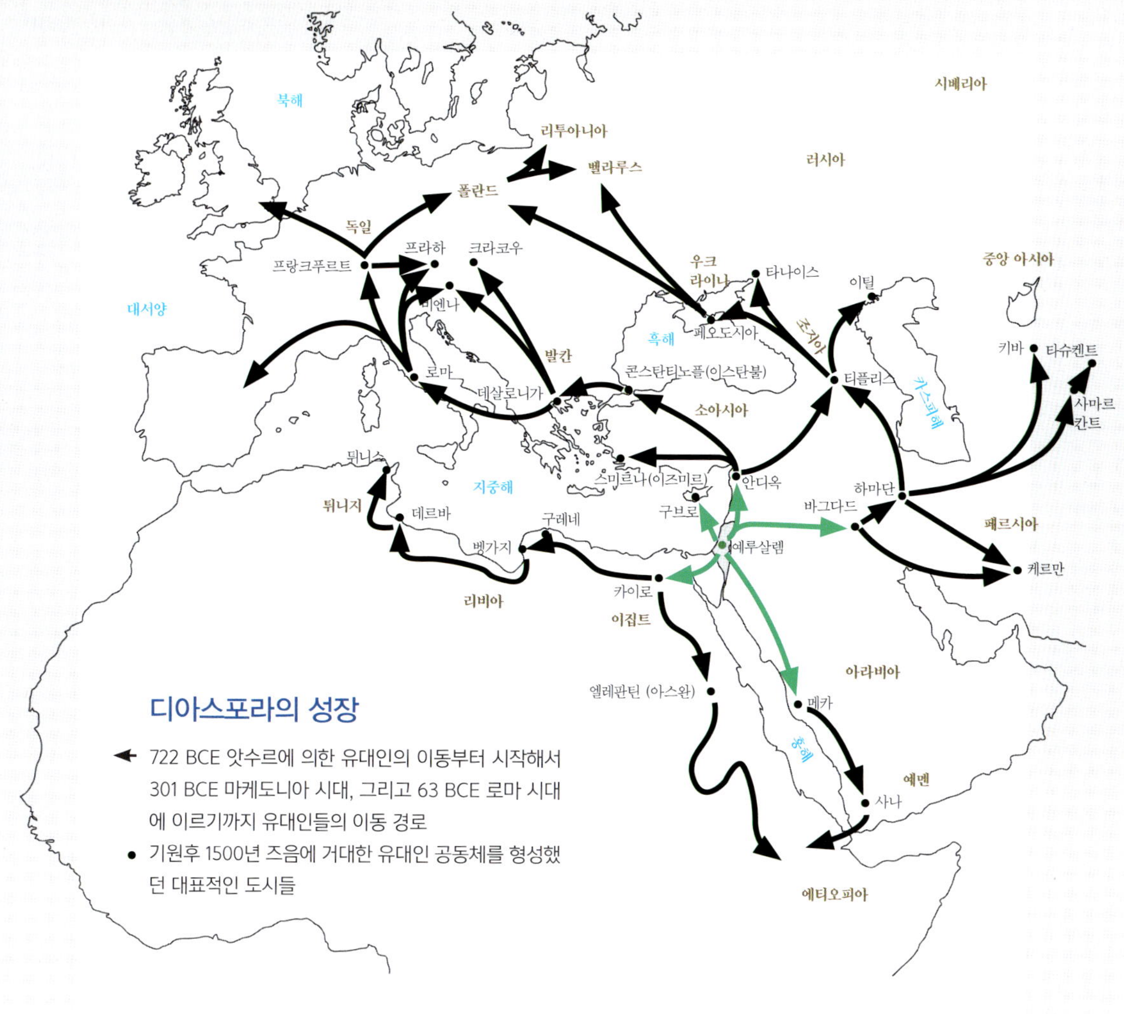

디아스포라의 성장

- ◄ 722 BCE 앗수르에 의한 유대인의 이동부터 시작해서 301 BCE 마케도니아 시대, 그리고 63 BCE 로마 시대에 이르기까지 유대인들의 이동 경로
- ● 기원후 1500년 즈음에 거대한 유대인 공동체를 형성했던 대표적인 도시들

다 몇 개의 회당이 있습니다. 간혹 TV에서 아쉬케나짐 랍비와 스파라딤 랍비가 율법 해석을 놓고 벌이는 설전을 볼 수도 있는데, 이와 같은 율법 이해에 대한 견해 차이는 서로 오래 떨어져서 살아왔기 때문에 생겨난 자연스러운 결과일지도 모릅니다.

기원전 3세기부터 예수님 시대에 이르기까지 가장 컸던 유대인 디아스포라는 이집트의 알렉산드리아와 시리아의 안디옥이었습니다. 이들은 단지 규모만 큰 것이 아니라, 디아스포라 가운데서도 유대교의 신학과 성서 해석의 방법을 만드는 중심지였습니다. 이 두 지역 외에도 셀 수 없이 많은 디아스포라들이 있는데, 그중에서 기독교인들에게 널리 알려진 지역은 바대, 메데, 엘람, 메소보다미아, 갑바도기아, 본도, 브루기아, 밤빌리아, 구레네, 리비아, 로마, 그레데, 아라비아의 디아스포라(행 2:9-11)입니다.

디아스포라에 거주하던 예수님 시대의 사람들이 성전이 있는 유대아(Judea)와 완전히 분리된 것은 아니었습니다. 모든 이스라엘 사람이라면 반드시 지켜야 하는 세 개의 명절(유월절, 칠칠절, 초막절)에 예루살렘을 순례했으니까요. 디아스포라에서 유대인들이 순례를 위해서 예루살렘을 찾으면 제사는 성전 한 곳에서 드리지만, 안식일이 되어 회당에 갈 때면 각각의 디아스포라의 회당을 찾아가기 마련입니다. 마치 오늘날 이스라엘에서 아쉬케나짐과 스파라딤, 미즈라힘이 서로 다른 회당을 가듯이 말이지요. 신약성경에서도 사도행전 6장에서 스데반과 논쟁을 벌이던 유대인들을 보면 9절, 구레네인, 알렉산드리아인, 길리기아와 아시아에서 온 사람들의 각 회당에서 스데반의 반대자로 일어나 스데반을 몰아세우는 이야기가 나옵니다.

디아스포라 중에서 구레네라는 곳은 지금의 리비아에 위치하고 있습니다. 기원전 3-2세기 프톨레미 시대의 기록을 보면, 구레네 지역에는 약 십만 명의 유대인들이 살고 있었다고 하네요. 기원전 1세기 때에는 로마의 속주(屬州) 가운데서 북아프리카 지역의 중심지로 부상합니다. 신약성경의 시몬이 바로 구레네 사람입니다. 예수님께서 고난의 길(Via Dolorosa)을 걸어가실 때에 로마 병사들이 잡아다가 억지로 십자가를 끌고 가게 한 사람 말이지요(마 27:32 ; 막 15:21 ; 눅 23:26). 각각의 성경에서 단 한 절로만 구레네 사람 시몬에 대해 짤막하게 소개하고 있지만, 시몬에 대해서 말하려고 하면 예수 그리스도를 따르는 사람으로서 창피하지 않을 수 없습니다.

시몬에 대해서는 거의 알려진 바가 없습니다. 구레네 사람이라고 하지만, 구레네에서 유월절 순례를 위해 예루살렘에 왔었는지, 아니면 그가 태생만 구레네이고 예루살렘 주변이나 유대 땅 어디에선가 살았던 사람인지, 그가 예수님을 따르던 사람들 중에 하나였는지, 아니면 그 고난의 길에서 예수님을 처음 만난 것인지 성경에는 이렇다 할 단서가 없습니다. 신약성경에서 "구레네 사람 시몬이 누구인가?"에 대해서는 설명하지 않지만, 확실하게 말하는 것은 그가 자발적으로 십자가를 지고 간 것이 아니라 로마 병사들에 의해서 억지로 끌고 갔다는 겁니다.

예수님께서 걸어가신 고난의 길에는 많은 사람들이 나와 있었습니다. 예수님께서 십자가를 지고 통과하셨던 그 길은 십자가만을 위해서 만들어놓은 특별한 길이 아니라 시장

 구레네 사람 시몬이 예수님의 십자가를 함께 지고 골고다 언덕을 향해 올라가기 시작한 곳을 기념하는 곳. 이 곳을 기념하는 작은 예배당으로 들어가는 입구의 오른쪽 벽에는 비틀거리시던 예수님께서 손을 짚으셨다고 전해져 내려오는 곳이 있다. 순례객들은 예수님의 손과 포개어보기 위해서 이곳에 손을 대고 간다.

통이었거든요. 예수님의 주변에서 예수님을 향해 돌을 던지고 소리치던 많은 사람들 중에는 예수님께서 가시는 곳마다 좇아다니며 예수님의 말씀을 듣고 감동을 받았던 사람, 예수님의 기적을 눈으로 직접 본 사람, 기적의 당사자, 그리고 제자들이 있었을 겁니다. 그런데 예수님께서 십자가를 지시고 골고다 언덕을 향하여 올라갈 때에 그 누구도 채찍질하는 로마 병사들을 말리지 않았고, 예수님께서 쓰러지셨을 때에 어느 누구도 쓰러지신 예수님을 일으켜주는 사람이 없었다는 겁니다.

그 구경꾼 가운데 구레네 사람 시몬도 있었습니다. 보다 못한 로마 병사는 누군지도 모르는 시몬을 붙들어다가 예수님의 십자가를 억지로 함께 지고 가게 하였습니다. 십자가를 메고 가기 싫었고 예수님에 대해서 관심이 없었을지도 모르는 시몬이 알지도 못하는 예수라는 사람의 십자가를 아무런 감동과 슬픔도 없이 마지못해 억지로 끌고 갔다고 흉보지는 마세요. 시몬 외에는 아무도 예수님의 고난의 길을 함께 걸어간 사람이 없었으니 말예요. 불과 며칠 전까지만 해도 "호산나!"를 외치며 열광하던 무리들은 다들 욕설을 퍼붓고 돌을 던지고 예수님의 고난을 재미삼아 구경하고 있었고, 예수님의 제자라는 사람들은 죄다 도망갔는데 억지로라도 예수님의 십자가를 함께 끌고 갔다는 것이 얼마

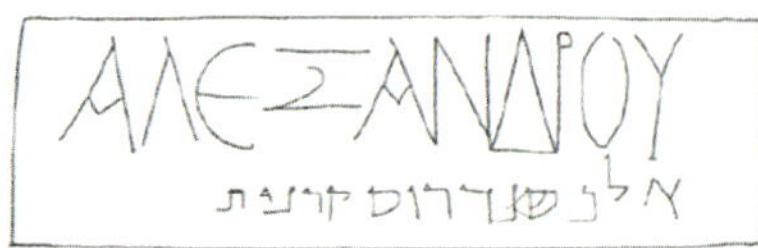

알렉산더의 뼈 상자 고고학자들의 연구 결과, 70년 이전의 것으로 판명되었으며, 뼈 상자의 뚜껑에는 "구레네 사람 알렉산더" 그리고 상자의 옆면에는 "시몬(의 아들) 알렉산더"라고 기록되어 있다. 기드론 골짜기 실완 남쪽에서 히브리대학교 교수 수케닉에 의해서 발굴되었다.

나 장한 일인가요?

기대하지 않았고 예상치도 못했던 단 한 번의 만남이었지만 시몬에게는 충격적인 만남이었고, '내가 십자가를 함께 져주고 있는 이 '예수'라는 인물이 누군가?' 하는 의문과 함께 예수님에 대해서 전혀 모르던 사람이 예수님을 전하는 사람으로 바뀌었습니다. 스데반이 순교한 후에 예수님을 따르던 사람들이 소아시아 지방 여러 곳으로 흩어질 때에 구레네 사람 몇몇이 안디옥에 이르러 복음을 증거한 이야기가 사도행전에 전해지는데, 학자들 중에 일부는 그 구레네 사람들 중에 시몬이 있지 않았는가 추측하는 사람들이 있습니다(행 11:20). 뿐만 아니라, 그의 두 아들 중 하나인 루포는 로마의 초대교회에서 바울과 함께 중요한 일을 하였습니다. 바울은 구레네 사람 시몬의 부인이자 루포의 어머니를 "내 어머니"라고 부를 정도였으니 말이지요. 또 다른 아들 알렉산더에 대해서는 성경에 제대로 나와 있지 않지만, 1941년부터 시작된 히브리대학교 고고학 발굴단에 의해서 그가 예루살렘에서 사역했다는 간접적인 증거를 찾아낼 수 있었습니다. 실로암 연못 남쪽에 있는 기드론 골짜기의 오래된 무덤들

을 발굴하던 중, "시몬의 아들 알렉산더"라
는 1세기의 뼈 상자(Ossuary)가 발견된 것이
지요. 그 상자에는 주인인 알렉산더가 구레
네 사람(קרנית)이라고 그 출신지까지 명확하
게 기록되어 있습니다. 그리고 고고학자들은
이 뼈 상자의 주인이 신약성경에 나오는 구레
네 사람 시몬의 아들 알렉산더라고 확인해주
었습니다.

유월절 즈음이 되면 유대인들은 이스라엘
에서 명절을 보내려고 세계 각지에서 날아옵
니다. 엄청난 수의 기독교인들은 그 즈음에
예루살렘에서 부활절을 보내려고 세계 각지
에서 찾아오지요. 온 예루살렘의 숙박 시설
들은 이미 예약이 끝났고 유대인들과 기독교
인들은 서로 다른 마음을 가지고 예루살렘
성을 채울 겁니다. 그때에 적어도 기독교인들
이라면 구레네 사람 시몬도 함께 기억해주었
으면 합니다. 시몬을 생각하면서 지금의 내
신앙을 부끄럽게 생각하고, 선뜻 십자가를
지고 갈 용기가 없다면 억지로라도 지고 가
서 예수님을 만나고자 하는 장한 생각을 해
주었으면 합니다.

성묘교회

⏻ BIBLE VIEWFINDER

골고다 즉 해골의 곳이라는 곳에 이르러 쓸개 탄 포도주를 예수께 주어 마시게 하려 하였더니 예수께서 맛보시고 마시고자 하지 아니하시더라 그들이 예수를 십자가에 못 박은 후에 그 옷을 제비 뽑아 나누고 거기 앉아 지키더라 그 머리 위에 이는 유대인의 왕 예수라 쓴 죄패를 붙였더라 _마 27:33-37

예루살렘에서 기독교인들이 가장 거룩하게 생각하는 곳이라면 단연 성묘교회(The Church of the Holy Sepulchre)를 꼽을 것입니다. 지금뿐 아니라 천 년 전에도 그랬습니다. 그래서 십자군 시대에 예루살렘을 통치하던 예루살렘의 왕은 살아생전에 자신을 "왕"이라고 단 한 번도 말한 적이 없었습니다. 대신에 "성묘교회의 수호자"라고 불렀지요. 예수님께서 돌아가신 골고다 언덕 위에 세워진 교회는 늘 전 세계에서 예수님의 고난에 동참하고자 찾아온 순례객들로 북적입니다. 그렇지만 정작 골고다 언덕 위에 세워진 성묘교회에 도착하면 좀 당황스럽기도 합니다. 옛 골고다의 모습은 온데간데없고, 골고다의 바위 위에 세워진 육중한 교회가 바위 언덕 위에 떡하니 놓인 것이, 예수님 당시 바위 언덕의 모습이라고는 유리에 뒤덮여 조금밖에 볼 수 없기 때문입니다.

예수님의 십자가가 세워졌던 골고다는 헤롯 대왕이 예루살렘 성을 쌓으면서 필요한 돌을 뜨던 채석장이었습니다. 버려진 채석장의 한 바위 언덕을 십자가 처형장으로 사용했는데, 영화에서 보는 것처럼 성에서 저 멀리 떨어진 어느 곳이 아니라 성문을 나오자마자 바로 있었던, 그야말로 사람들이 오가는 길옆이었습니다. 이렇게 사람들이 빈번히 다니는 예루살렘의 서쪽 성문 옆을 사형장으로 사용한 이유는 출입하는 사람들이 십자가에 매달린 사형수들을 보면서 경각심을 갖게 하려고 했기 때문입니다. 뿐만 아니라, 십자가에 매달린 사람에게도 수치심을 주기 위해서 일반적으로 십자가는 높지 않았습니다. 약 2미터 내외였다고 생각하시면 되겠습니다. 십자가에 매달린 사람은 보통 빨리 죽지 않는데, 매달려 있는 동안 지나가는 사람들과 눈이 마주친다면 얼마나 창피하고 무안했을까요. 내가 아는 사람이라면 아마 더 그랬을 겁니다. 그러니 골고다 언덕이라고 하지만, 그 언덕의 높이(대략 4미터)도 그리 높지 않았습니다.

예수님께서 돌아가신 골고다 언덕은 초대 기독교인들에게는 정말 중요한 장소였습니다. 예수님께서 돌아가신 후, 사형장인 그 장소는 누가 먼저라 할 것 없이 기독교인들이 너도나도 찾아와 순례를 하는 성지가 되어버렸습니다. 이를 못마땅하게 여긴 로마 황제 하드리안(재위 117-138년)은 바르 코흐바의 항쟁(132-135년)

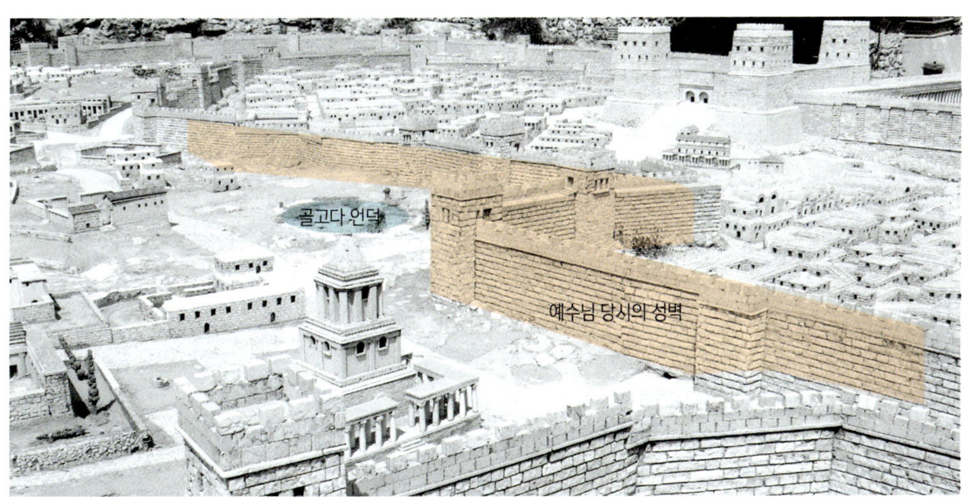

골고다 언덕 예루살렘 성의 서쪽 벽에 있는 성문을 나오자마자 우편에 있는 버려진 채석장이다. 예수님 당시 성문은 현재 루터란교회에 남아 있다

성묘교회 바닥 도면

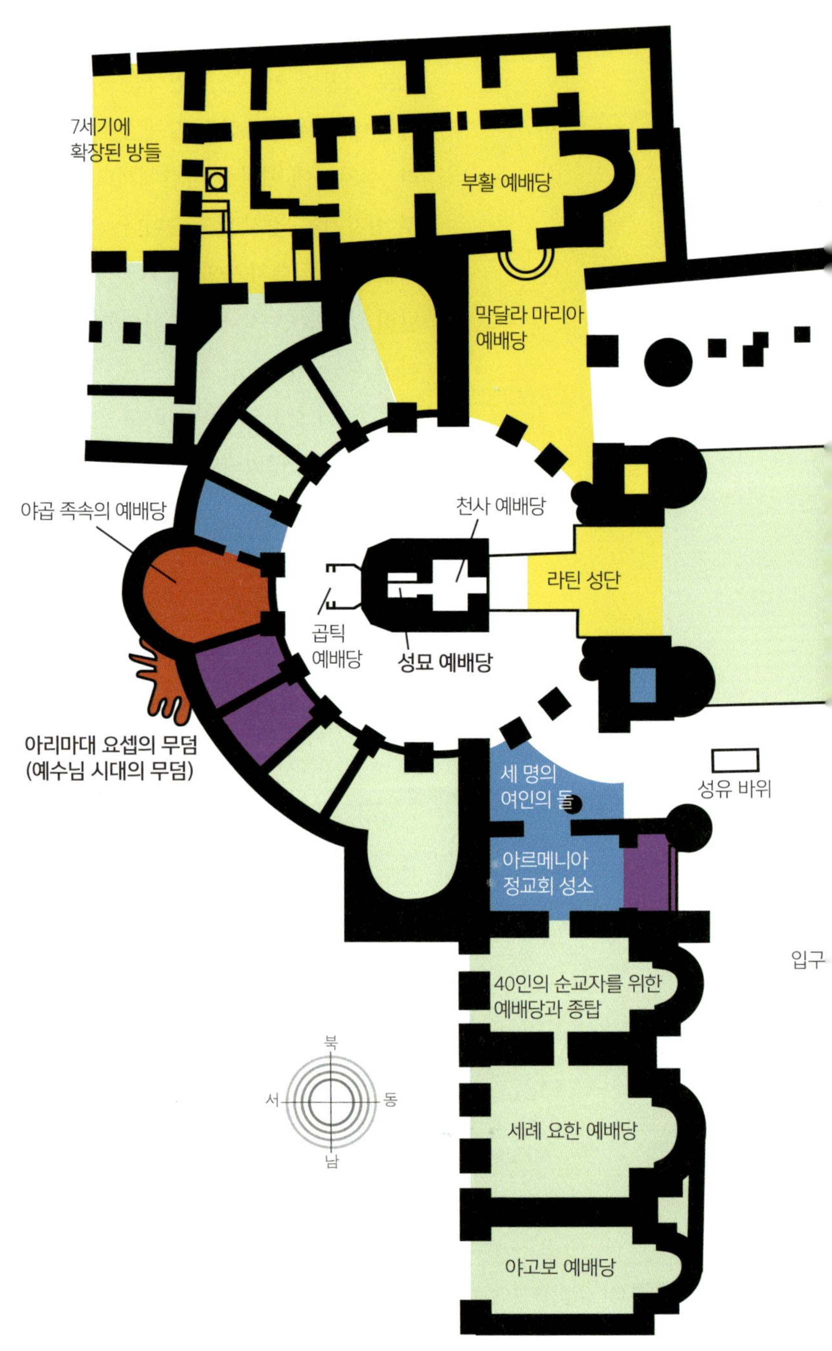
7세기에
확장된 방들
부활 예배당
막달라 마리아
예배당
야곱 족속의 예배당
천사 예배당
라틴 성단
곡틱
예배당
성묘 예배당
아리마대 요셉의 무덤
(예수님 시대의 무덤)
세 명의
여인의 돌
성유 바위
아르메니아
정교회 성소
입구
40인의 순교자를 위한
예배당과 종탑
북
서 동
남
세례 요한 예배당
야고보 예배당

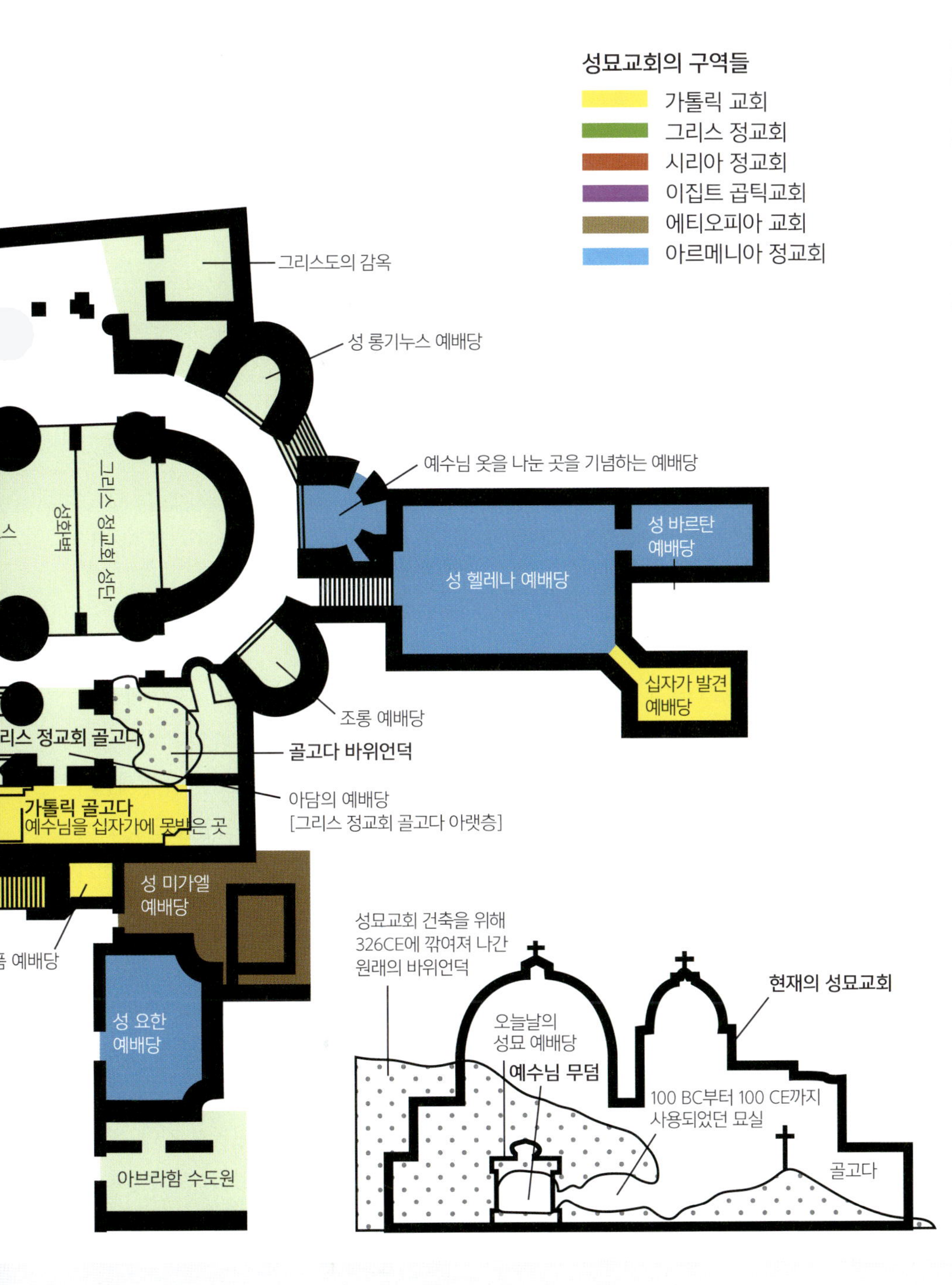
성묘교회의 구역들
가톨릭 교회
그리스 정교회
시리아 정교회
이집트 곱틱교회
에티오피아 교회
아르메니아 정교회
그리스도의 감옥
성 롱기누스 예배당
예수님 옷을 나눈 곳을 기념하는 예배당
성 바르탄 예배당
성 헬레나 예배당
십자가 발견 예배당
그리스 정교회 성단
베환소
스
조롱 예배당
그리스 정교회 골고다
골고다 바위언덕
가톨릭 골고다
예수님을 십자가에 못박은 곳
아담의 예배당
[그리스 정교회 골고다 아랫층]
성 미가엘 예배당
좀 예배당
성 요한 예배당
아브라함 수도원
성묘교회 건축을 위해
326CE에 깎여져 나간
원래의 바위언덕
현재의 성묘교회
오늘날의
성묘 예배당
예수님 무덤
100 BC부터 100 CE까지
사용되었던 묘실
골고다

성묘교회 마당 입구 입구 중 막힌 입구 위에는 벌써 150년째 치워지지 않은 사다리가 있다. 저 사다리는 1852년에 처음 기록에 등장하는데, 저 구역이 어느 종파의 구역인지, 그리고 누가 저 사다리를 가져다 놓았는지 모르기 때문에 어느 종파의 사람도 저 사다리를 옮길 수 없다.

이후에 골고다 위에 아프로디테를 위한 신전을 건설합니다. 이방의 성소가 되어버린 골고다 언덕에는 콘스탄틴 황제에 이르러서야 건물로서의 교회가 세워집니다. 콘스탄틴은 기독교를 용인하고(313년), 그 후 십여 년이 지나 325년에 아프로디테의 신전을 해체하라고 명령합니다. 그리고 그 자리에 성묘교회를 건설하게 된 것이 현재 성묘교회 건물 역사의 시작입니다. 콘스탄틴이 성묘교회를 건설하면서 두 개의 거룩한 장소를 하나의 건물에 담아냈는데요, 하나는 예수님께서 돌아가신 골고다 언덕이고, 다른 하나는 예수님의 무덤입니다. 614년 페르시아의 침공 때 교

회가 일부 소실되기는 했지만, 630년에 다시 복원되었고, 1027년 이슬람의 파티미드 왕조 때 완전 파괴되었다가, 곧 20년 뒤에 재건되는 흥망성쇠의 역사를 반복하였습니다. 그래서 오늘날 성지순례객들이 보는 성묘교회의 외양은 십자군 시대에 완성된 모습이라고 말해도 될 듯합니다.

그러나 그 골고다 위에 교회가 섰다고 마냥 좋아할 일만은 아닙니다. 이슬람 사람들의 지배 아래에서도 성묘교회는 누구의 소유라기보다는 모든 기독교인들의 것이었습니다. 물론 다양한 종파의 기독교 사제들과 수도자들이 한 지붕 아래에 있었으나, 그렇다

고 예수 그리스도의 교회를 누구의 것이라고 말하는 이는 없었습니다. 그 교회의 주인은 예수님이시니까요. 이 평화는 1853년에 깨져 버립니다. 교회들이 거룩한 장소에 대한 자기들의 소유권을 주장하고, 오스만 튀르크 제국의 술탄이 이를 승인했습니다. 이미 몇 세기를 거쳐 그곳에서 터를 잡고 있던 그리스 정교회, 아르메니아 정교회, 로마 가톨릭 교회는 더 넓고 중요한 장소들을 차지하였고, 뒤늦게 그곳에서 예배를 드리던 시리아 정교회, 이집트 곱틱교회, 에티오피아 정교회는 작은 구역을 관리하게 된 것입니다.

그 후로 성묘교회는 거룩한 장소이자 불안한 평화가 줄타기를 하는 장소가 되어버렸습니다. 서로 자리를 차지한 종파들이 자기들의 예배 처소에서 예배를 드리면서 서로 정해진 예배 시간이나 청소 공간을 조금이라도 엇나가는 것은 물론, 심지어 타종파의 사제가 자기 구역에 들어오는 것조차 허용하지 않았기 때문입니다. 곱틱교회의 성직자가 성묘교회의 옥상 쪽 자기 구역의 의자에 앉았다가

여름의 뜨거운 햇빛 때문에 햇빛을 피하기 위해 의자를 20센티미터 정도 옆 그늘 쪽으로 옮겨 앉은 곳이 에티오피아 정교회의 구역이어서 두 종파 간 성직자들의 충돌로 11명이 병원에 후송되었고, 2008년에도 그리스 정교회의 사제들과 아르메니아 정교회의 사제들이 예배 시간과 관련된 충돌로 집단 폭력이 있었던 것은 이제 유명한 이야기가 되어서 유튜브에서도 찾아볼 수 있을 정도입니다.

성묘교회를 찾을 때마다 제 마음은 너무나 불편합니다. 하지만 그럼에도 그 안에서 위안을 얻을 수 있는 것은 비어 있는 예수님의 무덤 때문입니다. 예수님은 부활하셨고, 승천하셨으며, 다시 오실 하나님이시기 때문입니다. 주님께서 다시 오실 그날 골고다를 찾으시고는 뭐라고 말씀하실지 너무나 궁금하고 두렵습니다. 주님은 종으로 오셨는데 우리는 주인이 되려 하고, 주님은 그분의 생명마저 우리에게 나누어주셨는데 우리는 가지려고만 하고 있으니 말입니다.

히스기야의 성벽

BIBLE VIEWFINDER

이 백성 가운데 어느 한 사람이나 예언자나 제사장이 너에게 와서 '부담이 되는 주님의 말씀'이 있느냐고 묻거든, 너는 그들에게 대답하여라. '부담이 되는 주님의 말씀'이라고 하였느냐? 나 주가 말한다. 너희가 바로 나에게 부담이 된다. 그래서 내가 이제 너희를 버리겠다 말하였다고 하여라 _렘 23:33 새번역

신학대학교를 다닐 때, 나중에 목회자가 되면 할 수 없는 일들을 지금 다 해보자는 마음으로 마음껏 제 인생을 즐기고 살았습니다. 그러면서 절대로 벗어나서는 안 되는 선 앞에서는 한번 움찔하기도 했고, 살짝 그 선 너머로 발을 밀어보기도 하고, 그 선 앞에서 뒤돌아 서보기도 했습니다. 그러고는 목회자가 되었습니다.

그런데 목회자가 되고 나서도 때로는 하나님의 말씀이 제게 짐이 될 때가 있습니다. 내가 하고 싶은 것들, 그리고 내가 당장에 손에 잡을 수 있을 것 같은 일들 앞에서 흔들리기도 합니다. 남들처럼 놀고 싶고, 남들처럼 먹고 싶고, 남들처럼 슬쩍 눈감고 내 신앙의 울타리 너머로 잠시 마실 갔다 오고 싶을 때가 있거든요. 맞습니다. 비록 제가 목회자이지만, 덜 영근 풋사과 같은 아직 연약한 사람입니다. 흔들릴 때마다 성경의 말씀으로 나를 다그치시는 하나님을 만나면, 그분의 말씀은 그야말로 '짐'입니다. 그러면 이렇게 하나님께 외치고 싶습니다. "하나님, 지금 제가 처한 현실을 좀 보시라고요!"

시드기야 왕 때에 유다의 왕과 제사장, 고위 관료들과 백성들은 예레미야가 눈엣가시였습니다. 너무나 힘든 시기를 보내야 하는 그들에게 복과 은혜, 그리고 위로의 메시지를 주지는 못할망정, 예레미야라는 예언자는 늘 '죄'와 '회개'를 외쳐대니 말입니다. "오늘이 여러분의 최고의 날입니다", "여러분에게는 오늘보다 더 아름다운 내일이 있습니다"를 원하는 유다의 백성들에게 "너희들의 탐욕과 죄가 이 나라를 멸망하게 하리라"라는 말을 하나님의 이름으로 외치는 예레미야에 대해서 백성들은 시큰둥했습니다. 힘 좀 쓴다는 사람들은 예레미야를 평가 절하했습니다. 그도 그럴 것이 이 예레미야는 아나돗 출신의 쫓겨난 제사장 집안에서 제사장이라는 명맥만 겨우 유지하는 그저 그런 사람이었으니 말입니다.

유다 사람들에게는 합법적이고 권위 있는 제사장 바스훌과 스

히스기야의 성벽 히스기야 왕에 의해서 만들어진 제1차 성전 시대의 성벽은 바벨론의 침공과 함께 무너졌다. 현재는 예루살렘 성 유대인 구역에서 성벽 북쪽의 흔적 일부를 볼 수 있다.

예루살렘 성 지도

바냐가 있었습니다. 바스홀과 스바냐, 그리고 선지자라고 불리는 하나냐는 백성들이 무엇을 원하는지 알고 있었던 사람들입니다. 그들에게는 평화의 메시지, 외적으로부터의 안전을 보장해주시는 하나님이 필요하다는 것을 이미 직감적으로 알고 있었습니다. 그리고 그들이 원하는 메시지를 '하나님의 말씀'이라는 포장지에 싸서 유다 사람들에게 전달

해주었습니다. 하나님의 말씀을 두렵고 무겁게 여기지 않고, 사람들의 귀를 즐겁게 하는 데에만 열심이었던 거지요.

제사장들과 예언자를 직업으로 삼고 살아가던 사람들은 예레미야가 시장과 거리에서 "하나님의 말씀을 들으시오!"라고 소리치며 하나님의 메시지를 전할 때마다, "아이고, 저 세상 물정 모르고 시류를 모르는 답답한 인간이 또 무슨 소리를 하려나?" 했을 겁니다. 유다의 사람들은 그 엄중한 하나님의 말씀을 들으며 퇴물 제사장 집안 출신 예언자의 헛소리로 치부하고, "그래 또 무슨 짐스럽고 부담이 되는 하나님의 말씀(משא יהוה)을 가져왔니?"라고 비꼬며 조롱해댔습니다.

내가 하나님의 말씀을 짐과 부담으로 생각할 때 하나님께서 오히려 나를 하나님의 역사 속에서 짐으로, 부담으로 생각하신다는 생각을 왜 하지 못했을까요! 에레미야의 시대에 무너진 예루살렘의 성벽을 보면서 정신이 확 들었습니다. 선대 히스기야 왕의 때에 만들어진 두께 6미터의 육중한 성벽이 무너지리라고 누가 상상이나 했겠습니까? 무너져 기초만 남아 버린 성벽이 마치 하나님의 말씀을 '짐'으로 여겼던 내 삶의 미래일 수도 있겠다는 생각이 났습니다. 짐이 되고 부담이 되는 하나님의 말씀을 내가 편한 대로 끼워 맞추어 짐을 덜어내고 부담을 없애려고 했던 과거의 삶이 주마등처럼 지나갑니다. 그리고 선포해야 하는 예수님의 말씀을 앞에 두고는 "과연 교인들이 어떻게 생각할까?" 고민했던 철없던 전도사 시절이 떠올랐습니다.

"이 백성 가운데 어느 한 사람이나 예언자나 제사장이 너에게 와서 '부담이 되는 주님의 말씀'이 있느냐고 묻거든, 너는 그들에게 대답하여라. '부담이 되는 주님의 말씀'이라고 하였느냐? 나 주가 말한다. 너희가 바로 나에게 부담이 된다. 그래서 내가 이제 너희를 버리겠다 말하였다고 하여라"(렘 23:33-40 새번역).

통곡의 벽

⏻ BIBLE VIEWFINDER

예수께서 성전에서 나와서 가실 때에 제자들이 성전 건물들을 가리켜 보이려고 나아오니 대답하여 이르시되 너희가 이 모든 것을 보지 못하느냐 내가 진실로 너희에게 이르노니 돌 하나도 돌 위에 남지 않고 다 무너뜨려지리라 _마 24:1,2

신앙이 깊은 유대인들이 오늘날 가장 중요하게 생각하는 예루살렘의 한 장소를 꼽으라고 한다면, 아마 10명 중 9명은 서쪽 벽(Western Wall)을 꼽을 것입니다. 서쪽 벽이라고 하면, 다들 어디인가 어리둥절할 수도 있고 성지순례를 해본 사람들도 몇몇 분은 '나는 거기 가본 적이 없는데?'라고 생각할 수 있겠지만, 기독교인들이 "통곡의 벽"이라고 부르는 곳을 유대인들은 "서쪽 벽"이라고 부릅니다.

서쪽 벽이라는 이름은 옛 예루살렘 성전(마당을 포함한 모든 성전) 서쪽의 벽이었기 때문에 붙여진 이름입니다. 유대인들이 서쪽 벽을 그토록 중요하게 생각하는 이유는 랍비들의 전통 때문인데요, 성전은 무너졌지만 유대인들은 여전히 율법을 따라 일 년에 세 번 명절을 지키기 위해서 예루살렘을 찾아왔습니다. 하지만 예루살렘에 온들 성전이 없어진 마당에 제의(祭儀)를 드린다는 것은 불가능한 일이었지요. 그래서 성전으로 남아있는 흔적으로는 가장 큰 이곳 서쪽 벽에 모여들기 시작했습니다. 그 이후로 유대인은 서쪽 벽을 가장 거룩한 장소로 여겼습니다.

현재 유대인들이 "성전산"이라고 부르는, 예루살렘 성전이 있던 자리는 이슬람의 모스크로 바뀌어 있습니다. 과거 성전의 성소와 지성소가 정확하게 어느 곳에 있었는지는 연구하는 학자나 랍비마다 조금씩 다른 의견을 내놓습니다. 그래서 현대의 랍비들은 ① 거룩한 성전에는 제사장만 밟을 수 있는 땅이 있는데 그곳이 어딘지 정확히 모르고, ② 이슬람의 성지가 되어버린 곳에 전통을 따라 살아가는 종교인들의 출입이 안전하지 못하기 때문에 여전히 서쪽 벽을 유대인들의 가장 거룩한 장소로 규정하고, 많은 유대인이 기도하기 위해서 모여든다고 보고 있습니다.

서쪽 벽은 고고학자들에 의해서 이미 거의 모든 곳이 발굴되어, 과거 성전이 얼마나 웅장했는지를 가늠할 수 있습니다. 오늘날 남아있는 이 성전 유적은 헤롯 대왕(74 BCE-4 CE)에 의해서 건축이 시작되었습니다. 물론 그 전에 없었다는 것은 아닙니다. 하지만 혈통상 유대인이냐, 그렇지 않으냐 하는 문제로 정체성을 의심받던 헤롯은 당시 유대교와 유대인으로부터 환심을 사고 지지를 얻으려고 과거 예루살렘 성전을 증축하고 보강하여 유대 땅의 상징으로 자리 잡게 합니다(사실 거의 새로 지었다고 해도 무방합니다). 기원전 19년부터 시작된 공사는 사실 언제 끝났는지 알 수 없습니다. 왜냐하면 계속해서 장식하고, 부족한 부분을 고쳐가는 공사를 진행했기 때문입니다. 따라서 분명한 것은 헤롯 대왕이 보았던 성전의 모습은 예수님이 보셨던 성전의 모습과는 조금 달랐으리라는 것이고, 유대인 역사가 요세푸스의 기록에 의하면, 헤롯의 증손자인 아그립바 2세(재위 48-66년) 때에 완공이 되었다고 하니, 예수님 당시에도 예루살렘 성전은 늘 공사하는 사람들의 돌 쪼는 소리가 끊이지 않았을 것입니다. 그러나 이 성전의 운명은 기구합니다. 아무리 길게 잡아도 5년! 예루살렘 성전은 완공 후 5년도 못 되어서 로마에 의해 파괴되었으니 말이지요.

70년에 온 유다 땅이 완전히 함락되고 나서, 폐허로 남겨진 예루살렘과 그 성전 주변에 살던 유대인들은 다시 로마에 대항하여 항쟁을 일으키는데(바르 코흐바의 항쟁), 135년에 이 항쟁이 실패로 돌아간 후 유대인들은 예루살렘에서 강제 추방을 당했습니다. 그래서 갈릴리 지역으로, 또는 지중해 연안으로 피난을 갈 수밖에 없었지요. 그 후 2,3세기에는 로마 황제가 때에 따라서 유대인들의 예루살렘 출입을 간헐적으로 허락하기는 했습니다만, 로마 제국에서 기독교를 공식적으로 승인한 콘스탄틴 황제 때에 이르러서야(313년) 비로소 유대인들이 정기적으로 일 년에 한 번, 성전 멸망 추모일(아브월 9일)에 예루살렘으로 들어와 기도하는 것을 허락받게 되었습니다. 유대인들은 성전산의 무너진 서쪽 벽, 그나마 성전이 서 있었던 성전산의 흔적으로 가장 잘 남아있는 이곳에서 대규모로

함께 모여 기도하기 시작했습니다.

유대인들의 정기적인 예루살렘 출입이 허용된 후, 약 100여 년이 지난 425년에 공식적으로 다시 유대인들의 예루살렘 거주가 허락되었으니, 서쪽 벽이 유대인들에게 얼마나 소중한 곳이었을지는 아마 충분히 상상할 수 있을 것입니다. 유대인들은 그 벽을 만지며 성전의 멸망을 슬퍼하고, 하나님의 집이 이런 폐허가 되기까지 공동체가 하나 되지 못하고 하나님의 말씀을 온전히 지키지 못하여 자신들이 받게 된 고난에 대해서 회개하는 눈물과 통곡의 기도를 했습니다. 그래서 기독교인들은 이렇게 기도하는 유대인들을 보며 이 벽을 '통곡의 벽'이라고 이름 붙인 것입니다.

그렇지만 그들이 알지 못하는 사실이 한

가지 더 있습니다. 성전이 무너지고 예루살렘이 멸망한 것은 단지 그들이 기록된 율법을 제대로 준수하지 못해서가 아니라는 것이지요.

"예루살렘아 예루살렘아 선지자들을 죽이고 네게 파송된 자들을 돌로 치는 자여 암탉이 그 새끼를 날개 아래에 모음같이 내가 네 자녀를 모으려 한 일이 몇 번이더냐 그러나 너희가 원하지 아니하였도다 보라 너희 집이 황폐하여 버려진 바 되리라 내가 너희에게 이르노니 이제부터 너희는 찬송하리로다 주의 이름으로 오시는 이여 할 때까지 나를 보지 못하리라 하시니라"(마 23:37-39).

그들은 율법을 몰랐던 것이 아니라 율법을 이해하지 못했던 것입니다. 하나님의 말씀(율법)을 옳게 해석하고 그들에게 하나님의 목소리를 들려준 예언자들의 외침에 귀를 막았고, 그들의 입을 틀어막으려 했습니다. 하나님의 아들 예수 그리스도께서 이 땅에 오셔서 전하신 복음을 짐짝처럼 내던져 버렸기에 당했던 아픈 역사에 대한 바른 인식을 아직 갖지 못한 것을 보면, 그렇게 안타까울 수 없습니다.

서쪽 벽(통곡의 벽) 서쪽 벽의 진면목을 보기 위해서는 서쪽 벽 터널 투어를 해야 한다. 현재 통곡의 벽 광장보다 대략 15미터 아래에 예수님 시대의 도로가 있는데, 서쪽 벽 터널 투어를 하면 바로 그 길을 걸어갈 수 있고 성전으로 들어가던 서쪽 문의 흔적도 볼 수 있다. 현재 서쪽 벽 광장에 드러난 부분은 전체 서쪽 벽의 극히 일부분으로 가로 57미터, 세로 19미터에 불과하다. 서쪽 벽의 상층부가 로마에 의해 일부 무너진 이후, 이 땅을 다스리던 이슬람 왕조들에 의해서 서쪽 벽이 보강되었다.

예루살렘 성전을 남서쪽에서 바라본 상상도

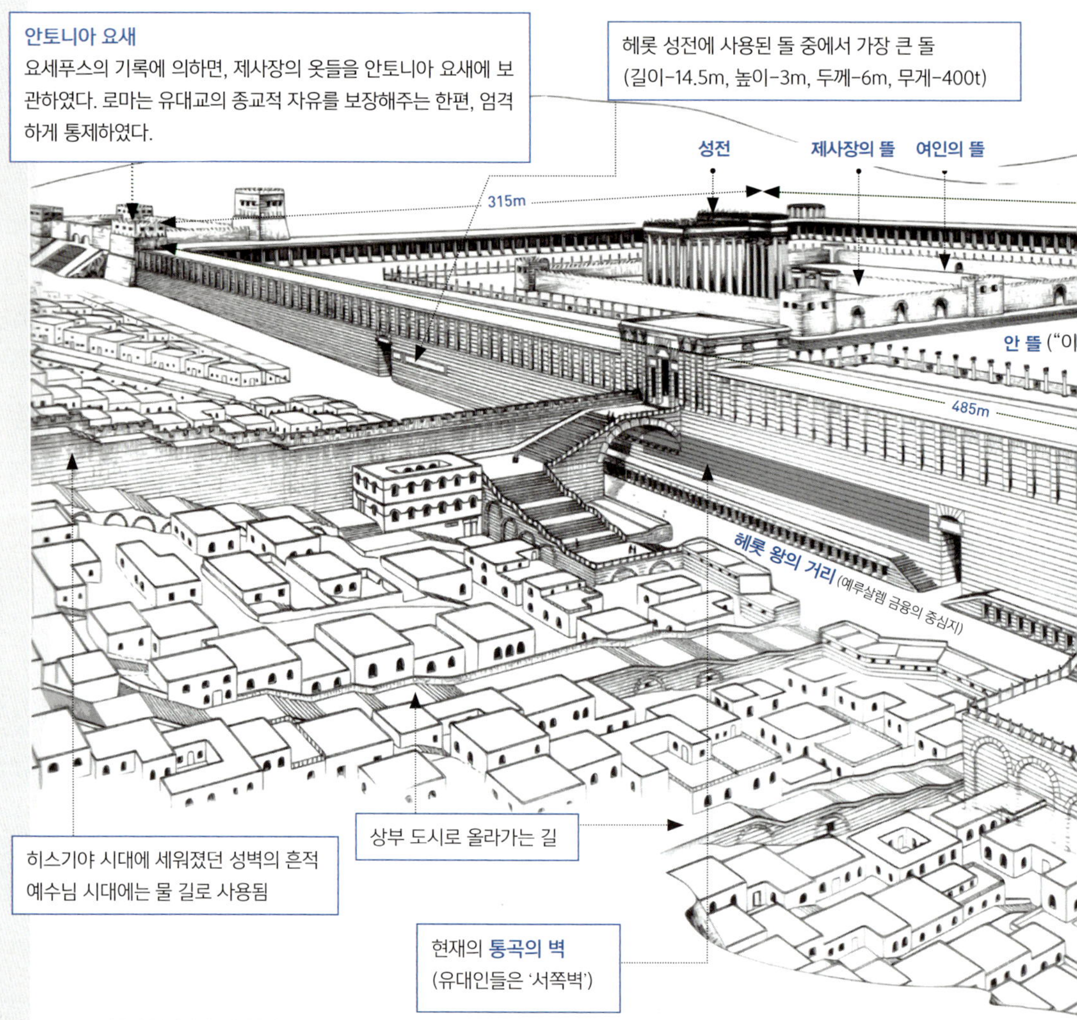

1. 요한복음 2장 20절에 의하면, 19-20 BCE에 성전 건축이 시작되어서 세밀한 부분까지 손질이 다 끝나는 데 적어도 46년이 걸렸다. 그러나 실제로 공사를 완전히 완료한 것이 대략 65 CE이므로 85년 정도 걸렸다고 보는 것이 맞다. 다만 예수님과 대화하던 사람들의 연대를 기준으로 46년인 것이다(요 2:20).

2. 스룹바벨이 건축하고(대략 536 BCE), 하스모니안 왕조 시대(기원전 2세기)에 확장된 제2차 성전을 다시 증축·건축하기 위해서는 기존의 건물을 일부 해체해야 했다. 헤롯이 계획한 성전의 크기는 하스모니아 시대의 성전보다 3배나 컸기 때문이다. 그 크기와 계획이 너무나 커서, 완공이 의심스러웠기 때문에 제사장들의 반대가 심했다. 헤롯은 그들에게 확신을 주기 위해서 성전 공사가 시작되기 전 8년 동안 100만 톤의 돌을 먼저 만들어놓아서 제사장들의 마음을 안심시켰다.

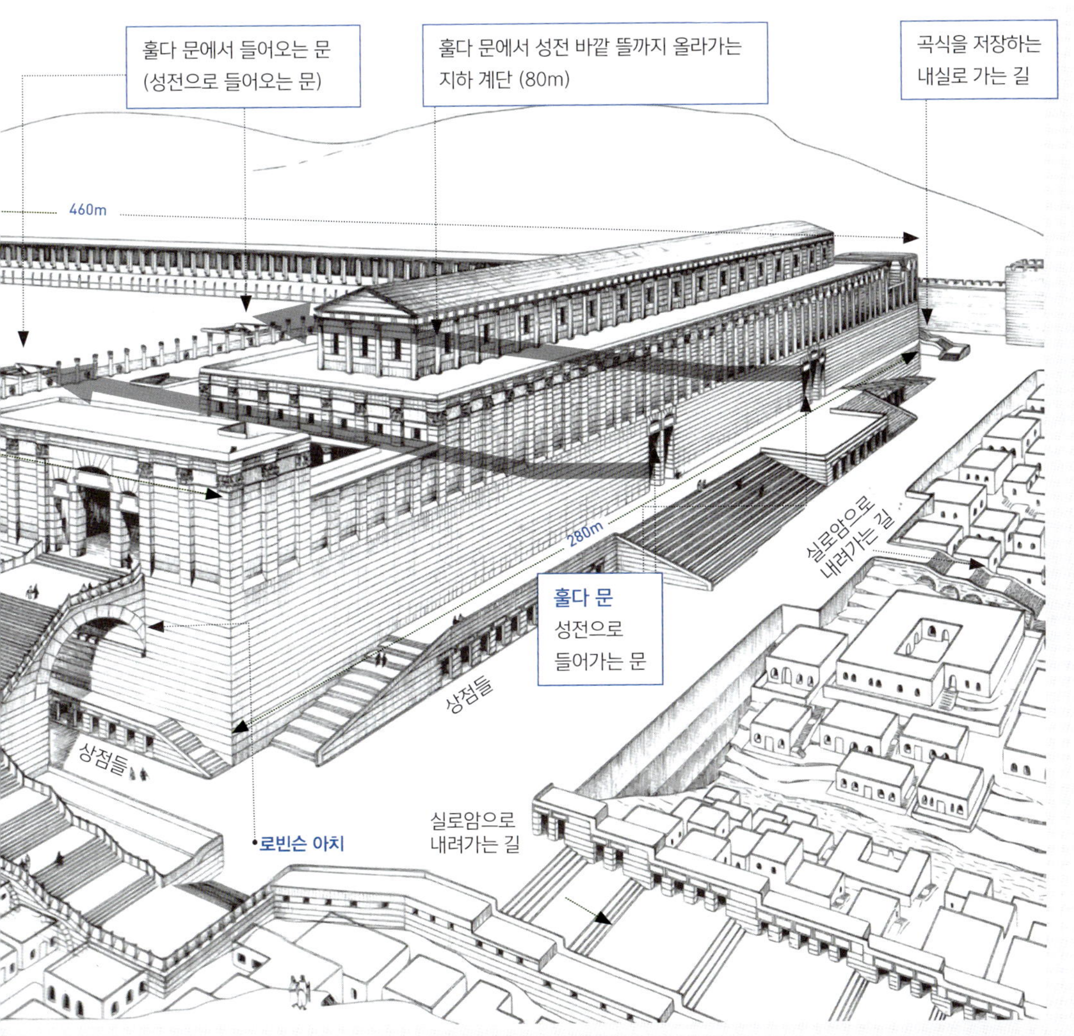

3. 성전 벽을 한 번 돌아가는 데에만 거대한 돌이 800-1,000개가 필요했다. 평균적으로 성전을 이루는 돌 하나의 무게는 4.1톤이었다. 헤롯은 회반죽을 사용하지 않고, 오로지 정확한 틈새 맞춤으로 성전 벽을 만들었는데, 18,000명이 성전을 건축하는 데 동원되었다.

4. 성전 안에 있는 돌은 모두가 거룩한 돌이기 때문에, 1,000명의 제사장에게 석공 훈련을 시켜서 만들게 하였다.

5. 성전의 최대 수용 인원은 25만 명에 육박하며, 성전 벽의 평균 두께는 5미터이다.

종교인들의 복장

오늘날 이스라엘에서 흔히 보는 정통파 유대인들의 복장은 동유럽(폴란드와 우크라이나) 유대인들로부터 시작되었습니다. 그리고 그 시기는 18세기이니, 비교적 매우 최근의 일이라고 말할 수 있습니다. 전통적인 복장의 형태는 당시 폴란드 귀족들이 입어온 옷차림을 따르고 있는데, 많은 사람들이 생각하는 것과는 반대로 정통파 유대인들의 옷차림은 종교적인 목적으로 고안되었다기보다는 역사적인 영향이 더 크다고 생각하시면 됩니다. 예를 들자면, 유대인들이 겉에 입은 정장의 저고리는 반드시 검은색이어야 하는데, 18세기의 랍비들이 규정한 것입니다. 그 이유는 당대에 유대인들이 화려한 색상의 옷을 입게 되면, 유대인이 아닌 사람들이 유대인들에게 폭력을 가했기 때문입니다. 귀족들은 화려한 색상의 옷을 입었으나 하층민들은 검은색 옷을 입어야 했습니다. 당시에 사치 단속령이 있었는데, 각 계급은 그 계급에 맞는 옷을 입어야 했습니다. 동유럽의 사회에서 유대인들은 하층민 취급을 당했으므로, 만약 유대인들이 검은색 옷을 입지 않는다면, 법령을 어기는 셈이 되는 것이지요. 그러다가 나중에 유대인들은 무채색의 이 복장에 종교적인 의미, 특별히 겸손이라든지 근검의 의미를 부여하게 됩니다.

오른쪽 예로 든 예 외에도 다양한 복장들이 있는데, 그 복장들은 유대교 내의 종파에 따라 차이가 있지만, 기본적으로 그 색이 무채색이라는 것은 동일합니다.

키파는 하늘에 계신 하나님을 두려워하며 자신의 겸손을 표현하는 방법이다(탈무드 키두쉰 31a). 정통파 유대인들은 하나님(또는 하나님의 영)이 각 사람의 머리 위에 있기 때문에 그 하나님을 공경하는 의미로 머리에 키파를 써야 한다고 가르친다(탈무드 샤봇 156a)

아침에 기도할 때에 탈릿과 함께 이마와 팔뚝에 묶고 기도하는 가죽 끈이 달린 상자이다. 이것에 대해서는 출애굽기 13장 9,16절, 신명기 6장 8절, 11장 18절에서 규정하고 있다. 테필린은 안식일이나 성경에서 말하는 명절에는 하지 않는다.

"이것으로 네 손의 기호와 네 미간의 표를 삼고 여호와의 율법이 네 입에 있게 하라"(출 13:9).

"너는 또 그것을 네 손목에 매어 기호를 삼으며 네 미간에 붙여 표로 삼고"(신 6:8).

❖ 테필린을 묶으면서 암송하는 성경구절

여호와께서 이르시되 그 날에 내가 응답하리라 나는 하늘에 응답하고 하늘은 땅에 응답하고 땅은 곡식과 포도주와 기름에 응답하고 또 이것들은 이스르엘에 응답하리라(호 2:21,22).

❖ 테필린 안에 쓰여진 글

1. 쉐마 (신 6:4 이하)
2. 하나님과 하나 됨을 감사하는 기도
3. 이집트에서 이스라엘 백성들을 탈출시키신 하나님의 기적들을 찬양하는 기도
4. 하나님만이 전지전능하심을 찬양하는 기도

탈릿 ‏טלית‏

기도할 때에 뒤집어쓰는 보자기이다. 탈릿은 흰색이고, 흰색의 탈릿에는 검은색의 선이 그어져 있다. 카발라 전통에 따르면, 흰색은 하나님의 사랑과 친절함을 상징하고, 검은색은 하나님의 엄격함을 의미한다. 탈릿의 대부분은 흰색이고, 탈릿의 양쪽 끝으로 약간의 검은색 선이 그려지게 되는데, 이 탈릿을 쓰고 기도하면서 하나님의 사랑과 너그러움이 그분의 엄격함보다 크시며, 기도를 통하여 하나님의 사랑과 친절하심을 바라는 의미를 지니고 있다.

탈릿을 쓰게 되면, 탈릿 안의 세계와 탈릿 밖의 세계가 차단된다. 그러므로 매우 보수적인 정통파 종교인이라면, 탈릿을 쓰고 기도하는 동안에 누군가가 말을 걸어도 절대로 대답하지 않는다.

페옷 ‏פאות‏

구레나룻을 길게 기르거나 기른 구레나룻 머리카락을 돌려 꼬는 독특한 구레나룻 모양을 페옷이라고 한다. 레위기 19장 27절에는 이스라엘 백성들의 머리카락 규정이 기록되어 있다.

"머리 가를 둥글게 깎지 말며 수염 끝을 손상하지 말며" 머리의 '페아'를 자르지 말고, 수염의 '페아'를 자르지 말라는 율법에서 '페아'라는 말을 탈무드 마콧 20a에서는 "귀 앞에 있는 구레나룻"이라고 정의하였다.

찌찌트 ‏ציצית‏

탈릿의 네 귀퉁이에는 찌찌트라는 술이 달려 있다. 여덟 가닥으로 이루어진 이 술은 민수기 15장 37-39절을 따라서 규정되었다.

"여호와께서 모세에게 말씀하여 이르시되 이스라엘 자손에게 명령하여 대대로 그들의 옷단 귀에 술을 만들고 청색 끈을 그 귀의 술에 더하라 이 술은 너희가 보고 여호와의 모든 계명을 기억하여 준행하고 너희를 방종하게 하는 자신의 마음과 눈의 욕심을 따라 음행하지 않게 하기 위함이라"

오늘날에는 청색 끈을 술에 섞지 않는다. 대신에 성경을 보수적으로 해석하고 따르려는 사람은 탈릿의 선색을 푸른색으로 하는 이도 있다.

느헤미야의 성벽

⏻ BIBLE VIEWFINDER

성벽 역사가 오십이 일 만인 엘룰월 이십오일에 끝나매 우리의 모든 대적과 주위에 있는 이방 족속들이
이를 듣고 다 두려워하여 크게 낙담하였으니 그들이 우리 하나님께서 이 역사를 이루신 것을 앎이니라
_느 6:15,16

건축을 해본 사람이라면 이해하시겠지만, 모든 것이 원래의 계획대로, 그리고 원래의 공사 기한대로 되는 경우는 참 드뭅니다. 일하는 사람들의 스케줄이 서로 맞지 않아서 늦어지는 경우도 있고, 날씨가 도와주지 않아서 공사가 멈추어 서는 때도 있습니다. 때로는 자금이 부족해서 치러야 할 공사비를 늦게 지급해서 잠시 서는 경우도 있고, 중간에 설계를 바꾸자는 의견 때문에 공사가 서는 경우도 있더라고요. 공사가 언제 어떻게 진행될지 모르는 상황에서 짧은 시간에 계획대로 착착 맞아 떨어지는 공사는 아마 책에나 있을 법한 매뉴얼일지 모릅니다. 그런데 이런 통념상 가장 예외적인 공사를 손꼽으라고 하면, 느헤미야의 성벽 건축 공사를 꼽겠습니다.

하지만 아무리 철저하게 계획했을지라도 늘 변수는 있게 마련입니다. 기원전 445년에 느헤미야가 예루살렘에 도착했습니다. 페르시아의 속주(屬州)가 된 유다의 통치자로 오기는 하였지만, 느헤미야에게는 산발랏와 도비야의 위협이라는 상상치도 못했을 돌

발 상황이 있었습니다. 지금의 교회 건축에서는 마주하리라 상상하기 어려운 걸림돌이지요. 공사하기도 바쁜 와중에 일꾼의 절반은 창을 잡고 경계를 서야 했고, 밤에는 파수를 봐야 했습니다. 낮에 일하는 이들도 늘 긴장과 불안 속에서 일해야 했습니다(느 4). 그러니 유다 사람들은 예루살렘 성벽 재건에 가지고 있는 역량의 100퍼센트를 다 쏟아 부을 수 없었습니다. 그럼에도 121,405제곱미터(대략 37,000평)의 성을 두르는 성벽을 52일 만에 세웠다는 것은 그야말로 기적이라는 말밖에는 설명할 다른 말이 생각나지 않게 합니다(느 6:15). 설계자가 그린 설계도와 그 설계도대로 일을 맡은 이들이 진행하는 공사에 잡음 없이, 그리고 의견 충돌 없이 너무나 자연스럽게 진행된 것이 아니었던가 싶습니다. 자기 집도 짓지 않고 텐트에 머문 채, 무리의 절반은 창을 잡고 보초를 서

느헤미야의 성벽 컬러로 강조된 부분이 2007년에 발견된 느헤미야의 성벽이다. 가로 30미터 두께 5미터의 느헤미야 성벽은 흑백 부분의 다윗 시대(10세기) 건물들을 다 포함하지 못했다. 워낙 급경사 지역이므로, 공사하기가 쉽지 않았음을 짐작할 수 있다.

예루살렘 성의 변천사

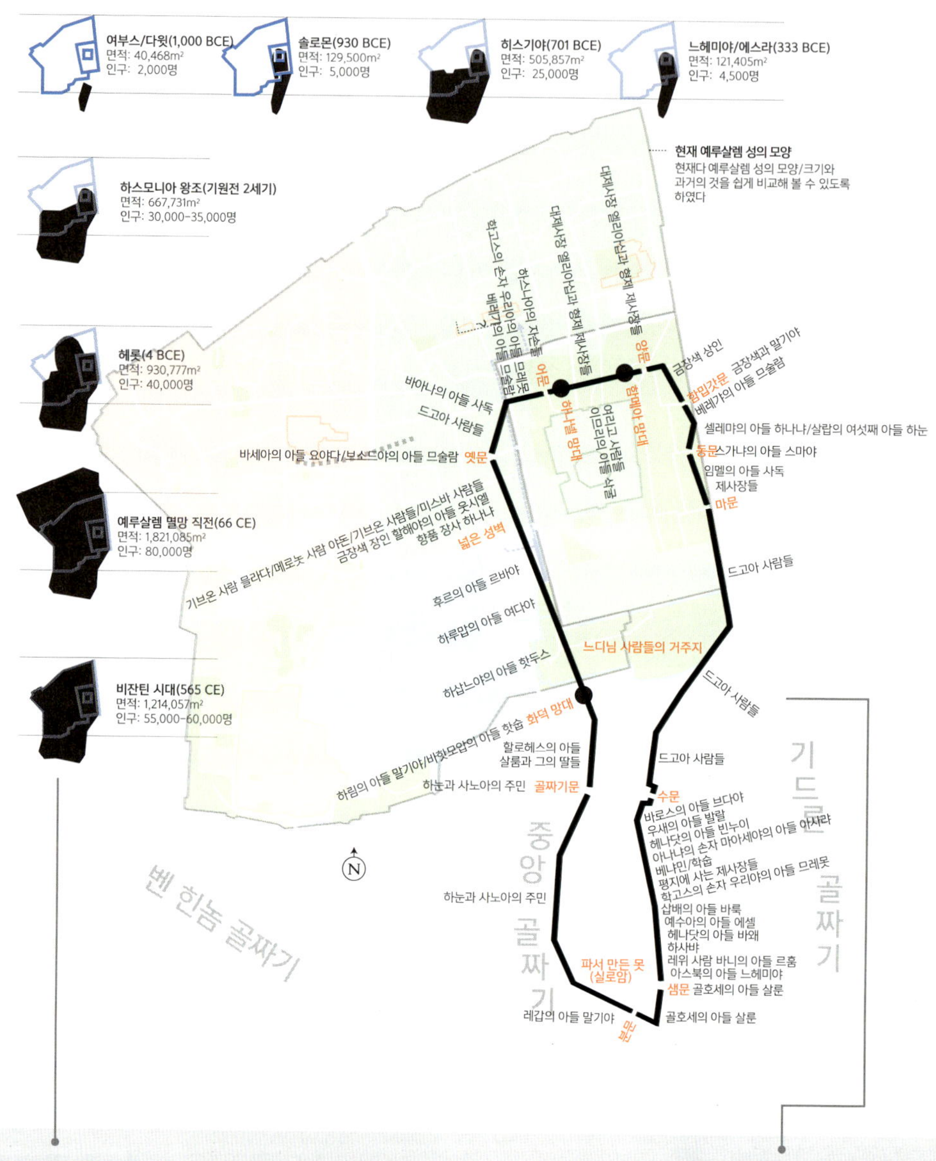

예루살렘 성의 변천사 다윗이 여부스족의 성이었던 예루살렘 성을 정복하고 이스라엘의 수도로 삼은 이래로, 예루살렘은 그 모습이 시대에 따라서 조금씩 변화하였다. 구약 시대에 가장 큰 규모의 예루살렘 성을 수축한 때는 히스기야 시대이며, 이 시대에 성안에 수원지인 기혼샘에서 실로암으로 흐르는 물길 공사도 이루어졌다. 느헤미야가 재건한 성벽은 솔로몬 시대의 성보다 규모 면에서 조금 더 작은 성벽이었다.

예루살렘 성벽 재건 느헤미야서 3장은 예루살렘 성벽 재건 과정에 참여한 사람들의 이름과 그들이 맡은 구역을 기록하고 있다.

고, 무리의 절반은 남녀노소 할 것 없이 돌을 나르던 그 때를 상상해보세요! 상상만으로도 가슴 뭉클하지 않나요? 내 것을 먼저 남겨 두고, 그다음에 하나님의 것을 떼어 놓는 오늘날의 사람들의 입장에서는 참 이해할 수 없는 일일 수도 있지만, 그것이 그들의 신앙이었고, 그 신앙이 기적과 같은 공사를 가능하게 했던 밑거름이었습니다.

2007년에 에일랏 마잘(Eilat Mazar)이 다윗 성으로 추정되는 곳을 파고 들어가기 시작했습니다. 사실은 다윗의 궁전을 찾는 것이 목표였습니다. 그런데 기대하지 않았던 발견을 하게 되지요. 다윗 성터 위에 5미터 두께, 그리고 30미터 길이의 느헤미야 시대의 성벽을 발견하게 된 것입니다.

52일이라는 짧은 기간에 바벨론에 의해 멸망당하기 전의 웅장한 예루살렘 성(667,731m²)을 모두 완벽하게 복원하기란 재원이나 시간상으로 불가능한 일이었습니다. 그래서 당장에 돌아온 백성들이 안전하게 머무를 수 있는 작은 방어성을 건축한 것이지요. 그리고 특별히 경사가 매우 급하고 공사를 하기 어려운 성의 동쪽 편 기드론 골짜기 부분은 경사면이 아니라, 그보다 위쪽에 비교적 공사가 용이한 지역에 성벽을 쌓아 올립니다. 하지만 그것도 쉬운 일은 아니었어요. 그래서 아마 제일 많은 인원이 동원되었을지도 모릅니다. 바로 그 부분이 발견된 것이지요.

성벽 공사가 끝나고 다들 한 자리에 모인 때, 성경에는 기록되어 있지 않지만, 제가 짐작하기로 가장 감격하고, 가슴이 뛰었던 사람, 그리고 하나님께 가장 감사했던 사람은 느헤미야였을 겁니다. 얼마 전 성벽 공사를 하기 전, 그 어두운 밤에 홀로 무너진 성벽을 돌면서, 느헤미야는 분명히 다시 세워질 예루살렘의 성벽을 상상했을 겁니다. 무너진 돌 하나를 붙잡고, "하나님, 나를 써주세요"라고 기도했을지도 모릅니다. 그렇습니다. 무너진 것은 돌로 쌓은 성벽이지, 하나님을 향한 마음은 아니었습니다. 완공된 예루살렘 성벽을 보면서, 뭉클하였을 느헤미야의 마음을 오롯이 다 이해할 수는 없지만, 느헤미야와 돌아온 유다 사람들이 이루어냈던 성벽 재건 공사를 보면서, 하나님을 향한 믿음이 무너지지 않고 온전히 서 있다면, 눈에 보이는 예루살렘 성 정도는 52일이면 충분하다는 것을 알게 되었습니다.

두루마리의 봉인

성경에 나오는 왕의 이름이 나온 인장이 발견된 것은 2015년입니다. 인장이 새겨진 점토 조각은 예루살렘 성전과 다윗의 도시(City of David) 사이의 오벨(Ophel, 히브리어로 "오펠"이라고 읽는다. "언덕"이라는 의미이고, 특별히 성경에서는 예루살렘 성전의 남동쪽 다윗 성 사이의 언덕을 가리키는 말로 사용된다)이라고 불리는 지역에서 에일랏 마잘(Eilat Mazar)이 발견하였습니다.

1센티미터가 조금 넘는 크기의 인장은 가운데에 태양을 상징하는 원과 그 양쪽에 날개가 달려 있는 모양입니다. 인장에는 "유ㄷ[ㅏ]의 왕 아[하]스의 (아들) 히스기야의 것(인장)"이라고 쓰여 있습니다.

과거에는 문서나 편지들을 원통형으로 말아서 끈으로 묶은 다음 끈 위에 점도 높은 진흙을 올리고 인장을 눌러서 서명을 대신하는 용도로, 그리고 그 문서가 중간에 배달 사고 없이 제대로 전달되는 것임을 확인시켜주는 용도로 사용되었습니다.

인장을 어떻게 사용하는지 오른쪽 페이지의 그림으로 확인해보세요.

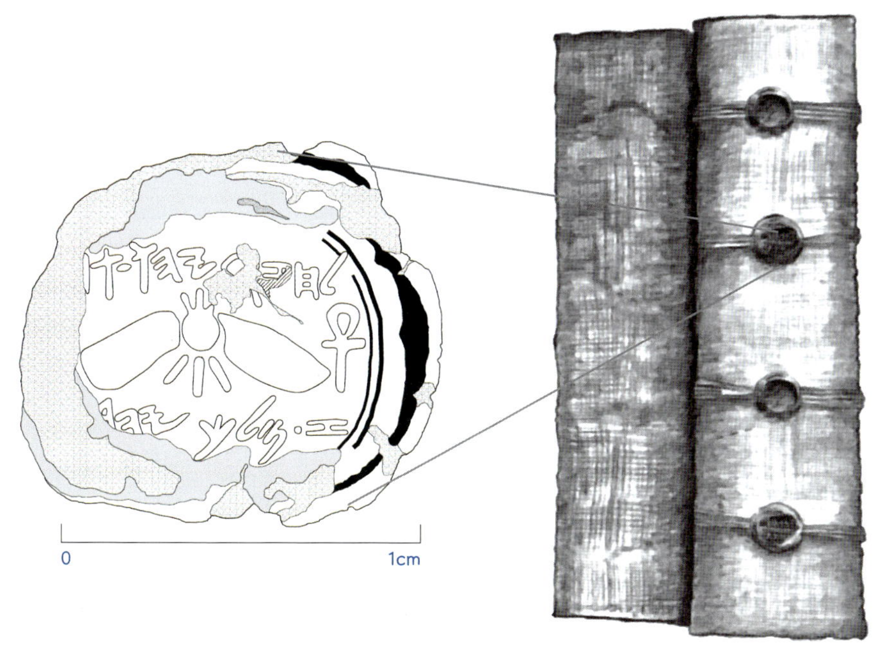

왕의 인장 2015년 오벨 지역에서 에일랏 마잘이 발견했다.

히스기야의 터널

⏻ BIBLE VIEWFINDER

히스기야가 산헤립이 예루살렘을 치러 온 것을 보고 그의 방백들과 용사들과 더불어 의논하고 성 밖의 모든 물 근원을 막고자 하매 그들이 돕더라 이에 백성이 많이 모여 모든 물 근원과 땅으로 흘러가는 시내를 막고 이르되 어찌 앗수르 왕들이 와서 많은 물을 얻게 하리요 하고 _대하 32:2-4

히스기야 왕 제 십사 년에 앗시리아의 산헤립이 유다 땅에 쳐들어왔습니다(왕하 18:13). 이때에 얽힌 유명한 이야기는 열왕기하 18장과 역대하 32장, 그리고 이사야서 36장에 아주 잘 나와 있어요. 랍사게가 유다 말로 사람들이 다 듣도록 외치니, 엘리야김, 셉나, 요아가 랍사게에게 유다 말로 말하지 말고, 시리아 말로 말하라고 부탁하는 장면 말입니다. 그런데 열왕기에는 없지만 역대기에서는 재미있는 정보 하나를 흘려줍니다. 역대기하 32장 3절에서 히스기야는 산헤립이 예루살렘으로 진격할 것을 이미 예측하고서 성 밖에 있는 물줄기를 메워버리라고 지시를 하거든요.

예루살렘은 천혜의 요새입니다. 동서남쪽으로 깎아지른 언덕 위에 세워진 예루살렘 성을 치기란 그리 쉬운 일은 아니었지요. 멀리서 보기에 별로인 것 같은 언덕이지만, 막상 그 언덕의 둔치에 서면, 고개를 바짝 쳐들어야 예루살렘 성을 쳐다볼 수 있습니다. 그래서 여부스 사람들도 예루살렘을 점령하려는 다윗에게 "너는 여기에 들어올 수 없다. 눈 먼 사람이나 다리 저는 사람도 너쯤은 물리칠 수 있다.”(삼하 5:6 새번역)라고 호언장담할 수 있었지요. 북쪽만 막으면 되니 말입니다. 그런데 이런 천혜의 요새도 약점이 있었습니다. 물입니다! 비단 예루살렘 성 뿐 아니라 이스라엘의 모든 성의 가장 큰 약점은 공통적으로 ‘물’이었습니다.

대부분의 이스라엘의 거주지는 텔(Tel)이라고 불리는 인공 언덕입니다. 물도 있고 교통도 편리하고 농사지을 땅도 있고 방어하기도 수월한 장소에 처음 마을이 세워지고, 그 마을에 사람들이 몇 백 년, 몇 천 년을 살아가다보면, 무너진 흙벽돌 건물의 흙이 자연스럽게 그 위에 지어지는 건물의 땅이 되면서 언덕이 만들어집니다. 알기 쉽게 시루떡을 생각하시면 돼요. 한 세대가 마을을 이루고 살다가, 전쟁이나 풍화로 인해 한 마을이 무너지면, 다시 그 위에 마을을 세우기 때문에, 시루떡처럼 층층이 마을의 역사가 언덕을 이루며 계속 올라가는 겁니다. 그러다 보면 처음 마을이 세워질 때는 수원지가 마을의 바로 옆에 붙어서 성 안에 있었겠지만, 점점 언덕을 이루며 오르다보니, 정작 수원지는 성의 바깥에 위치하게 되는 모양새가 되어버리는 겁니다.

예루살렘은 대부분의 기반이 암석층인지라, 이런 전형적인 텔의 형성 과정만으로는 설명할 수 없지만, 제아무리 예루살렘이라도 이런 이스라엘의 일반적인 역사에서 예외일 수는 없었습니다. 성의 유일한 수원지는 기혼샘인데, 기혼샘이 예루살렘 성의 바깥에 있어서 물을 뜨기 위해서는 성을 나가야 했습니다.

기혼샘 철망 아래에는 기혼샘이 터져 나온다. 히스기야 터널로 들어가는 입구이기도 하다. 기혼샘의 물은 기드론 골짜기를 흘러 사해 바다로 들어간다.

다윗성과 히스기야의 터널

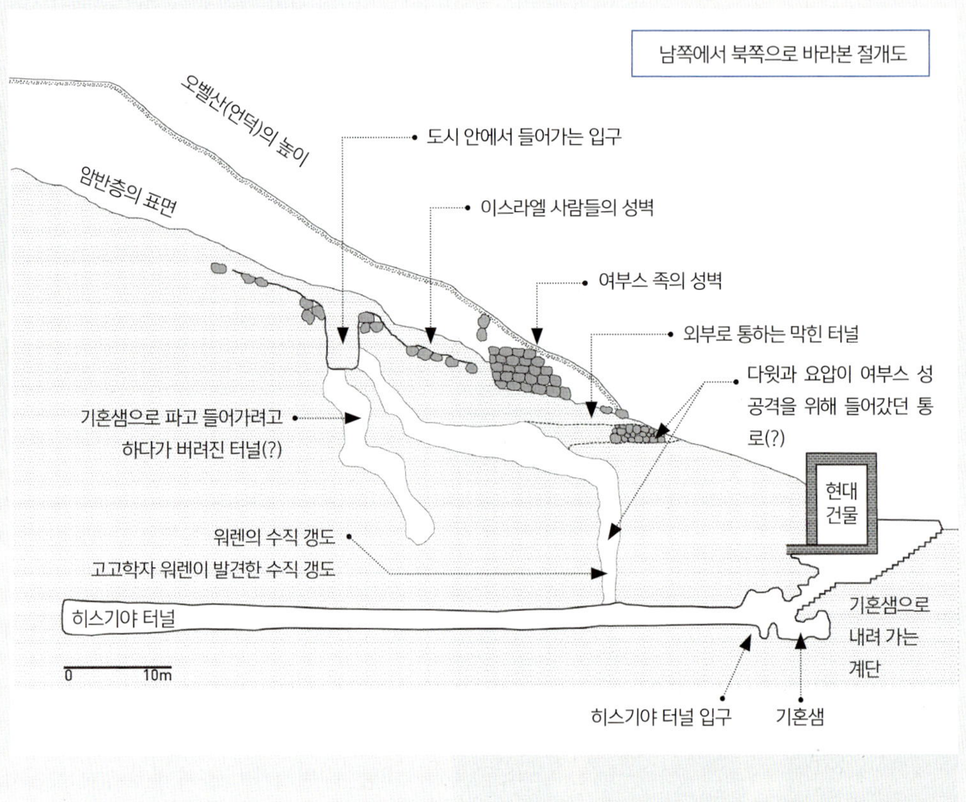

평상시에는 상관없을지 몰라도, 예루살렘이 포위를 당하는 전시(戰時)에는 물을 뜨기 위해서 위험을 감수해야만 했습니다. 그래서 여부스 사람들이 고안해낸 방법은 몰래 성 밖으로 빠져나가서 물을 뜨는 비밀 통로를 만드는 것이었습니다. 다윗이 여부스 사람들의 자만을 꺾을 수 있었던 것도 이 같은 예루살렘의 약점을 이미 알았고, 그 비밀 통로의 정체를 알고 있었기 때문이었습니다.

다윗은 여부스 사람들이 방심하는 틈을 타서 예루살렘을 정복합니다(삼하 5:8). 그런데 지금은 이스라엘이 산헤립 앞에서 옛 다윗 앞에 섰던 여부스 족의 운명이 될 지경에 처한 겁니다. 여기에서 히스기야는 승부수를 던집니다. 히스기야는 산헤립이 기혼샘을 이용하지 못하게 하는 한편, 포위되었을 때에 예루살렘의 물 부족 사태를 해결하기 위해서, 기혼샘의 성 바깥쪽 입구를 막아버리고, 동시에 기혼샘에서 물줄기를 파서 물을 성 안으로 끌어 들이는 토목 공사를 일으킨 거지요. 그리고 끌어들인 기혼 샘의 물을 저장하는 커다란 물 저장고를 만드는데, 이것이 바로 실로암입니다. 실로암 못이라고 하면, 흔히 학교 운동장 한편에 개구리밥이 떠 있고, 개구리가 연잎 위에서 파리를 기다리고, 물속에서는 팔뚝만한 금붕어들이 헤엄쳐 다니는 그런 연못을 상상하곤 하는데, 이런 연못과는 전혀 상관없는 순수한 '물 저장고'를 생각하시면 되겠습니다.

그런데 실로암으로 물을 끌어들이기 위해서 벌였던 그 놀라운 작업이 가히 기가 막힙니다. 기혼샘에서 실로암까지 파고 들어간 터널의 길이가 약 533미터 정도인데, 이 터널은 기혼샘에서 실로암으로 한 방향으로만 물 수평을 잡으며 파고 들어간 것이 아니라, 한 무리의 사람은 기혼샘에서 실로암으로, 또 한 무리의 사람은 이미 만들어놓은 실로암에서 기혼샘의 방향으로 양쪽에서 파고 들어간 거지요. 그러고는 이 둘이 정확하게 서로 만났습니다. 2700년 전의 기술로 말이지요! 이

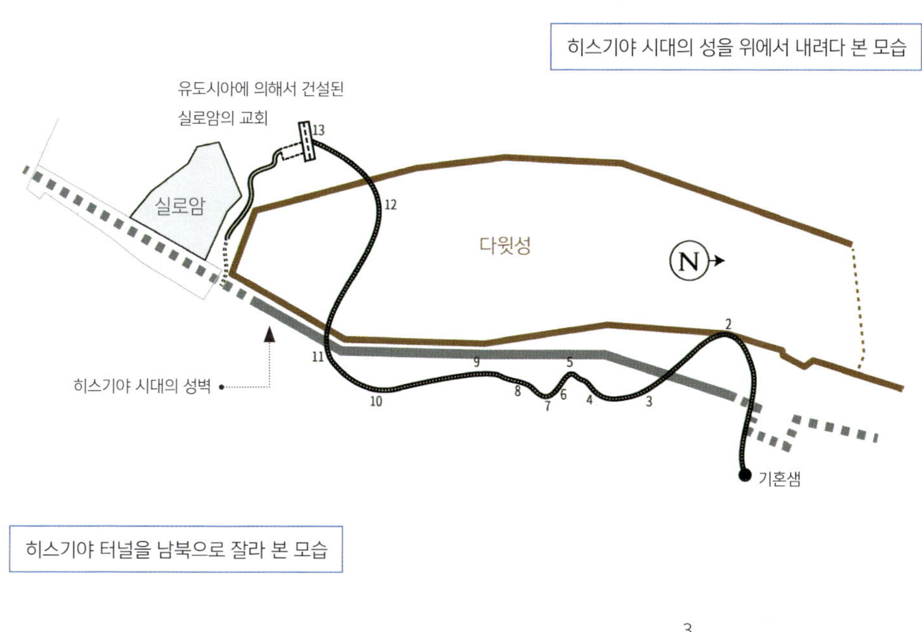

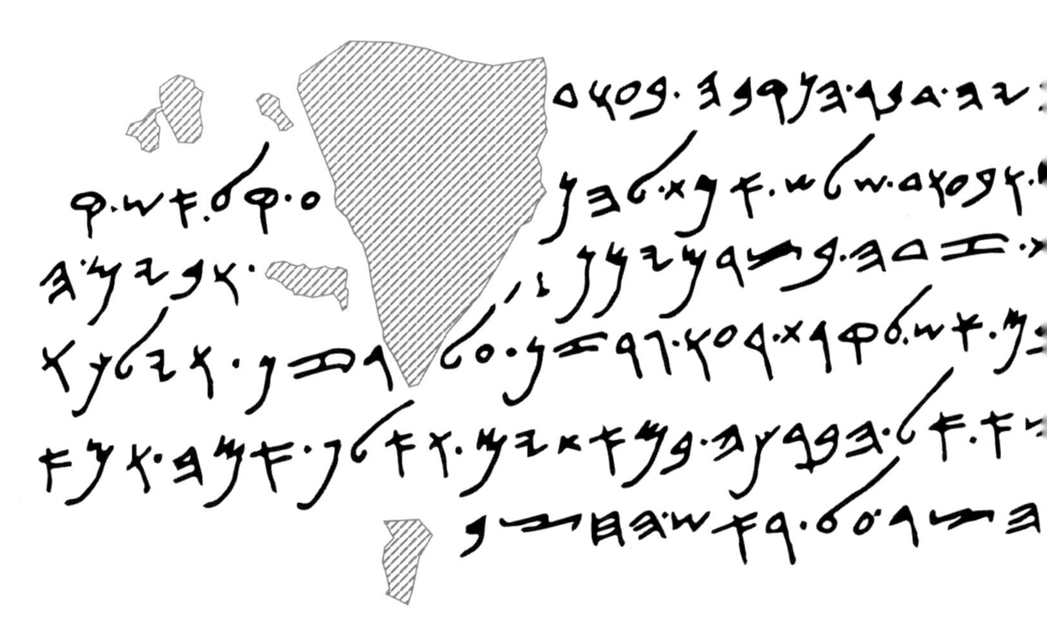

런 토목 공사의 과정은 1880년에 히스기야 터널이 끝나는 부분에 유도시아(Eudocia)가 세운 교회 옆(2005년까지는 "실로암"이라고 불렀던) 실로암에서 물놀이를 하던 아이들이 '실로암 비문'을 우연히 발견하면서 알려졌습니다.

"[1행] 터널… 이것은 터널이 …할 때의 이야기이다. 아직… [2행] 도끼 … 서로… 그리고 세 규빗 정도 남아 있을 때에… 사람들의 목소리… [3행] 상대방… 왜냐하면, 오른쪽에 갈라진 바위틈이 있었기 때문이다. [4행] 일하는 사람들의 돌을 깨부수고 상대방을 만났다. 도끼와 도끼가 서로 부딪혔다. [5행] 그리고 1200규빗이 넘는 물의 근원지로부터 저장고까지 물이 흘렀다. [6행] 일꾼의 머리 위로 100규빗 높이의 바위…"

히스기야 터널이 더욱더 놀라운 것은 수원지인 기혼샘과 성 안의 물 저장고인 실로암까지의 높이 차가 약 2미터 정도밖에 되지 않아서, 물이 천천히 흐를 수 있었다는 겁니다.

그날, 수많은 군사를 이끌고 예루살렘으로 진격한 앗시리아의 산헤립은 예루살렘을 섣불리 공격하지 못합니다. 깎아지른 절벽에 위치한 예루살렘 성을 섣불리 공격했다가는 오히려 반격을 당하기 십상이지요. 게다가 예루살렘까지는 어떻게 왔지만 물을 구하지 못하니, 또 금세 전열을 가다듬기가 그리 쉬운 일은 아니었을 겁니다. 산헤립은 먼저 유다 말을 할 줄 아는 랍사게를 보내어서 예루살렘의 민심을 흔들어놓습니다. 공격하기 힘든 예루살렘 성의 주민들을 동요시켜서 마음을 흔든 다음, 변절자가 예루살렘 성문을 열어주기를 기다렸을지도 모르겠습니다. 같은 시간, 히스기야는 차고 넘치는 실로암의 샘물을 받아 마시며, 황급히 군사 행동 결정을 내리기보다는 하나님의 말씀을 경청합니다. 이사야는 히스기야에게 산헤립이 예루살렘 성에 발을 디뎌보지 못할 것이라고 예언하고(왕하 19:20-31), 그날 밤 하나님은 이사야를 통해서 히스기야에게 하신 약속대로 앗시리아 군의 진영에서 18만 5천 명을 죽이셨습니다.

실로암

BIBLE VIEWFINDER

땅에 침을 뱉어 진흙을 이겨 그의 눈에 바르시고 이르시되 실로암 못에 가서 씻으라 하시니 (실로암은 번역하면 보냄을 받았다는 뜻이라) 이에 가서 씻고 밝은 눈으로 왔더라 _요 9:6,7

북왕국 이스라엘이 멸망하던 무렵 유다 왕 히스기야는 유다도 이스라엘 패망의 길을 똑같이 걷지 않을까 노심초사했습니다. 그도 그럴 것이 앗시리아의 산헤립이 유다를 정벌하기 위해서 내려온다는 흉흉한 소문이 심심치 않게 히스기야의 귀에 들려왔기 때문입니다. 기드론 골짜기와 힌놈 골짜기가 만들어낸 천혜의 절벽으로 둘러싸인 예루살렘은 성의 북쪽만 막아내면 되는 견고한 성이었습니다만, 이런 예루살렘 성에도 한 가지 결정적인 단점이 있었는데, 온 예루살렘 주민에게 공급되어야 할 물의 근원인 기혼샘이 성 밖에 있다는 것이었습니다. 히스기야는 만약의 침공을 대비해서 물의 문제를 해결해야 할 필요가 있었습니다. 그래서 기혼샘의 물을 예루살렘 성 안으로 끌어들이는 대규모의 토목 공사를 하게 됩니다. 기혼샘에서부터 지하로 물길을 만들어서 예루살렘 성 남쪽에 대규모의 물 저장고를 만드는 것이지요(대하 34:2-4). 이 공사를 성공적으로 끝낸 후, 히스기야는 기혼샘에서 흘러보낸 물이 채워져 만들어진 이 물 저장고를 실로암이라고 이름 지었습니다. 히브리어로 "보내다"라는 말에서 비롯된 이름입니다.

하지만 유다 왕국이 늘 전쟁의 소용돌이에 휩싸여 있었던 것은 아니었습니다. 그래서 전쟁이 없던 시절에는 이 실로암을 정결욕조로 사용하였습니다. 하나님의 성전에 올라가기 위해서 백성들은 반드시 자신을 정결하게 하는 정결예식을 해야 했는데, 정결예식은 정결욕조라고 불리는, 물을 담아두는 공간에 옷을 벗고 들어가서 온 몸을 물속에 담갔다가 나오는 것이었습니다. 성전에는 수많은 사람이 늘 붐볐습니다. 그리고 명절 때에는 수만 명의 사람들이 한꺼번에 모여들었습니다. 성전의 주변에 많은 정결욕조들이 있었지만, 한꺼번에 몰려드는 사람들을 감당하기에는 벅찼습니다. 그래서 실로암은 대규모의 인파를 수용할 수 있는 안성맞춤의 정결욕조가 될 수 있었습니다.

예수님께서 날 때부터 눈먼 사람을 고치셨습니다. 땅에 침을 뱉고 그것으로 진흙을 개어 그 사람의 눈에 바르신 다음 실로암 못에 가서 씻으라 하셨습니다(요 9:6,7). 우리말 성경에는 '못'이

실로암 상상도　"보내다"라는 의미를 가지고 있다. 기혼샘에서 "보내진" 물이 저장되는 공간이다.

라고 되어 있지만 물 저장고이지요. 왜 다른 곳이 아니라 실로암일지 생각해보셨는지 모르겠습니다. 제가 추측하기로 예수님이 말씀하신 의도는 아마도, 성전을 가기 전 정결욕조로 사용되고 있는 "실로암에서 눈과 몸을 씻고 성전으로 올라가서 가장 먼저 하나님께 감사하라!"는 명령이 아니었을까 합니다.

나병환자 열 명을 고쳐주시고 그중에 한 사람만 돌아와서 예수님께 감사드렸던 이야기를 읽고 있노라면(눅 17:11-19), 감사할 줄 모르는 아홉 명이 참 답답한 사람들이라고들 생각하지만, 그 아홉 중 하나가 '나'라는 생각은 하지 못합니다.

교육 전도사 시절, 가장 바쁜 때 중에 하나가 수능 시험을 앞둔 때입니다. 수능생들을 위한 특별기도회를 준비해야 하거든요. 그동안 새벽기도와 거리가 멀었던 이들도 자녀들을 위해 열정적으로 기도합니다. 그런데 말입니다. 수능 시험이 끝나고 나면 얼마 지나지 않아서 그렇게 열심히 기도하던 교인들의 수가 점점 줄어들기 시작합니다. 게다가 자녀들의 학교가 발표되고 합격 통지서를 두 손에 받아들면 말이지요, 이 모든 결과는 다 "우리 아이가 열심히 공부해서"라고 합니다. 또는 아이와 함께 밤낮을 함께한 부모의 열

정 때문이라고도 합니다. 시험 전에는 자녀에게 담대함과 지혜를 달라고 목사님들을 찾아와 안수기도를 받다가도, 합격 통지서를 받아들고 교회를 찾아와서 이 모든 결과는 하나님께서 함께하셨기 때문에 가능했노라고, 청년의 때를 신앙 가운데 보내겠노라고, 너무 감사하니 기도해달라고 기도를 받으러 오는 이들을 저는 아직까지 단 한 명도(!) 만난 적이 없습니다.

실로암에서 고침을 받았던 그 사람은 그길로 하나님께 예배와 감사를 드리고 예수님의 제자가 되었는데(요 9:28), 오늘 우리는 그길로 못 본 척, 아무 일도 없었던 듯이, 난 원래부터 앞을 잘 보았던 사람인 양, 예수님을 떠나고 있는 듯하여 마음이 무겁습니다.

실로암

전에는 히스기야 터널에서 나오자마자 있는 비잔틴 시대 유도시아(Eudocia) 황후가 세운 실로암 못가의 교회 유적을 실로암으로 기념하였다. 그러나 유적 바로 남쪽 팔레스타인 사람의 땅을 사들이고 발굴을 시작하면서 2004년에 비로소 실로암의 정확한 위치와 본 모습의 일부를 알게 되었다. 2007년부터 일반에 개방된 실로암은 물 저장고의 동쪽 일부가 드러난 채로 있다. 뿐만 아니라 성전에서 실로암으로 내려가는 계단 역시 발굴되었다.

나비 사무엘

⏻ BIBLE VIEWFINDER

솔로몬이 여호와를 사랑하고 그의 아버지 다윗의 법도를 행하였으나 산당에서 제사하며 분향하더라 이에 왕이 제사하러 기브온으로 가니 거기는 산당이 큼이라 솔로몬이 그 제단에 일천 번제를 드렸더니
_왕상 3:3,4

인생이라는 커다란 그림에서 지금의 제 모습을 보건대 얼마나 초라하고 작아 보이는지 모릅니다. 누군가는 제가 지금 찍고 있는 커다란 도화지의 점 한 개 한 개가 결국 연결되어 선을 이루고 나중에는 멋진 그림이 된다고 위로하지만, 저도 어쩔 수 없이 보이는 것에 좌지우지되는 사람인지라 지금 제가 찍은 이 작은 점 하나에 실망하고 좌절하고, 제가 그렇게 가치 없는 사람인가 나 스스로를 점점 저 구석에 밀어 넣게 됩니다. 작은 돈에 흔들리고, 작은 기회에 흔들리는 이 갈대 같은 마음은 커다란 도화지에 점 하나 찍기에도 아까울 만큼 작디작은 먼지와 같습니다. 이런 생각이 들 때마다 깊은 한숨이 나오고, 그 한숨의 저 밑바닥에는 울화와 같은 뜨거움이 있습니다.

한 목사님으로부터 메일을 받았습니다. 지난번에 성지순례에 오신 적이 있는데, 나비 사무엘(기브온 산당이 있었던 곳)에서 본 베냐민 지파의 땅을 제대로 찍은 사진이 없는데, 가지고 있는 것이 있다면 한 장 보내줄 수 있느냐는 것이었습니다. 제 카메라가 그

리 좋지는 않은지라 화각이 나오지 않아 무려 17장의 사진을 이어 붙여서 만든 파노라마 사진이 있어서 그것을 보내드리려는데, 한편 생각해보니, 보내드린다 한들 그 사진에서 무엇이 무엇인지 모르실 것 같아서 하나하나 도시를 알려드리며 설명을 붙였습니다. 이제 두 주만 지나면 개학인데, 개학이 되면 이런 친절함도 끝일 것 같아서 그전에 꼭 해드려야겠다는 생각에 예전에 찍어놓았던 사진들을 들추어냈습니다.

기브온 산당에 오르면 베냐민 지파의 땅이 한눈에 보입니다. 사진을 더 세심하게 돌려서 찍었다면, 아마 베냐민 지파 땅 전체를 깔끔하게 담을 수 있지 않았겠나 싶기도 합니다. 그만큼 베냐민이 받은 땅은 작고 다른 지파에 비해서 썩 탐낼 만한 곳도 없어 보입니다. 게다가 베냐민 지파는 강력한 유다 지파와 에브라임 지파 사이에 끼어서 자고 일어나도 마음껏 기지개 한 번 켜볼 수 없는, 그야말로 불쌍하고 나약한 지파입니다. 그저 유다와 에브라임, 또는 북왕국 이스라엘과 남왕국 유다의 완충 지대쯤으로 중요할까, 오죽하면 베냐민(직역하면 "오른손의 아들") 지파 출신의 사사 에훗을 설명하면서 에훗은 왼손도 잘 쓰는 사사였다고 성경에서 말할까 싶어요. 나약한 지파가 생존을 위해서 양손을 다 쓸 수밖에 없는 불쌍한 역사가 에훗의 이야기에 고스란히 녹아 있습니다.

불쌍한 땅, 작은 땅 베냐민의 사진을 다듬고 있다 보니, 다시 한 번 하나님께서 역사를 이끌어 가시는 모습을 되돌아보게 됩니다. 하나님은 한 사람의 크고 작음을 그 보이는 것으로 판단하지 않으시는 것이 분명합니다. 작은 아이 다윗을 불러 골리앗을 치고, 작은 아이 사무엘을 부르시어 엘리를 대신할 제사장이자 사사, 그리고 예언자로 삼는 분이시니 말입니다. 그리고 열두 지파 중에서 작은 베냐민 지파에서 이스라엘의 처음 왕, 사울을 세우셨습니다.

솔로몬이 기도하러 올랐던 기브온의 산당에 서서, 휘 한 번 둘러보면 다 보이는 작디작은 땅을 받은 그 지파에서 왕을 나게 하셨다는 놀라운 사실을 내 눈 앞에 두고서도, 나도 모르게 더 가지고 싶어 하고, 더 커지고 싶어 하고, 더 이름을 떨치고 싶어 하고, 제

실력의 덩치를 더 키우고 싶어 하는 제 어리석은 모습을 보았습니다. "하나님, 죄송합니다. 헛된 것을 좇을 때마다 다시 이곳에 저를 불러 세워 베냐민 땅을 둘러보게 해주세요."

1. 엘가나와 한나의 집이 있었다(삼상 1,2).
2. 사무엘이 쌓은 하나님의 단이 있었다(삼상 7).
3. 이스라엘의 왕 바아사가 이곳에 요새를 쌓았다(왕상 15:17 ; 대상 2:11).
4. 유다 왕 아사가 바아사가 쌓은 이 요새를 무너뜨렸다(왕상 15:21 ; 대하 16:1).
5. 유다 사람들이 예레미야를 라마에 가두어두었다(렘 39,40).
6. "나 주가 말한다. 라마에서 슬픈 소리가 들린다.
   비통하게 울부짖는 소리가 들린다.
   라헬이 자식을 잃고 울고 있다.
   자식들이 없어졌으니, 위로를 받기조차 거절하는구나"(렘 31:15 새번역).

1. 레위 사람의 첩을 유린하고 죽인 비류들이 살던 곳이다(삿 20).
2. 사울의 집이 있던 곳이다(삼상 10:26).
3. 이스라엘 왕국의 첫 수도이다(삼상 22:6).

1. 제사장 아히멜렉을 비롯하여 제사장들이 모여 살던 마을이다(삼상 21).
2. 다윗이 성소의 진설병과 골리앗으로부터 빼앗은 칼을 받아 가드 왕 아기스에게 도망했다(삼상 21:6,9).
이것이 빌미가 되어서 사울이 도엑을 시켜 제사장들을 모두 죽이고(삼상 22:17-19), 아히멜렉의 아들 아비아달이 다윗에게 도망했다.

홀로코스트 추모 기념관

600만 명의 유대인이 제2차 세계대전 동안 유럽 각지에서 나치들에 의해 죽임을 당했습니다. 일부는 고된 노역을 견디다 못해 죽었고, 열악한 환경 속에서 걸린 병 때문에, 생체실험 대상자로, 그리고 가스실에서 죽었습니다. 얼마나 많은 사람들이 하루 아침에 죽어 나갔는지, 시체를 처리할 방법이 없어서 커다란 구덩이를 파놓고 불도저로 시신들을 밀어 넣은 다음 흙으로 덮은 뒤, "대략 1,000명", "대략 500명" 이런 식으로 묘지를 알리는 팻말을 세워둘 정도였습니다. 전쟁이 끝난 지금 세계 곳곳에는 이렇게 죽어간 유대인들을 추모하는 기념관들이 세워졌고, 이스라엘에도

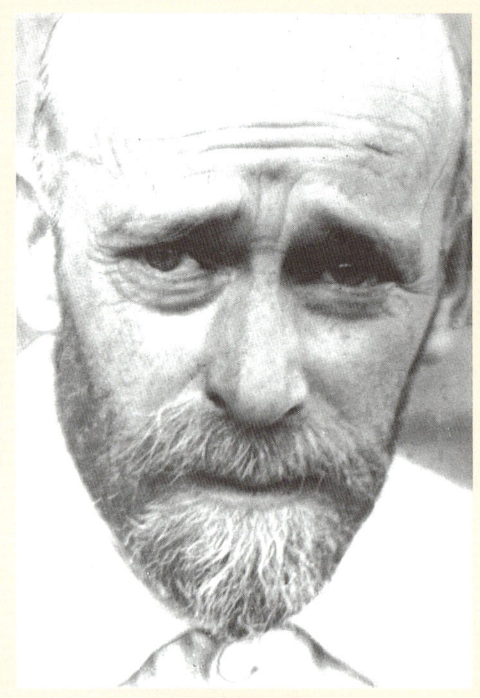

야누쉬 코르착과 고아원의 아이들

“야드 바쉠”이라는 이름으로 이들을 추모하고 있습니다. 그러나 이 추모관을 스쳐 지나가는 한국인 순례객과 관광객이 잘 가지 않는 곳이 있습니다. 그곳은 어린이들을 위한 추모관(Children's Memorial)입니다.

어두운 방에 촛불이 켜져 있는데, 그 방을 둘러싸고 있는 거울에 비친 촛불은 마치 하늘의 별처럼 빛납니다. 그 어두움을 헤치고 묵직한 목소리로 죽어간 아이들의 이름과 나이를 나지막이 불러주는데, 그 소리만으로도 눈물이 왈칵 쏟아질 듯합니다. 그렇게 그 방을 나서면 슬픈 표정의 아이들과 그 아이들을 한아름 안고 있는 한 남자의 청동 조형물이 나옵니다. 유대계 폴란드인 헨느리그 골드슈미트(Henryk Goldszmit)는 필명인 야누쉬 코르착(Janusz Korczak)으로 더 잘 알려진 사람입니다.

소아과 의사이자 동화 작가이며 아동 교육가인 야누쉬 코르착은 의사의 직업을 버리고, 폴란드의 수도 바르샤바에서 유대인 고아들을 위한 고아원을 설립합니다. 그런데 얼마 지나지 않아서

1939년 제2차 세계대전이 벌어지고, 폴란드를 점령한 독일군은 야누쉬 코르착의 고아원을 바르샤바의 유대인 게토(Ghetto)로 강제 이주시킬 계획을 하지요. 게토로 강제 이주당한 야누쉬 코르착과 192명의 고아들은 1942년, 악명 높은 트레블링카 강제수용소(Treblinka Extermination Camp 아우슈비츠 다음으로 많은 유대인들이 (80만 명) 죽었던 수용소)로 옮겨지게 되었습니다. 수용소로 가기 위해서 각 지역에서 강제로 끌려온 유대인들과 야누쉬 코르착, 그리고 아이들이 중간 집합소에 모였습니다. 그런데 운명의 시험대였을까요? 한 독일군 무장 친위대(SS)가 그를 알아보았습니다. 이미 유럽에서 널리 알려진 동화 작가이자 교육가이며 사회사업가인 야누쉬 코르착을 알아본 그는 야누쉬 코르착만은 살려주고 싶었습니다. 비록 독일군이지만 그 역시 야누쉬 코르착의 책을 읽고 자랐으니 말이지요. 그러나 야누쉬 코르착은 자기 살길만을 찾는 사람은 아니었습니다. 자신이 유대인이라는 것을 숨기지 않았을 뿐더러, 아이들과 함께 죽음을 맞이하는 것이 교육자로서의 책임이자 그동안 살아온 자신의 삶과 결이 맞는다고 생각했습니다. 목격자들의 증언에 의하며 야누쉬 코르착은 마치 아이들과 소풍을 가듯이 맨 앞에 서고, 그 뒤로 깨끗한 옷을 입은 아이들이 두 줄로 맞추어서 강제 소용소로 향하였다고 합니다. 예전에 보았던 영화 '인생은 아름다워'에서 아들에게 두려움을 보여주지 않기 위해 군병놀이처럼 우스꽝스럽게 걸어가던 아버지의 모습이 겹쳐졌습니다. 1942년 8월 7일. 야누쉬 코르착은 아이들과 함께 가스실에서 죽었습니다.

홀로코스트 추모관에 있는 야누쉬 코르착의 청동상을 보면서, 비록 기독교인은 아니었지만, 아이들과 함께 죽었던 그의 삶 속에서 예수님의 모습을 보았습니다. 다른 이들의 삶을 내 삶처럼 소중히 여기는 마음을 가진 야누쉬 코르착은 아이들이 바라볼 수밖에 없는 그 곳(죽음의 수용소)을 함께 바라보며 아이들을 예수님의 마음으로 품었습니다. 영문도 모른 채 아이들이 걸어 들어가야 했던 그 수용소를 향해 같이 걸어갔고, 함께 죽었습니다. 그는 죽었

으나 그를 기억하고 존경하는 사람들의 삶 속에 영원히 남았습니다 (비록 부활과 승천, 그리고 재림할 그리스도 예수님은 아니었지만) 그의 삶은 그야말로 예수님과 같은 삶이었습니다.

part 02

감람산

요단강
벳산
길보아산
모래산
에발산
사마리아
므깃도
가이사랴
아벡
게셀
욥바
야브네
여리고
가이
감람산
기브아
예루살렘
기브온
벧레헴
헤브론
벳세메스
립나(?)
에글론
마레사
라기스
가드
엔거
아스돗
아스겔론
가자

승천교회

⏻ BIBLE VIEWFINDER

이 말씀을 마치시고 그들이 보는데 올려져 가시니 구름이 그를 가리어 보이지 않게 하더라 올라가실 때에 제자들이 자세히 하늘을 쳐다보고 있는데 흰 옷 입은 두 사람이 그들 곁에 서서 이르되 갈릴리 사람들아 어찌하여 서서 하늘을 쳐다보느냐 너희 가운데서 하늘로 올려지신 이 예수는 하늘로 가심을 본 그대로 오시리라 하였느니라 _행 1:9-11

유학생의 유일한 즐거움이라고 한다면, 역시 운동입니다. 매일 같이 책상머리에 붙어 있다가 일주일에 한 번 두어 시간 몸을 움직여주는 것이 얼마나 좋은지 모릅니다. 그 날도 다른 학생들과 안식일을 앞두고 히브리대학교 스포츠 센터에서 테니스를 하고 있었습니다. 그런데 갑자기 세찬 바람이 불어오더라고요. 그러더니 서쪽 하늘에서 검은 먹구름이 마치 제 머리를 때릴 기세로 달려오고 있었습니다. 분명히 비가 올 것 같았습니다. 그래서 테니스를 하던 네 명이 급히 가방을 챙겨서 일제히 비를 피할 수 있는 처마 있는 건물로 달리기 시작했습니다. 그러나 가방을 집어 드는 순간 비는 이미 쏟아지기 시작했고, 불과 몇 초 사이에 온 몸이 흠뻑 젖어버렸습니다. 다들 이런 경험이 처음인지라 몸이 젖었다는 생각보다 놀라서 서로 바라보며 그저 웃기만 했습니다.

최근에도 비슷한 경험을 한 적이 있습니다. 지중해 바닷가의 가이사랴에서 커피를 마시러 사람들과 함께 앉아 있는데, 갑자기 거센 바람이 불어왔습니다. 흐리고 습한 날씨에 오히려 그 바람이 시원하다고 느낄 무렵 바람이 카페의 햇빛 가리개를 날려버릴 정도로 순식간에 바뀌더니, 바람과 함께 마치 수도꼭지를 틀어놓은 듯 비가 내리는데, 의자에서 카페 실내까지 대략 3미터 정도의 거리를 달려 피하는 도중에 이미 비 맞은 생쥐처럼 다 젖어버렸습니다. 빗줄기가 카페의 창문을 때리는데, 그 소리가 어마어마했습니다. 나무들은 금세라도 뽑혀 나갈 듯했고, 햇빛 가리개들은 이미 다 넘어졌습니다.

'주님이 오시면 이렇게 오시겠구나!' 성경에서는 예수님께서 승천하실 때에 구름이 가리어 보이지 않게 되었다고 하고, 주님께서 오실 때에도 승천하신 대로 다시 오실 것이라고 합니다(행 1:9-11). 그래서 사람들은 예수님께서 구름을 타고 오시리라 생각했습니다(계 1:7). 그렇게 오실 예수님을 기대하면서 그려진 그림들을 보면, 예수님은 늘 하얀 구름을 타고 팔을 벌리고 오시더라고요. 주변에는 천사들이 나팔을 불고 있고요. 마치 전쟁에서 이긴 장군의 개선 행렬과도 같은 그림들 말입니다. 그러나 그날 흠뻑

텔아비브 항구로 들이닥치는 먹구름 바람과 함께 달려오는 먹구름이 비를 뿌리는 것은 순식간이다. 복음서가 유다의 상황에서 기록되었다면, 구름 타고 오시는 주님은 이렇게 오시는 것이 아닐까.

예수님께서 승천하신 후, 예수님을 따르는 사람들은 감람산의 한 동굴에 모여서, 함께 승천하신 예수님을 기억하고 다시 오실 예수님을 기다리며 예배를 드리기 시작하였다. 그 동굴은 현재의 'Pater Noster'(주기도문교회)의 동굴이다. 기독교가 공인된 이후에 공개적인 예배가 허락되자, 현재의 장소에서 예배를 드리기 시작하였다. 390년에 'Pater Noster'를 비롯한 현재의 장소에 비잔틴 형식의 교회가 건축되었으나 614년에 페르시아인들에 의해서 파괴되었다. 680년에 다시 교회가 건축되면서 지붕이 없는 팔각형의 예배당이 되었다.

비를 맞으며 든 제 생각은 주님께서 오실 때에 성화에서 그려진 모습과는 전혀 다른 모습으로 오실 것 같다는 것이었습니다. 예수님이 이 땅에 구름을 타고, 또는 구름에 가려져 오실 때에는 성화처럼 또는 영화처럼 쏟아지는 눈부신 빛 사이로 흰 구름을 타고 오시는 것이 아니라, 무섭게 몰려왔던 그 먹구름처럼 미처 피할 사이도 없이 갑작스럽게 오시지 않을까요?

승천교회 마당에 서서 그곳에서 하늘로 올라가신 주님께서 다시 오실 때에 제게 무엇을 물으실까 생각해보았습니다. 하기야 주님 마음이시니 그 질문이 무엇이 될지는 알 수 없으나 한 가지는 분명할 것 같습니다. 예수님께서 하늘에 오르실 때에 하셨던 그 마지막 말씀, "성령을 받게 되면 내 증인이 되리라"고 하신 말씀에 따라서 제가 성령을 받았는지, 그리고 그 성령 때문에 '증인'으로 살고 있는

승천교회 내부 1188년에는 십자군 시대의 벽에 돔을 얹은 후, 메카를 향하는 미흐라브를 추가하여 모스크로 만들어버렸다. 바닥에는 '승천바위'가 있는데, 승천하실 때 예수님의 오른쪽 발바닥이라고 중세 이후로 기념하고 있다. 왼쪽 발바닥의 흔적을 뜬 것은 현재의 알-악사 모스크에 있다.

지 확인하실 것 같습니다. 법정에서 증인이 거짓을 말할 수 없듯이, 그리스도 예수님을 전하는 데 거짓 없이 올바르게 전해야 하는 사명이 제게 있는데, "사사로운 이익을 바라지 않고 목자로서의 삶을 살며 복음을 전했는가?"라고 하는 서슬 퍼런 질문이 당장이라도 하늘에서 제 머리 위로 쏟아질 것 같습니다.

예수님께서 승천하신 곳에 세워진 처음 교회는 천정이 없었습니다. 하늘로 올라가신 예수님을 기념하고 기억하기 위해서겠지요. 그러나 동시에 올라가신 예수님만을 기억하는 것이 아니라, 그 비구름처럼 우리가 미처 준비할 새도 없이 갑자기 오실 주님을 기억하는 것이 천정 없는 예배당, 지붕 없는 예배당에서 보는 하늘의 참된 뜻이 아닐는지 모르겠습니다. 주님은 꼭 다시 오십니다.

주기도문교회

⏻ **BIBLE VIEWFINDER**

예수께서 한 곳에서 기도하시고 마치시매 제자 중 하나가 여짜오되 주여 요한이 자기 제자들에게 기도를 가르친 것과 같이 우리에게도 가르쳐주옵소서 _눅 11:1

우리 그리스도인들은 예수님께서 신성과 인성, 모두를 가지고 계신 분이라고 고백하면서도 예수님의 신성에 대해서만 치우쳐 생각을 합니다. 예수님은 인성, 그러니까 인간으로 오셨기 때문에 사람과 마찬가지로 모든 감정과 느낌, 욕구들을 경험하셨을 것입니다. 감히 성전 마당에서 물건을 파는 사람들을 보시고 옳지 않은 것 앞에서는 분노하셔서 그들을 내쫓으시고, 의자를 둘러엎기도 하셨고(막 11:15-17), 사랑하는 나사로의 죽음 앞에서는 슬피 울기도 하셨습니다(요 11:1-44). 백부장의 믿음 앞에서는 감탄하기도 하셨지요(마 8:5-13). 죽음 앞에서는 하나님 아버지께 매달리기도 하셨고요(마 26:36-56). 손으로 꼽을 수 없을 만큼 많은 이야기들은 예수님께서 사람처럼 인성을 가지신 분이라는 것을 분명히, 또는 에둘러 보여줍니다.

예수님께서도 쉼이 필요하셨습니다. 예수님을 찾아 오고 가는 사람이 많아서 음식 먹을 겨를도 없이 피곤하셨을 테니까요(막 6:30-32). 그래서 사람들과 좀 떨어져 있으시기 위해서 배를 타고

베다니 마을에 머무시는 동안 기도하셨던 예수님의 기도 동굴. 이 기도 동굴 위에 현재의 교회 'Pater Noster'가 세워졌다.

갈릴리 호수 가운데로 나가기도 하셨고, 또 사람들의 시선을 피해 어느 조용한 곳에 계시기도 했을 겁니다. 이스라엘의 곳곳을 다니다 보면, 예수님께서 기도하셨다는 장소들이 있습니다. 예수님께서 기도하셨던 곳을 기념하는 곳은 주로 동굴들입니다(여리고, 타브가, 감람산 등등). 이곳은 예수님 육신의 쉼의 장소이자 영적으로 재충전하며 조용히 아버지와 대화하기 위한 기도의 장소였습니다.

예수님께서 그곳에서 기도하실 때에 제자들이 찾아왔습니다. 그리고 예수님께 "요한이 자기 제자들에게 기도하는 것을 가르쳐준 것과 같이, 우리에게도 그것을 가르쳐주십시오"(눅 11:1)라고 부탁합니다. 아마 요한의 제자들은 그들의 선생님인 요한이 기도하는 것을 보고, 어떻게 기도하는 것이 좋을지 물어보고 요한이 가르쳐준 기도를 했었나 봅니다. 예수님의 제자들도 예수님께서 기도하시는데, 도대체 어떻게 기도하시는지, 그리고 자신들도 예수님처럼 기도하고 싶다고 생각했던 모양입니다. 그때에 예수님께서

주기도문교회 주기도문교회 (Pater Noster)는 감람산 위, 승천교회 남쪽 가까이에 있다. 이 장소는 예수님께서 그 제자들에게 기도를 가르쳐주신 장소로 알려져 있다. 현재의 교회는 4세기에 건설된 교회 위에 건축되었다. 이곳의 원래 이름은 '올리브 숲교회'(Church of Eleona)였다. 2세기에 기록된 요한행전(Acts of John)에는 예수님께서 감람산에서 제자들을 가르치시던 동굴에 관한 기록이 있는데, 이 전통에 따라서 예수님께서 기도하시던 감람산의 동굴을 제자들에게 기도를 가르쳐주신 곳으로 받아들이고 있다. 4세기의 교회는 614년 페르시아의 침공으로 파괴되었다가 1106년과 1152년에 다시 건설되었다. 1187년 십자군 전쟁 때에 다시 파괴되었으나 1915년에 현재의 모습으로 재건되었다.

제자들에게 기도를 가르쳐주십니다.

"하늘에 계신 우리 아버지, 그 이름을 거룩하게 하여주시며, 그 나라를 오게 하여주시며, 그 뜻을 하늘에서 이루심같이, 땅에서도 이루어주십시오. 오늘 우리에게 필요한 양식을 내려주시고, 우리가 우리에게 죄 지은 사람을 용서하여준 것같이 우리의 죄를 용서하여주시고, 우리를 시험에 들지 않게 하시고, 악에서 구하여주십시오. [나라와 권세와 영광은 영원히 아버지의 것입니다. 아멘]"(마 6:9-13 새번역).

예수님처럼 기도한다는 것은 곧, 예수님처럼 산다는 것일 겁니다. 그렇게 사는 사람만이 그렇게 기도할 수 있을 테니 말이지요. 그러나 어느 사이에 예수님께서 가르쳐주신 기도는 예배 시간이 되면 습관적으로 암송하는 그저 '말'이 되어버렸습니다. 이 기도문에 대해서 예전에 한창 인터넷에서 '한 우루과이 성당의 벽에 쓰여진 기도문'이라는 제목으로 읽었던 글귀가 생각이 났습니다.

“하늘에 계신”이라 하지 말라. 세상 일에만 빠져 있으면서.

“우리”라 하지 말라. 너 혼자만 생각하며 살아가면서.

“아버지여”라 하지 말라. 아들 딸로서 살지도 않으면서.

“이름이 거룩히 여김을 받으시오며”라 하지 말라. 자기 이름만 빛내려 안간힘을 쓰면서.

“나라에 임하옵시며”라 하지 말라. 물질 만능의 나라를 원하면서.

“뜻이 하늘에서 이룬 것같이 땅에서도 이루어지이다”라고 하지 말라. 자기들 뜻대로 되기를 기도하면서.

“오늘날 우리에게 일용할 양식을 주옵시고” 하지 말라. 가난한 이들을 본체만체하지 않느냐.

“우리가 우리에게 죄 지은 자를 사하여 준 것같이 우리 죄를 사하여주옵시고” 하지 말라. 누구에겐가 아직도 앙심을 품고 있으면서.

“우리를 시험에 들게 하지 마옵시고” 하지 말라. 죄 지을 기회만 찾아다니지 않느냐.

“다만 악에서 구하옵소서” 하지 말라. 악을 보고도 아무런 양심의 소리를 듣지 않으면서

“아멘” 하지 말라. 주님의 기도를 진정 나의 기도로 바치지도 않으면서.

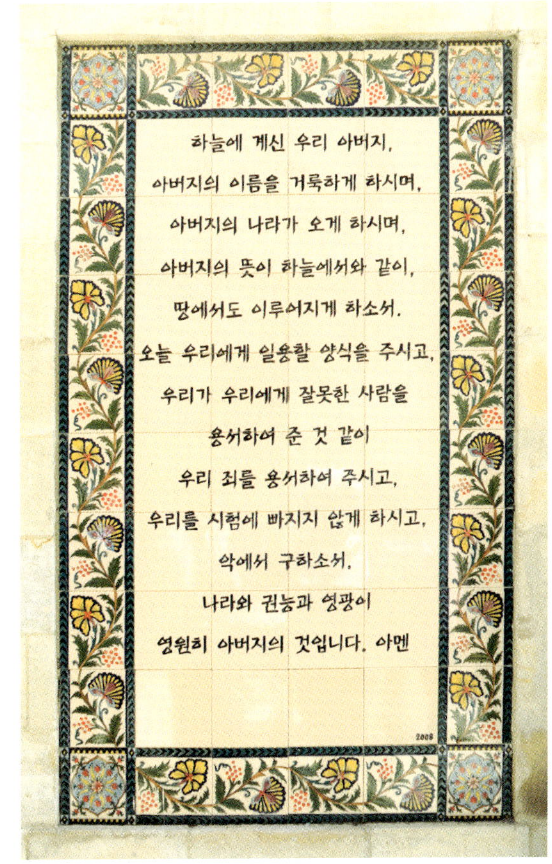

주기도문 중 한글판 지금의 교회 주변에는 세계 각국과 각 부족의 언어로 기록된 주기도문이 적혀 있다. 매년 성지순례객들의 헌금으로 그 기록된 주기도문의 언어 수가 증가하기 때문에 정확한 숫자를 알기는 어렵지만, 2015년 기준으로 140여 개의 언어로 기록되어 있다. 한글은 개신교 새번역판과 가톨릭 공동번역판이 있다.

누군가를 따라 그 외양을 모방하는 것은 아마 조금 노력하려는 열의만 있다면 그나마 쉬운 편에 속할지도 모르겠습니다. 하지만 그 겉모습을 따라 흉내 내는 것과 그렇게 살아가는 것은 전혀 다른 문제입니다. 예수님께서 이 기도를 우리에게 가르쳐주실 때에는 이 기도를 주문처럼 외우라고 알려주신 것은 아니었을 겁니다. 교회 밖의 삶에서 지쳐

금남의 집 정원 주기도문교회는 갈멜 수녀회에서 관리하고 있다. 갈멜 수녀회 공동체 공간에는 남자들이 출입할 수 없다. 이 수도원에 계신 한국인 수녀님을 통해서 수녀회의 컴퓨터를 고쳐드리기 위해서 잠시 방문한 수도원의 정원에는 새소리마저도 메아리쳐 크게 들렸다. 갈멜 수녀회 공동체는 침묵 공동체이다. 일주일에 한 번 말하는 날이 있는데, 이때에도 마치 속삭이듯 이야기한다. 수녀님들은 가족과 만날 때조차 천으로 막힌 벽을 두고 목소리만으로 대화를 나누면서 철저하게 교회 밖의 세계를 차단하며 살고 있다.

힘들고, 그 고단함 속에서 내가 그리스도인이라는, 내가 하나님의 자녀라는 나의 정체성을 잃어갈 때에 참 그리스도인의 삶을 기억하게 하는 이 기도는 단지 말 이상의 것이

었을 겁니다.

예수님도 인성을 가지고 계셨습니다. 그래서 때로는 지치고 힘들고, 예수님 주변의 정돈되지 않은 환경에서 잠시 떨어져 있고 싶은 생각이 들었을지도 모릅니다. 또 닥친 복잡한 상황 속에서 달아나고 싶은 생각이 들 때도 있지 않았나 싶습니다. 그때마다 예수님은 홀로 한적한 곳에 가서서 기도하셨습니다. 사람의 모습을 가지고 오셨기 때문에, 사람이 겪어야 했던 희로애락 속에서 하나님의 아들로서의 정체성을 잃지 않기 위해서 부단히 기도하셨을 예수님. 그 예수님의 기도를 기억하면서, 오로지 인성으로만 똘똘 뭉친 제가 그리스도인으로서 제 정체성을 지켜 나가기 위해서 예수님만큼 기도하지 않는 것이 매우 부끄러웠습니다.

예수님의 기도

주님이 가르쳐주신 기도 주기도문 교회는 세계 각국, 각 부족의 언어로 쓰인 주기도문이 교회 벽을 뒤덮고 있다. 성지순례 온 신자들 가운데에서 자기 부족, 자기 나라의 말이 없을 때에는 교회에 알리고 헌금을 하면 만들어주기 때문에 매번 방문 때마다 그 수가 늘어난다고 해도 과언이 아니다.

2014년에 교황 프란시스가 이스라엘을 방문했을 때, 이스라엘의 수상인 네탄야후가 교황에게 이렇게 말했습니다. "예수님께서 이곳에 계셨었습니다. 이 땅에 말이지요. 예수님은 히브리어로 말씀하셨지요." 그날 이스라엘 신문에서는 네탄야후의 무식함을 송곳같이 지적했습니다. 예수님 시대에 유다는 히브리어가 아니라 아람어를 사용했었거든요. 예수님에 대한 권위적인 기록인 신약성경은 모두가 그리스어로 쓰였지만, 예수님은 아람어로 말씀하셨습니다. 신약성경에도 예수님이 말씀하셨던 아람어의 흔적들이 남아 있습니다.

"예수님께서 마리아야 하시거늘 마리아가 돌이켜 히브리 말로 랍오니 하니 (이는 선생님이라는 말이라)"(요 20:16).

'랍오니'(רבוני 실제로는 "립보니"라고 읽는다)라는 말은 "나의 선생님"이라는 아람어로, 히브리어로는 '랍비'입니다. 마가복음 5장 41

절에서는 예수님께서 야이로의 딸을 살리시면서 "달리다굼"(טלתא
קומי 실제로는 "탈타 쿠미"라고 읽는다)이라고 하셨는데, 이것 역시 아
람어 입니다. 예수님께서 십자가에서 하신 말씀, "엘리 엘리 라마
사박다니"(아람어 אלי אלי למה סואחטאני는 실제로는 "엘리 엘리 라
마 수아흐타아니"라고 읽는다)는 너무나 잘 알려진 아람어이기도 합
니다.

예수님 시대에 유다는 아람어를 사용하였습니다. 당시에 아람
어는 국제 통용어였거든요. 물론 로마의 영향 아래에 살았기 때문
에 일부는 라틴어를 사용했겠으나, 공식적인 문서는 라틴어였을
지라도 사람들의 구어는 아람어였습니다.

유대인들의 아람어 사용은 기원전 6세기로 거슬러 올라갑니다.
바벨론으로 끌려간 유다의 사람들은 아람어의 직접적인 영향 아
래에 살게 되었고, 심지어 구약성경도 에스라와 다니엘서의 일부
는 아람어로 기록되기까지 합니다. 기원전 6세기 이후로 구어로서
의 히브리어는 점점 사라지고 아람어가 유다 사람들의 언어가 됩

니다. 그리고 히브리어는 제사장들의 언어, 그리고 율법 학자들의 언어로 한정되게 됩니다.

이스라엘의 역사를 연구하는 학자들은 유다가 로마의 영향력 아래에 있었을 당시 3퍼센트 미만의 사람들만이 글을 읽고 쓸 줄 알았다고 추정하니, 일반인들은 아예 히브리어를 몰랐을 수도 있습니다. 다만 반복되는 성경 낭독을 따라 하다 보니 성경의 히브리어를 외웠을 수는 있지만 말입니다. 뿐만이 아니라, 제사장들과 율법학자들은 자신들의 종교적인 지배권을 확고하게 하기 위해서 히브리어에 '거룩함'을 덧씌워, 히브리어로 대화하는 것 자체를 꺼려했습니다. 그러니 예수님은 아람어로 대화하셨을 것입니다. 그래서 주기도문 교회에 가면, 아람어로 쓰여진 예수님의 기도가 예수님의 기도 동굴 맞은편에 적혀 있습니다.

하지만 그 아람어는 공식 아람어입니다. 유대인들이 아람어를 사용했다고 하지만, 지역에 따라 사투리가 있게 마련입니다. 공식적인 표준어로서의 아람어가 있는 반면에, 아람어를 사용하던 지역에 따라 독특한 발음과 표현 방법들이 있게 마련이지요. 히브리어에서도 에브라임 사람들은 다른 지파와는 달리 "쉽볼렛" 발음을 하지 못해서 "십볼렛"이라고 발음하는 것처럼 말입니다(삿 12:6). 그러므로 예수님은 아람어의 갈릴리 사투리를 사용하셨을 겁니다. 이렇게 말이지요.

아부난 드비쉬마야	אבונן דבשמייה
이트카데쉬 쉬마크	יתקדש שמך
테테 말쿠타크	תיתי מלכותך
테흐웨이 라우타크	תהווי רעותך
핏탄 데쪼라크	פיתתן דצורך
하브 란 욤덴	הב לן יומדן
우쉬부크 란 호베난	ושבוק לן חובינן
헤크 아난 쉬바퀸 레하이베난	היך אנן שבקין לחייבינן
벨라 울 란 레니스욘 아멘	ולא עול לן לניסיון אמן

눈물교회

⏻ BIBLE VIEWFINDER

"예루살렘아, 예루살렘아, 네게 보낸 예언자들을 죽이고, 돌로 치는구나! 암탉이 병아리를 날개 아래 품듯이, 내가 몇 번이나 네 자녀들을 모아 품으려 하였더냐! 그러나 너희는 원하지 않았다. 보아라, 너희 집은 버림을 받아서, 황폐하게 될 것이다. 내가 너희에게 말한다. 너희가 '주님의 이름으로 오시는 분은 복되시다!' 하고 말할 그 때까지, 너희는 나를 다시는 보지 못할 것이다." _마 23:37-39 새번역

감람산에 올라서면 예루살렘 성이 한눈에 내려다보입니다. 예수님께서 즐겨 감람산을 찾으셨으니, 아마 2,000년 전에 감람산에 오르신 예수님께서는 웅장한 예루살렘 성과 그 한가운데에 우뚝 솟은 하나님의 성전을 내려다보셨을 겁니다. 알 수 없는 일이지만, 예루살렘을 방문했던 유대인과 많은 이방인들도 분명히 예루살렘 성을 조망하기 위해서 이 감람산에 올랐을 겁니다. 지금 제가 오르듯이 말입니다. 오늘의 감람산에는 예수님께서 그러셨듯이 예루살렘을 내려다보고 있는 교회가 있는데, 흔히 눈물교회라고 부르는 도미누스 플레빗(Dominus Flevit, 주님께서 우셨다)입니다. 예루살렘에 많은 교회들이 있지만, 가장 아름답게 지어진 교회를 몇 개 손꼽아보라면, 저는 주저하지 않고 이 아담한 교회를 하나로 꼽습니다. 크기로 따진다면 골고다에 서 있는 성묘교회 구석에 있는 제단 하나만 하지만, 그 교회의 생김생김과 그 교회를 세운 이탈리아인 건축가의 섬세한 신앙심을 그대로 호흡할 수 있는 곳이기 때문입니다.

　예수님께서 예루살렘에 입성하시기 위해서 감람산의 벳바게와 베다니 근처에서 제자들에게 새끼 나귀 한 마리를 끌고 오라고 제자들에게 말씀하시지요(눅 19:29,30). 제자들이 아무도 타본 적이 없는 그 어린 나귀를 데리고 오자, 예수님께서는 그 나귀를 타시고 감람산에서 예루살렘 성을 향해 내려오셨습니다. 사람들은 "하늘에는 평화 지극히 높은 곳에는 영광"을 외치며 예수님께 환호성을 지릅니다. 이렇게 열광하는 사람들이 "호산나, 우리를 구원하소서!"라고 외칠 때에 예수님은 무슨 생각을 하셨을까요? 아마 이런 무리들의 함성 속에서 진한 외로움을 느끼셨을지 모르겠습니다.

　사람들은 메시아를 기다렸습니다. 유대인들에게 메시아는 기름 부음을 받은 선택받은 사람으로 정치 지도자이거나, 종교 지도자를 가리키는 그저 '사람'일 뿐이었습니다. 유대인들이 "호산나"를 외칠 때에는 "주님, 우리를 억압하는 저 로마인들을 당신이 보여주었던 기적과 같은 놀라운 능력으로 이 땅에서 몰아내시고, 이 땅에 오직 독립한 유대인의 나라를 건설해주시고, 다윗의 시대와 같은 영광을 회복하게 해주세요"라는 마음이 담겨 있었습니다. 그것이 그들이 기대하는 메시아였습니다. 그리고 그 메시아가 우리 예수님일 거라는 인간적인 기대감을 담은 말이 "호산나"였습니다. 그러나 예수님은 그런 분이 아니셨습니다. 이렇게 북적거리는 사람들의 부산함을 헤치고 나귀를 타고 감람산에서 예루살렘 성으로 내려오던 예수님께서 감람산의 중턱에 떡하니 서십니다. 그리고 예루살렘을 향해 긴 한숨을 내뱉고서는 이렇게 말씀하십니다.

　"예루살렘아, 예루살렘아, 네게 보낸 예언자들을 죽이고, 돌로 치는구나! 암탉이 병아리를 날개 아래 품듯이, 내가 몇 번이나 네 자녀들을 모아 품으려 하였더냐! 그러나 너희는 원하지 않았다. 보아라, 너희 집은 버림을 받아서, 황폐하게 될 것이다. 내가 너희에게 말한다. 너희가 '주님의 이름으로 오시는 분은 복되시다!' 하고 말할 그 때까지, 너희는 나를 다시는 보지 못할 것이다."(마 23:37-39 새번역)

　"오늘 너도 평화에 이르게 하는 일을 알았더라면, 좋을 터인데!

그러나 지금 너는 그 일을 보지 못하는구나. 그 날들이 너에게 닥치리니, 너의 원수들이 토성을 쌓고, 너를 에워싸고, 너를 사면에서 죄어들어서, 너와 네 안에 있는 네 자녀들을 짓밟고, 네 안에 돌 한 개도 다른 돌 위에 얹혀 있지 못하게 할 것이다. 이것은 하나님께서 너를 찾아오신 때를, 네가 알지 못했기 때문이다."(눅 19:42-44 새번역)

예수님을 향한 사람들의 외침을 뚫고 나온 예수님의 이 탄식! 아마 예수님께서는 저 유대인들의 기대와는 전혀 다르게 이 땅에서 일으킬 혁명이 아니라, 하나님의 백성이 이루어

야 할 하나님의 나라를 이야기하면, 곧 이들의 열기가 냉대로 바뀌고, 분노로 변화되어 예수님을 죽음으로 몰아넣을 것을 아셨던 것이 아닐까요? 예루살렘의 멸망과 함께 예수님의 죽음을 암시하는 듯한 예수님의 깊은 한숨과 함께, 눈물을 흘리셨을 때에, 누가 그 예수님의 눈물을 보았겠습니까? 감람산 중턱의 이 눈물교회는 바로 그때 흘리셨던 예수님의 눈물의 증인입니다.

처음 이곳에 교회가 세워진 것은 5세기 비잔틴 시대였습니다. 질곡의 세월 속에서 무너졌던 이 교회가 현재의 모습을 갖추게 된 것

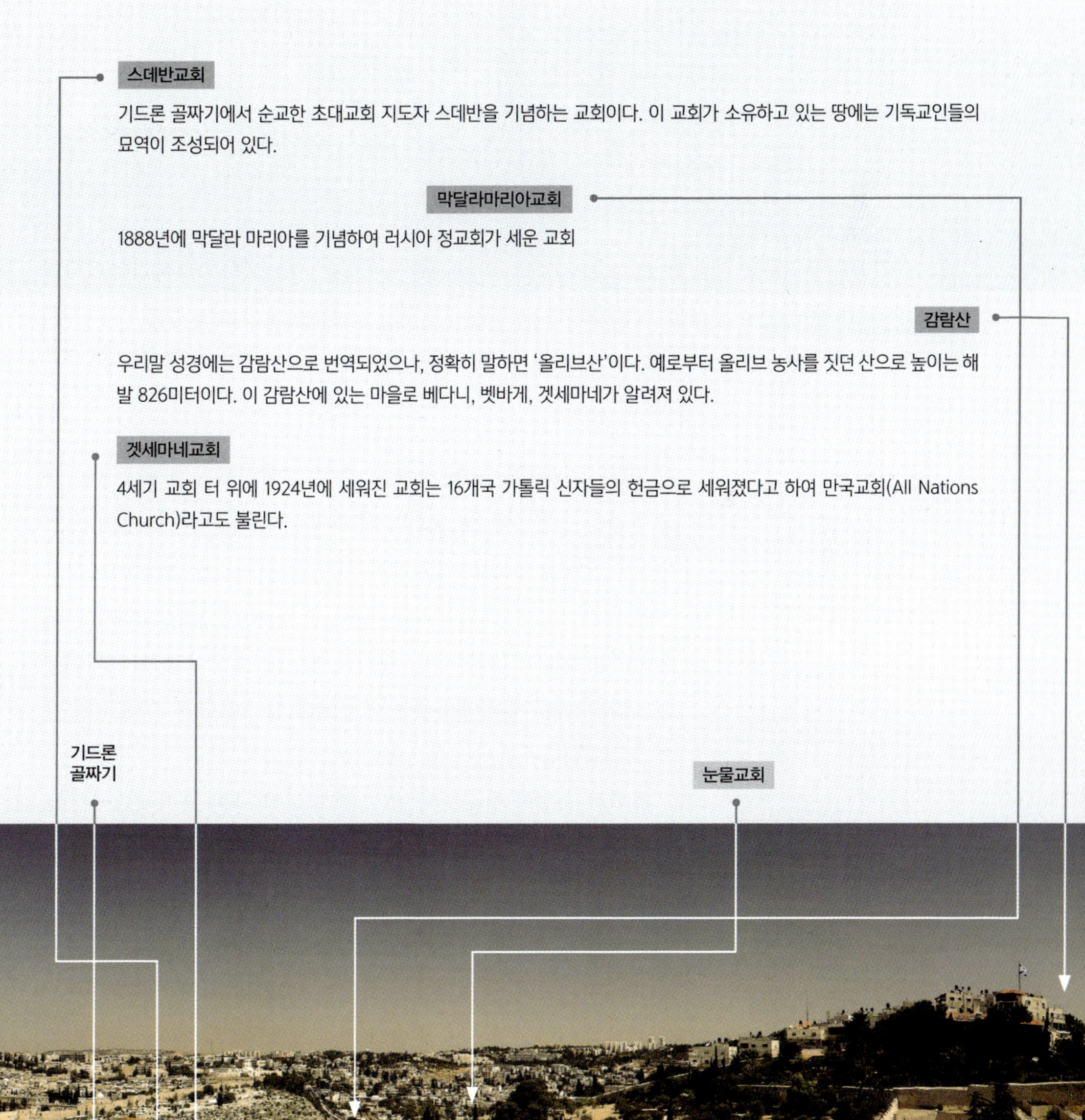

눈물교회에서 바라본 골고다 바를루찌는 1955년에 이 교회를 건축하면서, 이 교회가 골고다를 향하도록 설계하였다. 교회의 중앙 바닥에 있는 스페이드 모양의 모자이크 위에 올라서서 제단의 십자가를 바라보면, 이 십자가가 골고다와 겹쳐지게 된다.

은 불과 50년밖에 되지 않아요. 이탈리아 건축가 바를루찌는 고고학자들이 발굴한 옛 교회의 터 위에 이 교회를 현재의 모습으로 만들었습니다. 교회의 윗부분은 예수님의 눈물을 상징하는 부드러운 곡선으로 처리했습니다. 교회 안은 40명 정도 들어가면 꼭 들어차는 작은 교회이지만, 교회의 제단에 새겨져 있는 모자이크와 교회의 내부에서 바라보는 예루살렘 성의 모습은 그대로 한 폭의 그림입니다.

특별히 교회의 정중앙에 있는 옛 교회 바닥의 모자이크에서 제단의 십자가를 바라보면, 제단의 십자가가 정확하게 예수님께서 돌아가셨던 그 골고다에 맞추어집니다. 대부분의 사람들은 십자가를 이슬람의 모스크인 바위사원과 겹쳐놓고서 기독교의 십자가가 이슬람의 사원을 이겼다고 사진을 찍기 일쑤지만, 그것은 단지 21세기의 십자군 정신일 뿐입니다. 원래 이 교회의 의도와는 관계가 없다는 거지요.

이 교회를 더욱 아름답게 만드는 것은 바로 교회 앞에 있는 싯딤나무(아카시아나무)입니다. 예수님의 가시 면류관을 만들었을 나무가 어떤 나무인지는 알 수 없으나 예루살렘 주변의 가장 흔한 가시나무를 꼽으라면 역시 이 싯딤나무입니다. 예수님의 고난을 기억하며 교회 앞에 심어놓은 이 싯딤나무와 교회의 십자가, 그리고 골고다가 만들어내는 엄숙한 그림 앞에서는 사진 찍기는 그만두고 기도했으면 좋겠습니다.

겟세마네

⏻ BIBLE VIEWFINDER

이에 예수께서 제자들과 함께 겟세마네라 하는 곳에 이르러 제자들에게 이르시되 내가 저기 가서 기도할 동안에 너희는 여기 앉아 있으라 하시고 베드로와 세베대의 두 아들을 데리고 가실새 고민하고 슬퍼하사 이에 말씀하시되 내 마음이 매우 고민하여 죽게 되었으니 너희는 여기 머물러 나와 함께 깨어 있으라 하시고 _마 26:36-38

사람들의 관심으로부터 소외된 이웃의 설움을 진심으로 이해한다면, 세상은 먼저 내미는 손길의 따뜻함으로 훈훈해질 겁니다. 경제적인 어려움을 호소하는 이웃의 간절함을 진심으로 이해한다면, 세상에는 나눔이 넘쳐날 것입니다. 정치적인 억압으로 억울함을 외치는 이웃의 애절함을 진심으로 이해한다면, 세상에는 정의라는 디딤돌 위에 다시 서게 될 것입니다.

몇 해 전 학생들의 억울한 죽음이 '어묵'으로 장난거리가 되었습니다. 그들의 아픔을 내 아픔으로 공감하지 못하고, 그들의 고통을 이해하지 못한 철부지들이 [나이가 중요한 것이 아니라] 장난으로 돌을 던지고 있습니다. 그리고 그 돌을 맞고 수백 수천의 사람들이 고통스러워하고 있습니다. 그러나 정작 돌을 던지는 그들은 자기의 재미만 즐길 줄 알 뿐, 상처받고 고통받은 이들의 아픔을 모릅니다. 감성이 마비되었고 이성이 마비되었습니다. 그들의 마음은 그 누구와도 연결되지 않은 대양 한가운데에 있는 무인도와 같습니다.

겟세마네에 섰습니다. 그날 밤 예수님께서는 마음이 너무나 힘드셨습니다. 그래서 제자들에게 자신과 함께 깨어 있어서 도와달라고 하십니다(마 26:38 ; 막 14:34). 그리고 그 동산 나무 사이에서 땀방울이 핏방울이 되도록 기도하셨습니다(눅 22:44). 그러나 제자들의 마음은 예수님과 같지 않았습니다. 예수님이야 그 마음이 어찌되었든, 당장 내가 피곤하니 그저 잠만 잘 뿐이었지요. 내 마음을 함께 가지라고, 함께 깨어서 기도하자고 아무리 권면해도 제자들의 마음은 예수님의 마음과 같지 않았습니다. 그들에게는 예수님처럼 간절함도 급박함도 없었습니다. 단지 몸이 고단할 뿐이었습니다.

"그래. 그냥 자거라. 너희들의 마음이 내 마음과 같지 않구나."

아마 예수님께서 제자들에게 "자고 쉬라"고 말씀하신 이유는 이 때문이 아니었을까요?

하나님의 마음, 예수님의 마음은 모르고, 할 줄 아는 것이라고는 칼이나 휘두르는 제자들의 한심함을 보신 예수님의 마음은 어

겟세마네 동산의 올리브나무 수령이 2,000년이 넘는 이 올리브나무(감람나무)들은 분명히 그날 밤 기도하시던 예수님, 그리고 도망치던 제자들을 목격하였을 것이다.

고통의교회 비잔틴 시대의 교회 터 위에 1924년에 세워진 고통의교회(Church of Agony)는 예수님께서 기도하시던 겟세마네의 바위를 품고 있다. 16개국 가톨릭 신자들의 헌금으로 세워졌다고 하여 만국교회(All Nations Church)라고도 불린다.

떠했을까요? "이것까지 참으라"(눅 22:51). "칼을 가지는 자는 다 칼로 망하느니라"(마 26:52)라고 꾸짖으시는 예수님의 목소리에 그저 제 목숨 구하겠다고 도망치는 제자들의 뒷모습을 물끄러미 보신 예수님의 가슴은 어땠을까요? 예수님께서 정말 고통스러우셨던 이유는 이제 곧 맞이할 죽음 때문이 아니라 예수님의 마음을 알지 못한 채 잠자고 있는 철없는 제자들 때문이 아니었을는지요. 하나님의 마음이 내 마음 같아지길 원하고 예수님의 기도가 내

기도가 되기를 원하기보다는, 내 마음이 곧 하나님의 마음이라 착
각하고 내 기도가 곧 예수님의 기도가 되기를 주님께 강요하는 제
모습을, 겟세마네의 나무들 사이에서 바라보았습니다. 그래서 저
도 슬펐습니다.

베다니
나사로의 무덤

⏻ **BIBLE VIEWFINDER**

아버지여 내 말을 들으신 것을 감사하나이다 항상 내 말을 들으시는 줄을 내가 알았나이다 그러나 이 말씀 하옵는 것은 둘러선 무리를 위함이니, 곧 아버지께서 나를 보내신 것을 그들로 믿게 하려 함이니이다 … "나사로야 나오라"_요 11:41-43

예수님께서 벌떡 일어나셨습니다. 그리고는 "유대로 다시 가자"(요 11:7)라고 말씀하십니다. 유대 땅의 사람들이 예수님께 적대적인 마음을 품고 예수님의 생명을 위협하는 상황에서 잠시 유대 땅을 벗어나 계셨는데, 그보다 더 중요한 일이 있었기 때문이지요. 나사로가 죽었거든요.

나사로는 누이 마르다, 마리아와 함께 베다니에 살았습니다. 베다니라는 곳은 두 곳이 있습니다. 하나는 요단강 건너 동편이고(요 1:28), 다른 한 곳은 감람산 자락에 있지요. 나사로가 살던 곳은 감람산 자락의 베다니입니다. 복음서는 예수님께서 베다니에 계실 때에 한 여인이 순전한 나드 한 옥합(300데나리온)을 가지고 와서 그 옥합을 깨뜨려 예수님의 머리에 부었던 사건이 있었다고 말합니다. 그러나 베다니는 그리 부요한 동네는 아니었을 겁니다. 부요한 사람들은 성벽으로 둘러싸인 예루살렘 성 안에서 사는 것이 자신들의 안전을 보장 받는 데 더 유리했기 때문에 상대적으로 불리한 위치의 베다니에 살려고 하지 않았거든요. 그러니 예루살렘에 사는 사람들에 비해서 상대적으로 부요하지 않은 환경에서, 그들보다 부요한 사람들조차 부담스러운 큰 액수의 옥합을 베다니에 살고 있던 여인이 가져왔다는 것, 그리고 그 옥합을 주님께 온전히 드렸다는 것은 상상하지 못할 자기 헌신이었을 겁니다.

이 사건은 예수님께서 베다니의 문둥병 환자 시몬의 집에 있을 때에 벌어진 일인데요. 유대교 랍비들의 성경 해석인 미드라쉬에서는 문둥병이 바람에 의해서 전염이 된다고 생각했습니다. 그래서 문둥병 환자 반경 4규빗 이내로 지나가는 것을 금하고 있고, 특히 이스라엘은 지중해 쪽(서쪽)에서 바람이 불어오기 때문에 문둥병 환자의 동쪽으로 지나쳐 걸어가는 것조차 피했습니다(Lev. R. 16:3). 그렇기 때문에 예루살렘에서 문둥병 환자가 발생하면, 예루살렘에 사는 사람들이 전염되지 않도록 이들을 예루살렘의 동쪽에 있는 베다니, 또는 베다니의 주변으로 옮기도록 조처했을 거라고 생각합니다. 결국 베다니가 예루살렘에 비해서 그리 정결한 마을도 아니었을 겁니다. 그런데 그런 마을에 예수님께서 사랑하셨던 사람, 그냥 사랑하신 것이 아니라 그의 죽음을 두고 눈물을 흘리실 만큼 지극히 사랑하셨던 나사로가 살았던 것은 우연은 아닐 겁니다.

"유대로 다시 가자"라는 예수님의 말씀에 도마가 즉각 응답했습니다. 그리고 다른 제자들을 독려했습니다. "그래, 주님과 함께 죽으러 갑시다." 이게 무슨 생뚱맞은 말이랍니까? 지금 예수님은 '살리러' 가고자 하시는데, 죽으러 가자니 말입니다.

그런데 예수님과 예수님을 따르던 사람들 가운데 서로 어울리지 않는 대화는 곧이어 또 나옵니다. 나사로가 죽었다는 소식을 듣고 나흘 만에 도착한 베다니 마을에 들어가려고 하는데, 예수님께서 오신다는 소식을 듣고 나사로의 누이인 마르다가 급하게 뛰어나왔습니다. 눈물을 흘리며 나사로의 죽음 소식을 전할 때 예수님께서 말씀하셨어요. "네 오라비가 다시 살아나리라." 예수님의 말씀에 마르다가 즉각 응답했습니다. "그렇지요. 마지막 날, 부활의 때에 분명히 다시 살아날 줄 제가 믿습니다." 예수님은 지

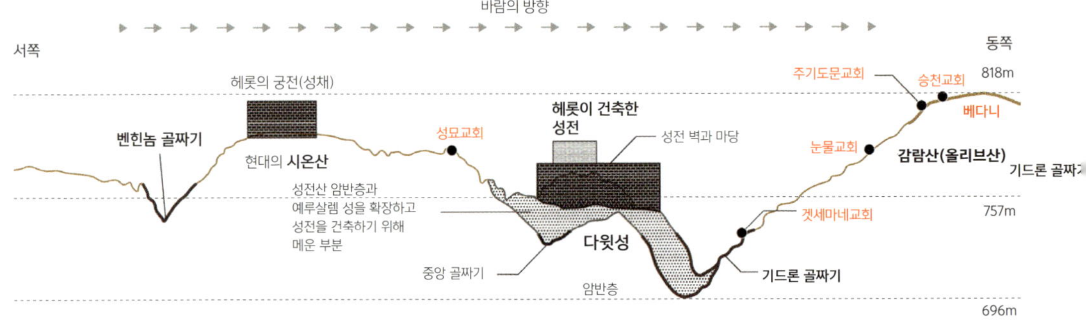

서쪽은 지중해 바다가 있는 쪽이며, 동쪽의 감람산 정상의 베다니 마을 너머에는 유대 광야가 있다.

금 살리시겠다는 말이었는데! 그리고 보면, 나사로의 죽음이라는 사건을 두고 예수님, 도마, 마르다는 서로 전혀 다른 시각으로 대화했습니다. 예수님은 지금 살리는 것, 도마는 신념과 신앙을 위해서 목숨을 아끼지 않는 '용감한 죽음', 그리고 마르다는 '종말의 신앙'으로 나사로의 죽음을 바라본 것입니다.

사람들은 두 개의 눈을 가지고 있지만, 그 눈이 보는 세상은 모두가 다릅니다. 만약 세상이 천 개의 눈이 있다면, 그 천 개의 눈이 보는 세상은 같을 수 없을 겁니다. 그래서 같은 나사로의 죽음을 두고도 서로 다른 시각으로 그것을 바라보며 각자 다른 의견을 가지고 이야기하는 것은 오히려 당연한 것인지도 모릅니다. 신앙 없는 사람들은 나사로의 무덤 앞에서 슬피 우시는 예수님을 보며, "맹인의 눈을 뜨게 한 이 사람이 나사로는 죽지 않게 할 수 없었더냐?"라며 비아냥거렸습니다. 그러나 그들과 달리 도마와 마르다는 나름대로 자기 신앙을 표현하고 있습니다. 그들의 신앙의 표현이 맞다 틀리다는 것을 예수님께서 굳이 지적하지는 않았습니다. 하지만 요한복음을 보건대, 나의 신앙, 그리고 옳다고 여기는 나의 생각이 주님의 생각, 주님의 의도와 항상 일치하지는 않은가 봅니다. 도마와 마르다의 신앙고백과는 달리, 오히려 그것을 뛰어넘어 예수님은 나사로를 살리셨습니다.

나사로를 살리시기 전, 그의 무덤 앞에서 예수님께서 눈물을 흘리셨습니다. 예수님께서는 분명히 사랑하는 나사로의 죽음을 애통하는 마음으로 눈물을 흘리셨을 겁니다. 그러나 한편으로 예수님께서 눈물을 흘리신 것이 말을 해도 알아듣지 못하는 사람들, 나름대로 신앙이 있다고 하나 예수님의 시선이 향하는 곳과는 다른 곳을 향하여 눈길을 주고 있는 사람들, 예수님을 좀 안다며 따르는 사람들에 대한 안타까움은 아니었을까 미루어 생각해봅니다.

나사로의 무덤

03 *part*

베들레헴과 그 주변

요단강
벳산
길보아산
에발산
실로
사마리아
여리고
굽란
엔게디
감람산
기브아 예루살렘
기브온 베들레헴
벧엘
헤브론 (기럇 아르
아벡
게셀
립나(?)
가이사랴
에글론
마레사
라기스
가드
욥바
야브네
시글락
그랄
아스돗
아스겔론
가자

목자들의 들판

⏻ BIBLE VIEWFINDER

그 지역에 목자들이 밤에 밖에서 자기 양 떼를 지키더니 주의 사자가 곁에 서고 주의 영광이 그들을 두루 비추매 크게 무서워하는지라 천사가 이르되 무서워하지 말라 보라 내가 온 백성에게 미칠 큰 기쁨의 좋은 소식을 너희에게 전하노라 오늘 다윗의 동네에 너희를 위하여 구주가 나셨으니 곧 그리스도 주시니라 너희가 가서 강보에 싸여 구유에 뉘어 있는 아기를 보리니 이것이 너희에게 표적이니라 _눅 2:8-12

'목동'이라고 하면 무언가 목가적인 낭만이 있는 아름다운 이름입니다. 푸른 풀밭에 양 떼들을 풀어놓고 풀피리를 불며 시원한 나무 그늘에서 낮잠을 달게 자고, 밤의 별을 보면서 별 하나하나에 이름을 붙여주며 재미있는 별들의 이야기를 엮어내는 그런 이미지가 우리가 가지고 있는 목자의 모습이지요. 기독교인들에게 목동은 목자이신 예수 그리스도와 연관되어 더 좋은 이미지입니다. 아마 이 글을 읽는 이들 역시 "목자"라고 하면 가장 먼저 예수님께서 어깨에 어린 양을 들쳐 메고서 긴 지팡이를 짚고 양 떼들 사이를 걸어가시는 성화(聖畫)를 떠올리는 분들도 있을 거예요.

그런데 예수님 시대의 양치기는 그리 좋은 이미지만을 가지고 있었던 것은 아닙니다. 일단 미쉬나(Mish. Kidd. iv.14)에서는 목자들을 부정한 직업 중의 하나로 분류해놓았습니다. 그 가장 큰 이유 중의 하나는 목자들은 안식일을 지킬 수 없었기 때문입니다. 사람이야 안식일을 지킨다고 하지만, 양과 염소들이 안식일이라고 우리 밖으로 나가지 않을 수 없고, 안식일에 위험을 당한 양과 염소를 목동들이 구해내지 않을 수 없으니 말이지요.

또 다른 이유 중의 하나는 목자라는 직업을 가진 이들 가운데 정직하지 못한 이들이 많았기 때문입니다. 예수님 시대에 양과 염소를 치는 목자들의 많은 수는 고용된 사람들이었습니다. 많은 양과 염소를 소유하고 있는 부호들은 자신들이 가지고 있는 양과 염소들을 가족들만으로는 돌볼 수 없는 경우가 있었습니다. 그러면 자연스럽게 목자들을 고용해서 그들에게 양과 염소들을 몇백 마리씩 맡기게 되지요. 그런데 그냥 구두로만 맡기는 것이 아니라 계약서를 작성합니다.

광야는 그저 평화로운 초원이 아닙니다. 양과 염소를 노리는 늑대, 여우, 하이에나들이 득실거리는 생존의 전장입니다. 그러다 보니 양과 염소를 지키는 과정에서 목동들은 자기의 생명을 걸어야 하는 경우도 생기게 마련입니다. 그러나 동물보다는 역시 사람의 생명이 우선이겠지요. 그래서 계약을 할 때는 목자의 의무로 양과

광야의 목동 광야에서 조상들이 살아온 전통을 따라 살아가는 사람들을 "베두인"이라고 부른다. 광야에 사는 베두인 남자들의 가장 보편적이고 중요한 일은 양과 염소를 돌보는 일이다. 여자들은 주로 집 주변에서 양과 염소를 소규모로 돌보고, 남자들은 흩어져서 광야에서 양과 염소들에게 풀을 먹이다가 저녁이 되면 텐트로 돌아온다.

염소의 출산 양과 염소가 임신하면 목동들은 수태한 양과 염소의 등에 색을 칠한다. 색이 칠해진 양과 염소로부터는 젖을 짜 내지 않기 위해서이다. 삯꾼 목자들이 암양이나 암염소의 등에 색을 칠하지 않는다면, 대규모의 목축을 하는 주인은 얼마나 많은 양과 염소들이 임신했는지 알기 어렵다.

염소를 최선을 다해 지킬 것을 요구하지만, 목자의 생명이 위험할 경우 포기할 수 있는 양과 염소의 수를 정해두었습니다.

문제는 아무런 문제없이 돌아오는 길이지요. 목동의 머릿속에는 그 계약의 내용이 어른거릴 겁니다. 내가 끌고 나간 양과 염소에 그 수가 한둘 빠진들 계약상 아무런 문제가 생기지 않기 때문입니다. 그러면서 한두 마리 챙기기 시작하는 거지요. 목자들이 유혹을 가장 많이 받는 기간은 1월경입니다. 광야가 푸른 초장으로 변하여 신선한 풀들로 뒤덮일 이때가 양과 염소가 출산하는 시기이거든요. 목자를 고용하여 목축을 해야 할 정도로 많은 양과 염소를 가진 이들은 자기 소유의 가축 가운데에서 몇 마리가 암컷인지, 그리고 먼 곳으로 풀을 뜯으러 나간 암양과 암염소 가운데 몇 마리가 수태했는지, 대략 몇 마리가 수태했다고 치면 그중에 몇 마리가 순산을 했는지 알 길이 없습니다. 그저 머릿속으로 대략 몇 마리의 새끼 양과 염소가 태어나겠지 생각할 뿐입니다.

이런 주인들의 마음을 가장 잘 아는 사람들이 목자들입니다. 목자 생활을 한두 해 한 것이 아니라면 말이지요. 결국 태어나는 새끼 양과 염소 중에 몇 마리는 내다 팔아서 자기의 호주머니를 채울 수도 있고, 몇 마리는 잡아먹을 수도 있고, 몇 마리는 자기 집에 가져다 놓을 수도 있었을 겁니다. 계약의 허점과 자기가 가진 위치를 교묘하게 이용할 수만 있다면, 일 년에 몇십 마리 양과 염소를 뒤로 챙기는 것은 식은 죽 먹기입니다. 그리고 그렇게 양과 염소를 은근슬쩍 챙기지 못한다면, 아마 목자들 사이에서 고지식한 사람 정도로 치부될 수도 있었을 거예요. 고용된 목자(삯꾼 목자)들에 대한 예수님의 비유 이야기(요 10:7-18)에서도 알 수 있듯이, 이런 일들이 예수님의 비유에 인용되리만치 당시에는 비일비재했던 모양입니다.

그런데 아이러니하게도 유대 땅에서 예수님의 탄생에 대한 첫 소식은 들판에서 양을 치던 목자들에게 전해졌습니다. 사실 누가복음에서는 이 목자들이 고용된 목자들인지, 아니면 그 양들의 주인인지는 알 수 없습니다만, 아마도 목자들에게 가장 먼저 예수님의 탄생 소식이 전해진 것은 예수님께서는 삯꾼이 아닌 참 목자로 이 땅에 오셔서 자기의 양과 염소를 지키기 위해 목숨까지 버릴 수 있는 분이라는 것을 알려주시기 위한 것이 아닌가 합니다.

우리는 모두가 목자들입니다. 우리에게는 하나님께서 맡겨주신 저마다의 양과 염소가 있습니다. 그리고 예수님께서 우리에게 참 목자로 오신 것처럼 우리가 그들에게 어떤 목자로 서게 될지는 우리에게 달려 있습니다. 때로는 내게 맡겨진 짐이 무겁다고, 또는 다른 생각으로 삯꾼처럼 그 양과 염소들을 내팽개칠 수도, 잡아먹을 수도, 팔아서 내 이익을 챙길 수도 있습니다. 그러나 이 세상에 참 목자로 오신 예수님을 기억한다면, 우리가 해야 할 일은 우리도 예수님께서 보여주신 대로 참 목자가 되어서 그 작은 하나를 위해서 목숨을 버릴 수 있어야 하지 않을까 합니다.

목자들의 들판 교회의 동굴 목자들이 양과 염소를 데리고 광야에 나갔다가 밤을 맞이하게 되면, 가까운 동굴로 양과 염소를 밀어 넣고, 허리춤까지 돌을 쌓아서 우리를 만든다. 아마도 예수님 탄생 소식을 전해 들은 목자들도 동굴에 잇대어 만든 우리 앞에서 천사를 만났을 것이다.

탄생교회

⏻ BIBLE VIEWFINDER

베들레헴 에브라다야 너는 유다 족속 중에 작을지라도 이스라엘을 다스릴 자가 네게서 내게로 나올 것이라 그의 근본은 상고에, 영원에 있느니라 _미 5:2

유대인의 제1차 대로마 항쟁(66-70년)에 관해서는 많은 사람이 알고 있습니다. 그리고 유대교의 역사에 조금 관심이 있는 분들은 제2차 대로마 항쟁(132-135년)인 바르 코흐바의 항쟁까지 알고 계신데요, 사실 바르 코흐바 항쟁까지 아시면 유대교 역사에 참 많은 관심을 가진 분들이지요. 하지만 사마리아인의 항쟁(556년)에 관해서는 잘 모르실 거예요. 그래서 사마리아인의 항쟁과 베들레헴에 있는 예수님 탄생 교회(Church of Nativity)의 역사에 관해서 간략하게 이야기해보려고 합니다.

제1차 로마 항쟁이 처참한 패배로 끝나자 유대인들은 강제 추방되어서 예루살렘 남서쪽 지중해 연안으로 내려갑니다. 일부는 그곳에 계속 정착하고 다른 사람들은 갈릴리 지역과 골란 지역으로 이동합니다. 중요한 것은 예루살렘을 중심으로 한 중앙 산지 지역의 유대인 수가 현격히 줄어들었다는 겁니다. 유대인들이 빠져나간 유대 산지 지역에서 이제 중심 세력이 된 사람들은 사마리아 사람들이었습니다. 사마리아 사람들은 그리심산에 성전을 짓

사마리아 사람 그리심산에는 아직도 사마리아 사람들이 살고 있다. 사마리아 사람들은 우리가 읽는 성경과는 조금 다른 그들의 오경 두루마리를 가지고 있고, 아직도 제사장이 제의를 인도한다.

고 본격적으로 세력을 확장해갑니다(135년). 그리고 제한적으로나마 로마인들로부터 자치적인 통치를 허락받았고, 사마리아교의 대제사장인 바바 라바(Baba Rabba)에 의해서 조직적인 통치가 이루어졌습니다.

이 사마리아 사람들의 평화 시대는 비잔틴 제국 콘스탄틴 황제의 등장과 함께 위협을 받습니다. 로마가 동서로 분열하고 동쪽 로마의 황제 콘스탄틴이 기독교로 개종을 하면서 313년에 기독교인들이 공개적인 장소에서 예배드리는 것이 허락되었습니다. 신앙심이 좋았던 콘스탄틴 황제의 어머니 헬레나는 이스라엘 땅에 교회를 세우는 것을 후원했는데요, 헬레나의 후원으로 세워진 교회 중에 대표적인 교회가 바로 예수님 탄생 교회(Church of the nativity)입니다. 이 교회는 327년에 건축이 시작되어서 339년에 완공되었으니 12년에 걸쳐서 교회 건축을 한 것입니다. 탄생 교회뿐 아니라, 헬레나의 후원으로 많은 교회가 팔레스타인 땅에 세워지면서 유대 산지와 팔레스타인 전역으로 기독교인들이 모여들기 시작합니다. 이 가운데에서 사마리아인들과 기독교인들 사이의 알력이 생겨나기 시작한 거지요. 급기야 바바 라바는 동로마 제국의 수도였던 콘스탄티노플(현재의 이스탄불)로 압송되어 감옥에 갇혔다가 362년에 죽습니다.

사마리아인과 기독교인 사이의 앙금이 점점 쌓여갈 무렵 동로마 제국의 황제 제노(Zeno, 474-491년)의 시대에 네아폴리스(Neapolis 성경의 세겜)에서 큰 사건이 터집니다. 황제 제노가 세겜에 가서 사마리아 사람들에게 기독교로 개종할 것을 요구한 것이지요. 그리고 사마리아인들의 회당을 교회로 바꿔버리고, 그리심산의 성전 주변에 무덤들을 조성합니다. 그러다가 484년에 세겜에 있는 아론의 아들들과 손자인 엘르아살, 이다말, 그리고 비느하스의 유해를 기독교인들이 옮기려 한다는 소문이 돌면서 흥분한 사마리아인들이 네아폴리스 대성당에 침입하여 기독교인들을 살해합니다. 그리고 유스타(Justa)를 사마리아의 왕으로 삼고 가이사랴 지역에 살고 있는 사마리아 사람들과 연합하여 가이사랴에 있는 교회를 허물고 자치를 선언합니다. 물론 황제가 보낸 군대에 의해서 사마리아인들의 소요는 진압되고, 유스타는 참수 당하였습니다. 이후에도 495년과 529년에 소규모 항쟁이 있었지만, 정말 큰 항쟁은 556-572년에 걸쳐 16년간 지속된 '사마리아인의 항쟁'입니다.

적의 적은 나의 동지라고 하였던가요? 사마리아인의 항쟁이 16년간 계속될 수 있었던 것은 사마리아 사람들이 단독으로 항쟁을 일으킨 것이 아니라, 유대인들과 손을 잡았기 때문입니다. 사마리아인들과 유대인들은 함께 가이사랴를 침공해서 기독교인들을 죽이고 교회를 약탈합니다. 그리고 가이사랴를 지배하던 지도자들을 모두 죽입니다. 그리고 베들레헴으로 가서 예수님 탄생 교회(Church of Nativity)를 불태워버립니다. 그래서 현재 순례객들이 찾는 예수님 탄생 교회는 565년에 저스틴 황제에 의해서 새롭게 재건된 교회입니다.

예수님 탄생 교회의 또 다른 역사 이야기 중에 독특한 것은, 이 교회는 페르시아 침공에도 무사했던 교회라는 겁니다. 이스라엘의 교회 역사는 대부분 페르시아 침공과 함께 끝납니다. 페르시아 사람들이 614년에 이스라엘 땅을 침공하면서 이스라엘에 있는 교회들을 모두 허물어버렸거든요. 그런데 예수님 탄생 교회는 예외였습니다. 전해 내려오는 이야기에 의하면, 페르시아의 장군이었던 샤흘바라즈(Shahrbaraz)가 교회에 들어왔을 때 동방박사 세 사람이 페르시아식 복장을 하고 있는 모자이크를 보았는데, 그 세 사람이 누군지는 모르겠지만 페르시아식 복장을 한 것으로 보아 이 건물이 자기들과 어떤 관계가 있는 장소라고 생각하고 허물지 못하도록 했다고 합니다.

이렇게 역사 속에서 극적으로 보전된 교회는 제1차 십자군이 예루살렘에 진격해 들어왔을 때 예루살렘의 첫 번째 왕으로 볼드윈

(Baldwin I)이 즉위하는 대관식장으로도 사용되었습니다. 그 날짜가 1100년 12월 25일이었으니, 볼드윈이 자기를 예수님처럼 생각했던 것은 아니었을까요?

　현재의 예수님 탄생 교회의 옛 건물은 그리스 정교회가, 예수님 탄생 동굴의 예수님 탄생 장소는 아르메니아 정교회가, 그리고 성 캐더린 성당과 제롬의 동굴, 그리고 예수님 탄생 동굴에서 구유가 놓였던 곳은 로마 가톨릭교회가 관리하고 있습니다. 한 지붕 세 가족이라는 말이 딱 맞지요.

예수님 탄생 교회 132-135 CE에 일어난 바르 코흐바의 제2차 로마 항쟁 후, 로마 군인들은 베들레헴에 거주하던 유대인들을 모두 쫓아내버렸다. 당시에도 이미 초대 교회의 교인들은 예수님 탄생 동굴에서 모임을 가졌는데, 이 시기에 로마는 이 자리에 아도니스 신전을 세운다. 그러나 327년 헬레나에 의해서 신전이 철거되고 교회 건물이 세워졌다. 헬레나가 건축할 당시 교회는 비잔틴식의 팔각형 건물이었다.

제롬의 동굴

⏻ BIBLE VIEWFINDER

이에 헤롯이 박사들에게 속은 줄 알고 심히 노하여 사람을 보내어 베들레헴과 그 모든 지경 안에 있는 사내 아이를 박사들에게 자세히 알아본 그 때를 기준하여 두 살부터 그 아래로 다 죽이니 이에 선지자 예레미야를 통하여 말씀하신 바 라마에서 슬퍼하며 크게 통곡하는 소리가 들리니 라헬이 그 자식을 위하여 애곡하는 것이라 그가 자식이 없으므로 위로 받기를 거절하였도다 함이 이루어졌느니라 _마 2:16-18

베들레헴에 성지순례를 가본 사람이라면 누구나 떠올리는 첫 인상은 예수님의 탄생 장소를 보기 위해서 길게 선 순례객들일 겁니다. 베들레헴에 있는 예수님 탄생 교회(Church of the Nativity)에서 '운이 없을라치면', 약 2시간 정도를 기다려야 예수님 탄생 장소를 볼 수 있어요. 사실 '운이 따라야' 예수님 탄생 장소를 볼 수 있다는 말이 더 맞습니다. 그만큼 많은 순례객이 베들레헴을 찾고 있습니다. 탄생교회는 콘스탄틴 황제 시절에 이스라엘에 건축된 최초의 세 교회 중 하나입니다. 12년에 걸친 공사 끝에 339년에 완공된 탄생 교회는 페르시아 침공의 역사를 견뎌내고 현재에 이르렀습니다.

많은 사람이 예수님의 탄생 장소를 보기 위해서 그 긴 두 시간의 행렬 맨 뒤에 서기는 하지만, 한국인 성지순례객들은 베들레헴에 그리 관대하지 못해요. 대부분 베들레헴이 들어간 날의 일정은 오전이 아니면 오후만 베들레헴에서 시간을 보낼 수 있는데, 그 반나절 약 2,3시간 사이에 예수님 탄생 교회 뿐 아니라 목자들의 들

예수님 탄생 동굴 예수님께서 태어나신 저 장소에 손 한번 포개어보기 위해 순례객들은 길게는 몇 시간을 서 있기도 한다.

판 교회와 식사까지 모두 해결해야 하기 때문이지요. 그래서 기다리기보다는 "아, 여기가 그 교회고, 저 앞에 동굴이 예수님께서 태어나신 장소구나!" 하고는 돌아서버리기 일쑤입니다. "그래도 예수님께서 탄생하신 베들레헴의 탄생교회에는 들어가보았잖아"라고 스스로 자족하면서. 그렇게 베들레헴을 다녀간 순례객들의 상당수는 그리스 정교회에서 관리하고 있는 웅장한 예배당만 볼 뿐, 아르메니아 정교회의 제단에 그려져 있는 동방 박사들도 보지 못하고, 가톨릭교회에서 관리하고 있는 제롬의 동굴도 그냥 지나쳐버립니다.

슬로베니아 태생의 제롬은 당시 교황이었던 다마수스 1세(재위 366-384)의 절친한 친구였습니다. 그런 인맥으로 제롬은 교황청에서 다마수스의 비서가 되었습니다. 다마수스가 임종하자 교황청에서 차기 교황 선출을 위한 회의가 열렸습니다. 제롬은 당연히 자기가 차기 교황이 될 것이라고 확신했습니다. 유세비우스나 마르쿠스와 같이 1년도 채우지 못하고 임종한 교황이 있었던가 하면 친구 다마수스는 무려 18년을 교황으로 있었고 그 아래에서 제롬의 이름을 들어보지 못한 교회가 없을 정도로 유명 인사가 되었기 때문이지요. 제롬은 교황이 해야 할 주요한 업무를 본인이 계

제롬의 석상 예수님 탄생 교회의 캐더린 성당 앞 정원에 세워진 제롬의 석상

획하거나 조언했을 뿐 아니라, 신학자요 역사가였고 그 신앙적인 깊이도 깊다고 정평이 나 있었던 설교가였습니다. 그리고 그 당시에는 흔하지 않게 신약성서와 구약성서를 모두 원어로 읽을 수 있었던 석학이었으니 제롬의 생각에 교황직은 따 놓은 당상이었습니다. 그러나 결과는 제롬의 생각과는 정반대였어요. 교황 선거에서 보기 좋게 떨어졌고, 상심한 제롬은 이듬해 로마를 떠나 알렉산드리아를 거쳐 388년에 베들레헴 주변의 은둔자들의 공동체에 오게 됩니다. 제롬의 마음은 이미 지쳐 있었고, 자신을 지지한 듯 보였던 많은 추기경과 감독들에 대한 배신감과 분노와 실망에 사로잡혀 있었지요. 비록 몸은 베들레헴에 있지만 그의 머리와 생각은 아직도 교황 선거를 하던 4년 전의 로마에 머물러 있었을 겁니다.

그러던 어느 날 베들레헴에 아기들의 유골이 대량으로 발굴되었다는 소문이 떠돌기 시작하였습니다. 그 아기들의 부모가 누구인지, 그 아기들이 어떤 이유로 함께 묻히게 되었는지는 알 길이 없지만, 베들레헴에 사는 사람들 모두가 그 유골들이 예수님을 대신해서 죽었던 아기들의 유골(마 2:16)이라고 믿었습니다. 이스라엘의 전통적인 매장 방식은 가족묘의 형태인데, 아기들만 그렇게 따로 묻힐 이유가 없었기 때문에 사람들의 믿음은 더욱 확고해졌어요. 그 소식을 들은 제롬이 아기들의 유골이 발굴된 곳을 찾아갔고, 그는 그 유골을 보면서 회심하게 됩니다.

"이 아기들은 태어나서 예수님을 단 한 번도 보지 못했는데도 예수님을 위해서 죽어간 첫 번째 순교자가 되었구나! 그런데 나는 남들이 누려보지 못한 존경과 지위를 누려보았고 교황들만이 행사할 수 있는 그 권력도 누려보았는데, 단지 내가 교황이 되지 못했다는 이유로 지금 이곳 예수님께서 태어나신 베들레헴에서 예수님을 원망하며 하루하루를 허비하고 있구나! 이 아기들만도 못한 사람이 바로 '나'구나!"

제롬은 그곳에서 아기의 유골 하나를 가져갔습니다. 그리고는 예수님께서 태어나신 동굴과 잇대어 있는 동굴에 자신의 집무실을 마련하고 자신이 하나님과 예수님을 위해서 할 수 있는 일을 시작하였습니다. 친구 다마수스와 했던 약속이자 하나님과의 약속이었던 성경 번역을 시작한 것이지요. 성경을 그 누구보다도 잘 알고 있는 자기 자신도 이렇게 살았는데, 성경을 읽지도, 그래서 알지도 못하는 일반 사람들이야 어떠하랴 싶었기 때문입니다. 제롬은 일반 사람들이 알지 못하는 언어로 쓰여 있는 구약(히브리어)과 신약(그리스어) 성경을 당시 국제적 공용어였던 라틴어로 번역하기 시작했습니다.

제롬은 자기 책상 위에 아기의 유골을 올려놓았습니다. 그리고 마음이 헝클어지고 잡념에 사로잡힐 때마다 그 유골을 보며, 자신이 해야 할 일이 무엇이며 부끄러움이 없는 순교자의 삶이 무엇인지를 되새겼습니다. 더 많은 사람이 하나님과 예수님에 관한 이야기를 듣고 예수님을 진심으로 따르는 성도의 삶을 살아갈 수 있도록 도움을 주고자 했던 제롬의 신앙적인 결단으로 오늘날 우리 손에 라틴어 번역 성경인 벌게이트(Vulgate) 역본이 들려졌습니다. 그리고 제롬은 그 집무실이 있던 동굴에서 영원히 잠들었습니다.

예수님의 태어나심과 예수님을 위한 순교가 공존하는 동굴, 그리고 그 태어나심과 순교의 열매로 말씀이 살아 움직이게 된 동굴이 바로 베들레헴의 예수님 탄생 교회와 함께 있는 제롬의 동굴의 역사입니다.

 제롬의 유언에 따라 이 동굴에 안장되었으나 나중에 제롬의 유골은 로마의 바티칸으로 옮겨진다.

동방에서 온 박사들

혜롯 왕 때에 예수님께서 유대 베들레헴에서 나시매 동방으로부터 박사들이 예루살렘에 이르러 말하되 유대인의 왕으로 나신 이가 어디 계시냐 우리가 동방에서 그의 별을 보고 그에게 경배하러 왔노라 하니 혜롯 왕과 온 예루살렘이 듣고 소동한지라 (마 2:1-3)

베들레헴의 예수님 탄생 교회에 가면, 누구나 예수님께서 태어나신 장소에 손을 대어봅니다. 그리고 그분이 누우셨던 구유를 기념하는 작은 예배 처소에서 깊은 묵상에 잠기곤 하지요. 하지만 예수님 탄생 동굴에 들어가기 전에 예수님의 할례를 기념하는 작은 제단이 있다는 것과 탄생 동굴에서 나오자마자 동방에서 온 박사들을 기념하는 작은 제단이 있다는 것은 잘 알지 못합니다.

신약성경에서 동방에서 온 박사들의 이야기를 하고 있지만, 성경만으로는 그들의 이름도 몇 명이 왔는지도 알 수 없습니다. 기원후 2세기, 그러니까 예수님께서 돌아가신 지 100여 년 뒤에 예수님의 탄생에 관심을 가진 이들은 이 동방에서 온 박사들이 세 명이었다, 또는 네 명이었다고 서로 다른 주장을 하기도 했습니다. 이 박사들이 가지고 온 예물의 수(황금, 몰약, 유향) 때문에 세 명이라는 주장이 힘을 얻었는지는 알 수 없으나, 로마의 카타콤 도미틸라(Domitilla)에는 네 사람이 그려져 있고, 로마의 또 다른 카타콤 프리실라(Priscilla)에는 세 사람이 그려진 것으로 보아서, 처음에는 세 명이었는지 네 명이었는지 그 수의 일치를 확실히 보지 못하다가 세 명이라는 전통이 확정된 듯합니다(기원후 2세기). 그리고 5세기에 이르러서는 이들이 동방에서 온 왕들이며, 그 이름은 발다사르(Balthassar, 아라비아의 왕), 멜키오르(Melchior, 페르시아의 왕), 카스파(Caspar, 인도의 왕)라는 전통이 생겨납니다. 동방 박사의 출신지와 그 수, 그리고 그들의 이름과 직업 등에 대해서는 알 수 없지만, 적어도 확실히 말할 수 있는 것은 동방에서 온 세 명과 우리의 모습이 다르지 않다는 겁니다. 왕으로 이 땅에 오신 예수님을 알되, 자기 생각에 견주어 이해하기 때문에 하나님의 계획과 무관하게 우리의 가치관으로 예수님을 보려 하니 말입니다.

프리실라 카타콤의 동방 박사들 세 사람의 박사들이 예수님을 안고 있는 마리아에게 찾아와 경배하고 있다.

동방에서 온 박사들은 예수님께서 왕궁에서 태어나셨을 것이라고 생각했습니다. 자기들의 문화에서 "왕"이라고 불릴 이가 왕궁이 있는 예루살렘이 아니라, 베들레헴의 작은 마을에서 태어나실 것이라고 어떻게 상상이나 할 수 있었을까요? 상아와 황금으로 장식한 아름다운 침대가 아닌 구유에 누워 있을 것이라고 상상이나 했을까요? 꼭 그들의 문화(페르시아로 추정)에서만 그렇게 오해하는 것은 아닐 겁니다. 우리가 예수님의 탄생을 모르고 있다고 가정할 때, 우리 역시 이 땅에 왕으로 오실 이의 탄생 소식을 접하며 그분이 어디에서 태어나셨을 것 같으냐는 질문을 받는다면, 대부분은 예루살렘 왕궁을 상상하지 않을까요?

그래서 우리는 억지로 우리 예수님을 휘황찬란한 금색 궁전의 왕좌에 앉혀 놓습니다. 그리고 우리는 쳐다볼 수도 없는 빛나고 근엄한 왕좌에서 통치하시는 모습을 상상합니다. 이렇게 예수님을 상상하는 사람들은 가난하고 소외된 이들의 이웃이 되어주셨던 예수님이 부담스럽습니다. 왜냐하면 예수님처럼 되고 그분으로부터 받을 복이라면 부와 영광이라고 생각하고 있는데, 낮은 자리로 내려가려니 마음에 짐이 되는 거지요.

어떤 사람들은 예수님을 사회운동가 중의 하나로 이해하기도 합니다. 고난의 종으로 이 땅에 오신 이로서 편안한 삶을 사셨을 리 없고 가난한 자의 편, 피지배층의 입장에 서 있을 예수님을 상상하며, 부자들에게 손가락질하고, 사회적 지위가 높은 이들을 향해 그들이 얻은 부와 명예에 '불공정'이란 딱지를 붙이거나, 심지어 "어찌 그리스도를 따르는 기독교인이 부요할 수 있는가?"라며 비난합니다. 그렇게 성경을 사회구조의 문제라는 틀에서만 대입시켜서 이해하려고 한다면, 예수님이 스스로 노동하지 않고 한둘도 아닌 제자들과 함께 공생애 사역을 하셨다는 것에 대해서 당황스러울 수밖에 없습니다. 왜 자기들은 쓰지 않는 아프디 아픈 가시 면류관을 예수님께만 씌우려 할까요?

이스라엘에 와서 놀랐던 것 중의 하나는, 많은 것들이 제가 생각해왔던 것과는 너무나 다르다는 것이었습니다. 메말랐을 것 같은 광야는 푸르렀고, 대단히 넓을 것 같았던 요단강은 개울 같았고, 조그마한 호수 같을 것이라 생각했던 갈릴리는 엄청나게 넓었습니다. 사해 바다는 가도 가도 끝이 없고요. 이스라엘 살면서 알게 된 것은 내 생각에 견주어 성경이 증언하는 놀라운 이야기를 제한하지 말자는 것이었습니다.

예수님 탄생교회 평면도

10m
⑤
⑥
④
⑧
⑨
예수님
탄생
동굴
⑦
⑩
1964년에
연결시킨
동굴 통로
⑩ 로 가는
출구
⑪
③
②
성 캐더린
교회 정원으로
가는 출구
⑫
①
입구
바실리카
❶ 입구
❷ 세례반
❸ 4세기 모자이크 바닥
❹ 예수님 할례 제단
❺ 본 제단
❻ 동방 박사의 제단
❼ 동정녀의 제단
예수님 탄생 동굴
❽ 예수님 탄생 제단
❾ 구유 제단
제롬의 동굴
❿ 거룩한 아기들의 동굴
⓫ 제롬의 동굴
바실리카
⓬ 성 캐더린 교회로 가는 출구
바실리카
기둥
동굴(지하)

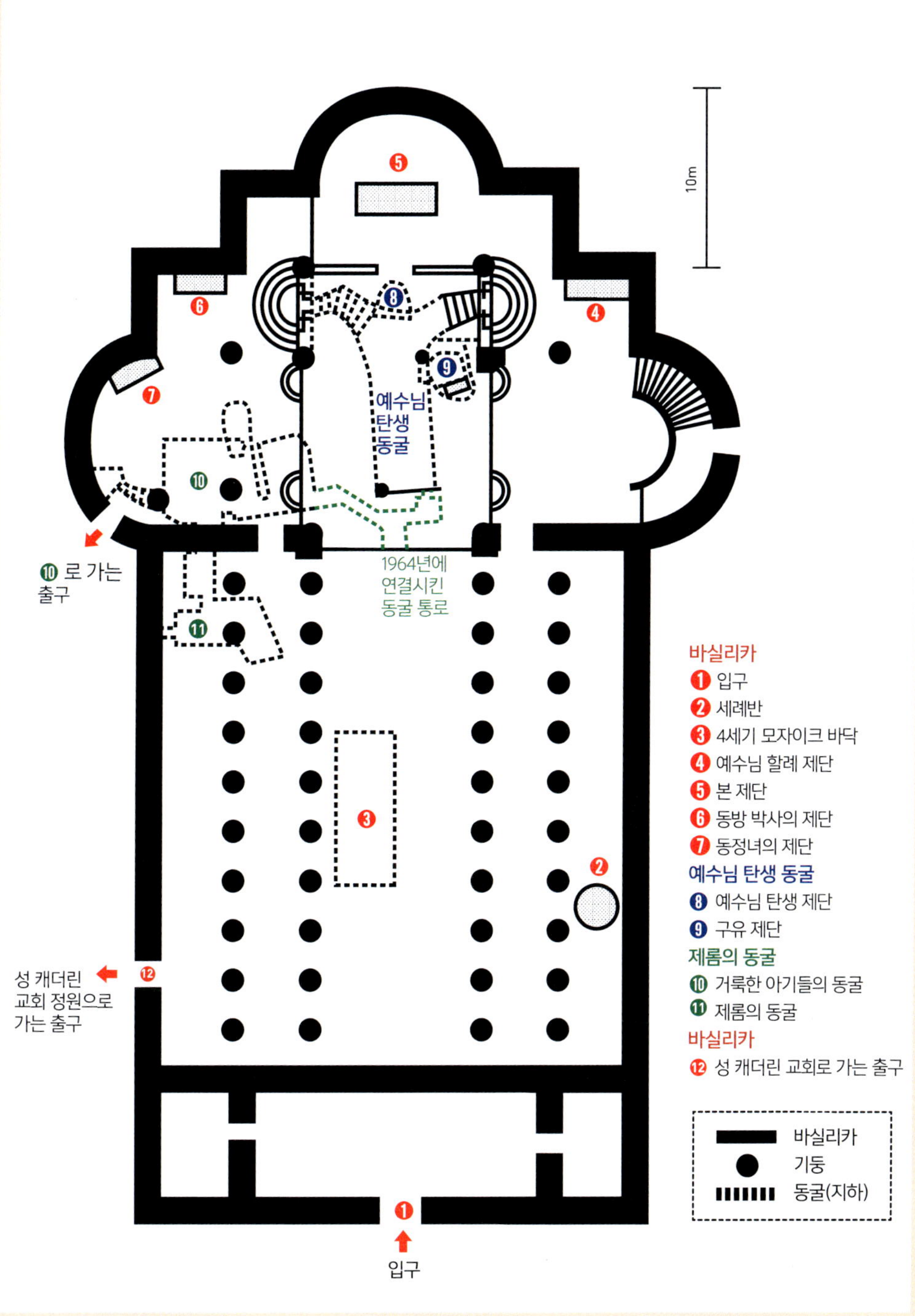

마르사바

⏻ BIBLE VIEWFINDER

여호와여 내가 주께 대한 소문을 듣고 놀랐나이다 여호와여 주는 주의 일을 이 수년 내에 부흥하게 하옵소서 이 수년 내에 나타내시옵소서 진노 중에라도 긍휼을 잊지 마옵소서 _합 3:2

이스라엘의 케이블 방송 시청료가 만만치 않아서, 인공위성 방송을 받아보는 작은 안테나를 샀습니다. 운이 좋게 이 조그마한 접시로 한국의 모 교회에서 방송하는 위성 방송이 잡히더군요. 그저 한국말로 듣는 방송이 좋아서 아내와 함께 참 좋아했습니다. 그런데 방송이 식상해지기 시작하더라고요. 문득 방송이 중요한 것을 놓치고 있다는 생각이 들었습니다. 언제부터인가 교회에 예배는 사라지고 예배를 드리는 방법과 기술이 더 중요한 위치를 차지하게 되었습니다. 교회는 앞다투어 예배드리는 방법(The Art of Worship)을 개발하고 그렇게 개발된 프로그램이 예배를 넘어서더니만, 이제는 예배마저도 프로그램이 되어버렸습니다. 이런 것을 가지고 본말전도(本末顚倒)라고 하나요?

"사람이 마음으로 자기의 앞길을 계획하지만, 그 발걸음을 인도하시는 분은 주님이시다"라고 하는 잠언의 말씀은 정말 명언 중의 명언인 것 같아요. 항상 우연히 멋진 인연을 만들어 내니 말입니다. 교회의 목사님 네 분과 함께 몬타르산으로 떠나려고 6시 10분 유대 광야의 참 모습을 보고 싶다면, 지프로 유대 광야를 달려보는 것이 좋다.

에 집을 나섰는데, 가야 할 길이 막혀버렸습니다. 팔레스타인 지역으로 들어가는 길들이 끊어지는 것은 이스라엘에서 종종 있는 일이니 누굴 탓할 수도 없습니다. 그래서 혹시나 하는 마음에 다른 길을 만날 수 있을 거라는 기대감으로 우회해보기로 했습니다. 그런데 멀리 베들레헴 남쪽의 헤로디온이 보이는 거예요. 길을 잘못 든 거지요. 이것을 전화위복(轉禍爲福)이라고 하나 봅니다. 계획하지 않았던 마르사바(마르사바는 성 사바(St. Saba)라는 뜻의 아랍어로, 성인 '사바'를 기념하는 수도원)로 발길이 닿아버렸으니 말이지요.

이스라엘에는 예수님의 발길이 닿았던 곳, 그리고 성서에서 예수님의 사역이 있었던 곳들을 중심으로 많은 기념 교회들과 수도원이 4세기부터 하나둘 생겨나기 시작했습니다. 특별히 성서와 관계없는 광야에 수도원이 생길 때는, 모두 다 그런 것은 아니지만 예루살렘을 둥그렇게 원으로 둘러싸는 모양새로 수도원을 세웠습니다. 이렇게 한 목적은 광야로부터 예루살렘을 공격하려는 사탄의 시도를 수도사들이 기도로, 그리고 말씀으로 막아내기 위해서였습니다. 오늘 개신교의 기도원을 연상케 하는 수도원이라는 곳의 이미지를 속세를 떠나서 개인의 신앙적인 수양을 위해 철저하게 금욕하는 것, 그리고 왠지 나무 한 그루 뿌리라도 뽑으며 기도

여인들을 위한 주거 공간 마르사바의 입구에는 수도사의 가족이 방문하였을 때 여인들이 묵을 숙소로 사용하는 타워가 있다. 마르사바 수도원은 여자들의 출입을 엄격히 금지하고 있다.

해야 하는 곳 정도로 이해하는 경우가 있는데요, 그런 사람들에게 이런 금욕적인 수양의 목적이 개인적인 신앙의 성숙이 아니라 "내가 아닌 예루살렘을 위한 중보기도가 목적"이라고 이야기한다면, 꽤나 당황스러워할지도 모르겠습니다.

중보기도를 목적으로 유대 광야에 세워진 수도원들 중에 그나마 쉽게 찾아갈 수 있는 수도원들을 말하라면, 성 조지(St. George) 수도원, 성 테오도시우스(St. Theodosius) 수도원, 그리고 마르사바를 들 수가 있지요. 특히 깎아지른 절벽에 세워진 성 조지 수도원과 마르사바 수도원은 제가 가본 수도원 중에 가장 장엄하고 저를 초라하게 만드는 수도원들입니다.

"이곳이 마르사바의 입구입니다"라고 알려 주는 십자가는 아직도 마르사바의 입구에서 1,500여 년간 한결같이 수도원을 지키고 서 있습니다. 지금이야 차들도 갈 수 있는 길이

기드론 시내 예루살렘의 기혼샘에서 시작해서 사해 바다로 흘러 들어가는 기드론 시내

마르사바 수도원 기드론 골짜기 건너편에서 바라다본 마르사바 수도원

뚫렸으니 그렇다손 치더라도, 광야 길을 걷던 순례자가 광야 한가운데서 처음으로 높은 타워와 그 위의 십자가를 만났을 때의 기쁨을 생각해보세요!

5세기 후반(478년) 성 유티미우스(St. Euthymius)라는 사람의 제자 사바(Saba)가 유대 광야로 들어오면서부터 수도원 마르사바의 역사가 시작되었어요. 이 사람은 기드론 시냇가의 동쪽 절벽 어느 꼭대기에 있는 작은 굴에 자기의 거처를 만들고 수도생활을 시작합니다. 5년간 은둔하며 수도생활을 하던 이 사람의 이름이 이곳저곳으로 퍼져나가기 시작하고, 그를 따르려는 사람과 이 사람처럼 살기 원하는 사람이 하나둘 모여들면서 마르사바는 역사 속에 이름을 드러내기 시작했습니다. 자연적으로 수도원 공동체가 만들어지고, 공동체를 위한 거처와 예배당, 그리고 공동 기도실들이 만들어지면서 수도원이 부흥을 하게 된 거지요. 그러고 보면 자발적 신앙의 결단! 억지로 퍼 먹이는 밥이 아니라, 스스로 배고픔을 느껴 찾아오게 하는 식탁이 교회가 아닐까 합니다.

483년에 건설되기 시작해서 486년에 공사를 마친 이 수도원의 이름은 기드론 골짜기의 절벽에 은둔하며 수도생활을 한 최초의 수도자인 성 사바(St. Saba)의 이름을 따서 지어졌습니다. 수도원의 공사가 마칠 당시에는 70명의 수도사들이 이곳에서 예루살렘을 위해서 기도하고 있었다고 합니다. 요즈음 교회는 교회 건축이 시작되면 교인들이 줄어드는 것이 정석인데, 1명으로 시작한 수도생활에 수도원 건축을 위한 고된 노동도 마다하지 않고 9년 만에 70명의 자발적인 수도사들이 모여 들었으니 이것이 진정한 의미의 '부흥'이 아닐까요.

처음 계획과는 전혀 다른 곳으로 하나님이 발걸음을 인도하셨지만, 아마 하나님이 이곳 마르사바로 보내주신 숨은 뜻은 진정한 교회와 진정한 부흥을 보여주시기 위함이 아닌가 합니다.

헤로디움

⏻ BIBLE VIEWFINDER

그중의 한 율법사가 예수를 시험하여 묻되 선생님 율법 중에서 어느 계명이 크니이까 예수께서 이르시되 네 마음을 다하고 목숨을 다하고 뜻을 다하여 주 너의 하나님을 사랑하라 하셨으니 이것이 크고 첫째 되는 계명이요 둘째도 그와 같으니 네 이웃을 네 자신 같이 사랑하라 하셨으니 이 두 계명이 온 율법과 선지자의 강령이니라 _마 22:35-40

베들레헴 인근에 헤롯이 만들어놓은 가장 대표적인 걸작품인 헤로디움에서 헤롯의 무덤이 발견되었습니다. 헤로디움은 헤롯의 여름 별장지로 유명한 곳입니다. 헤롯이 건축한 건축물 중에서 유일하게 자기 이름을 따서 이름 붙인 장소이기도 하지요. 그만큼 헤롯이 공을 들이고 사랑했던 곳이라고 말할 수 있습니다. 2만 평이나 되는 대지에 현대의 도시에서나 볼 수 있는 정방형의 구획들로 잘 준비된 도시 계획에 따라, 건물들이 오밀조밀하게 구성된 헤로디움을 보면, 옛사람들의 토목 기술이 얼마나 정교하고 대단했는지를 가히 짐작할 수 있습니다.

이 헤로디움의 가장 아름다운 곳은 산 위에 세운 원형 요새입니다. 해발 약 740미터의 유대 광야 언덕 위에 원형으로 40미터 높이의 왕궁 요새를 세웠습니다. 하지만 아래에서 올려다봐서는 그렇게 멋진 건축물일 거라고 생각할 수 없습니다. 왜냐하면 무더운 여름 더위를 피하기 위해서 요새 벽을 따라 흙을 메워 인공 산처럼 만들었기 때문이지요. 동그랗게 생긴 요새의 네 귀퉁이에는 두께만으로도 충분히 그 위용을 짐작할 수 있는 망대들과 사우나 시설들, 그리고 이야기를 나눌 수 있는 장소들이 갖추어져 있습니다. 이 원뿔형 요새의 옆구리에 헤롯 대왕의 무덤이 2000년이 넘는 세월 동안 꼭꼭 숨겨져 있었던 것이지요.

유대인도 아닌 헤롯 왕가가 처음으로 유대인들의 통치자가 된 것은 헤롯의 아버지인 안티파터(Antipater) 때였습니다. 카이사르(Caesar)의 도움으로 유다(Judea) 땅의 왕이 된 안티파터가 죽은 후(43 BCE), 헤롯이 옥타비아누스(Octavianus)의 도움으로 유다 땅의 왕이 된 거지요(37 BCE).

이곳은 헤롯의 아픈 상처가 남아 있는 곳입니다. 헤로디움이 있는 장소에서 기원전 40년에 유대인들이 지지하던 지도자 안티고누스와 헤롯이 전쟁을 벌인 적이 있습니다. 에돔 사람인 헤롯의 통치가 맘에 들지 않았던 유대인들과 파르티아인들이 연합해서 헤롯을 공격한 거지요. 헤롯은 이곳에서 패배했을 뿐만 아니라 그의 어머니마저 잃게 됩니다. 그러니 헤롯은 자신의 승전 기념으로 이곳에 여름 궁전을 세운 것이 아니라 자기의 패전을 잊지 않기 위해서, 더욱이 전쟁에서 죽은 어머니를 기념하기 위해서 이곳에 이토록 멋진 건축물을 남겼는지도 모를 일입니다. 헤롯에게 매우 중요한 의미를 지닌 이 도시를 헤롯이 얼마나 사랑했는지는 헤롯이 죽은 후에 예루살렘에 묻히지 않고 이곳 베들레헴 남동쪽의 헤로디움에 매장되었다는 것을 보아도 금세 알아차릴 수 있지요. 아마 어머니가 죽은 곳에 나도 함께 묻히고 싶다는 효심(?)에서 비롯된 것일 수도 있고요. 그러고 보면 헤롯도 참 인간적이지요?

예루살렘 성전의 웅대함, 빌라도의 법정으로 알려진 안토니아 요새, 지금도 유대인 구역에 그 일부가 남아 있는 헤롯의 궁전 터(일각에서는 제사장의 집이라고도 합니다), 발견되지는 않았지만 요세푸스가 말하고 있는 예루살렘의 거대한 극장과 연설장, 사마리아에 남아 있는 아우구스투스를 위한 멋진 건축물과 법정, 그리고 두꺼운 성벽, 지중해 해변에 세워진 거대한 로마식 도시 가이사랴의 원형극장과 경기장, 요새와 방파제, 가이사랴로 연결되는 8킬

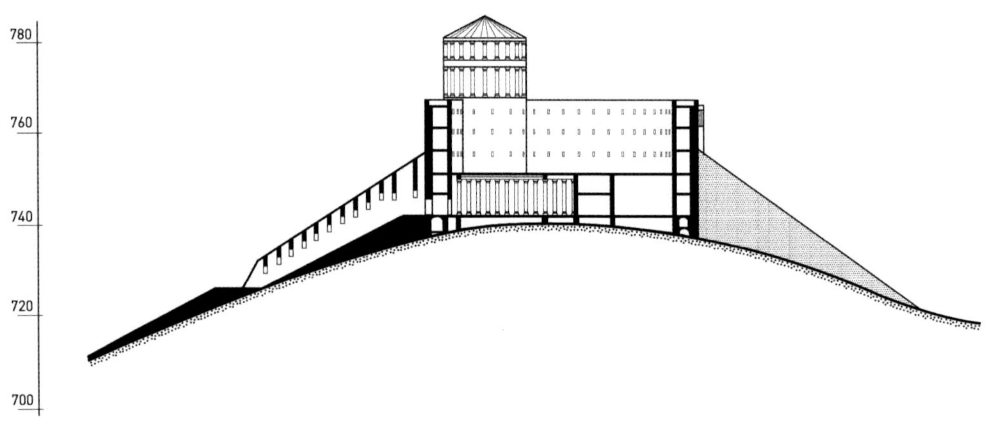

헤롯은 23-15 BCE에 헤로디온을 축조하였다. 헤로디온은 자연 산봉우리에 40미터 높이의 건물을 건축한 후, 벽 주변을 메워서 원래의 봉우리보다 40여 미터 더 높은 인공 언덕을 쌓아 만든 인공 산이다.

로미터의 수로, 유대 광야 한가운데 세워진 난공불락의 요새 마사다와 광야의 길목마다 세워진 요새들, 예루살렘 인근의 오아시스에서 여리고로 흘러 들어가게 하는 긴 수로들과 베들레헴에서 예루살렘 성전으로 흘러 들어가는 물길, 아름다운 헤로디움, 유대 광야에 만들어져서 아직까지 지프의 도로와 군사용 도로로 사용되고 있는 도로들, 이처럼 웅장한 토목 공사들의 공통점이 뭔지 아세요? 헤롯이 만들었다는 겁니다. 역사를 말할 때 "만약에 …였다면"이라는 말은 사용하지 않는 말이라고들 하지만, 만약에 이스라엘의 역사 가운데 헤롯이 없었다면 오늘 이스라엘의 모습은 전혀 다른 모습이었다고 저는 확신합니다. 당대에 주변 국가와는 견줄 수 없는 웅대함을 자랑했던 유대아를 어떻게 헤롯과 별개로 생각할 수 있겠습니까?

더군다나 헤롯만큼 정치력이 뛰어난 정치가가 없었어요. 헤롯

의 시대 로마도 둘로 나뉘어서 안토니우스와 옥타비아누스가 세
력 다툼을 벌였고, 유대아 안에서는 유대인들의 틈바구니에서 이
방인인 헤롯이 왕 노릇을 하려니 얼마나 뛰어난 정치력이 요구되
었을 것이며, 또 그 처세술이 얼마나 뛰어났겠습니까? 헤롯이 없었
다면 신약 시대 유대아의 영광은 없었습니다. 구약의 아합과 더불
어 신약 시대의 헤롯은 가장 건축을 많이 한 왕입니다. 구약 시대
의 유적지로 남아 있는 대부분은 아합 왕 때의 건물들이고, 중간
사 때(구약 시대와 신약 시대의 사이에 놓인 기원전 4세기부터 기원전 1세
기까지)와 신약 시대를 통틀어서 가장 웅대한 건축물의 주인은 헤
롯입니다. 그런데 이 둘의 공통점은 둘 다 성서에서 악명 높은 왕
이라는 거지요. 참 아이러니하지요? 아마도 그렇게 대단한 군사

헤로디움 아래 헤로디움에서 위로 올려다보아야 하는 저 언덕 위에 헤롯의 원형 왕궁 요새가 있다.

적, 경제적인 발전을 이루기 위해서 강제로 동원되어야만 했던 수많은 유대인의 원성이 그 평가 안에 숨어 있는지도 모르겠습니다.

성경에서 헤롯을 판단하는 기준은 그가 얼마나 유다의 군사적인 능력을 끌어올렸는지, 아니면 유다의 경제를 활성화시켰는지가 아닙니다. 그가 얼마나 "하나님을 사랑하고, 이웃을 자기 몸과 같이 사랑했는가?"였습니다. 결국 성경의 눈은 오롯이 헤롯의 신앙과 삶을 향하고 있다는 말이지요.

헤롯의 시대에 자기의 업적을 과시하기 위해, 그리고 이 모든 것이 백성들을 향한 것이라는 거짓 명분 아래에서 얼마나 많은 노동력이 강제로 동원되었을까요? 그리고 얼마나 많은 전쟁의 노예들이 사들여지고 팔려나갔을까요? 헤롯이 가장 사랑했다고 말하는 헤로디움을 만들기 위해서 얼마나 많은 사람이 희생해야 했을까요?

그럼에도 여전히 기독교인이라고 불리며 교회에 다니는 사람들이 사람과 교회 평가의 판단 기준을 눈에 보이는 것으로만 삼는 것을 보면, 성경만 '성경적'으로 보고, 자신이 살고 있는 삶은 '성경과는 별개'로 판단하고 있는 것이 분명합니다.

헤롯의 원형 왕궁 평면도

서쪽 탑
지름 16.3m
외벽
지름 63m
내벽
지름 51m
아치형 복도
헤롯의 전실 – 후대에는 회당으로도 사용된 큰 방
주거지
사우나
아치형 복도
아치형 복도
남쪽 탑
지름 16.3m
주랑으로 둘러싸인 정원
북쪽 탑
지름 16.3m
헤로디움으로 오르내리는 계단 폭 6.5m
동쪽 탑
지름 18.3m
0   5   10m

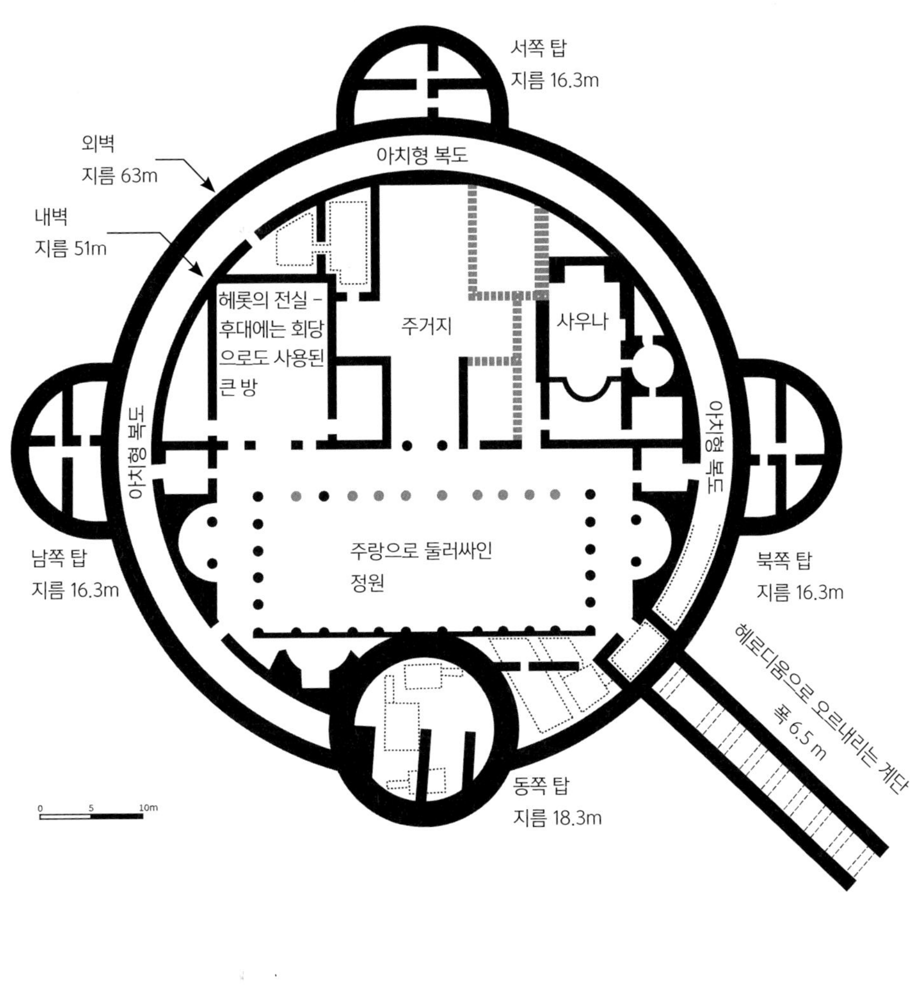

part 04

지중해 주변

거라사
벧강
가버나움
디베랴
벳산
요단강
여리고
다볼산
길보아산
나인
모레산
에발산
실로
아이
나사렛
기브아
벧엘
기브
므깃도
사마리아
악고
갈멜산
게셀
가이사랴
욥바
야브네
지중해

욥바
베드로교회

⏻ **BIBLE VIEWFINDER**

욥바에 다비다라 하는 여제자가 있으니 그 이름을 번역하면 도르가라 선행과 구제하는 일이 심히 많더니 그때에 병 들어 죽으매 시체를 씻어 다락에 누이니라… 베드로가 일어나 그들과 함께 가서 이르매 그들이 데리고 다락방에 올라가니 모든 과부가 베드로 곁에 서서 울며 도르가가 그들과 함께 있을 때에 지은 속옷과 겉옷을 다 내보이거늘 베드로가 사람을 다 내보내고 무릎을 꿇고 기도하고 돌이켜 시체를 향하여 이르되 다비다야 일어나라 하니 그가 눈을 떠 베드로를 보고 일어나 앉는지라 _행 9:36-40

가끔씩 받는 질문 중 하나는 강단에서 목사님들이 설교하면서 이스라엘에는 거지가 없다는 이야기를 하실 때가 있는데 정말 이스라엘에 거지가 없느냐는 것입니다. 당황스러운 질문이기는 하지만, 한국과 이스라엘이 워낙에 떨어져 있는 동네이다 보니 그만큼 이스라엘에 관한 부정확한 정보들이 한국에 알려져 있다는 이야기이겠지요. 그리고 또 한 가지 옳지 못한 정보는 이스라엘의 경제력이 우리나라의 경제력보다 엄청나게 높다고 알고 있다는 겁니다. 높은 것은 맞지만, 그렇다고 그 격차가 큰 것은 아니에요. 요즘은 GNI(일인당 국민소득)가 국가의 경제적 수준을 나누는 데 중요한 기준이 되는데요, 2016년 기준으로 우리나라의 GNI 지수는 35,790달러이고 이스라엘은 37,400달러입니다. 빈곤 계층(Numbers below the poverty line)의 분포도도 2013년 기준으로 우리나라의 빈곤율은 16퍼센트인 데 비해서 이스라엘은 22퍼센트에 이릅니다. 그러니 이스라엘에 거지가 없다는 낭설은 어디서 출발한 것인지 궁금합니다. 아마도 하나님이 선택하신 백성들이 사는 이스라엘에 대한 막연한 환상 때문에 만들어진 근거 없는 소문이 돌고 돌아 부정확한 정보들이 전해진 것이 아닌가 해요.

이스라엘에 빈곤 지수 아래에 있는 빈곤층이 많은 이유는 여러 가지가 있을 겁니다. 제가 경제학자가 아니기 때문에 이 부분에 대해서 분석할 수는 없지만, 이스라엘 시민권자 중에서 빈곤층이라고 불리는 사람들 가운데 가장 많은 비율을 차지하는 그룹은 아마 하레딤(חרדים)이라고 불리는 정통파 유대종교인 계층일 겁니다. 이스라엘에서는 약 10퍼센트가 하레딤이라고들 말하는데요, 이들의 경제적인 상황은 그리 좋지 않습니다. 이들은 대부분 직업을 가지지 않고 성경의 율법과 선조들의 율법들을 공부하고 종교적인 생활만 하는 사람들입니다. 경제활동을 하지 않다 보니 변변한 수입원이 없어서 국가에서는 이들을 위해서 일인당 약 300달러의 생활비를 보조해줍니다. 보통 이들이 5-7명의 자녀들을 두기 때문에 한 가족 구성원의 수를 약 7-10명 정도로 친다 해도 2,000-3,000달러는 턱없이 모자란 생활비입니다. 이 정도의 가족이라면 최소 6,000-8,000달러는 있어야 보험이라도 들면서 살 수 있거든요. 경제적인 상황이 이렇다 보니 이들이 모여서 사는 메아 쉐아림(מאה שערים)이라는 동네는 매우 낙후되었고, 통곡의 벽 주변에는 구제(쯔다카 צדקה)를 바라는 사람들이 모여듭니다. 그런데 놀라운 사실은 구제를 바라며 앉아 있는 사람들에게도 부끄러움이 없고 주는 사람들에게도 주는 이가 가지는 거만함이 없다는 겁니다. 왜냐하면 구제라는 행위가 유대인들에게는 매우 일반적이고 자연스러운 행위이기 때문이에요.

유대인들의 쯔다카를 말할 때 흔히들 오해하는 것은 쯔다카가 구약성경 시대의 십일조를 대치하는 개념이라는 겁니다. 결론부터 말하자면, 꼭 그렇지 않다는 거예요. 오늘날의 유대인들도 십일조를 하는 사람들이 있습니다. 하레딤이 운영하는 과일가게에서는 파는 과일이나 채소도 아닌데 길가에 있는 상자에 따로 담아 놓은 과일과 채소들이 있습니다. 싱싱한 과일과 채소가 말이

욥바의 언덕에서 내려다본 베드로교회와 지중해. 오른쪽의 신도시는 국제법상의 이스라엘 수도인 텔아비브 해변이다.

지요. 이 상자는 그 가게의 주인이 따로 떼어놓은 십일조입니다. 그리고 회당에다가도 현금으로 수입의 십 분의 일을 십입조로 봉헌하는 사람들이 있지요. 십일조라는 히브리어 마아세르(מעשר)는 사라지지 않고 그대로 사용되고 있고, 또 그대로 지켜지고 있다는 겁니다. 하지만 모든 사람이 다 십일조를 하는 것은 아닙니다. 왜냐하면 십일조의 목적 중에서 가장 중요한 목적의 하나인 제사장과 레위인(민 18)들이 이제 없기 때문입니다. 하지만 그것이 성경의 가르침이기 때문에 그대로 따릅니다. 그렇게 거두어진 십일조는 회당에서 사용되거나 구제 기관에 전달되거나 회당 구성원들의 결정과 동의로 사용처가 확정됩니다.

십일조의 용처 중에서 중요한 개념이 구제라는 것은 부인할 수 없습니다. 십일조는 단지 제사장과 레위인들, 그리고 성전과 제단에서 봉사하는 이들에게만 주어지는 것이 아니라, 또 다른 중요한 사용처가 이스라엘 공동체에서 경제적인 혜택을 제대로 받지 못하는 소외계층을 돕는 것이었거든요(신 14). 그래서 십일조처럼 소득의 십 분의 일을 드리는 것은 아니지만, 종교적인 의무를 다하는 유대인들은 지금도 구제를 하고 있습니다. 그리고 구제헌금을 하는 이들이 꽤 많은 듯합

니다. 현대의 랍비들은 이 구제를 자기가 얻은 소득의 20퍼센트를 넘지 못하도록 하는 규정까지 만들어놓았거든요. 그러니 구제에 참여하는 이들은 그것이 하나님의 명령이므로 구제하면서도 자기를 드러낼 필요가 없고, 받는 이들도 공동체가 자신들을 보호해주는 하나의 방법이므로 받되, 한국 사람이 상상하는 수치심이나 부끄러움은 없을 수밖에 없습니다.

성경에 구제 하면 떠오르는 인물들이 있습니다. 그중에 대표적인 사람이 도르가입니다. 도르가는 욥바에 살았던 과부였습니다. 도르가의 경제적 사정이 어느 정도 되었는지는 잘 모르겠습니다. 하지만 초대 기독교의 전통에서는 이 도르가가 가난한 사람들을 위해서 옷을 만들어주는 일을 하였다고 합니다. 성경에서는 과부를 부요한 사람으로 묘사하지 않습니다. 혹시 죽은 남편에게 아무리 많은 재산이 있었다손 치더라도 남겨진 아내가 그것을 모두 소유할 수도 없을 뿐더러(결혼 증서에 아내가 받을 몫을 특별하게 기록하지 않은 이상, 예수님 당시의 유대법에 의하면 남편의 재산을 과부가 물려받는 경우는 없었습니다), 성경에서 과부는 단지 남편이 죽은 여인을 지칭하는 말이 아니라, 이혼하였으나 경제적인 능력이 없는 여인을 가리킬 때도 사용되었기 때문에 이혼당한 여인의 삶은 더욱 팍팍했을 겁니다(창 38). 그래서 십일조의 수혜자 중에서 경제적인 능력이 없는 과부를 빼놓을 수 없었던 것이지요(신 14:29). 그런데! 도움을 받고 살아야 하는 과부 도르가가 선행과 구제하는 일이 많았다는 것이 놀랍습니다.

도대체 그 돈은 어디에서 난 것일까요? 당시 이스라엘 사회에서 여자가 사회 활동을 하는 것이 일반적이거나 쉬운 일은 아니었으니 어디서 큰돈을 버는 것도 쉬운 일은 아니었을 겁니다. 이미 만들어진 원단을 구입하여 옷을 만들지 않는 이상, 가장 저렴한 방법은 직접 실을 짜 직물을 만드는 것이고, 또 이런 방법으로 옷 한 벌을 만들기 위해서는 직물을 짜는 데에만 꼬박 일주일이 넘는 시간이 필요합니다. 아마 없는 살림에 도르가가 이런 방식으로 옷을 만들지 않았을까요? 그리고 보면 누군가를 돕는 사람은 많이 가진 사람이 아니라 누군가를 도우려는 긍휼한 마음을 가지고 있는 사람이 아닌가 해요.

욥바라는 곳이 그렇습니다. 욥바는 가자, 가아사랴, 악고와 더불어 당시 유다를 대표하던 항구이고, 그 항구의 역사가 지금으로부터 3,500년이 넘습니다. 솔로몬 시대에는

구제헌금 상자 가난한 사람들을 위한 구제헌금 상자이다. 구제헌금 상자가 항상 회당에 있는 것은 아니다. 이 상자처럼 사람들이 오가는 길가에 만들어 놓고 헌금을 받기도 한다.

베드로교회 1654년에 처음 세워진 교회 위에 1903년에 완공된 베드로교회에는 다비다의 무덤 위에 세워졌다는 전설이 있다.

레바논의 목재들을 예루살렘으로 이송하는 바닷길로 사용되었고, 오랜 역사를 가진 항구이다 보니 그리스 신화에 나오는 안드로메다 공주가 묶였던 바위가 있었던 배경이 되는 곳이기도 합니다. 외국인들과 어부들이 넘쳐났던 활기찬 도시이지만, 동시에 바다에서 남편을 잃은 여인들과 아이들도 넘쳐나던 곳이었습니다. 또 바다 생활을 하다가 빚지고 뭍에 내려 만신창이가 된 부랑자들이 도시의 어두운 구석에서 웅크리고 있는 곳이기도 했고요. 도르가는 바로 그런 사람들이 눈에 밟혔던 거지요.

욥바에서 그리스도를 따르는 과부들이 한 땀 한 땀 정성스레 옷을 만들어서 헐벗은 이들에게 옷을 입혀주는 모습을 생각해보세요. 욥바에는 도르가뿐 아니라, 이렇게 선행과 구제하는 일에 앞장섰던 여인들이 많이 있었습니다. 이 여인이 죽었을 때 아마 도르가나 함께한 과부들에게 도움을 받았던 많은 이들이 함께 슬퍼했을 겁니다. 그리고 그 여인이 다시 살아났을 때 그 누구보다도 더 기뻐했던 이들 역시, 함께 도움을 주는 일을 했던 사람들과 도움을 받았던 이들이었을 겁니다. 욥바의 사람들이 이 기적으로 예수님을 그리스도로 영접하게 됩니다.

복음을 전하는 수많은 방법이 있습니다. 그런데 그중에서 구제가 얼마나 큰 역할을 하는지, 그리고 오늘의 나는 어떤지 곱씹어볼 필요가 있지 않을까요?

욥바
시몬의 집

⏻ BIBLE VIEWFINDER

"하나님께서 깨끗하게 하신 것을 네가 속되다 하지 말라" _행 10:15

레위기에는 부정한 것과 정결한 것이 매우 자세하게 나뉘어 있습니다. 그리고 거룩한 것과 그렇지 않은 것들도 잘 정리되어 있지요. 그러나 성경은 지금으로부터 대략 3,200-2,300여 년 전의 시대 상황을 반영해놓았기 때문에 정결과 부정함을 나누어놓은 레위기의 목록이 예수님 시대의 삶을 모두 규정할 수 있었던 것은 아니었습니다. 그래서 예수님의 시대에는 성경에 능통한 제사장, 율법학자, 그리고 랍비들이 첨가하여 만들어낸 "장로들의 전통"(마 15:2 ; 막 7:3,5)이 성경의 율법만큼 사람들의 삶을 틀에 가두어놓고 있었습니다. 그리고 장로들의 전통을 지키는 것을 마치 "성경대로 사는 것"처럼 여겼습니다.

예수님 당시로 돌아가서 생각해보면 율법은 '정체성'의 문제였습니다. 하나님의 율법을 따름으로써 스스로가 하나님의 소유이며 그의 백성이라는 것을 일상 속에서 계속 떠올리는 것이지요. 율법을 엄중히 지키는가의 문제에 대해서는 스스로 자기를 돌아보면서 하나님 앞에서 정직하게 그 준수 여부를 고백하고, 그 고백에 따라 회개하고, 정결례를 거쳐 부정한 몸을 새롭게 해야 하는 것입니다. 누가 일일이 따라다니며 그 사람이 밥 먹기 전에 손을 씻는지, 새벽에 일어나서 기도하는지 등등을 확인하겠습니까? 그러니 성경의 율법(이것을 유대인들은 "기록된 율법"이라고 부릅니다)이나, 유대교의 지도자들이 성경보다 더 세밀하게 계속 보완해서 추가해 놓은 유대인들의 전통(유대인들은 이 "장로들의 전통"을 "구전 율법"이라고 부릅니다)의 준수 여부는 오로지 자기 자신만이 아는 겁니다.

그런데! 내가 율법을 잘 지키는지 그렇지 않은지에 대해서 '다른 사람이 나를 어떻게 생각하나?'라며 남들이 나를 바라보는 시선을 의식하는 순간, 율법을 지키며 살아가는 삶은 '율법주의'가 되는 겁니다. 다른 사람을 부정하다 손가락질하거나 정죄하는 사람이 되는 거지요. 그러고 보면 신앙 좀 좋다고 하는 사람들 가운데에서 율법주의자들은 그들 스스로 '악'이 되어가는 것일지도 모르겠습니다.

예수님을 만나고 성령을 받았지만, 유대교의 영향 아래에서 살아가던 베드로는 여전히 그런 사람이었던가 봅니다. 베드로는 유대인과 이방인을 철저하게 구별하는 사람이었습니다. 율법을 지켜가면서 자신이 하나님의 소유라는 것을 자각하는 것이야 뭐라

시몬의 집 찍은 연대는 알 수 없으나, 에드워드 렌킨(Edward J. Lenkin)이 촬영해서 펜실베니아 대학교에 기증한 무두장이 시몬의 집

고 하겠습니까마는, "유대인들은 정결하고 이방인들은 정결하지 못하다. 그래서 유대인들은 선택받은 하나님의 백성이고 이방인은 그렇지 않다", "복음에 관해서 유대인들은 그 기쁜 소식을 받을 만하지만, 이방인들은 부정하기에 그 기쁜 소식을 받을 자격이 없다"라고 생각하는 순간, 아무리 성령 받은 사람이라고 하더라도 성령의 능력을 자기의 사고와 신념에 가두어버리게 됩니다. 베드로 역시 고넬료를 만나기 전까지는 그런 사람이었습니다. 그러고 보면 성령 임재의 체험이 곧 그가 완전한 그리스도인이라는 증거는 아닌가 봅니다.

성령을 받은 후 신앙 좋다고 자타 공인 받는 베드로가 도르가를 살려내고는 믿음의 동역자인 시몬의 집에 머무른 지 여러 날이 되었습니다. 베드로가 기도하려고 시몬의 집 위층 테라스에 올라갔습니다. 그리고 환상 가운데에서 주님의 음성을 들었습니다. 주님께서 베드로에게 말씀하셨습니다. "(율법에서 부정하다고 말하는 이 생물을) 잡아먹으라." 세 번이나 주님께서 똑같이 말씀하셨지만, 그 꿈(황홀경)에서 깨어나서도 여전히 그 말씀이 무엇을 뜻하는지 알 수 없었습니다. 그러나 로마 사람 고넬료가 보낸 사람들

이 찾아왔을 때 그 의미를 알게 되었지요.

　이방인에 대해서 배타적인 시각을 가지고 있었던 유대인 베드로가 역설적으로 이방인에게 처음 세례를 베푼 사람이 되었습니다. 베드로의 신념과는 상관없이 베드로가 이방인에게 세례를 베푼 것입니다. 이것이 하나님께서 일하시는 방법인 거지요.

　그날 베드로가 주님의 목소리를 들었던 무두장이 시몬의 집 앞에 서 있자니, 나를 향해야 할 신앙의 날카로운 기준이 다른 사람을 향해 있어서 그 칼로 그들을 자르고 베고 있는 것은 아닌지, 그리고 내 믿음과 신앙이 하나님의 크신 계획과 일하심을 작은 그릇 안에 가두고 있는 것은 아닌지 뒤돌아볼 수밖에 없습니다.

안드로메다 바위

이스라엘에는 성경뿐 아니라, 그리스 신화와 관련된 곳도 있습니다. 그것도 아주 의외의 곳에 말이지요. 욥바에 가면, 부둣가 가까운 곳에 커다란 암초가 있습니다. 지금은 그 암초에 이스라엘 깃발이 세워져 있어서 금세 확인할 수 있습니다. 그 바위는 별자리로 더 잘 알려진 이름인 카시오페이아와 안드로메다와 관계가 있는 바위입니다.

페르세우스가 메두사의 목을 잘랐습니다. 그 얼굴을 보기만 하면 모든 것을 돌로 바꾸어버리는 메두사의 목을 가지고 돌아오던 페르세우스가 바다 한가운데 바위에 묶여 있는 한 여자를 보았습니다. 그 여자의 이름은 안드로메다입니다.

카시오페이아는 에티오피아의 왕 케페우스의 아내입니다. 카시오페이아는 꽤나 아름다웠나 봅니다. 그러나 겸손하지는 못했습니다. 그래서 바다의 요정들보다 더 아름답다고 드러내 놓고 뽐내었지요. 바다의 요정들은 그것이 내심 못마땅했습니다. 그래서 바다의 신인 포세이돈에게 카시오페이아에 대해서 불평을 쏟아 놓았지요. 콧대 높고 허영이 가득한 카시오페이아를 혼내달라고 말입니다. 그래서 포세이돈은 에티오피아에 케토라는 끔찍한 괴물을 보내어 괴롭힙니다. 에티오피아의 왕인 케페우스는 왜 이런 재앙이 자기의 왕국에 덮치게 되었는지 알아내기 위해서 신탁을 구하는데, 그의 딸 안드로메다를 바다 괴물에게 바치라는 신탁이 나왔습니다. 왕은 어쩔 수 없이 해안에서 가까운 바위에 자기 딸 안드로메다를 쇠사슬로 묶어두고 괴물의 밥이 되기를 기다리는 수밖에 없었습니다.

이 메두사의 머리로 바다 괴물을 물리친 페르세우스는 안드로메다와 결혼하고, 아들 페르세스를 낳습니다. 페르세스는 나중에 페르시아의 조상이 되지요. 욥바에 가면, 안드로메다가 묶여 있던 그 바위를 꼭 한번 보시기 바랍니다.

가이사랴

⏻ **BIBLE VIEWFINDER**

가이사랴에 고넬료라 하는 사람이 있으니 이달리야 부대라 하는 군대의 백부장이라 그가 경건하여 온 집 안과 더불어 하나님을 경외하며 백성을 많이 구제하고 하나님께 항상 기도하더니 _행 10:1,2

헤롯이 건설한 인류 최초의 인공 항구인 가이사랴는 로마가 직접 파견한 유대아(Iudaea)의 총독이 머무는 국제행정의 중심지였습니다. 그래서 신약 성서에 등장하는 본디오 빌라도(Pontius Pilatus), 벨릭스(Felix, 행 23:12-35), 베스도(Festus, 행 25:1-26:32) 총독들 모두가 이곳에서 근무했지요. 뿐만 아니라 이 도시는 유대아 지역에서 지중해의 로마 각지로 가는 관문 도시 역할도 했습니다.

사도행전의 고넬료(Cornelius)는 바로 이 도시의 백부장이었습니다. 기원전 5세기부터 영향력을 끼치는 코넬리(Cornelii) 가문 - 이름의 중간에 들어가면 코넬리우스(Cornelius)로 그 형태가 바뀌고, 우리말 성경에는 "고넬료"라고 번역되었다 - 은 로마 시대의 공화정에서 중요한 축을 담당했던 집안이었습니다. 로마 제국의 수많은 집정관(고대 로마 왕정이 무너진 이후 왕 한 명에게 권력이 독점되는 것을 막기 위해서 만들어진 정치 체제인 로마 공화정 당시의 행정 최고 책임자로 매년 2명의 집정관이 선출되었다)을 배출해낸 명문가였거든요. 로마 공화정 당시에 전체 집정관 수의 30퍼센트가 코넬리 집안이었으니, 그야말로 세도가라 할 수 있겠지요. 코넬리라는 영광스러운 가문의 이름을 함부로 사용하지 못했으니, 아마도 사도행전에 나오는 백부장 고넬료는 그 세도가의 일원이었을 겁니다.

강력한 영향력을 행사할 수 있는 가문의 고넬료는 순혈의 로마 사람임에도 불구하고 놀랍게도 "하나님을 경외하는 사람"이었습니다. 그리스어로 "포부메노스 톤 떼온"(φοβούμενος τòν Θεòν)은 "유대교의 하나님을 믿으면서도 아직 공식적인 개종 절차를 밟지 않은 사람"을 가리키는 말이었습니다. 그러니 아직 유대교로 개종하지는 않았지만, 그가 근무했던 가이사랴에 사는 유대인들과 구약 성서를 통해서 하나님을 알게 되었던 모양입니다.

하나님을 알았기만 한 것이 아니라 경건한 기도생활까지 해나갔습니다. 아시겠지만, 신앙을 가진 지 오래되었더라도 기도에 힘쓰는 생활을 하기가 그리 쉽지는 않습니다. 이것도 일종의 결단이 필요한 일입니다. 그런데 뒤늦게 하나님을 알게 된 고넬료는 대부분의 로마 사람들이 그러하듯 철학 사조로서 '신'으로 하나님을 대하지 않고, 항상 기도하며 삶으로 하나님께 나아갔습니다. 그러기에 어찌 보면, 지배자의 입장에서 혹독하게 다루거나, 그렇

로마에서 파견한 유대아의 총독 명단	
이름	기간
Coponius	6-9
Marcus Ambivulus	9-12
Annius Rufus	12-15
Valerius Gratus	15-26
Pontius Pilatus	26-36
Marcellus	36-37
Marullus	37-41
총독 파견하지 않음	41-44
Cuspius Fadus	44-46
Tiberius Julius Alexander	47-48
Ventidius Cumanus	48-52
Marcus Antonius Felix	52-60
Porcius Festus	60-62
Lucceius Albinus	62-64
Gessius Florus	64-66
Marcus Antonius Julianus	66-70

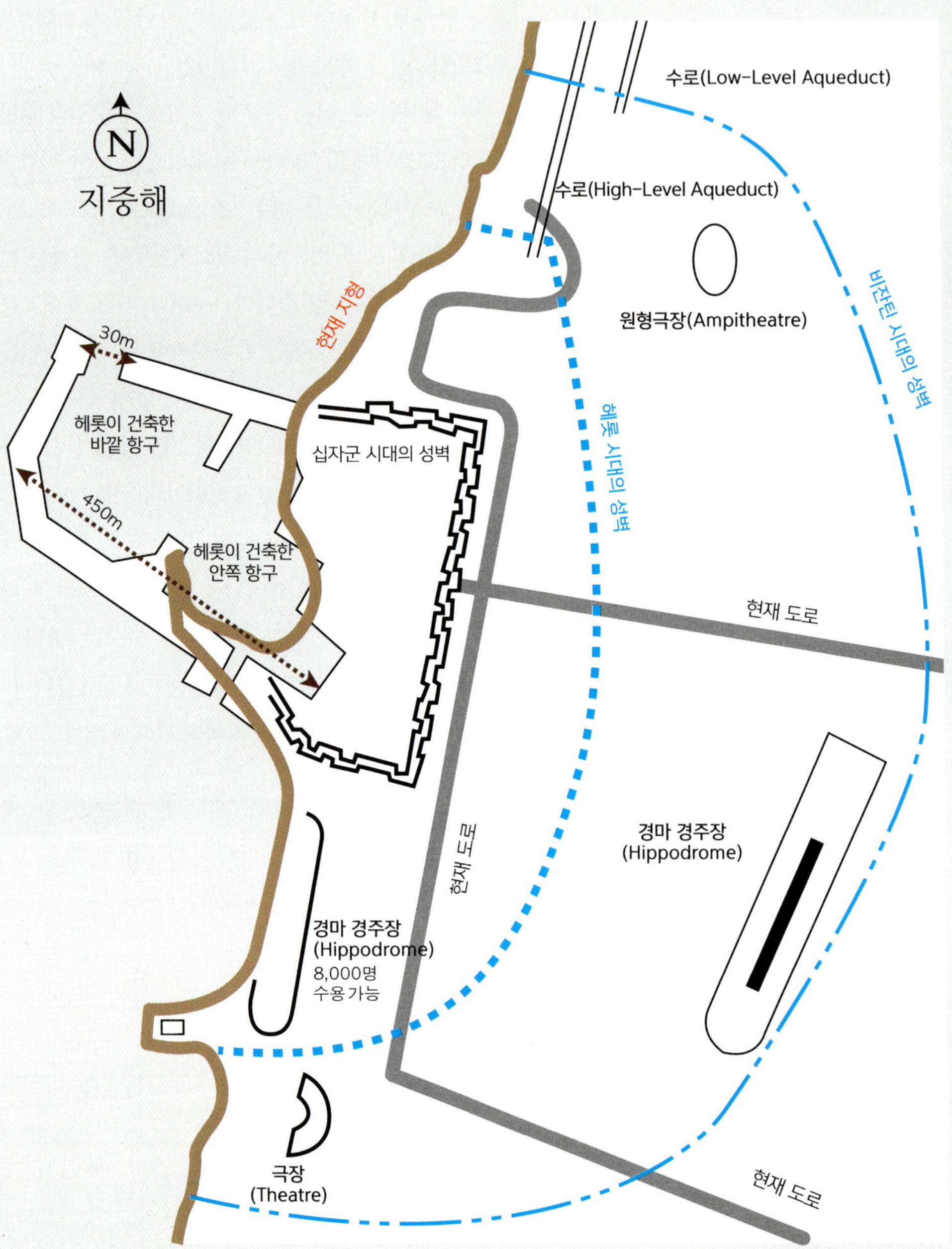

옛 가이사랴 항구
지중해
N
30m
450m
헤롯이 건축한 바깥 항구
헤롯이 건축한 안쪽 항구
현재 도로
십자군 시대의 성벽
수로(Low-Level Aqueduct)
수로(High-Level Aqueduct)
원형극장(Ampitheatre)
비잔틴 시대의 성벽
헤롯 시대의 성벽
현재 도로
현재 도로
경마 경주장
(Hippodrome)
경마 경주장
(Hippodrome)
8,000명
수용 가능
극장
(Theatre)

본디오 빌라도 비문 가이사랴에서 발견된 본디오 빌라도 비문에는 본디오 빌라도(Pontius Pilatus)가 가이사랴에서 티베리우스(Tiberius) 황제 시절에 근무했다는 것이 적혀 있다.

지 않더라도 인격적으로 대하지 않을 수도 있었던 피지배자인 유대인 가운데에서도 어려움에 처한 이들을 도울 수 있었던 것이 아닌가 해요.

그런 고넬료의 모습을 주님께서 사랑하셨습니다. 그리고 환상 중에서 그를 부르셨습니다. 그 음성대로 욥바에 있었던 베드로를 초청하고 그가 올 즈음이 되었습니다. 고넬료는 자기와 자기 가족뿐 아니라 그의 친척과 가까운 친구들까지 모두 집에 초청해서 베드로를 기다렸습니다. 함께한 그들 역시 하나님을 경외하는 사람들인지는 모르겠습니다. 그러나 그저 고넬료를 알고 있는 사람이었다면, 고넬료는 하나님의 음성을 통해서 듣게 되는 그리스도의 복음을 홀로 듣지 않고 많은 이들과 함께 듣고자 하는 긍휼한 마음까지 가지고 있었던 사람임이 틀림없습니다.

고넬료의 신실한 삶은 그리스도의 복음을 들었을 때 더 강력해졌습니다. 그 복음을 듣던 자리에서 성령을 받은 것입니다. 사도행전에서 소개하는 이방인으로서는 처음으로 성령을 받은 사람, 그리고 세례를 받은 사람이 된 것입니다.

우리는 늘 하나님이 내 앞에 불현듯 나타나주시길 바랍니다. 그리고 내 삶에 개입해서 모든 것을 해결해주시길 바랍니다. 그러나 더 먼저인 것인 내가 먼저 그분 앞에 서야 하는 것이 아닐까요? 삶으로 말입니다. 고넬료처럼.

05
part

이스르엘 골짜기와 그 주변

헬몬산
가이사랴 빌립보
거라사
벧단
하솔
요단강
야르묵강
가버나움
디베랴
요단강
벧산
다볼산
길보아산
나인
모레산
나사렛
에발산
두로
므깃도
악고
갈멜산
가이사랴
유르
지중해

갈멜산

⏻ BIBLE VIEWFINDER

이에 여호와의 불이 내려서 번제물과 나무와 돌과 흙을 태우고 또 도랑의 물을 핥은지라 모든 백성이 보고 엎드려 말하되 여호와 그는 하나님이시로다 여호와 그는 하나님이시로다 하니 _왕상 18:38,39

고대 사회에서 이웃 나라의 왕을 섬길 때 "내가 당신을 섬기는 신하 나라, 신하인 백성입니다"라는 표현 방법은 섬기려는 나라의 신전을 자기 땅에 짓는 것입니다. 그래서 그 나라의 신전에는 자기들의 신이라고 불리는 아무개 신과 더불어 주군(主君)으로 섬기는 이웃 나라의 신이 나란히 있거나, 주군 나라의 신이 자기 나라의 신보다 더 뛰어난 신으로 자리매김하게 합니다. 신전을 짓지 않더라도 자기 나라의 신전에 주군 나라의 신상을 세우는 경우도 허다했습니다.

아합이 시돈 왕 엣바알의 딸 이세벨과 결혼하였습니다. 이세벨을 사랑해서 결혼했다기보다는, 정략적인 성격을 띠는 결혼이었습니다. 시돈은 도시 국가 연합인 페니키아 왕국의 도시 중 하나로 해상 무역과 뛰어난 해상 군사력으로 지중해 세계를 호령하였습니다. 지중해변 동쪽 끝의 도시 국가 연합체인 페니키아가 오늘날의 스페인까지 이르는 거대한 지중해 세계의 패권을 휘어잡았으니, 페니키아의 남쪽에 위치한 이스라엘 왕국에 끼쳤을 경제 군사적 영향력은 대단했을 것입니다. 아합의 입장에서는 페니키아의 공주와 정략적인 결혼으로 자기의 안전을 보장받고, 페니키아의 선진 문물을 받아들이고 싶었을 겁니다. 그래서 결혼한 아내가 이세벨입니다.

이세벨은 홀로 오지 않았습니다. 한 나라의 공주가 혈혈단신으로 시집올 리는 만무하지요. 이세벨은 시돈에서 자기를 섬기던 신하들과 종들을 대동하고, 거기에 당당하게 주인 된 나라의 신 바알을 따르는 신관들을 데리고 신하 된 나라 이스라엘에 왔습니다. 이세벨의 아버지가 '엣바알'인데, 그 이름의 뜻은 "그와 함께 하는 이는 바알이다"라는 뜻입니다. 그야말로 '임마누엘'(하나님이 우리와 함께 계신다)이 아니라 '임마누바알'(바알이 우리와 함께 있다)인 셈이지요. 아합은 페니키아의 신 바알을 위해서 사마리아에 신전을 지었습니다. 그리고 그 신전에 바알 뿐 아니라, 사람들이 바알의 아내라고 생각하던 아세라 신상도 만들어놓았습니다. 하나

페니키아의 주신은 바알 하몬이다. 페니키아의 도시 '시돈'은 고대 그리스어로 "어업"이라는 뜻이며 두로와 함께 페니키아의 가장 강력한 도시 중 하나였다. 아합 시대보다 대략 100년 후의 기록이기는 하나 기원전 8세기에 호메로스가 기록한 글에 따르자면, 시돈은 유리공예에 뛰어난 기술을 가지고 있어서 어업보다는 유리 제품의 수출로 부요와 명성을 쌓았다.

엘리야 수도원에 있는 엘리야 석상 엘리야가 바알 선지자를 밟아 올라서 칼로 내려치는 장면이 석상으로 묘사되어 있다. 갈멜산에서 해발 482미터 지점에 세워진 엘리야 수도원은 예로부터 수많은 성지순례자들이 찾아왔다. 이곳에 대한 기록들이 자세히 남아 있지 않아서 언제부터 순례자들이 찾았는지는 알 수 없으나 가장 오래된 기록은 기원후 12세기의 것이다. 현재의 수도원 자리에 수도원이 세워진 것은 1858년이다.

님의 백성이라 불리는 이스라엘 사람들이 실상은 바알을 따르는 페니키아의 신민(臣民)이 된 것입니다.

이스라엘의 신앙은 "여호와 하나님만이 유일한 왕"이라고 고백하며 그 믿음대로 살아가는 것입니다. 그런데 신앙과 실존은 전혀 달랐습니다. 이스라엘 백성에게 신앙은 성전에서 예배드릴 때 다른 사람들에게 거룩한 장소에서 보여주는 형식이고, 실존은 성전 밖에서 경쟁하며 살아야 하는 세상에서, 쟁취할 수만 있다면 불의와 부정을 판단하는 신앙의 양심은 잠시 저 깊숙이 숨겨두는 곳이었습니다. 당장에 여호와 하나님께 제사 드리지 않는다고 하늘이 무너지지는 않지만, 페니키아를 섬기지 않으면 경제 군사적인 위협을 당할 수 있다고 생각한 이스라엘은 살기 위해서 하나님이 아닌 페니키아를 왕으로 선택한 것이지요. 아마 이스라엘 사람들은 이렇게 생각했을지도 모릅니다. "우리 여호와 하나님이 신이 아니라는 것도 아니고 그 하나님이 계시지 않은 분이라고 부정하는 것도 아닌데, 바알을 함께 섬긴들 문제가 있을까? 그냥 숟가락 하나 더 얹은 것뿐인데 말이야."

믿음과 삶이 함께하지 않았던 이스라엘, 아니 더 정확하게 말해서 지금 처한 상황에서 당장에 살아남기 위해서 오직 한 분 여호와 하나님에 대한 신앙을 선택적으로 버렸던 이스라엘은 결국 가뭄이라는 전혀 예측하지 못한 벌을 받고 말았습니다. 바알은 천둥 번개의 신입니다. 하늘에서 비를 내리게 하는 신인 거지요. 그런데 가뭄이라니요? 지금 그를 위해서 사마리아에 신전을 지어놓고, 그를 섬기는 신관들이 끊이지 않는 제사를 드리고 있는데 말입니다.

삼 년의 가뭄 끝에 엘리야가 하나님께 신실한 오바댜를 통해서 아합과 바알 선지자들을 갈멜산으로 불렀습니다. 그리고는 바알 선지자들을 조롱합니다. 정말 바알이 신이라면, 그것도 천둥 번개의 신이라면 번개를 쳐서 불을 내려보라는 것이지요. 천둥 번개와 함께 하늘에서 비를 내리는 능력을 보여달라는 겁니다. 당연히 못 하겠지요. 하늘과 땅의 모든 것이 다 우리 하나님이 창조하신, 하나님의 것이니 말입니다. 너무나 잘 알려진 대로, 바알 선지자들이 자기 몸에 칼과 창으로

상처를 내며 아침부터 해 질 무렵까지 기도해보았지만 헛수고였습니다.

그러나 엘리야가 기도하니 하늘에서 불이 내려오고(왕상 18:38 이하), 오직 우리 여호와 하나님만이 유일하신 한 분 하나님, 세상의 모든 것의 주인이셔서 그것들을 움직이게 하고 다스리는 하나님이시라는 것을 다시 확실히 보여주셨습니다.

지중해에서 구름이 밀려오면 가장 먼저 만나는 산, 갈멜산에 올라서면 항상 하나님께서 제게 물어보시는 듯합니다. 저의 신앙은 삶과 얼마나 일치하는지, 삶 속에서 신앙과 부딪히는 그럴싸한 번영의 미끼가 내 앞에 던져졌을 때 무엇을 선택할 것인지, 그리고 무엇보다도 내 삶을 다스리고 주관하는 변함없는 주인이요, 왕은 누구인지 말입니다.

엘리야 수도원에서 내려다본 이스르엘 골짜기

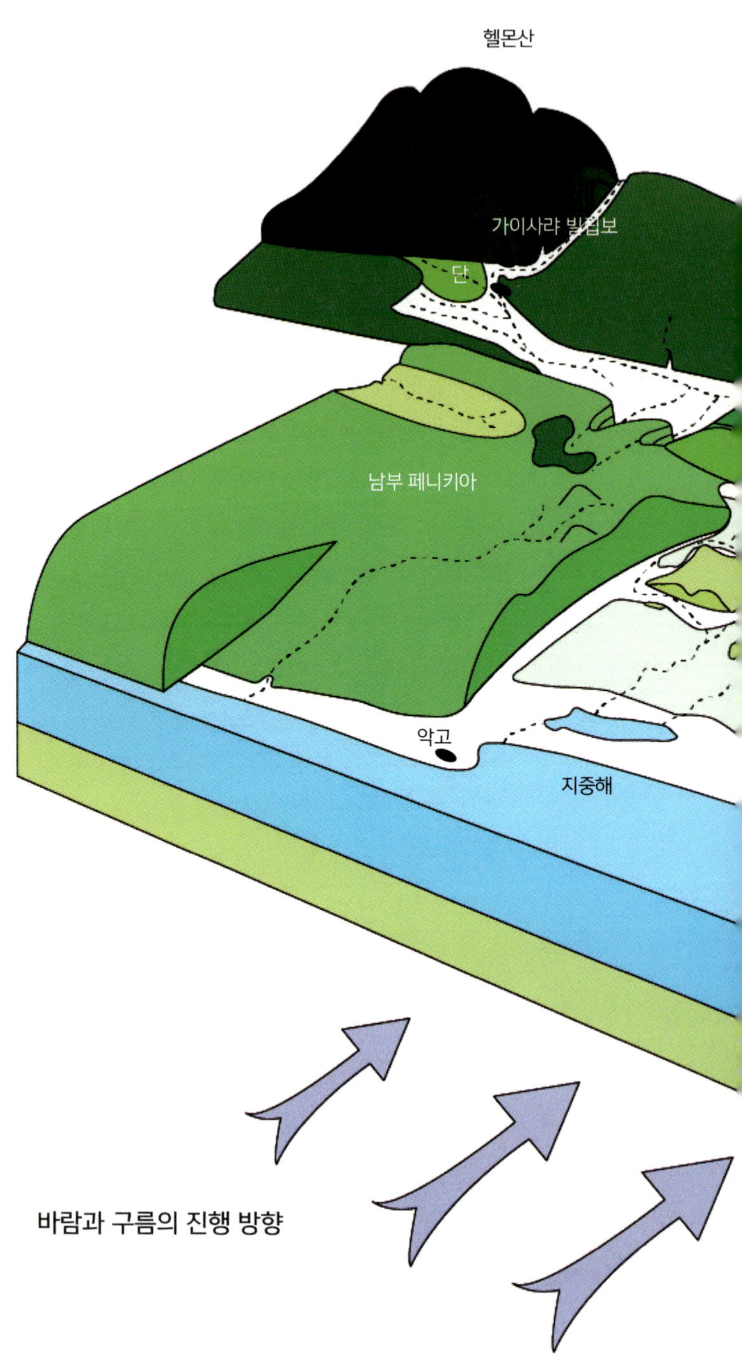
헬몬산
가이사랴 빌립보
단
남부 페니키아
악고
지중해
바람과 구름의 진행 방향

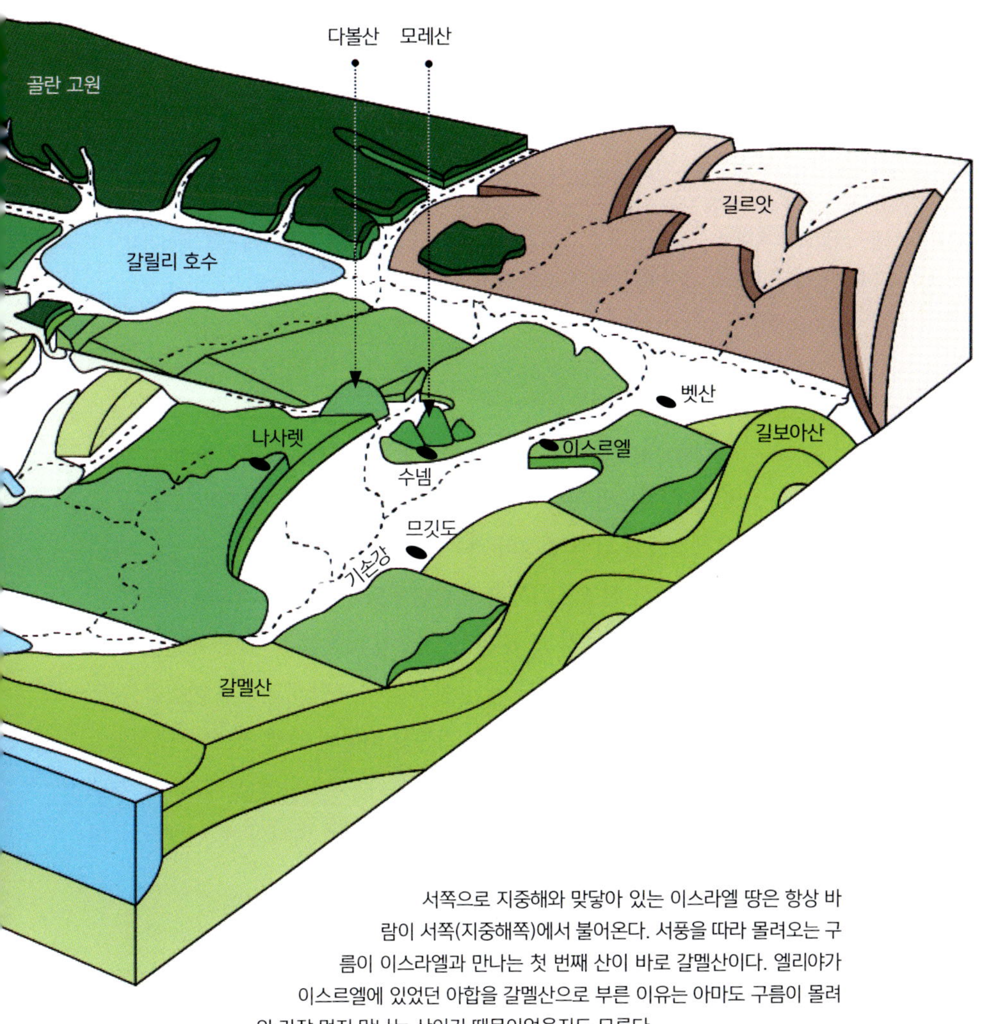

서쪽으로 지중해와 맞닿아 있는 이스라엘 땅은 항상 바람이 서쪽(지중해쪽)에서 불어온다. 서풍을 따라 몰려오는 구름이 이스라엘과 만나는 첫 번째 산이 바로 갈멜산이다. 엘리야가 이스르엘에 있었던 아합을 갈멜산으로 부른 이유는 아마도 구름이 몰려와 가장 먼저 만나는 산이기 때문이었을지도 모른다.

므깃도

⏻ BIBLE VIEWFINDER

요시야 당시에 애굽의 왕 바로 느고가 앗수르 왕을 치고자 하여 유브라데 강으로 올라가므로 요시야 왕이
맞서 나갔더니 애굽 왕이 요시야를 므깃도에서 만났을 때에 죽인지라 신복들이 그의 시체를 병거에 싣고
므깃도에서 예루살렘으로 돌아와 그의 무덤에 장사하니 백성들이 요시야의 아들 여호아하스를 데려다가
그에게 기름을 붓고 그의 아버지를 대신하여 왕으로 삼았더라 _왕하 23:29,30

인류 역사에서 처음으로 국가와 국가 간의 전쟁 기록을 남긴 사람은 이집트의 파라오 투트모세 3세(1481-1425 BCE)입니다. 투트모세 3세가 남긴 전쟁의 기록은 카르낙의 아문 신전에 남아 있는데, 상세한 전쟁의 기록은 오늘날에도 전쟁 전술의 역사에서 꼭 한 번 다루는 소재라고 합니다. 대군이 이동할 수 있는 평원이 아니라 상대편이 예측하지 못한 협곡을 통해서 방어군의 허점을 파고들었기 때문입니다. 이렇게 기록된 최초의 전쟁 장소가 므깃도입니다. 가나안 땅을 동서로 가로지르는 이스르엘 골짜기의 므깃도가 도대체 왜, 그리고 얼마나 중요하길래 역사의 첫 전쟁터가 되었을까요?

고대의 민족과 국가들은 예로부터 서로 교역을 하며 문화를 주고받았습니다. 교역을 하다 보면 자연스레 사람들이 편히 이동할 수 있는 교역로가 생기게 마련입니다. 수원지가 있어서 물을 공급받기 수월하든지, 넓은 농토가 있어서 식량을 공급받기에도 편해야 하고, 쉽게 왕래할 수 있는 지형상의 편이성도 매우 중요했습

니다. 또 길목에 중요한 도시들이 있어서 목적지까지 오가는 길에 크고 작은 상거래가 있다면 그야말로 제격입니다. 이런 조건들을 모두 충족하는 곳이 바로 므깃도입니다. 그래서 므깃도는 기원전 6천 년부터 사람들이 정착하여 살면서 농사도 짓고, 오가는 사람들에게 각종 생필품을 제공하며 동시에 상거래의 터로 성장하게 되었습니다.

므깃도는 히타이트 제국이 있었던 오늘날의 터키 아나톨리아 지역에서 이집트로 오가는 해안길(Via Maris)이 지나는 길목이고, 고대 메소포타미아 지역에서 이집트로 가는 길이 지나가는 곳이기도 합니다. 가나안 땅에 들어와서 해안길로 가든지, 중앙 산지길로 가든지, 또는 왕의 대로(King's Highway)를 가든지, 어떤 길을 선택하든 므깃도는 반드시 거쳐 가야 하는 교통의 중심지였습니다. 그러니 므깃도는 이집트, 메소포타미아의 나라들 그리고 히타이트 제국의 교차로이며 관문이라고 말해도 부족함이 없습니다. 이러한 지리적인 중요성을 이집트의 투트모세 3세가 알아챘습니다. 그리고 므깃도를 점령하는 것이 천 개의 도시를 점령하는 것과 같다고 천명하고 기원전 15세기에 역사에 기록할 만한 첫 국제전을 치른 것입니다.

므깃도를 점령하는 것은 제국의 교역로를 장악하는 것이었습니다. 단지 길을 소유할 수 있다는 데 그치는 것이 아니라, 그 길을 오가는 모든 나라의 사람들을 관리하며 막대한 경제적 이익을 얻을 수 있다는 말도 됩니다. 그러므로 고대 제국의 왕들이 이 길에 눈독을 들일 수밖에 없었습니다. 그리고 그 길의 실질적인 관리 도시인 므깃도가 가장 얻고 싶은 도시이기도 했습니다.

므깃도의 전술상 중요성 때문에 성경에도 므깃도와 관련된 많은 전쟁 이야기들이 있습니다. 여호수아가 가나안 정복 전쟁을 할 때에 므깃도를 점령하였다는 기록은 물론이고(수 12:21), 사사 드보라와 바락의 전쟁에서도 므깃도 앞의 평원과 물가들은 주요한 전쟁터였습니다(삿 5:19). 북왕국 이스라엘에서 예후가 아합의 아들이자 당시 왕이었던 요람에게 반란을 일으켜 요람을 나봇의 포도

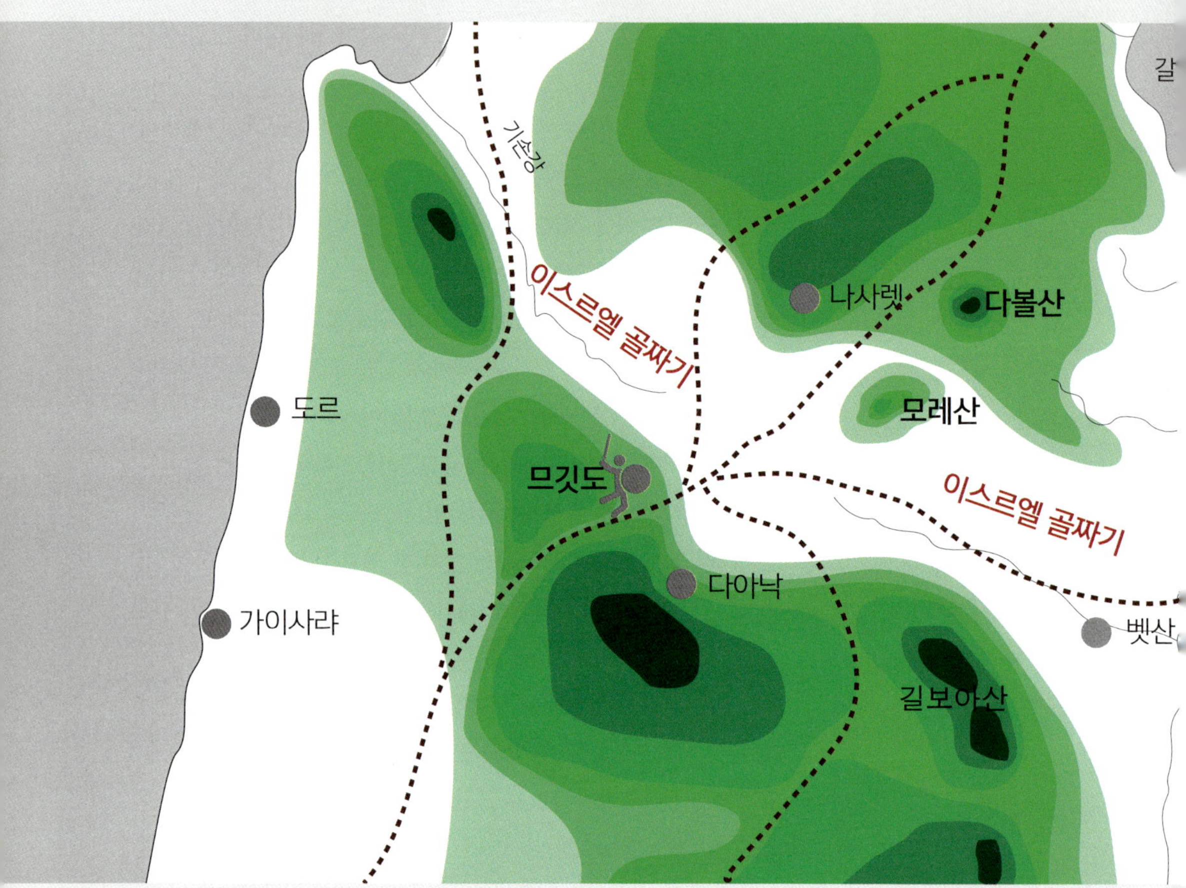

이스라엘을 동서로 가르는 이스르엘 골짜기의 므깃도는 예로부터 교통의 중심지였다.

원 터에서 죽일 때에 함께 있었던 남왕국 유다의 왕 아하시야가 예후를 피하여 도망하다 죽은 곳이 므깃도이기도 합니다(왕하 9:27). 마지막으로 우리가 잘 알고 있는 왕 요시야가 이집트 파라오 느고의 군대에 맞서 싸우다가 전사한 곳도 므깃도이지요(왕하 23:29).

이집트의 투트모세 3세처럼 이곳의 중요성을 간파한 솔로몬은 이곳에 오늘날의 기갑부대라 말할 수 있는 전차부대의 주둔지로 병거성을 쌓았습니다(왕상 9:15). 그도 그럴 것이 므깃도가 전략적으로 보호하고 있는 이스르엘 골짜기를 적들에게 빼앗길 경우, 사마리아 지역뿐 아니라, 하나님의 성전이 있었던 예루살렘까지 위태로울 수 있었습니다. 성전을 건축한 솔로몬은 하나님의 집을 지키기 위해서 므깃도의 무장과 방어에 공을 들일 수밖에 없었습니다.

솔로몬 시대 이후로 아합 때에는 므깃도를 더욱 요새화시켰습니다. 방어에 용이하도록 수로 공사를 했고, 현재 발굴된 것만으로도 450필의 말을 수용할 수 있는 17개의 마구간들을 만들어서

므깃도의 마구간 병거들을 끌 말들을 관리하던 장소. 므깃도에서는 17개의 마구간이 발굴되었다.

전략적 방어 요새이자 병거성으로 체계화시켰다는 것을 알 수 있습니다. 그 이유는 단 한 가지입니다. 이곳 므깃도와 므깃도가 전략적으로 방어하는 이스르엘 골짜기를 빼앗길 경우 왕국이 무너지고 성전이 파괴되기 때문입니다. 그러므로 므깃도가 있는 이스르엘 골짜기에서 전쟁이 일어나면 모든 이스라엘 사람들은 목숨을 바쳐서 지켜내야만 했습니다. 전쟁의 패배는 곧 왕국의 멸망, 그리고 성전의 파괴를 의미했기 때문입니다. 그래서였을까요? 609년 요시야 왕이 므깃도에서 전사한 후, 왕국은 급격히 쇠퇴하였고, 결국 바벨론에 의해서 왕국이 무너졌고, 성전이 파괴되었으며, 백성들은 포로로 잡혀 가게 되었습니다.

고대 서아시아의 강력한 제국으로 성장하기 위해서 반드시 점령해야만 했던 므깃도, 그리고 왕국과 성전을 보호하기 위해서 반드시 지켜내야만 했던 므깃도의 피비린내 나는 전쟁의 이야기는 나중에 요한에게 '아마겟돈'이라는 이름으로 선과 악이 겨루는 전장의 모티브가 됩니다. 므깃도의 역사를 알고 있는 유대 기독교인들은 요한의 편지를 받아보며, 아마겟돈에서 벌어질 전쟁의 예언을 읽으면서 피비린내 나는 전쟁터인 므깃도를 떠올렸을 것입니다. 일단 전쟁이 시작되면 아무도 살아나올 수 없을 만큼 목숨을 걸고 지켜내야 했던 그 땅을 말입니다.

므깃도에 올라서면 눈앞에 평온한 평야 지대가 펼쳐져 있지만, 귓가에는 아직도 그때 병사들의 말발굽 소리가 들리는 듯합니다.

므깃도의 수로

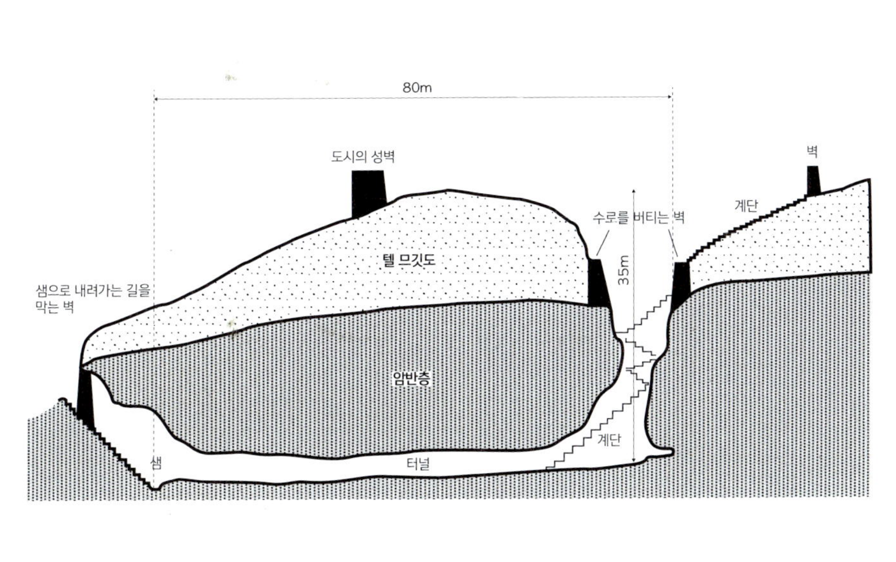

기원전 9세기의 아합 시대에 건설된 므깃도의 수로는 전시에 성 밖에 위치한 샘의 물을 성 안에서 접근하기 위해서 만들어진 인공 터널이다.

나사렛

⏻ BIBLE VIEWFINDER

사흘 후에 성전에서 만난즉 그가 선생들 중에 앉으사 그들에게 듣기도 하시며 묻기도 하시니 듣는 자가 다 그 지혜와 대답을 놀랍게 여기더라 그의 부모가 보고 놀라며 그의 어머니는 이르되 아이야 어찌하여 우리에게 이렇게 하였느냐 보라 네 아버지와 내가 근심하여 너를 찾았노라 예수께서 이르시되 어찌하여 나를 찾으셨나이까 내가 내 아버지 집에 있어야 될 줄을 알지 못하셨나이까 하시니 그 부모가 그가 하신 말씀을 깨닫지 못하더라 _눅 2:46-50

여름이 되면 저마다 무더위를 피해서 시원한 산이나 강, 그리고 바다로 가족과 여행을 다녀올 겁니다. 팍팍한 일상에서의 탈출. 매일 똑같은 삶의 쳇바퀴에 변화를 주는 것은 정말 필요합니다. 그런데 경제적 여유가 있어서 어디론가 다녀올 수 있다면야 감사하지만, 팍팍한 일상에서 그런 시간과 여유를 찾을 수 없는 가장이라면 가족들에게 많이 미안할 겁니다.

대한민국에 수많은 가족이 있습니다. 그리고 저의 가족도, 여러분의 가족도 그런 많은 가족 중의 하나입니다. 그렇다면 그 가족들과 예수님을 알고 있는 내 가족과의 차이는 무엇일까요?

예전에 이런 발칙한 상상을 한 적이 있습니다. "요셉과 마리아는 부부싸움을 했을까?", "예수님은 어린 시절 부모님께 혼난 적이 있을까?" 하나님이신 예수님을 두고 이런 상상을 한다는 것이 좀 불경스러워 보이기는 합니다만, 요셉과 마리아야 지극히 우리와 같은 사람인지라 부부간에 크고 작은 의견 충돌이나 때로는 다툼이 있을 수도 있겠다 싶습니다. 그런데, 예수님은… 글쎄요.

나사렛 빌리지 예수님 당시 나사렛은 약 400여 명이 살던 작은 산골 마을이었다.

그런데요, 성경에 제 상상의 날개를 펴게 하는 재미있는 이야기가 하나 있습니다.

유월절이 되어서 예수님과 요셉, 그리고 마리아가 예루살렘에 갔습니다. 그런데 절기를 마치고 다시 나사렛으로 돌아가는 길에 보니, 예수님이 계시지 않은 겁니다! 저는 그때 요셉과 마리아의 마음을 이해할 수 있습니다. 작년 성탄절에 가족과 함께 나사렛에 갔습니다. 예수님 시대의 나사렛을 재현해놓은 '나사렛 빌리지'라는 곳에서 성탄절을 맞이하여 특별한 행사를 준비했다는 소식을 듣고 꼭 한번 가보고 싶었거든요. 그런데 그 북적이는 인파 속에서 막내딸 노하를 잃어버린 겁니다. 눈물이 나려는 것을 꾹 참으며 짧은 5분 여의 시간 동안 별별 생각을 다 했습니다. 그리고 노하를 찾았는데, 아이는 울고 저도 눈물이 나고, 그리고 나서 안도와 함께 괜스레 아내에게 화가 나더라고요. 아이고, 아내가 무슨 잘못을 했다고…. 물론 그렇다고 아내에게 화를 내지는 않았습니다. 맹세합니다! 제가 아내에게 화를 낼 정도로 용감하지는 않거든요.

지금도 그때를 떠올리면 가슴이 두근두근하는데, 하룻길이나 간 다음 아들이 없는 것을 알게 된 요셉과 마리아의 마음은 어땠을

거룩한 가족 예수님 가족의 일상을 그린 성화로 요셉교회의 입구에 걸려 있다.

까요? 예루살렘으로 돌아가면서, 그리고 돌아가서 예수님을 찾는 사흘 동안 정말 별별 생각을 다했을 겁니다. 그런데 성전에 계시던 예수님이 부모님과 다시 만났을 때 예수님은 노하처럼 울면서 아버지의 품에 안기지 않았습니다. 대뜸 하신다는 말씀이 "어찌하여 나를 찾으셨습니까? 내가 내 아버지의 집에 있어야 할 줄을 알지 못하셨습니까?"랍니다. 어휴, 제 아들 같았으면…. 뭐 어쩌겠다는 것이 아니라(^^), 분명히 예수님께서도 어린 시절 부모님께 걱정을 끼치기도 했던 그저 노하와 같은 아이였을 수 있다는 겁니다.

그럼 예수님의 가정과 우리 가정은 도대체 차이가 무엇일까요? 저는 나사렛의 요셉교회의 성화에서 그 해답을 찾았습니다. 아버지의 작업장에서 아버지에게 일을 배우시는 예수님, 그리고 그런 남편과 아들을 바라보는 어머니의 흐뭇한 모습에서 말입니다.

제가 좋아하는 시 중에 도종환 시인의 '가구'라는 시가 있습니다. 서로에게 무관심하고 대화가 없는 남편과 아내를 그린 시입니다. 시구 중에서 제게 가장 여운이 남는 구절은 "본래 가구들끼리는 말을 하지 않는다"입니다. "가족"이라고 말하고 "식구"라고 이야기하지만, 함께 밥상에 둘러앉아서 두런두런 이야기 한번 나눌 수 없는 이들을 어떻게 식구라고 말할 수 있을까요? 아버지는 회사에 나가서 야근이다 거래업체 사람과 저녁을 먹는다 하여 집에 오지 않고, 아이들은 새벽같이 나가서 야간 자율학습이다 학원이다 해서 집에 한밤중에 들어오고, 아내는 나름대로 친구들 만나고 일을 한다고 집을 비웁니다. 서로 만나서 함께 밥 먹을 시간은커녕 얼굴 볼 일도 거의 없습니다. 주말이 되면 아이들은 쉬는 날이라고 공부에서 해방되어 친구들을 만나러 나갑니다. 아버지는 피곤하다고 온종일 잠을 잡니다. 그러면 아내는 "이식이"니 "삼식이"니 하면서 면박을 주지요. '식구'라고 하지만 식탁에서 밥 한번 제대로 같이 먹을 일이 없고, 가족이라고 하지만 서로 대화가 없습니다. 이런 가정에서 내 가족들은 '가구'나 다를 바 없습니다. 그저 집 한구석에서 공간만 차지하고 있을 뿐이지요.

예수님 가정의 성화를 보건대, 예수님의 가정은 그런 가정이 아니었던 것이 분명합니다. 비록 가난했을 수도 있지만, 늘 가족이 함께하는 가정, 한 식탁에서 식사하며 대화하는 식구, 그리고 하나님의 천사가 전해준 말을 기억하면서 남편이 아내를 위해서, 아내가 남편을 위해서, 부모가 아이를 위해서, 아이가 부모님을 위해서 기도해주는 가정. 예수님의 가정은 바로 이런 모습이 아니었을까요? 의무감으로 가는 피서라면, 오히려 다녀와서 더 피곤할지도 모르겠습니다. 비록 피서라는 이름으로 어딘가를 다녀오지는 못할지라도, 정말 가족들이 식구가 되고 예수님의 가정과 같은 가정을 이룬다면, 몇십 번의 피서보다 더 의미 있는 삶의 변화를 경험하게 되지 않을까 합니다.

가구

아내와 나는 가구처럼 자기 자리에
놓여 있다 장롱이 그렇듯이
오래 묵은 습관들을 담은 채
각자 어두워질 때까지 앉아 일을 하곤 한다
어쩌다 내가 아내의 문을 열고 들어가면
아내의 몸에서는 삐이걱 하는 소리가 난다
나는 아내의 몸속에서 무언가를 찾다가
무엇을 찾으러 왔는지 잊어버리고
돌아 나온다 그러면 아내는 다시
아래위가 꼭 맞는 서랍이 되어 닫힌다
아내가 내 몸의 여닫이문을
먼저 열어보는 일은 없다
나는 늘 머쓱해진 채 아내를 건너다 보다
돌아앉는 일에 익숙해져 있다
본래 가구들끼리는 말을 하지 않는다
그저 아내는 방에 놓여 있고
나는 내 자리에서 내 그림자와 함께
육중하게 어두워지고 있을 뿐이다

목수 신약성경에서는 그리스어 '테크톤'을 우리말로 "목수"라고 번역하였다. 비록 '목수'로 번역되기는 했지만 일반적으로 나무뿐 아니라 돌까지도 다듬는 기술자를 뜻한다.

다볼산

⏻ BIBLE VIEWFINDER

엿새 후에 예수께서 베드로와 야고보와 그 형제 요한을 데리시고 따로 높은 산에 올라가셨더니 그들 앞에서 변형되사 그 얼굴이 해 같이 빛나며 옷이 빛과 같이 희어졌더라 _마 17:1,2

다른 산들과는 그 모양이 눈에 띄게 다른 산 하나가 이스르엘 골짜기 북동쪽에 있습니다. 이 산은 스불론과 잇사갈 지파 사람들이 모여서 함께 예배를 드리던 곳이었고(신 33:18,19), 성경 밖에서도 이 산이 거룩한 산으로 제의의 중심지였다는 것을 말해줍니다. 이 산에는 두 개의 성경 이야기가 얽혀 있습니다. 구약 시대, 그러니까 대략 3,200년 전에는 이 산 위에 드보라와 바락이 시스라와 한판 대결을 벌이기 위해서 만 명의 이스라엘 군인과 더불어 머물렀던 곳으로 전쟁의 이야기 속에 등장하고요(삿 4), 신약 시대, 예수님의 때에는 그 모습이 변하셨던 변화산의 이야기가 이곳에서 펼쳐집니다(마 17:1-8).

예수님께서 산에 오르셨습니다. 마치 모세가 시내산에 오를 때 아론과 나답과 아비후를 대동하였던 것처럼(출 24:9), 예수님도 베드로, 야고보, 요한을 데리고 그 산을 오르셨습니다. 모세가 하나님을 만나서 이야기하던 것처럼 예수님께서 그곳에서 모세와 엘리야와 함께 이야기를 나누셨는데, 그때 예수님의 모습은 그 얼굴이

이스르엘 평원에서 바라본 다볼산의 모습이다. 마치 저 구름 사이의 빛 속에서 하나님의 음성이 들릴 듯하다.

해같이 빛났고, 옷이 빛과 같이 희어졌습니다. 모세가 그랬던 것처럼 말입니다!(출 34:29,30)

제자들의 마음에 이곳은 분명히 하나님의 산이었습니다. 하나님께서 시내산에서 우레, 번개와 구름 가운데 나팔 소리와 같은 음성으로 나타나신 것처럼, 구름 덮인 다볼산에서 들리는 하나님의 음성은 제자들을 두려움으로 몰아넣었습니다.

베드로는 모세가 하나님을 만났던 시내산과 같이 다볼산이 하나님과 만나는 산, 하나님의 산이라고 생각했을지도 모르겠습니다. 만약 정말 그곳이 거룩한 하나님의 산이라면 얼마나 그 산에 살고 싶을까요? 그 산에 산다면 하나님과 영원히, 예수님과 영원히 함께할 수 있으니 말입니다. 그래서 예수님께 다급히 말하지요.

"주여 우리가 여기 있는 것이 좋사오니 만일 주께서 원하시면 내가 여기서 초막 셋을 짓되 하나는 주님을 위하여, 하나는 모세를 위하여, 하나는 엘리야를 위하여 하리이다"(마 17:4).

베드로의 말에 예수님께서 어떻게 대답하셨는지는 성경에 나와 있지 않지만, 베드로의 간청을 받아들이지 않으신 것만은 분명합니다. 베드로의 말이 마치 헛발질하는 말처럼 들리기는 하지만,

아마 저라도 그런 상황에서는 베드로와 같이 생각하고 예수님을 졸라댔을지도 모릅니다. 평범한 삶 속에서도 여전히 임마누엘의 하나님이 늘 동행한다고 하시지만, 내 눈앞에 보이는 이 천국과 같은 상황이 꿈이라면 깨고 싶지 않을 것 같고, 실재라면 당연히 베드로가 말했듯이 눈에 보이는 예수님, 모세, 엘리야와 함께 그곳에서 영원히 살고 싶다는 생각을 하는 것은 기독교인들이라면 모두가 바라는 바가 아닌가 합니다.

산을 내려올 때의 베드로의 마음을 저는 조금 이해할 수 있을 것 같습니다. 산 위에 있자는 간청을 외면하신 예수님과 함께 내려오는 길이 머쓱하기도 하고, 거절당했다는 마음에 약간 기분이 언짢을 수도 있었겠습니다. 하지만 산을 내려오는 길에 산 아래의 세상을 생각하면서 내려왔다면 정말 싫었을 것 같습니다. 거룩한 그곳은 분명히 세상과는 다릅니다. 더 가지려는 다툼도 없고 더 존경을 얻으려는 시기도 없습니다. 남들보다 더 뛰어나기 위해서 아등바등할 필요도 없습니다. 재력, 권력, 학력으로 나를 평가하지 않는 그곳, 그 분들과 함께 있는 그 산이 천국입니다. 예수님, 모세, 엘리야의 대화에 귀 기울이고, 그 분들이 나누는 말씀을 듣는 것만으로도 영혼이 맑아질 것 같고, 주님의 뜻이 궁금하다면 언제라도 직접 묻고 답하면 되는 그곳이야말로 베드로가 살고 싶은 곳이고, 내가 살고 싶은 바로 그곳입니다. 우리 교회처럼요!

때로는 우리 신앙이 교회에 갇혀 있을 때가 있습니다. 일주일에 한 번 믿음의 식구들을 만나는 교회에서는 다툴 일도 없습니다. 그래서 행복합니다. 교회를 벗어나기가 싫어집니다. 왜냐하면 다시 교회를 나서면 생존을 위해서 이기적으로 될 수밖에 없다고 생각

변화산 수도원 비잔틴–십자군 시대에 세워진 교회 터 위에 1924년에 프란치스칸 수도회에서 다시 세운 이 교회는 아이러니하게도 마치 그때 베드로의 요청대로 예수님과 모세와 엘리야를 위한 초막을 지은 듯, 가운데 중앙은 예수님을 위해, 사진의 왼쪽 탑은 모세를 위해, 오른쪽 탑은 엘리야를 위해 만들어진 예배당이다.

변화산 수도원을 북서쪽에서 바라본 모습

하기 때문입니다. 저도 그런 세상이 무섭습니다. 그래서 교회 안과 밖을 철저하게 구별하려고 합니다. 그리고 교회 밖과 일체의 접촉마저도 될 수 있으면 피하고 싶어 합니다. 교회 안에 있으면 얼마나 행복한가요? 사실 저도 그러고 싶습니다. 베드로처럼 말입니다.

하지만 예수님은 그러지 않으셨습니다. 시내산에서 하나님을 만나고 그곳에서 율법을 받았다면, 그 하나님의 법대로 살아내는 곳은 시내산 아래입니다. 아론과 이스라엘 백성들이 황금송아지를 만들어놓고 축제를 벌이는 그곳 말이지요. 그 시내산과 같은 다볼산에서 직접 예수님의 변화되신 모습과 모세와 엘리야를 만났다면, 그 감격과 흥분을 가지고 살아가야 하는 곳은 다볼산 아래입니다. 예수님을 죽이려 하는 사람들과 그를 따르는 사람들을 핍박하는 이들이 즐비한 그곳 말이지요. 그리고 보면 믿음의 확신은 그분과 동행함으로 생기는 것이고, 그 믿음과 신앙은 세상 속에서 살아내는 내 삶으로 확증되는 것이 아닌가 합니다. 그 산에서 내려올 때마다 저는 기도합니다. "예수님을 만났던 기억을 잊지 않게 하시고, 확신을 가지고 세상 속에서 그분을 증거하면서 살게 해주세요."

나인성

⏻ BIBLE VIEWFINDER

주께서 과부를 보시고 불쌍히 여기사 울지 말라 하시고 _눅 7:13

사람과 동물 모두 '공감'이라는 감정을 가지고 있답니다. 누군가가 아파하면 함께 아파하고, 누군가가 즐거워하면 함께 그 기쁨을 느끼는 감정 말이지요. 그런데 요즈음은 너무나 개인 중심의 사회가 되고, 누군가와 감정을 공유하는 것을 사생활을 침범하는 것으로 생각하는지, 큰 사건이 벌어진 후에 '동정'은 있을지언정 '공감'의 좋은 예를 찾아보기는 참 힘든 것 같습니다.

예수님께서 나사렛에서 대략 16킬로미터 떨어진 모레산 북쪽 자락의 나인성에 가셨습니다. 왜 가셨는지는 모르겠습니다만, 나사렛과 나인이 가까운 것으로 보아서 예수님께서 종종 가시던 전도 지역 중의 하나가 아니었을까 합니다. 때마침 한 과부 외아들의 장례식이 있었습니다. 사람이 죽으면 그 날 해 넘어가기 전에 장례를 치르는 유대인들의 전통으로 미루어보건대, 그 아들은 예수님께서 찾아가시던 바로 그 날에 죽었을 겁니다.

대개 과부와 고아는 고대 사회에서 보호를 받아야 살 수 있는 약자들에 속합니다. 지금으로부터 대략 4,000년 전에 쓰인 우르-

나인의 교회　1880년에 세워진 나인성의 교회는 지금 프란치스칸 수도회의 공소로 사용되고 있다.

남무(Ur-Nammu) 법전과 3,700년 전에 만들어진 함무라비(Hammurapi) 법전에서는 국가의 법으로 과부와 고아를 보호해야 한다고 규정하고 있습니다. 그리고 법으로 확정된 것은 아니지만, 우르-남무 법전보다도 대략 400년 먼저 기록된 우르(Ur)의 라가쉬(Lagash) 왕의 명령(기원전 약 2,400년)에도 힘을 가진 이들이 과부와 고아를 불공정하게 대할 수 없도록 명시해놓았습니다. 가부장적인 사회에서 남편 없는 여인의 형편은 어땠을까요? 자신을 보호해줄 아버지 없는 어린아이들의 처지는 아마 불을 보듯 뻔했을 겁니다.

　로마의 지배 아래 있었던 예수님 시대의 유대 사회에서도 마찬가지였습니다. 전쟁이나 질병 때문에 젊은 나이에 남편을 잃은 여인들은 가벼운 취급을 당했습니다. 아버지의 권리가 아들에게 온전히 상속되기 이전의 미성년 아이는 특별한 보호자(고엘)가 필요했지만, 가까운 친족이 모두 고엘의 의무를 성실하게 이행한 것도 아닙니다. 오히려 고엘이랍시고 보호자를 자청하다가 재산만

나인성 교회의 내부 2006년에 이 사지을 찍을 당시만 해도 교회를 찾아가면 교회 건물 옆에 살고 있던 무슬림 가족이 반갑게 맞이해주고 교회 안으로 들어가게 문을 열어주었다. 당시에는 나인에 기독교인은 단 한 명도 없었다. 이제는 교인이 생겼는지 공소로 사용되며 교회는 주일에 한 번 다볼산에서 오는 프란치스칸 사제가 예배드릴 때에만 열린다. 공소가 되는 바람에 교회는 더 잘 정리가 되었지만 교회 안에 들어가보는 것은 어려워져버렸다. 교회의 정면에는 예수님의 옷자락을 만지며 애절하게 호소하는 어머니와 죽은 이를 감싸는 세마포에서 일어나는 아들의 모습이 그려져 있다.

가로채는 경우도 있었습니다. 그래서 탈무드에서는 과부와 고아의 유산을 잘 지켜주어야 한다는 명령을 도덕률이 아니라 민사·형사 법률로 제정하기까지 했습니다. 뿐만 아니라 아버지를 모르는 아이들은 유대 공동체에서도 가장 하위 계층의 사람으로 분류되었기 때문에 유복자로 태어난 아이들의 처지는 더 암울했습니다.

따라서 그 여인이 어떤 사연으로 과부가 되었는지, 그 아들의 나이가 얼마였는지 알 수는 없지만, 사회의 무관심과 냉대 속에서 남편을 잃은 여인에게 오로지 의지할 사람은 바로 그 아들 하나였을 겁니다. 그 아들마저 잃어버린 과부의 울음을 예수님은 지나치지 않으셨습니다. 예수님과 그 여인이 초면인지 구면인지는 모르겠습니다만, 예수님께서는 그 여인의 애절한 울음소리에 발걸음을 멈추시고 죽은 이가 누워 있는 관에 손을 올리셨습니다.

한 사람이 부정하게 되더라도 그것이 죄가 되는 것은 아닙니다. 하지만 내가 부정하게 되면 나와 접촉하는 모든 사람과 물건이 부정하게 되기에, 다시 정결해지는 순간까지 철저하게 주변 사람들에게서 떨어져 있어야 하는 것이 유대인의 전통입니다. 누군가의 장례식에 참석해서 시신을 만질 경우 부정해집니다. 그런데 가족도 아닌 이름 모를 여인의 아들의 관을 만지면서 겪을 수 있는 불편과 부정함을 감수하면서까지 그 관에 손을 올리신 예수님의 마음에는 도움을 절실히 필요로 했던 그 여인에 대한 공감이 있었기 때문이 아니었을까요?

기원후 4세기에 처음으로 나인에 순례를 온 기록이 있지만 언제 이곳에 처음 교회가 세워졌는지는 알 수 없습니다. 다만 1880년에 프란치스칸 수사들이 무슬림 마을이었던 나인에 과거 교회가 있었던 터를 구입해서 오늘날의 교회를 세웠습니다. 감사하게도 그 마을에 살던 모든 무슬림이 교회를 재건하는 데 도움을 주었습니다. 제가 처음 나인에 가서 그 교회를 방문했을 때도 교회 문 열쇠를 무슬림 가정이 보관하고 있다가 열어주었습니다. 교회와 모스크가 나란히 마주 보고 있는 것도 무척 인상 깊었습니다. 지금은 공소(公所)가 되어서 다볼산의 신부님이 내려와 예배를 드리는 주일에만 잠시 문을 여는 나인성에서, 다른 사람들의 아픔을 지나치지 않으시고 자신의 아픔처럼 슬퍼하셨던 예수님을 만났습니다.

가나

BIBLE VIEWFINDER

사람마다 먼저 좋은 포도주를 내고 취한 후에 낮은 것을 내거늘 그대는 지금까지 좋은 포도주를 두었도다 하니라 _요 2:10

저도 하나님을 극적으로 만나고 싶었습니다. 교회에서 간증하는 사람들을 보면 정말 극적으로 하나님을 만납니다. 그리고 예수님의 음성을 듣고 신앙의 길에 들어섰습니다. 그런 신앙을 가진 사람이라면 분명히 어떤 시험과 난관 속에서도 '만나주셨던' 주님 때문에 그분을 부인하거나 떠나지 못할 것이 분명합니다. 사실 과거에는 그렇게 생각했습니다. 그런데 성경을 읽다 보면 꼭 그런 것 같지는 않아요. 출애굽하여 초자연적인 기적을 경험했던 이스라엘 사람들은 늘 하나님께 불평했고, 예수님의 놀라운 가르침과 기적을 눈으로 보고 직접 경험했던 사람들이 결국은 예수님을 못 박으라고 주님을 저주했으니 말입니다.

나사렛에서 가나까지는 현재의 도로를 따라 걸으면 대략 10킬로미터 정도가 됩니다. 옛 길의 사정이 그리 좋지 않다손 치더라도, 대략 3시간이면 사람의 걸음으로 걸어갈 수 있는 가까운 마을이며, 나귀를 탄다면 1시간이면 충분한 길입니다. 그 가나 마을에 결혼 잔치가 있었습니다.

유대인들의 결혼식 "후파"라고 불리는 작은 장막 안에 랍비와 신랑 신부가 서서 결혼식을 진행한다.

유대인들은 화요일(셋째 날)에 결혼식 하는 것을 선호합니다. 창세기 1장 11,12절에서는 "땅은 풀과 씨 맺는 채소와 각기 종류대로 씨 가진 열매 맺는 나무를 내라 하시니 그대로 되어 땅이 풀과 각기 종류대로 씨 맺는 채소와 각기 종류대로 씨 가진 열매 맺는 나무를 내니 하나님이 보시기에 좋았더라"라고 창조 셋째 날을 묘사하고 있습니다. 셋째 날에는 하나님께서 두 번이나 "보시기에 좋았더라"라고 만족하셨고, 또 여기에서 여섯 번이나 사용된 히브리어 어근 'עזרי'가 가진 뜻(한글 직역으로는 "씨" 또는 "씨뿌리다")이 자녀의 생산과 연관되어 있기 때문입니다.

요한복음에 나오는 결혼 잔치의 기적이 셋째 날에 일어났는지, 또 누구의 결혼식인지는 모르겠으나, 마리아가 열심히 도와주었던 것으로 보아서 예수님의 친척, 또는 예수님의 가정과 가까운 가정의 결혼식이었던 것 같아요. 우리나라에서도 결혼식에 제대로 된 음식을 내놓지 않으면 뒷소리가 무성한데, 예수님 당시는 더했습니다. 대략 일주일 정도 벌어지는 결혼식 잔치에는 먼 곳에

혼인잔치교회 가나 마을(Kefar Kana)의 회당 터 위에 세워진 혼인잔치교회의 내부 전경. 많은 부부가 와서 이곳에서 혼인 갱신 예식을 한다.

물 항아리 예수님 당시 여인들이 물을 떠서 나르던 물 항아리의 전형적인 형태의 항아리가 혼인잔치교회 지하로 내려가는 계단에 주둥이가 깨진 채 진열되어 있다.

사는 친척부터 동네 사람들에 이르기까지 많은 이들이 찾아옵니다. 이 결혼식 잔치의 절정은 사람들이 가장 많이 모이고, 진짜 혼인 예식을 하게 되는 6일째 되는 저녁이에요. 혼인식 하는 날이나 결혼 잔치가 진행되는 동안 절대로 빠질 수 없는 것이 음식인데요, 음식이 떨어지는 것은 명예와 체면을 중시하는 중동 지역 사람들에게는 가장과 가문의 수치입니다. 결혼식을 축하하러 온 사람들에게

"당신들을 더 이상 섬길 수 없으니, 이제 돌아가시오!"라고 말하는 것이나 다름없으니 말이지요. 대단한 결례입니다.

그런데 이런 당황스러운 상황이 예수님께서 가셨던 그 결혼 잔치에서 벌어지고 말았습니다. 음식과 함께 마시던 포도주가 떨어진 겁니다. 유대인의 결혼식에서 빠질 수 없는 음료인 포도주가 말이지요. 그때 예수님께서 물을 포도주로 바꾸셨습니다. 그것도 그냥 포도주가 아니라 최고의 포도주로 말입니다. 결혼 잔치를 관리하는 연회장이 깜짝 놀랐습니다. 급하게 어디에선가 구해왔을 포도주의 맛을 기대할 바도 아니었을 뿐더러, 대개는 점점 갈수록 질이 낮은 포도주를 내오기 마련인데, 막상 내온 포도주가 이전과 비교할 수 없을 만큼 질이 좋았으니 말입니다.

교회에서 간혹 간증을 듣다보면 한 가지 공통점을 찾을 수 있습니다. 모두가 몇 년 전 또는 십수 년 전에 예수님을 만났고, 그 예수님이 자기를 바꾸어 신앙생활을 하게 되었다는 겁니다. 그런데 정작 그렇게 바뀐 내가 지금 어떻게 살고 있는지 현재를 이야기하는 사람들을 만나기가 쉽지 않습니다. 대부분 '과거'를 이야기할 따름입니다. 많은 이들의 기도 제목도 "첫사랑을 회복하게 해주세요"가 얼마나 많은지 모릅니다. 이 둘의 공통점은 과거에는 그렇게 신앙도 좋았고, 열정도 있었고, 나름대로 내 인생에서 나 자신이 최고의 포도주였다는 겁니다.

그런데 지금은 어떤가요? 포도주를 마시는 사람들의 혀가 미각을 조금씩 잃어갈 즈음부터 점점 질 낮은 포도주를 내놓기 시작하듯, 신앙도 조금씩 매너리즘에 빠져들어 조금씩 참 맛을 잃어가고 있고, 마시는 사람도 내놓는 사람도 그걸 모르고 있는 것은 아닐까요? 게다가 지금 자신이 예수님의 복음대로, 하나님의 말씀대로, 성령의 인도하심을 따라 잘 살고 있다고 착각하고 있지는 않은가요? 그러고 보면 내가 해야 할 진정한 간증은 과거에 만난 예수님이 아니라, 내가 만난 예수님이 바꾸어놓은 '지금'의 삶입니다. 물과 같았던 내 삶을 바꾸셔서 지금 내 인생이 최고급 포도주가 되었다는 것, 그리고 이 포도주, 내 삶을 한번 맛보라는 것이 그리스도인들의 간증이 되어야 합니다.

벳산

⏻ **BIBLE VIEWFINDER**

사울과 그의 세 아들과 무기를 든 자와 그의 모든 사람이 다 그 날에 함께 죽었더라 … 그 이튿날 블레셋 사람들이 죽은 자를 벗기러 왔다가 … 사울의 머리를 베고 그의 갑옷을 벗기고 자기들의 신당과 백성에게 알리기 위하여 … 그의 갑옷은 아스다롯의 집에 두고 그의 시체는 벧산 성벽에 못 박으매 길르앗 야베스 주민들이 블레셋 사람들이 사울에게 행한 일을 듣고 … 밤새도록 달려가서 사울의 시체와 그의 아들들의 시체를 벧산 성벽에서 내려가지고 야베스에 돌아가서 거기서 불사르고 그의 뼈를 가져다가 야베스 에셀 나무 아래에 장사하고 칠 일 동안 금식하였더라 _삼상 31:6-13

도로에 사람의 이름이 붙여지면 그 사람은 매우 영광스러워할 겁니다. 이스라엘에는 정치 지도자, 전쟁 영웅, 존경받던 랍비 등 많은 사람의 이름들이 도시와 지명, 그리고 도로의 이름으로 사용됩니다. 그런데 어떤 지명에 이름이 붙는 것이 꼭 즐거운 일만은 아닙니다. 그곳이 비극의 현장이라면 말이지요.

사울이 이스라엘의 왕이 되기 전까지 그는 그리 눈에 띄는 사람이 아니었습니다. 물론 신체 조건으로 보면 준수한 용모에 훤칠한 키(삼상 9:2) 때문에 베냐민 땅의 여인들의 마음을 흔들어놓았을 수는 있었겠지만, 그래 봤자 이스라엘에서 가장 작은 베냐민 지파, 그 지파 가운데에서도 가장 미약한 가정 출신의 남자일 뿐입니다(삼상 9:21). 그러나 하나님은 사람의 외적인 조건을 보시는 분이 아니셨습니다. 보잘것없는 사울에게 하나님의 영을 부어주셨고, 사울은 변하여 새사람이 되었습니다(삼상 10:6).

그것도 잠시, 왕이 되고 난 후의 사울은 전혀 다른 모습으로 변했습니다. 권력에 취한 것이지요. 하나님의 선택으로 왕이 된 것이지 자기의 노력으로 된 것도 아닌데, 한번 잡은 권력을 놓치기 아쉬웠던 모양입니다. 갑자기 쏟아진 이스라엘 백성들의 시선이 너무나 신경 쓰였을까요? 아니면 이때가 자기의 능력을 보여줄 때라고 생각했던 것일까요? 이도 저도 아니면 그저 조바심 때문이었을까요? 전쟁하기 전, 자신을 떠나가는 이스라엘 사람들을 붙잡을 마음에 선지자와 제사장이 해야 할 일을 자기가 해버리고 말았습니다(삼상 13:8,9). 어차피 하나님의 의중을 물어보는 것은 요식 행위이고 전쟁은 자기가 하는 것이니, 누가 제사를 드리든 사람들의 마음을 편안하게 해주는 것만으로 충분하다고 생각했던 모양입니다. 게다가 "진멸하라"고 하신 하나님의 명령을 어기고 자기 기준에 따라 전쟁에서 적장을 살리고 좋은 전리품을 챙겨놓기까지 합니다(삼상 15). 하나님 앞에 내가 어떻게 보일까보다는 사람들 앞에서 내가 어떻게 보일까를 더 걱정하는 사람이 된 것입니다(삼상 15:30). 하나님의 나라를 자기의 나라로 착각한 거지요

벳산 이스라엘 평야와 요단 골짜기가 만나는 곳에 위치한 벳산(스키토폴리스)은 기원전 15세기부터 이집트의 통치를 받았다. 사울의 시대(기원전 11세기)에는 블레셋이 통치하였다. 기원전 10세기에 벳산이 심하게 파괴되었는데, 아마도 다윗이 정복한 흔적일 것이다. 예수님 시대에는 스키토폴리스라는 이름으로 불렸는데, 데가볼리의 10개 도시 가운데 하나였다. 언덕 위에 위치했던 벳산은 기원전 63년에 폼페이가 점령한 후, 언덕 아래에 로마식 도시로 새롭게 꾸며진다. 사진에서 벳산의 언덕 너머 멀리 보이는 산지는 길르앗 산지이며, 현재는 요르단이다.

10개의 도시라는 이름의 데가볼리(Decapolis) 지방 가운데, 현재 스키토폴리스(벳산)와 히포가 이스라엘 땅에 속해 있다. (신약 시대, 헤롯이 죽은 후 헤롯의 영토는 아켈라우스가 다스리는 유대아와 사마리아, 안티파스가 통치하는 베레아와 갈릴리, 빌립이 다스리는 가울란티스/아우란티스 지역으로 나뉘게 된다.)

(삼상 20:31).

한 나라에 주인이 둘일 수는 없는 노릇입니다. 그러니 자기가 주인인 나라에서 또 다른 주인인 하나님은 그저 짐이 될 뿐이지요. 사울은 선지자를 통해서 선포되는 하나님의 말씀을 부담스러워했습니다(삼상 13:11-15, 15:14-23). 심지어 이스라엘의 하나님과 백성들을 이어주는 제사장들마저 죽입니다(삼상 22:19). 결국 사울 곁에는 하나님의 목소리를 들려주는 사람들이 살 수 없었겠지요. 그의 주변에는 다윗을 반대하고 자기의 왕권을 인정해주는 사람들, 사울이 듣기에 달콤한 말만 하는 사람들만 남았을 겁니다. 조금이라도 사울의 귀에 거슬린다면 다윗을 따르는 사람이라고 비난했을 테니 말이지요. 아들일지라도 말입니다(삼상 20:30,31).

겉으로 보기에는 이스라엘 땅에서 신접하는 사람들과 박수들을 쫓아내는 열정이 있는 듯하나(삼상 28:3) 실상은 하나님의 사람들의 충고에 귀를 닫아 버린 사울은 블레셋과의 전쟁에서 패하고 도망치다 길보아산에서 그 아들들(요나단, 아비나답, 말기수아)과 더불어 전사합니다(삼상 31). 죽으면서 "네 칼을 빼어 그것으로 나를 찌르라 할례 받지 않은 자들이 와서 나를 찌르고 모욕할까 두려워하노라"(삼상 31:4)라고 말한 사울은 아마도 끝까지 세상 사람이 바라볼 자기 죽음에 대한 이목을 더 걱정했던 것이 아닌가 합니다. 그의 시신은 수치스럽게도 블레셋 사람들의 도시 벳산(Beth Shean)에 걸렸습니다.

사울이 죽어갔던 길보아 산자락의 한 산을 현재 사울산(Mt. Saul)이라 부릅니다. 사

사울산 사울산은 바위로 뒤덮여 있다. 거친 바위는 거친 사울의 삶을 보여주는 듯하다.

사울산에서 내려다본 이스르엘 골짜기   사울산에서 이스르엘 골짜기를 내려다보면, 저 멀리 벳산과 길르앗 야베스가 한눈에 들어온다. 사울은 이곳에서 그의 아들들과 함께 최후를 맞이했다.

울산에 올라서면 요단강 너머로는 길르앗 야베스가, 이스르엘 평야의 끝자락에는 예수님 시대에 스키토폴리스(Scythopolis)라고 불렸던 구약 시대의 벳산(벧스안)이 보이지요. 온통 뾰족뾰족한 돌들로 이루어진 사울산에 올라서니, 바위 틈새에 널브러져 있었을 이스라엘 군인들과 사울, 그리고 그의 아들들의 시체들이 아직도 아우성치는 것 같습니다. "우리를 통해서 배우라. 하나님의 뾰족한 목소리에 귀 닫고 세상의 평판에 더 귀 기울였던 지도자, 그리고 그를 따르던 백성의 마지막을!"

하룻샘

BIBLE VIEWFINDER

여호와께서 기드온에게 이르시되 너를 따르는 백성이 너무 많은즉 내가 그들의 손에 미디안 사람을 넘겨주지 아니하리니 이는 이스라엘이 나를 거슬러 스스로 자랑하기를 내 손이 나를 구원하였다 할까 함이니라 _삿 7:2

성경에서는 이스라엘의 동과 서를 가로지르는 이스르엘 골짜기의 남쪽 산지를 사마리아라고 부르고 북쪽 산지를 갈릴리라고 부릅니다. '이스르엘'이라는 말은 "하나님께서 씨 뿌리신다"라는 뜻인데요, 그 이름을 통해서 알아챌 수 있듯이 매우 풍요로운 땅입니다. 땅에서 물이 나는 샘이 크기만 다를 뿐 셀 수 없이 많아서 오늘날에도 이스르엘에 사는 사람들은 자기들이 사는 곳을 "샘들의 골짜기"라고 부르고, 이스라엘의 대표적인 곡창지대로 그 중요성 또한 대단합니다.

그래서인지 이스라엘의 중요한 사건들이 이 골짜기에 위치한 여러 도시들을 중심으로 벌어졌습니다. 대표적으로 드보라와 바락이 이곳에서 시스라와 싸웠고(삿 4:13-15), 사울은 요나단과 함께 블레셋 군대를 맞이하여 전쟁을 치르다가 전사했습니다(삼상 31:2). 솔로몬은 교통의 요지이자 군사 전략상 요충지인 이스르엘 골짜기의 므깃도에 병거성을 쌓았습니다(왕상 9:15). 나봇의 포도원이 이곳에 있었고(왕상 21:1), 예후의 반란 때 이스라엘 왕 요람이 죽은 곳도 이 골짜기의 어딘가입니다(왕하 9:21-24). 또 애굽의 바로 느고를 맞이해서 싸우다가 요시야가 죽은 곳이기도 합니다(왕하 23:29 ; 대하 35:20-25).

이 골짜기의 동남쪽에는 길보아산이 자리 잡고 있습니다. 길보아 산자락 아래에는 많은 샘(오아시스)들이 있습니다. 그리고 하롯 샘가에 기드온을 장수로 한 이스라엘 군이 모여 들었습니다. 그 수가 삼만 이천 명이었습니다(삿 7:1-3). 불과 몇 킬로미터 앞에는 미디안과 가나안의 군사들이 이스라엘 군사들과 대치하고 있었습니다. 적군의 수는 적어도 십삼만 오천 명이었습니다(삿 8:10). 다섯 배에 가까운 적군을 앞에 두고 기드온은 얼마나 두려웠을까요? 비록 하나님의 영이 임한 사사(Judge)일지라도 눈앞에 보이는 적에 비해 턱없이 부족한 이스라엘 군사의 수에 낙담할 만도 했을 텐데, 하나님의 계산 방식이 기드온과 다른 것인지 오히려 모인 이

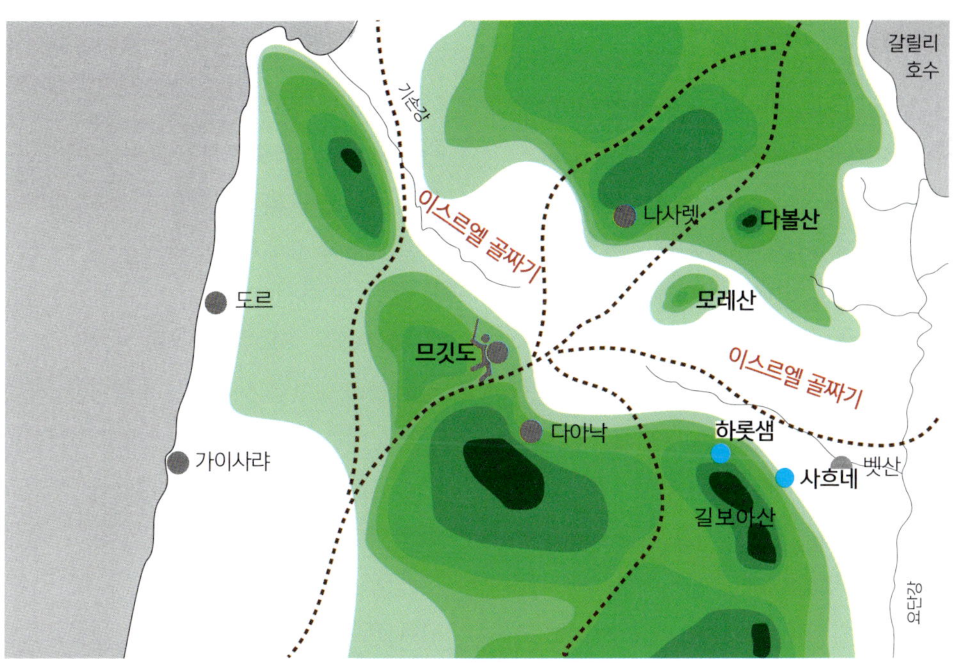

이스르엘 골짜기 이스라엘을 동서로 가로지르는 이스르엘 골짜기는 예로부터 교통의 요지로, 군사적 중요성 때문에 주요 군사 도시들이 세워졌다.

하롯샘 현재는 국립공원 "하롯샘"으로 불리는 길보아 산자락 아래의 하롯샘

사흐네 현재는 국립공원 "간 하쉴로샤" 또는 "사흐네"로 불리는 길보아 산자락 아래의 또 다른 샘. 국립공원 하롯샘의 동쪽에 있다.

스라엘 군인의 수가 많다고 합니다. 일 대 오(1:5)로 싸워서 전쟁을 이긴다면 그야말로 역사에 길이 남을 만한 용장(勇將)이자 지장(智將)으로 기억될 정도인데도 말이지요.

"두려워 떠는 자는 돌아가라!"라는 하나님의 외침에 무려 이만 이천 명이 돌아갔습니다. 남은 수가 일만 명이니, 이제는 일 대 십삼(1:13)입니다. 배 열두 척(혹자는 열세 척)으로 왜군의 배 일백삼십삼 척을 격파하여 이순신 장군이 바다 전쟁 역사에 길이 남는 장군이 되었는데, 이보다도 더 큰 전력 차이의 난관을 맞닥뜨렸음에도 불구하고, 하나님은 이 수도 많다고 하십니다. 정말 당황스럽기 그지없습니다. 그리고는 하나님께서 이스라엘 백성 만 명을 시험하십니다.

길보아산에 진을 쳤던 기드온과 군사들이 물가로 내려갔습니다. 하나님께서는 군사들에게 물을 마시라고 합니다. 그 물 마시는 모습을 보시며 그들이 전쟁하기에 준비된 이들인지를 판별하신 것입니다. 손에 든 창과 방패를 내팽개치고는 물에 뛰어들거나 무릎을 꿇고 고개를 물 속에 처박고 벌컥벌컥 마시는 이들은 전쟁에서 제외되었습니다. 오로지 움켜 입을 대고 핥아서 물을 마시는 사람만이 선택되었습니다.

이 병사들이 어떤 모습으로 물을 마셨는지는 성경의 묘사만으로는 정확히 알 수 없습니다. 아마 두 손으로 떠서 물을 마신다면 굳이 핥아서 먹을 필요가 없지만, 한 손에 창이나 방패를 잡고 경계 태세를 유지한 채 한 손으로 물을 떠 마신다면 핥아먹을 수밖에 없기에 하나님은 그렇게 늘 대비하는 자세를 가진 이들을 뽑았던 것이 아닌가 합니다. 하나님의 눈에는 단지 그들이 이스라엘 사람들이라는 것만으로는 충분하지 않았습니다. 그리고 미디안과 싸워서 땅을 지키겠다는 열정만으로도 만족하지 않으셨습니다. 하나님이 원하셨던 것은 준비되어 있는 삶의 태도와 실천이었습니다. 하나님께서는 비록 삼백 명일지라도 준비된 사람을 통해서 기적과 같은 승리를 이끌어내셨습니다.

"사람이 마음으로 믿어 의에 이르고 입으로 시인하여 구원에 이르느니라"(롬 10:10)라는 말을 너무 쉽게 생각해서 말로만 "그래, 나 예수님을 믿어"라고 말하면 구원을 얻을 수 있다는 착각에 사로잡힌 사람들이 있습니다. 그러나 기독교인이라는 이유로 유대인과 로마인들에게 박해를 받던 시대에 공개적으로 "나는 예수를 그리스도로, 그리고 나의 유일한 왕으로 섬깁니다!"라고 고백하는 것은 단지 말하는 것이 아니라 생명을 거는 일이었습니다. 말로만이 아니라 삶이라는 말이지요. 기드온의 삼백 용사들의 이야기를 통해서 보건대, 단지 교회에 나온다는 것만으로는 충분하지 않습니다. 하나님이 원하시는 것은 예수 그리스도의 삶을 따라 살아가려는 준비된 삶의 태도와 실천입니다.

길보아산에서 내려다본 이스르엘 골짜기 길보아산에서 이스르엘 골짜기의 동쪽 편을 내려다보면, 저 멀리 길르앗 산지(현재 요르단)와 골짜기에 있는 수많은 샘들이 내려다보인다.

갈릴리와
그 주변

사랴 빌립보
거라사
요단강
하솔
가버나움
디베랴
요단강
벳산
길보아산
나볼산
모레산
예발산
실로
나사렛
사마리아
므깃도
기손강
악고
갈멜산
아벡
야르묵강
가이사랴
욥바

갈릴리 바다

⏻ **BIBLE VIEWFINDER**

바다에 큰 놀이 일어나 배가 물결에 덮이게 되었으되 예수께서는 주무시는지라 _마 8:24

마태복음 8장 24절! 다른 것은 몰라도 이것은 좀 믿기 힘든 성경 구절입니다. 제가 살고 있는 도시는 호반의 도시입니다. 주변에는 의암호, 춘천호, 소양호가 있고, 도시의 가운데로는 공지천이라는 물길이 있습니다. 공지천에서 수많은 오리 배와 연인들을 위한 작은 배들을 보아왔지만, 장난을 치다가 보트가 뒤집혀서 죽은 사람들은 있었을지언정, 의암호와 공지천에 풍랑이 일어 배가 뒤집혀서 사람이 죽었다는 말은 한 번도 들어본 적이 없습니다. 호수에 풍랑이 일어난다는 것이 제 경험으로는 가당치도 않은 일이지요. 그런데 갈릴리 호수에 큰 풍랑이 일어나서 배가 물결에 막 뒤덮일 위험에 빠지게 되었답니다. 물론 성경에서는 "바다"라고 말하지만, 이곳이 정말 바다라면 사정이 다르겠지만, 갈릴리는 호수입니다. 호수에 큰 풍랑이 일어나서 배가 뒤집힐 정도라니요. 이걸 믿으라는 말인가요?

그런데 어느 날 갈릴리 주변에 있는 한 호텔에 가게 되었습니다. 심심하던 차에 호텔의 상점에 진열된 엽서들이 꽂혀 있는 스탠드를 돌리면서 '어디에서 사진을 찍으면 멋질까?' 이리저리 엽서들을 보는데 사진 한 장이 눈에 들어왔습니다. 갈릴리 호수를 찍은 사진이었습니다. 그런데 바람이 불어서 풍랑이 일어나 호수 부둣가를 때리는 파도의 사진이었습니다. 눈에 익은 그 부둣가에 그렇게 거세고 높은 파도가 일어나서 때린다는 것이 정말 놀라운 일이었습니다. 이게 합성인가 아닌가 싶더라고요. 아무리 유심히 보아도 합성이 아닌 것이 확실했습니다. 놀랍지만, 사진만으로 그 파도를 가늠하기가 쉬운 일은 아니었습니다.

그런데 의심하는 도마에게 확증을 보여주신 것처럼, 주님이 제게 확증을 보여주셨습니다. 그것도 두 번이나! 처음은 약 10여 년

파도치는 갈릴리 호텔에서 본 엽서가 인상이 깊어 사진을 찍었다. 이제는 이 엽서를 찾아볼 수 없는 것이 아쉽다.

전인데요. 아내와 함께 갈릴리에서 배를 타게 되었습니다. 성지순례를 온 한국 사람들이 타는 큰 목선에 양해를 구하고 우리 부부가 끼어 탄 것입니다. 호수에 물결이 이는 아침 일찍 배를 탔습니다. 배를 타기 전에 물살이 심상치 않았는데, 역시나 호수 동편에서 서편으로 가는 배가 뜨자마자 배가 얼마나 요동을 치던지 겁이 무척 많은 저는 배의 제일 가운데 기둥을 붙잡고 가만히 서 있었습니다. 배의 앞머리에서는 연신 파도가 깨지며 물방울이 솟구쳐 올라서 배 안으로 쳐들어오고, 배가 하늘로 솟았다가 꺼지기를 되풀이하는데, 제 손에는 식은땀이 주르륵 흘렀습니다. 선장 아저씨도 원래 배가 가야 하는 방향으로 가다가는 파도에 맞아 배가 뒤집힐 수도 있다며, 원래의 항로에서 비켜나는 길로 운항을 해야 했을 만큼 험한 파도였습니다.

두 번째는 2017년 1월이었습니다. 이번에는 겉으로는 태연한 척했지만, 속으로는 뒤집히겠구나 싶었습니다. 저뿐만 아니라 함께 탄 분들도 아마 다들 그런 생각을 하셨을 거예요. 지금까지 경험한 파도 중에 최고였어요. 좌우로 흔들리는 배 위의 의자들이 다 넘어지고, 무언가를 붙잡고 있지 않으면 서 있을 수도 없었습니다.

저는 성경에 나와 있는 말씀들을 이제부터는 절대로 의심하지 않겠노라고 그 배에서 얼마나 기도했는지 모릅니다. 의심했다가는 또 이런 방식으로 주님이 제게 확신을 주실 테니 말이지요. 성경을 의심한다는 것은 결국 제가 가지고 있는 상식과 경험에 의존해서 제가 알지 못하는 것들에게 던지는 물음표인데요. 제가 알고 있는 것은 제가 경험한 것밖에 없다는 것을 뒤늦게야 알게 된 것이지요. 호수지만 바다처럼 파도가 치는 호수. 그냥 파도가 아니라 커다란 배들이 뒤집힐 만한 파도가 넘실거리는 호수. 그래서 바다라고 불리는 호수. 상식을 뛰어넘는 이곳이 갈릴리 바다입니다.

예수님 당시의 배 1986년 여름, 이스라엘에 가뭄이 무척이나 심했습니다. 식수가 없어서 터키에서 커다란 물풍선을 배로 끌고 들어와서 식수를 해결하던 그때, 갈릴리 호수의 물도 말라가서 호수의 수면도 몇 미터 아래로 곤두박질을 칠 때였습니다. "긴노사르"라는 키부츠에 살던 모세와 유발이라는 어부 형제가 호숫가에 나갔다가 물 아래에서 배 모양의 검은 그림자를 보았지요. 무언가 수상쩍어 곧바로 경찰에 신고했답니다. 전문가들에 의해서 이것이 고대 배의 조각이라는 것이 밝혀지고, 키부츠 긴노사르의 사람들과 이스라엘 고고학 유물 당국, 그리고 이 배에 관심을 가진 많은 자원봉사자들이 이 배를 인양하는 작업에 들어갑니다. 12일 밤낮에 걸친 작업으로 드디어 이 배가 그 모습을 드러내게 되지요. 길이 8.2미터에 폭 2.3미터, 높이 1.2미터인 이 배의 연대는 약 기원전 100년에서 기원후 70년에 이르는 것으로 판명되었습니다. 정확히 예수님의 시대와 맞아 떨어지지요. 약 15명의 사람이 오를 수 있는 이 배의 용도는 알 수가 없습니다. 어떤 사람들은 이 배가 갈릴리의 어부들이 타던 배라고 주장하고, 어떤 사람들은 이스라엘의 반로마 항쟁 때 침몰한 군인들의 배일 것으로 추측하기도 합니다. 어느 말이 정답인지는 알 수 없지만, 이 배가 예수님 당시의 배이고 당시 사람들이 타던 배의 모습과 별반 다를 것이 없다는 것만은 확실합니다. 게다가 마태복음에서도 말하고 있듯이, 예수님과 제자들이 모두 함께 오를 수 있는 배였다면 적어도 이 배 만하거나 이 배보다 약간 더 큰 배가 아닐까 합니다. 지금도 키부츠 긴노사르에 가면, 이 배의 실물을 그대로 볼 수 있답니다. 이 배를 보고 나서는 마태복음 8장 24절의 말씀에 더욱 의심이 생기더란 말입니다. 이 배가 어떻게 호수의 물살에 뒤집힐 수 있냐는 거지요. 물론 이제는 의심 없이 믿지만 말입니다.

갈릴리의 어부 안드레

이스라엘은 이스라엘 국민으로 시민권을 가진 사람이 약 870만 명입니다. 아주 작은 나라지요. 우리나라 전체 면적의 약 20퍼센트밖에 되지 않은 작은 나라입니다. 이 작은 나라에서 뭘 먹고 사는지 다들 궁금해하시더라고요. 그리고 아마 성지순례나 관광을 온 사람들이 쓰고 가는 관광 사업이 국가 수입의 대부분을 차지할 것이라는 추측들을 내놓습니다. 그도 그럴 것이 이스라엘의 국가 수입 중 관광 사업이 중요한 위치를 차지하는 것은 사실입니다. 매년 많은 순례객과 관광객이 이스라엘을 찾아오는데, 2012년에는 350만 명의 외국인이 관광(순례)을 목적으로 이스라엘을 찾았다고 합니다. 하지만 이스라엘에서 외화를 벌어들이는 최고의 부가가치 산업은 다이아몬드(외화 수입의 20퍼센트), 제약 산업(9.8퍼센트), 전자집적회로(6.6퍼센트)입니다(2012년 기준). 그 외에도 외화를 벌어들이는 직종이 셀 수 없이 많이 있습니다.

예수님 당시는 이런 현대식 직종이 없었겠지요. 예루살렘을 중심으로 한 직종들이 무엇인지에 대해서는 기록이 잘 남아 있지만, 변방이었던 갈릴리 지역에서 사람들이 주로 어떤 직종에 종사하였는지, 그리고 그 직종이 얼마나 경제적인 수익이 좋았

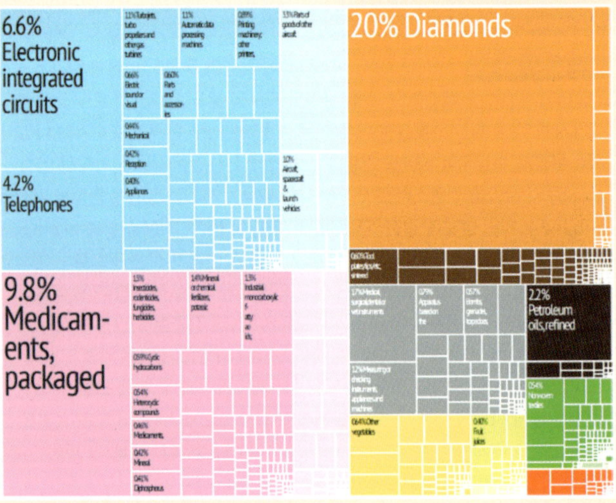

이스라엘 산업 구조 2012년을 기준으로 한 이스라엘의 외화 수입 경로

예수님 시대의 세금 징수 구조

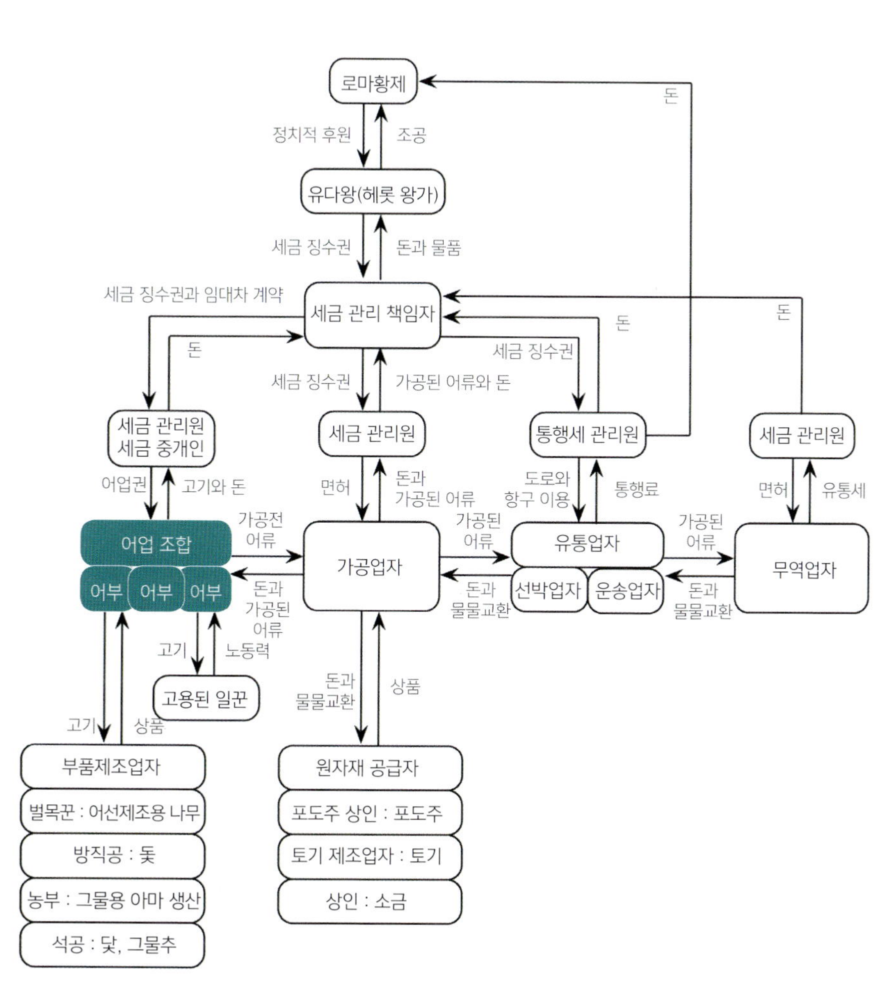

어부들은 세금을 내는 맨 아래층이 아니라, 경제구조의 중간에 위치해 있다는 것을 눈여겨보아야 한다.

갈릴리의 어부들 갈릴리 호수는 그 둘레의 길이가 약 54킬로미터, 평균 수심은 약 25미터이고, 약 27종의 물고기가 서식하고 있다.

는지에 대해서는 알 수 있는 문헌이 그리 많지 않습니다. 그런데 몇 가지 추정해볼 만한 자료들은 있습니다.

예수님 시대는 사람들이 수직적인 구조에 있었습니다. 예수님 당시 유대 사회는 10개의 계층이 나뉘어 있었는데 왕과 제사장을 포함한 상류층 계급은 약 1-2퍼센트를 차지했습니다. 그 아래로 세금 관리원(징수원), 경찰, 서기관, 하급 제사장들이 약 5-7퍼센트를 차지했고 그 외에 대부분의 사람인 75퍼센트는 다양한 직종에 종사하였습니다. 가장 낮은 계층 약 15퍼센트는 거지, 장애인, 창기, 범죄자들로 도시 밖에서 거주하였습니다. 그러니 약 75퍼센트의 사람들은 '중산층'이라고 불러도 좋을까 모르겠어요.

주일학교에서 어부에 대해서 배울 때 가장 많이 듣던 이야기는 예수님을 따르던 어부들은 가난하고 교육을 제대로 받지 못한 하층민이라는 말입니다. 이 이야기가 어디에 근거를 둔 이야기인지는 모르겠지만, 아마도 예수님께서는 사람들을 차별하지 않으시고 누구나 부르신다는 것을 말하고자 했던 것이 아닌가 싶습니다. 하지만 정말 하층민에 속하는 15퍼센트의 사람들 부류에 어부가 들어 있지는 않습니다. 어부는 많은 사람이 가졌던 직업 중 하나였던 것이지요.

어부가 가난하기만 했던 것도 아닙니다. 예수님 시대의 세금 징수 구조를 보면, 어부들이 조합을 결성하여 활동했다는 것을 알 수 있습니다. 조합을 결성하였다는 것은 최

예수님 시대의 배 키부츠 긴노사르에는 'Jesus Boat'라는 이름의 예수님 당시의 배가 전시되어 있다. 1986년에 있었던 이스라엘의 대가뭄 때에 갈릴리의 수위가 낮아지면서 모습을 드러낸 예수님 당시의 배는 12명이 타기에 꼭 알맞은 배이다.

대의 이윤을 내기 위해서 경제 공동체를 결성하였다는 것인데요. 도표에서도 볼 수 있듯이, 단지 고기를 잡아서 내다 파는 수준에서 경제활동을 한 것이 아니라 더불어서 배를 유지하기 위한 상거래를 통해 이윤을 취득했던 것을 알 수 있지요. 또 성경에 보면 베드로, 안드레, 세베대의 아들 야고보와 그 형제 요한을 부르시는 장면이 나오는데(마 4:18-20 ; 막 1:16-18), 이 사람들이 일하던 중 예수님을 만나고서 그물(어구)과 배와 품꾼을 내버려 두고 예수님을 따르는 장면이 나옵니다. 배를 소유하고 있었다면 어부이자 선박업자가 되겠고, 품꾼을 소유했다는 것은 그들을 부릴 만한 경제적인 능력이 되었다는 것이었으니 이들이 가난했다고 단정 짓는 것도 문제가 있어요.

교육의 수준도 그렇습니다. 어부였던 안드레는 세례 요한의 제자($\mu\alpha\theta\eta\tau\acute{\eta}\varsigma$)였습니다. 세례 요한의 제자라는 말은 요한이 좋아서 그저 열성적인 팬(fan)처럼 따라다녔던($\dot{\alpha}\kappa o\lambda o\upsilon\theta\acute{\epsilon}\omega$) 사람이 아닙니다. 그렇게 따라다닌 사람은 많아요. 그런데 '따르는 자'가 아니라 '제자'라는 말은 자기의 선생과 함께하면서 그의 말과 행동을 가까이서 지켜보며 사상과 생활의 방식을 배우고 따르는 사람이라는 말입니다. 당대의 랍비가 학생을 가르치듯 세례 요한의 가르침을 받던 학생이었다는 말이지요. 그러니 모든 어부가 교육을 받지 못했다거나 교육적인 수준이 낮았다고 단정 지어 말하는 것도 옳지는 않습니다. 예수님을 따랐던 안드레의 경우는 더욱 그러하고요.

안드레는 갈릴리에서 고기잡이하던 어부였습니다. 앞에서 말한 것과 같이, 단지 안드레를 고기 잡던 사람으로만 여겨서는 안 됩니다. 안드레는 고기 잡던 어부이자 세례 요한의 제자였습니다. 안드레는 아마도 예수님께서 세례 요한에게 요단강에서 세례받으시던 장면을 직접 목격했을 겁니다(요 1:29-34). 그리고 세례 요한이 예수님을 향해서 말했던 모든 것, 예수님께서 세상 죄를 지고 가는 하나님의 어린양이라는 것과 오실 그분이라는 것, 성령이 비둘기같이 하늘로부터 내려와 그 위에 머물렀다는 선포 모두를 듣고 보았겠지요. 그리고는 미련 없이 자기 스승인 세례 요한을 떠나 예수님을 따라갑니다. 예수님께서 안드레를 포함한 제자들을 부르신 후에 곧 얼마 되지 않아서 이 제자들이 유대 사람들에게 세례를 베풀기 시작했다는 것으로 보아서(요 4:2), 안드레는 꽤나 열정적이었던 요한의 교육받은 제자였고 예수님의 말씀을 받아들이고 이해하는 수준이나 예수님의 모든 삶을 신앙으로 받아들이는 정도 역시 매우 빨랐다고 추측해볼 수 있습니다. 세례 요한의 다른 제자들이 당황했을 것은 분명합니다. 요한과 가까웠던 제자 둘이 예수님께로 떠나갔고, 그동안 요한에게 세례받으러 오던 사람들이 예수님께로 몰려가기 시작했으니까요. 그런데 세례 요한의 반응이 요즘 말로 쿨(cool)합니다. "그는 흥하여야 하

겠고 나는 쇠하여야 하리라"(요 3:30)라고 자기 제자들에게 주저 없이 이야기했거든요. 내 것을 놓치지 않으려고 발버둥 치는 사람들이 가득한 땅에서 이야기인즉 안드레와 사람들이 가야 할 사람에게 제대로 가고 있다는 말이 되겠네요. 멋지지 않나요?

예수님의 첫 제자였고 세례 요한의 학생이었던 안드레는 예수님에게 매우 소중한 사람이었을 것이 분명한데, 성경에는 안드레에 대해서 그의 형제 베드로처럼 많은 이야기가 소개되지 않습니다. 하지만 처음 예수님께서 제자 삼으신 네 명의 어부(베드로, 안드레, 야고보, 요한)와 감람산에서 조용히 그들만의 시간을 가지셨다는 것으로 보아서 예수님과 매우 가까웠던 제자 중의 하나였다는 것과(막 13:1-13) 오병이어의 기적 때 사람들에게 먹일 것을 재빠르게 계산하던 빌립과는 달리 한 아이로부터 보리떡 다섯 개와 물고기 두 마리를 가져왔던 순종으로 보아서, 누구에게도 뒤지지 않는 신앙과 믿음과 순종의 모범이 되는 인물이었음에 틀림없습니다. 베드로와 가룟 유다의 이미지가 너무나 강해서 다른 제자들이 조명받지 못했을 뿐, 누구 하나 그저 그런 제자가 있을까요?

안드레의 삶을 보면 알 수가 있습니다. 안드레가 처음에 예수님의 복음을 전하던 지역은 오늘날 터키의 이스탄불인 비잔티움(Byzantium)이었습니다(38 CE). 안드레는 그곳에 교회를 든든히 세우고 난 후에 그곳의 주교(Bishop) 자리를 스타키스(Stachys)에게 미련

없이 이양하고는 교회에서 존경받는 '주교'라
는 자리를 버리고 복음 설교자로 비잔티움
의 북쪽 지역인 모에시아(Moesia)로 떠나갑
니다. 이 지역은 다뉴브강 하류 지역으로 오
늘날의 우크라이나, 루마니아, 러시아 지역
입니다. 안드레에게 교회에서 존경받는 주교
자리는 예수님과는 어울리지 않는 자리라는
믿음이 있었던 것은 아닐까요? '주교'라 불리
는 직함을 놓치지 않으려고 발버둥 치는 것은
예수님의 제자답지 않은 삶의 태도라는 확신
이 있었던 것이 틀림없습니다. 기독교가 박
해받을 때 안드레는 그리스 서쪽 필로폰네
소스 해변의 파트라스(Patras)라는 지역에서
순교하는데, 예수님과 같은 십자가에 처형될
수 없다고 X형 십자가(Crux decussata)에 손
과 발이 밧줄에 묶인 채 매달려서 순교했습
니다. 예수님처럼 손과 발에 못질 당하지 않
았으니 더 쉬운 죽음이었다고 생각하시면 안
됩니다. 십자가에 매달린 뒤에 일정 시간이
되어도 죽지 않을 경우에는 창과 칼로 찔러
서 죽였거든요. 밧줄에 묶여 매달린 것은 예
수님보다 더 오랜 시간 십자가에 매달려 고
통을 받고, 더 고통스럽게 죽으려는 안드레
의 신앙적 결단이었던 것입니다. 갈릴리의 어
부는 이렇게 이국땅에서 죽었지만, 그의 죽음
이야말로 진정한 제자의 죽음이 아니었나 합
니다. 정말 그 선생(세례 요한, 예수 그리스도)의
그 제자입니다.

안드레의 십자가 성 베드로 대성당에 전시된 조각

팔복교회

종종 한국 교회의 문제점을 꼽으라면 기복 신앙은 거의 빼놓지 않고 등장하는 단골 메뉴인 것 같습니다. 마치 옛날 우리 어머니들이 장독대에 맑은 냉수 한 그릇 떠놓고 촛불을 켜고 가정의 복을 빌 듯, 하나님께 같은 모양으로 복을 비는 우리의 신앙 행태에 대해서 일침을 놓는 말인 것 같아요. 하지만 알고 보면 저도 그런 기복신앙을 가진 어머니 밑에서 오늘의 제가 된 것이 아닌가 생각해봅니다.

저는 기복 신앙이라는 것을 무조건 나쁘다고 단정 짓는 것은 옳지 않다고 생각합니다. 하나님께 가정과 나라의 복을 비는 것이 나쁜 건가요? 매일 새벽, 새벽기도회에서 어머니가 저희 가족을 위해 복을 비는 기도를 하시지 않았다면, 과연 오늘의 제 가족이 지금과 같은 신앙과 삶으로 있을 수 있었을까요? 뿐만 아닙니다. 기복 신앙이라는 것이 그렇게 나쁘다면 설교 강단에서 하나님의 복의 말씀을 전하는 목회자들의 설교는 또 어떻게 설명할 수 있는지요. 그 목회자들이 전부 다 잘못되었다고 말할 수는 없을 겁니다. 그런데 가끔 하나님의 복을 잘못 이해하는 사람들이 있는 것도 사실입니다. 이웃의 아픔에는 눈을 감은 채 자기만의 행복을 추구하는 것과 같은 것 말이지요. 인정할 것은 인정하고 넘어가야겠지요.

갈릴리 호수의 북쪽에는 완만하게 올라가는 듬직한 푸른 언덕이 있습니다. 비가 오는 철이 되면 이 푸른 언덕에는 푸른 밀밭에 푸릇푸릇 이름을 알 수 없는 풀들과 노란 겨자꽃들이 만발하지요. 군데군데 빨간 들양귀비꽃까지 한데 뒤엉키면 정말 이보다 아름다운 언덕이 없답니다. 게다가 오래되어 죽어 비틀어진 나무 몇 그루에 몇 년 전 바나나밭을 뒤엎는다고 불을 질러서 함께 타버린 키 큰 가시나무까지 더해지면 그 자체로 멋진 그림이 됩니다. 이렇게 아름답고 멋진 들풀들을 헤치고 걸어가면 저절로 찬양이 나와요. 옆에 누가 있든 없든 간에…. 예수님이 제자들과 함께 이 길을 걸어가셨다고 생각해보세요. 예수님은 아마 이렇게 말씀하셨

팔복교회 밀밭 너머 언덕에 서 있는 팔복교회

예수님께서 열두 명의 제자를 선택하셨다는 전통이 살아 있는 동굴

을지도 모르겠습니다. "들에 핀 꽃이 어떻게 자라는지 생각해보아라." 아! 예수님께서 바로 제 옆에서 말씀하시는 듯 착각에 빠지게 하는 언덕입니다.

이 산에는 두 가지 의미 있는 곳이 있습니다. 그중 한 곳은 호수와 맞닿은 산 아래 자락에 있는 작은 굴인데, 사람들은 이곳을 예수님께서 12명의 제자를 선택한 장소(눅 6:12-16)라고 믿고 있습니다. 굴이라기보다는 산의 움푹 들어간 곳이라고 말하는 것이 더 이해하기 쉬울 텐데, 열 명 남짓 앉을 만한 좁은 장소예요. 이곳에는 작은 나무 의자가 있고, 예수님을 기억하는 순례자들이 기도하던 흔적들을 찾아볼 수 있습니다.

또 다른 장소는 이 언덕의 정상에 있는 교회입니다. 이 팔각형 교회의 주위에는 빽빽하고 높다란 유칼립투스나무들이 무리를 지어 서 있는데, 키 낮은 푸른 풀숲 가운데 장한 나무들이 무리를 지어 서 있는 것이, 멀리서 보고서도 이곳에 무언가 특별한 것이 있다는 것을 금방 알아차릴 수 있게 합니다. 게다가 교회가 서 있는 정상 부분에서 내려다보는 갈릴리 호수의 경치는 그야말로 장관입니다. 이 교회는 매우 젊은 교회예요. 무슨 말인고 하니, 그 세워진 연대가 아주 최근이라는 겁니다. 이스라엘의 많은 교회는 대부분 이미 3세기 내지는 4세기, 늦어도 5세기에는 비잔틴식 교회로 건축되었는데, 이 교회만큼은 1939년에 세워졌기 때문입니다. 그래서 교회 건물의 생김생김도 매우 현대식이지요. 이스라엘의 어느 교회에나 있는 초대 교회의 모자이크 바닥도 역시 없습니다. 그렇다고 해서 이 교회가 덜 중요하거나 별 의미가 없는 곳은 절대로 아닙니다. 왜냐하면 사람들이 이 교회를 "팔복교회"라고 부르기 때문입니다.

팔복교회의 언덕에 올라서서 시원한 미풍을 맞이하면 그보다 더 행복할 수가 없습니다. 아마 예수님께서 산 위에 오르셔서 말씀을 전하셨다면, 늦은 오후에 바람의 방향이 산에서 호수로 불어 내리기 시작할 즈음 잔잔한 미풍을 등지고 사람들에게 말씀을 전하셨을 수도 있겠네요. 예수님의 목소리가 바람을 따라 사람들의 귀로 흘러 들어가는 그 모습을 상상만 해도 너무나 감격스럽습니다. 하지만 제 개인적인 생각으로는 예수님이 영화에서처럼 낮은 목소리로 "마음이 가난한 자는…" 하고 말씀하셨을 것 같지는 않아요. 좀 더 우렁차고 열정적인 목소리로 사람들에게 외쳤을 것 같아요. 무언가가 속에서 꿈틀대는 듯한 강한 목소리 말이지요.

그런데요, 무슨 복이 이래요? 이런 복이라면 정중하게 거절하고 싶은 생각도 마음 저 구석에 조금 있을 법합니다. 가난한 사람들에게 찾아가서 "복 받으셨네요"라고 말할 용

갈릴리 호수 팔복교회에서 내려다보이는 갈릴리 호수의 전경

(심령이) 가난한 자는 복이 있나니

천국이 그들의 것임이요.

애통하는 자는 복이 있나니

그들이 위로를 받을 것임이요.

온유한 자는 복이 있나니

그들이 땅을 기업으로 받을 것임이요.

의에 주리고 목마른 자는 복이 있나니

그들이 배부를 것임이요.

긍휼히 여기는 자는 복이 있나니

그들이 긍휼히 여김을 받을 것임이요.

마음이 청결한 자는 복이 있나니

그들이 하나님을 볼 것임이요.

화평하게 하는 자는 복이 있나니

그들이 하나님의 아들이라 일컬음을 받을 것임이요.

의를 위하여 박해를 받은 자는 복이 있나니

천국이 그들의 것임이라

기가 저는 없습니다. 당장 오늘의 끼니를 걱정해야 하는 사람들에게 가서 그런 말을 했다가는 멱살잡이가 나겠지요. 어디 다쳐서 아픈 것이 아니라 마음에 큰 상처로 몸부림치는 사람들에게 찾아가서 "복 받으셨네요"라고 말할 용기가 저는 없습니다. 마음이 너무나 착해서 이 사람 저 사람에게 이용이나 당하면서 이리 치이고 저리 치이며 그저 사람 좋은 사람이라는 말 한마디에 위로를 받는 사람을 찾아가서 "언젠가는 복을 받을 거야. 아니, 지금 네 삶이 복이야"라고 말할 용기도 없습니다. 아무도 내 말을 믿어주지 않고 내 결백을 믿어주지 않아서 이제 호소할 곳이라고는 하나님의 법정밖에 없는 상황에 놓인 사람에게 "복 받으셨습니다. 축하합니다"라고 말하는 것은 아픈 상처에 소금을 치는 일입니다. 긍휼한 마음으로 없는 살림에도 누군가를 도와주지만 사람들은 오히려 그 사람을 이용하려고 합니다. 그것도 모르고 자기가 가진 속옷까지 벗어줄 기세인 그 사람에게 찾아가 "이 답답한 사람아, 네 밥그릇도 챙겨야지"라고 말하지는 못할망정 "복 받았네"라고 말하기도 쉽지 않습니다. 요즘 세상에서 사업해서 돈을 벌려면 융통성이 있어야 합니다. 그렇게 교과서처럼, 성경에서 말하는 것처럼 정직하게 장사를 해서는 돈을 벌지 못해요. 오히려 나보다 더 많이 버는 사람보다 더 많은 세금이나 내겠죠. 이런 사람이 복 받은 사람이라고요? 싸움이 났을 때 누군가를 편들지 않고 둘을 화해시키다 보면 색깔이 분명하지 않은 사람으로 손가락질을 받거나 정작 싸움의 당사자들이 어떤 기회에 화해하고 나면 되레 모함을 받기가 쉽지요. 박해를 받는 사람이 복 있는 사람인가 아닌가의 문제는 굳이 말할 필요도 없습니다.

잘 이해가 되지 않는 이 팔복의 의미를 제대로 이해하게 된 것은 호메로스의 일리아드-오디세이를 읽으면서였습니다. "복"이라는 말이 신약성경에 쓰인 그리스어로는 마카리오스(μακάριος)라고 합니다. 이 마카리오스라는 말이 남아 있는 기록 중에 가장 오래된 책이 오디세이인데요, 고전 그리스어에서는 이 말이 "신과 같은"이라는 뜻으로 사용되었어요. 고전 그리스어의 뜻을 그대로 신약

성경 그리스어에 끼워 맞추는 것이 반드시 옳은 방법은 아닙니다만, 그럼에도 고전 그리스어가 가지고 있는 마카리오스의 원래 의미를 기독교식으로 이해하니 예수님께서 왜 그리 말씀하셨는지 비로소 이해가 되더라는 말이지요.

"하나님의 말씀을 진지하게 읽고 받아들이며 "내가 죄인입니다"라고 고백하는 겸손한 마음을 가진 이가 예수님처럼 살아가는 사람이다. 그들이야말로 천국을 소유할 것이다.

회개하지 않는 사람, 공동체, 나라를 바라보며 그들을 위해서 간절하게 눈물 흘려가며 시대와 이웃에 공감하며 기도하는 이가 예수님처럼 살아가는 사람이다. 그들의 간절한 마음을 하나님이 위로하실 것이다.

억울하고 속이 타들어 가는 때에도 그들과 맞서지 않고 분내지 않으며 하나님의 역사하심을 기다리는 이가 예수님처럼 살아가는 사람이다. 그들 때문에 그 땅에 그와 같은 사람들이 넘쳐 그 땅이 평화롭게 될 것이다.

결국 내가 의지해야 할 법, 내가 나의 삶을 묶고 살아야 할 법이 하나님의 법임을 알고 살아가는 사람이 예수님처럼 살아가는 사람이다. 그들이 그 법 때문에 불편하나 하나님께서 채우실 것이다.

스스로 하나님이시나 이 땅에 오셔서 인간들처럼 되시고 신실한 대제사장이 되셔서 인간을 포기하지 않으시고 오히려 그들을 위해서 자신을 포기한 예수님같이 이웃을 위해서 나를 선뜻 내어줄 수 있는 이가 예수님처럼 살아가는 사람이다. 하나님은 그들을 끝까지 포기하지 않으실 것이다.

보이는 외양이 아니라 마음속 깊숙이 보이지 않는 그곳까지 정결하고자 자신의 마음을 씻어내는 이가 예수님처럼 살아가는 사람이다. 하나님이 만나주실 것이다.

원수를 사랑하고, 나를 저주하는 자를 끝까지 축복하며 감싸 안아주는 이가 예수님처럼 살아가는 사람이다. 그들이 하나님의 아들이 될 것이다.

　하나님의 말씀과 그 법 때문에 순교의 길을 걸어가는 이가 예수님처럼 살아가는 사람이다. 그들이 하나님의 나라를 얻을 수 있다."

　저의 꿈은 "예수님과 같은 삶"을 살아가는 것입니다. 그리고 그 산 위에서 전해주신 예수님의 말씀대로라면 저는 "복을 얻는 삶"을 살아야 하는 것이 아니라 "복이 되는 삶"(예수님처럼 사는 삶)을 살아야 하는 것이 아닐까 합니다. 예수님의 열정에 찬 우렁찬 외침, "팔복의 말씀"이 이제는 그저 은혜스러운 것이 아니라 무겁습니다.

오병이어교회

⏻ BIBLE VIEWFINDER

예수께서 떡 다섯 개와 물고기 두 마리를 가지사 하늘을 우러러 축사하시고 떡을 떼어 제자들에게 주어 사람들에게 나누어 주게 하시고 또 물고기 두 마리도 모든 사람에게 나누시매 다 배불리 먹고 남은 떡 조각과 물고기를 열두 바구니에 차게 거두었으며 떡을 먹은 남자는 오천 명이었더라 _막 6:41-44

갈릴리의 타브가(Tabgha)라는 지역에는 두 개의 교회가 있습니다. 하나는 흔히들 베드로 수위권 교회라고 부르는 멘사 크리스티(Mensa Christi)이고, 다른 하나는 오병이어교회(Church of the Multiplication of the Loaves and Fishes)입니다. 타브가라는 말은 '일곱 개의 샘들'이라는 아랍 말인데, 이런 이름이 붙게 된 것은 이 지역 주변에 일곱 개의 샘이 있어서입니다.

오병이어교회는 매우 현대에 봉헌된 교회입니다. 1982년에 완공되고 봉헌 예배를 드렸거든요. 그러나 초대 교회의 교인들이 오병이어교회를 찾아 순례한 기록은 이미 380년부터 있었으니 이 자리에 얼마나 오랫동안 예수님의 기적을 기념하는 교회가 서 있었는지를 짐작할 수 있습니다. 개신교인들은 잘 모르겠지만 가톨릭 교인들은 좀 들었을 법한 베네딕트 수도회에서 이 교회의 터를 1888년에 사들였습니다. 고고학 발굴 초기 고고학자들을 경제적으로 후원하던 사람들이 많이 있었는데, 돈벌이를 위해서 투자한 갑부들도 있었겠지만, 더 많은 경우는 초대 교회의 흔적을 찾아 그곳에 기념하는 교회를 재건하기 위한 가톨릭교회의 후원이 있었습니다. 개신교인으로서는 참 아쉬운 대목이지요.

이스라엘에 사는 저나 성지순례에 오시는 순례객들이 무심코 밟으며 지나가는 이 교회의 바닥 모자이크들이 480년의 것이라고 하면 다들 꽤나 놀라겠지요? 정말로 이 교회의 바닥 모자이크는 부분적으로 수리되고 있기는 하지만, 480년에 교회가 확장되면서 만들어진 것들입니다. 그중에 가장 유명한 모자이크는 광주리에 빵이 담겨 있고 그 옆에 물고기가 있는 모자이크입니다. 기독교 서점이나 선물용품점에서 한 번쯤은 보셨을 그 모자이크 말입니다.

현재 갈릴리의 모습은 예수님의 시대와는 많이 다르지만, 예수님 시대에는 사람들이 방파제를 쌓아서 만든 15개의 인공 항구와 1개 이상의 자연 항구가 있었습니다. 이 항구들의 주변에는 사람들이 마을을 이루고 살기 마련인데, 학자마다 추정하는 인구의 수는 약간 차이가 있지만 호수 주변에는 약 만이천 명 정도의 사람이 살았다고 하는군요. 예수님 당시 갈릴리 호수 주변 마을에서는 대부분 어업이나 어업과 관련된 산업에 종사하였습니다.

오병이어의 기적에서 볼 수 있듯이 예수님께서 먹이신 남자의 수가 오천 명입니다. 남자의 수만 세었으니 여자와 아이들이 몇 명인지는 알 수 없지만, 저녁이 되어서 식사를 할 즈음이 이 기적의 배경

오병이어교회 1600여 년의 나이를 가진 모자이크를 밟고 설 수 있는 몇 안 되는 교회 중의 하나이다. 이 교회의 제단자리를 예수님께서 기적을 행하셨던 장소로 기념하고 있다.

오병이어 모자이크 오병이어 모자이크의 광주리 안에는 네 개의 빵이 있다. 성경대로라면 다섯 개여야 하지만 네 개인 이유는 마지막 다섯 번째 빵이 바로 지금 성찬에서 나누는 빵이라는 신학적인 의미를 담고 있기 때문이다.

이라는 점을 생각한다면, 득달같이 밥 달라고 보채는 남편에게 밥 해주러 간 여인들, 일몰 전에 고기들이 모일 때 일하러 간 어부들, 정말 배고파서 참을 수 없어 집에 돌아간 사람들이 있다손 치더라도, 대략 8,000명 정도는 예수님의 오병이어 기적의 현장에 있었다고 짐작할 수 있지 않을까요? 그리고 갈릴리 호수 주변에 약 12,000명의 사람이 살았다는 것을 참작해보자면, 좀 과장을 해서, 갈릴리 호수 주변에 사는 거의 모든 사람이 예수님의 말씀을 듣고 예수님의 기적을 경험하였다고도 말할 수 있겠습니다.

그런데 갈릴리 호수가 엄청나게 큰 호수예요. 호수의 반대편에서 예수님의 말씀을 듣기 위해서 온다면 걸어서만도 6시간을 와야 하는 마을도 있고요, 배를 타고 건넌다고 해도 몇 시간이 걸리는 곳도 있습니다. 갈릴리 주변의 사람들이 예수님의 말씀을 듣기 위해서 모였다면, 예수님께로 올 만한 거리에 있었던 사람이라면 거의 모두가, 그리고 쉽게 올 만한 거리가 아님에도 그 수고를 마다하지 않고 몇 시간씩 걷거나 노를 저어서 온 것이 아닐까요? 마치 교회가 드문 시절 몇 시간을 걷고 배를 타며 주일예배를 참석하셨던 우리네 신앙의 어른들처럼 말이지요. 그 먼 거리를 오며 느꼈을 갈증은 예수님의 말씀에 대한 갈증에 비하면 아무것도 아니었을 것입니다. 이전의 우리 한국이나 예수님 당시의 갈릴리나 마찬가지로 말이지요.

그러고 보면 예수님의 기적이 사람들을 모았을 수도 있었겠지만, 오병이어의 기적은 사람들이 모였기 때문에 일어난 기적이라고도 말할 수 있겠네요. 모이는 곳에 기적이 있게 마련인가 봅니다.

228

갈릴리 호수 항구들과 주요 교회들

그리스도의 식탁

⏻ **BIBLE VIEWFINDER**

예수께서 이르시되 와서 조반을 먹으라 하시니 제자들이 주님이신 줄 아는 고로 당신이 누구냐 감히 묻는 자가 없더라 예수께서 가셔서 떡을 가져다가 그들에게 주시고 생선도 그와 같이 하시니라 _요 21:12,13

저라면 그렇게 나타나지 않을 겁니다. "하나님의 어린양"(요 1:36)이라고 따르던 예수님, 그리고 영생의 길을 알게 하신 예수님(요 5:19-29). 제자들은 그분이 부활과 생명 되신다는 것을 이미 나사로의 부활을 통해서 직접 경험했습니다(요 11:25,26). 그런데 예수님께서 돌아가시자마자 베드로, 도마, 나다나엘, 세베대의 아들들과 또 다른 제자 둘은 마치 아무 일도 없었다는 듯이 갈릴리로 돌아와서는 뱃일을 합니다.

영화 같지요? 고기잡이하고 그물을 고치던 이들을 예수님께서 바닷가에서 만나시고 제자로 부르시며 영화가 시작되었는데, 영화의 마지막에 카메라가 다시 호숫가로 돌아가서는 마치 과거의 일이 꿈이었던 것처럼, 수고하며 아무렇지 않게 뱃일을 하는 제자들의 모습을 머릿속에 그려보세요.

저라면 그렇게 나타나지 않을 겁니다. 제가 예수님이라면 조용한 새벽 바닷가에서 제자들을 향해서 "뭘 좀 잡았냐?"라고 물어보지 않고 곧바로 배에 나타날 겁니다. 그리고 그들을 전부 갈릴리 호수로 발로 차서 밀어내버리고는 "3일도 기다리지 못하느냐? 왜 내 부활 소식을 전하던 여인들의 말을 믿지 못하고 여기 와서 뱃일을 하고 있느냐?"라고 따져 물었을 겁니다.

그런데 예수님은 그러지 않으셨습니다. 마치 처음 제자들을 부르셨던 것처럼 호숫가로 찾아와 그들을 부르셨던 것이지요. 그리고는 처음 그들을 만났을 때처럼 헛손질하던 제자들에게 또 한 번의 기적을 행하십니다. 뭐, 허탕 치던 제자들이 153마리의 물고기를 잡은 일은 자세히 이야기하지 않겠습니다. 그 기적보다 더 놀라운 일이 벌어졌으니 말입니다.

그 놀라운 일은 제자들, 그러니까 예수님과의 관계를 부인하고 예수님의 부활 소식을 믿지 못한 채 갈릴리로 돌아와서 예수님과 만나기 전과 다름없이 살아가고 있는 제자들을 예수께서 찾아와서는, 부탁하지도 않았는데 그들을 위해서 아침 식사를 준비해주신 것입니다. 그것도 직접! 처음입니다. 살아생전 공생애 기간에 단 한 번도 손수 식사를 준비해주시지 않았던 예수께서 자신을 배반하고 모른다고 부인했던 베드로와 예수님의 부활 소식을 믿지 못하고 떠나간 제자들을 위해서 식사를 차려주시는 거예요.

초대 교회의 교인들에게는 이 사건이 참 중요한 의미가 있었을 겁니다. 예수님을 그리스도라고 고백한다는 이유만으로 사자의 밥이 되어야 했고, 끓는 가마솥에 들어가야 했고, 십자가에 매달려야 했던 초대 교회의 역사를 아실 겁니다. 예수님을 향한 신앙 때문에 잡혀간 기독교인들 가운데는 베드로처럼 예수님을 모른다 부인하고 살아 돌아와서는 기독교 공동체와 관계를 끊어야 했던 사람들이 꽤나 있었을 겁니다. 오늘처럼 이사가 자유롭지 않던 과거에는 죽음의 공포 앞에서 주님을 부인했던 사람들과 죽음을 무릅쓰고 복음을 붙잡고 있었던 사람들이 시장과 공공장소에서 만나는 일이 부지기수였을 거예요. 배반했던 이들은 창피함과 미안함으로 그리스도 공동체를 회피했고, 교회 공동체는 배반한 이들을 배교자 또는 변절자라고 손가락질했을지도 모를 일이지요.

그런 초대 교회의 공동체에 예수께서 준비해주신 아침 식사는 충격 그 자체였습니다. 예수님을 부인하고 부활의 사실을 믿지 못한 채, 과거에는 제자였으나 이제는 제자는커녕 예수님과 전혀 관계없는 사람들인 양 갈릴리에서 고기잡이하던 이들을 찾아와서는 마치 처음처럼 그들을 부르시고, 더군다나 식사까지 준비해주신 예수님을 생각해보세요.

부활하신 예수님이 제자들에게 보여주신 용서와 사랑. 그 용서와 사랑이 그들과 나를 용서해주셨고, 과거의 죄를 다시 묻지 않으시고 그 품에 따뜻하게 안아주셨는데, 우리가 무엇이라고 죽음 앞에서 예수님을 부인했던 형제들을 죄인이라 손가락질하고 나무랄 수 있을까요?

예수님을 부활의 주님, 그리스도로 믿고 따르는 이들이라면 반드시 해야 할 일은 '정죄'가 아니라 '사랑과 용서'라는 것. 심지어 나를 배반한 이들에게까지! 이것이 예수님께서 제자들에게 차려주신 식탁(Mensa Christi)의 참뜻이 아닐까 합니다.

갑자기 내가 미워했던 사람들, 기꺼이 맞이할 수 없었던 사람들의 얼굴과 예수님의 얼굴이 묘하게 교차됩니다.

베드로 수위권 교회 순례객들에게 "베드로 수위권 교회"로 알려진 교회는 "그리스도의 식탁"이라 불리는 바위 위에 세워진 교회이다. 예수님 당시 갈릴리 북쪽의 부둣가 중의 하나이기도 하다.

그리스도의 식탁 위에 세워진 예배당 예배당 제단 앞의 바위가 그날아침 예수님께서 제자들을 위해서 식사를 준비해주셨던 바위이다. 이 바위를 그리스도의 식탁(Mensa Christi)이라고 부른다. 이 예배당은 십자군 전쟁 시대(1263년)에 파괴된 비잔틴 시대(기원후 4세기)의 교회 터 위에 1933년 새로 세워졌다. 현재는 프란치스칸 수도회에서 관리하고 있다.

가버나움

⏻ BIBLE VIEWFINDER

가버나움아 네가 하늘에까지 높아지겠느냐 음부에까지 낮아지리라 네게 행한 모든 권능을 소돔에서 행하였더라면 그 성이 오늘까지 있었으리라 내가 너희에게 이르노니 심판 날에 소돔 땅이 너보다 견디기 쉬우리라 하시니라 _마 11:23,24

예수님께서 안식일에 회당에서 가르치시던 중에 귀신들린 사람을 고치셨습니다. 또 안식일에 손 마른 사람을 고쳐주기도 하셨지요. 베드로의 장모가 열병에 걸려서 고통받을 때 고쳐주셨고요. 지붕을 뚫고 내려온 침상 위에서 아파하던 중풍병 걸린 이를 고쳐주셨습니다. 백부장의 하인도 중풍병자였습니다. 예수님은 그 중풍병에 걸린 백부장의 하인도 고쳐주셨어요. 백부장의 믿음을 칭찬하면서 말이지요. 12년간 혈루병으로 고통받던 여인을 고쳐주셨고요. 아픈 사람만 고쳐주신 것이 아닙니다. 회당장 야이로의 딸은 죽었지만 예수님께서 다시 살리셨습니다. 지금까지 말한 이 모든 이야기의 공통점은 모두 가버나움에서 벌어진 일이라는 겁니다.

성경에는 기적의 장소가 특정된 것도 있고 그렇지 않은 것도 있습니다. "갈릴리의 모든 병자와 귀신 들린 자를 고치셨다"(막 1:32-34)라는 말씀은, 복음서에는 구체적으로 기록되지 않았지만 기록된 것 이상의 셀 수 없이 많은 기적과 병 고침이 가버나움이나 가

가버나움교회 열병에 걸린 베드로의 장모를 고쳐주신 집 터 위에 세웠던 비잔틴 시대(5-6세기)의 교회 터 위에, 비잔틴 시대 교회의 모양과 같은 팔각형으로 공중에 띄워 건축한 교회

버나움의 주변에서 행하여졌다는 것을 간접적으로 말하고 있습니다. 아마 갈릴리 주변의 사람들이나 적어도 가버나움의 사람들은 예수님의 설교와 더불어 베푸셨던 병 고침과 기적을 한 번쯤은 경험해보았거나 직접 눈으로 목격했을 겁니다.

그런데 성경을 읽다 보면 곧 예수님의 당황스런 저주의 말씀에 깜짝 놀라게 됩니다.

"화 있을진저 고라신아 화 있을진저 벳새다야 너희에게 행한 모든 권능을 두로와 시돈에서 행하였더라면 그들이 벌써 베옷을 입고 재에 앉아 회개하였으리라 내가 너희에게 이르노니 심판 날에 두로와 시돈이 너희보다 견디기 쉬우리라 가버나움아 네가 하늘에까지 높아지겠느냐 음부에까지 낮아지리라 네게 행한 모든 권능을 소돔에서 행하였더라면 그 성이 오늘까지 있었으리라 내가 너희에게 이르노니 심판 날에 소돔 땅이 너보다 견디기 쉬우리라 하시니라"(마 11:21-24)

복음서에 기록된 수많은 놀라운 일 가운데 특정한 장소로는 가장 많이 지목된 가버나움은 분명히 예수님의 공생애에서 제일 중요했던 지역이었으면서 동시에 주된 활동의 장이었을 거예요. 그런데 그 가버나움을 놓고 어찌 이런 저주의 말을 할 수 있단 말인지요.

서로 간에 그리 멀지 않았던 고라신, 벳새다, 가버나움, 이 세 마을이 예수님의 주된 사역지라는 것이 아마 이해의 실마리가 될 겁니다. 예수님께서 직접 하늘나라의 복음을 전해주셨습니다. 많은 기적을 베푸셨습니다. 아픈 이들을 고쳐주셨습니다. 그런데 사람들은 예수님의 말씀을 들으면서 서기관이나 율법학자들과는 다르게 쉽게 정곡을 찌르는 말씀에 놀라며, 조상들의 전통을 기가 막히게 해석하는 사람, 색다른 시각으로 율법을 해석하는 사람으로 엄지손가락을 치켜들었을 뿐이었습니다. 예수님께서 복음을 전하셨으면 이제 그 복음을 들은 사람들은 자신들의 삶 속에서 변화와 기적이 있어야 했습니다. 그런데 예수님의 말씀 때문에 그들의 삶이 변화되는 또 다른 의미의 기적은 없었나 봅니다.

또 기적을 행하는 사람, 병을 고치는 능력이 있는 특별한 사람, 더 정확히 말해서 의사도 고칠 수 없는 불치의 병을 의사와 달리 아무런 대가 없이 고쳐주는 사람으로 존경했거나 따랐지만, 예수님을 메시아, 육체의 질병이나 마음의 질병뿐 아니라 자기들의 위급한 영적 질병을 고치시는 분, 하나님의 아들로 고백하지는 못한 거지요.

예수님의 입장에서 그토록 열심히 말씀을 전하고 기적을 행하였지만, 신앙과 삶의 아무런 변화가 없었던 가버나움. 그리고 가버나움과 함께 가버나움만큼 자주 가셨던 고라신과 벳새다를 향해 내뱉으신 예수님의 불호령 같은 외침이 바로 그 저주의 말씀이 아닌가 합니다.

그러고 보면 우리가 심판 날에 예수님을 만나게 될 때, 예수님께 가장 큰 책망을 받을 사람들은 자칭 예수님을 따른다고 말하는 기독교인들이 될 수 있겠습니다. 교회만큼 하나님의 역사와 예수님의 말씀이 전파되는 곳이 없습니다. 교회만큼 하나님의 율법과 예수님의 복음, 그리고 성령의 역사하심과 그 열매들이 해석되

베드로의 집

가버나움은 어업 도시였으나 맷돌과 올리브 기름을 짜는 틀도 많이 발견된 것으로 보아 농업 생산물도 꽤 있었던 것으로 보인다. '베드로의 집'으로 알려진 이곳은 개인의 집터였으나, 나중에는 기독교인들이 모이던 공적인 장소가 되었다. 이 집의 벽에서 발견된 글씨들과 초대 교회 교인들이 그려놓았던 십자가의 문양과 장식들이 이런 견해를 지지한다. 5세기에 비로소 팔각형의 비잔틴 교회가 일반 가옥 위에 세워졌다.

는 곳이 없습니다. 그러나 그 말씀과 증언들을 마주하면서 그저 "아, 우리 하나님은 이런 분, 예수님은 이런 사람, 성령은 이런 것을 허락하시는 능력"으로만 이해할 뿐, 우리가 하나님의 사람으로서 가져야 할 자기 정체성도 가지지 않고, 메시아이신 예수님께서 우리에게 보여주신 삶의 모범을 따르지도 않고, 성령의 역사하심을 폄훼하며 예수님을 모르는 사람들과 다름없는 삶을 살면서도 "난 구원을 받았어"라고 말한다면, 전혀 하나님의 율법의 정신을 모르고 외식하며 살아가면서 스스로 "선택받은 민족"이라고 자부하던

 아랫마을처럼 예수님 당시의 회당은 현무암으로 세워졌다. 현재의 가버나움 회당은 250~300년 사이에 예수님 시대의 회당 바로 위에 다시 세워졌다. 지금도 가버나움의 회당에 가면 예수님 당시의 회당 돌들이 그대로 남아 있다.

유대인들과 다를 것이 무엇일까요?

가버나움에 올 때면 현재까지 발견된 갈릴리 지역의 회당 중에서 가장 큰 회당의 웅장함과 갈릴리 호숫가의 아름다움이 보이기보다 예수님의 질책하시는 목소리가 더 먼저 들립니다.

거라사

⏻ BIBLE VIEWFINDER

마침 거기 돼지의 큰 떼가 산 곁에서 먹고 있는지라 이에 간구하여 이르되 우리를 돼지에게로 보내어 들어 가게 하소서 하니 허락하신대 더러운 귀신들이 나와서 돼지에게로 들어가매 거의 이천 마리 되는 떼가 바다를 향하여 비탈로 내리달아 바다에서 몰사하거늘 치던 자들이 도망하여 읍내와 여러 마을에 말하니 사람들이 어떻게 되었는지를 보러 와서 예수께 이르러 그 귀신 들렸던 자 곧 군대 귀신 지폈던 자가 옷을 입고 정신이 온전하여 앉은 것을 보고 두려워하더라 _막 5:11-15

이방의 갈릴리. 갈릴리 지역을 이방인이 사는 지역과 같은 눈초리로 매섭게 보던 시각은 적어도 이사야 시대부터 계속되었습니다(사 9:1). 갈릴리 지역이 이방의 갈릴리, 그러니까 이방인이 사는 갈릴리, 또는 마치 이방인이 사는 듯한 갈릴리로 사람들의 머릿속에 세뇌된 이유 중 하나는 갈릴리 지역이 문화의 교차로에 있기 때문입니다.

동유럽 지방에서 가나안을 거쳐 이집트로 가는 사람들이나, 유프라테스강과 티그리스강 주변에 살던 사람들이 가나안을 거쳐 이집트로 가기 위해서 육로를 선택한다면 반드시 지나야 하는 곳이 바로 갈릴리였습니다. 팍스 로마나(Pax Romana)를 외치던 로마인들이 가나안과 그 주변 지방을 지나는 통상로를 만들면서 지중해 해변을 따라가는 해변 길(Via Maris)을 건설하였는데, 그 도로가 갈릴리를 관통합니다. 그중에서도 물이 가장 풍부했던 갈릴리 호수 주변은 알아들을 수 없는 말로 떠들어대는 외국인들과 그들이 각 나라에서 가져온 진기한 물건들, 동물들, 그들의 신들과 철학들로 넘쳐났습니다.

왜 거라사에 돼지 떼가 있었는지, 그것이 방목한 돼지들인지, 아니면 야생 돼지인지를 물어보는 사람들이 있는데요. 당연히 제가 알 리가 없습니다. 성경에는 그것이 먹을 요량으로 기르는 가축이었는지, 아니면 야생의 무리였는지 나와 있지 않으니 말이지요. 요즈음도 이스라엘의 한적한 시골길에 가끔씩 차에 치여 죽은 야생 멧돼지가 있는 것을 보면, 예수님 당시에도 야생 돼지들이 있었을 수 있겠습니다만, 성경에서는 그 돼지들이 떼를 지어 있었던 것으로 보아서 아마도 사람들이 기르던 것이 아니었나 싶습니다.

돈만 된다면 무슨 일인들 못 하겠느냐는 못된 심보는 예나 지금이나 변함이 없습니다. 유대인들은 해변 길을 지나다니는 이방인들에게 먹거리 장사를 할 요량으로 돼지를 길렀습니다. 돼지를 요리해서 장사를 하다 보면 자연스레 돼지고기를 먹었을 거예요. 그러다가 돼지고기의 깊은 맛에 빠지겠지요. 그리고 좀 더 나은

비잔틴 시대(5-6세기)의 교회 터

거라사 언덕 돼지 떼가 비탈길을 내달아 호수에 빠질 때, 저 비탈길을 달려 내려왔을 것이다. 언덕 중턱에는 군대 귀신 들렸던 사람이 묶여 있었던 곳을 기념하는 비잔틴 시대의 작은 예배당이 있다.

서비스를 제공하고 이웃집보다 경쟁력을 높이기 위해서 이런 방법 저런 방법으로 돼지요리를 해보았을 거예요. 그렇게 장사하다가 음식이 남으면 버리나요? 아까운 음식 버리면 벌 받습니다. 갈릴리와 그 주변 지역에 사는 사람들은 공공연히 음식으로 돼지를 잡아먹었을 겁니다.

그러고 보면 돼지는 단지 부정한 음식만이 아니라 갈릴리 지역을 뒤덮고 있는 낯선 것, 율법에서 금지한 옳지 않은 것들의 대명사일지도 모릅니다. 좋은 말로 표현하자면, 갈릴리 사람들은 외국 문화에 개방적인 사람들이었습니다. 많은 외국인이 오가는 길목에 살고 있는 갈릴리 사람들은 다양한 문화적 배경을 가지고 있는 사람들을 만나다 보니 그 문화들을 이질적이라기보다는 자연스러운 것으로 받아들였을 겁니다. 그리고 예루살렘에서 지나치리만큼 엄격하게 율법을 지키려 하는 사람들을 답답한 사람들이라고 여겼을지도 모릅니다. 그러나 문화적인 개방성의 범주 안에

든다고 평가할 수 있는 끝 선을 한 발자국이라도 넘는다면 곧 자기 정체성의 혼란이 시작된다는 것을 잊었을까요?

넘지 말아야 할 선을 넘는 순간, 개방적인 갈릴리 사람들은 이방인이나 다를 바 없는 사람들이 되어버렸습니다. 줏대 없는 사람들이 되어버린 것이지요. 그리고 보면 예수님께서 공생애 기간의 대부분을 갈릴리 지역에서 보내신 이유가 이방인 같은 갈릴리 사람들에게 참 하나님의 복음을 피 토하듯 전하시려고 하였던 것은 아닐까 싶어요. 다양한 문화 가운데에는 종종 그리스도인의 정체성에 혼란을 불러일으킬 만한 것들이 꽤 있는 편입니다. 제 의견을 물어오는 청년들이나 평신도들을 피하고 싶으리만치 급속도로 들어오는 다양한 문화들, 빠르게 변화하는 문화의 흐름 속에서 "이것은 받아들일 만하다", "이것은 안 된다"라고 분명한 선을 긋기란 아마 불가능에 가까울지도 모르겠습니다.

그런데 예수님은 단호하셨습니다. 무분별하게 들어와서 모든 정신을 다 빼앗아버리는 그 떼귀신 같은 문화와 가치와 기준들을 전부 호수에 던져버리시고, 오직 그 안에 예수님만 있게 하신 겁니다. 그리고 보니 이제 좀 알겠네요. 그리스도인이라는 정체성을 가진 사람들이 자기를 판단하는 기준은 "내 마음의 중심이 예수님인가, 아니면 복잡한 철학과 말들인가?"라는 것을요.

갈릴리 북부

헬몬산
가이사랴 빌립보
텔 단
하솔
거라사
디베랴
다볼산
나인
모레산
나사렛
므깃도
두로
시돈
욕고
갈멜산
지중해

단

⏻ BIBLE VIEWFINDER

만일 이 백성이 예루살렘에 있는 여호와의 성전에 제사를 드리고자 하여 올라가면 이 백성의 마음이 유다 왕 된 그들의 주 르호보암에게로 돌아가서 나를 죽이고 유다의 왕 르호보암에게로 돌아가리로다 하고 이에 계획하고 두 금송아지를 만들고 무리에게 말하기를 너희가 다시는 예루살렘에 올라갈 것이 없도다 이스라엘아 이는 너희를 애굽 땅에서 인도하여 올린 너희의 신들이라 하고 하나는 벧엘에 두고 하나는 단에 둔지라 이 일이 죄가 되었으니 이는 백성들이 단까지 가서 그 하나에게 경배함이더라 _왕상 12:27-30

성경에 기록된 산 중에서 별로 주목을 받지 못하는 산들이 많이 있는데, 그중의 하나가 스닐산(아 4:8)이라고도 불리는 헬몬산입니다. 그러나 시편에서는 헬몬산이 중요한 소재로 등장합니다.

"그 얼마나 아름답고 즐거운가! 형제자매가 어울려서 함께 사는 모습! 머리 위에 부은 보배로운 기름이 수염 곧 아론의 수염을 타고 흘러서 그 옷깃까지 흘러내림 같고, 헬몬의 이슬이 시온산에 내림과 같구나. 주님께서 그곳에서 복을 약속하셨으니, 그 복은 곧 영생이다"(시 133 새번역)

헬몬산은 이스라엘의 가장 북쪽 끝에 시리아, 레바논, 이스라엘 이렇게 세 나라가 국경 삼아 맞대고 있는 해발 2,814미터의 산입니다. 이 산은 우기에는 눈이 많이 내려서, 이스라엘에서 유일하게 스키장이 있는 곳입니다. 건기에는 고산 지대인지라 일교차가 커서 이슬이 많이 내립니다. 그래서 헬몬산 주변에서는 물에 대한 걱정이 전혀 없습니다. 물과 기후가 좋은 곳인지라 예전부터 이곳에서는 소나 염소 같은 가축들을 방목해서 길렀습니다. 시편 22편

12절, 아모스 4장 1절에 보면 "바산"이라는 지역과 소들을 연관 지어 말하고 있는데, 여기에 나오는 바산이 헬몬산 남동쪽 자락의 고원 지대인 현재의 골란 고원입니다.

우기에 쌓이는 눈과 건기에 내리는 이슬을 헬몬산이 그대로 마시고 나면, 품고 있던 눈 녹은 물과 이슬이 산자락 아래에서 샘이 되어 터져 나옵니다. 헬몬산 자락에는 세 개의 샘이 있는데, 그중 두 개의 샘을 터전으로 가이사랴 빌립보와 단이라는 도시가 세워졌습니다.

그중에 단은 기원전 5,000년 전부터 사람이 살기 시작했습니다. 헬몬 산자락의 샘 중에서 가장 큰 샘이 바로 이곳 단에서 터져 나옵니다. 일 년에 대략 2억 3천 8백만 톤이니 엄청나지요?

이 물길을 따라 걷다 보면, 구약 시대에 북왕국 이스라엘의 여로보암 왕이 세워놓은 제단과 마주하게 됩니다. 솔로몬이 죽은 뒤에 이스라엘은 남쪽 땅의 유다 왕국과 북쪽 땅의 이스라엘 왕국으로 나뉩니다. 이렇게 나뉜 이유는 여럿 있지만, 그중의 하나는 지나치게 남쪽 유다 땅 중심으로 되어 있는 이스라엘 절기들에 대한 경제적, 정치적 반발이 가나안의 북쪽 땅에 거주했던 사람들 사이에서 거셌기 때문입니다.

예를 들면, 초실절이 되면 이스라엘의 남자들은 모두 예루살렘에 가야 합니다(출 23:16). 지난 우기 동안 경작한 밀과 보리들을 거두어들인 후 하나님께 감사하는 절기가 초실절이잖아요. 그러니 당연히 갈 때에는 빈손으로 가지 않고 거두어들인 밀과 보리, 그리고 경작물들을 가지고 하나님께 나아가야 합니다. 그런데 이 초실절 절기는 남쪽 땅 유다에서는 정확하게 맞지만, 날씨가 더 서늘한 북쪽 땅에는 그 시기가 맞지 않습니다. 남쪽 땅에서는 추수를 한다, 초실절을 지킨다 하지만 상대적으로 기온이 더 낮은 북쪽 땅에서는 추수를 위해서 아직 얼마를 더 기다려야 하는 거지요. 더군다나 북쪽 땅에 살고 있는 사람들이 남쪽 땅에 있는 예루살렘에 가기 위해서는 적어도 초실절 며칠 전에는 집에서 출발해야 하지요. 아마 단처럼 이스라엘 땅의 최고 북쪽에 사는 사람들은 더

골란 고원의 벤탈산에서 바라본 눈 덮인 헬몬산. 한국에서는 이 헬몬산에 만년설이 있다고 잘못 알려져 있기도 하다.

일찍 출발해야 했을지도 모릅니다.

그런데 출발을 한들 무엇합니까? 추수한 것이 없는데 말이지요. 그래서 북쪽 지역 사람들은 추수한 경작물을 대신해서 돈을 가지고 예루살렘에 갑니다. 그곳에서 남쪽 유다와 그 주변 지역 사람들이 이미 경작하고 추수한 곡물을 사다가 제사를 드리거나, 돈으로 대신해서 성경에 나와 있는 율법적인 의무를 감당하게 되는 거지요. 그러니 북쪽 사람들은 남쪽 사람들만 좋은 일을 시킨다고 불

평할 수밖에 없지요. 남쪽 사람들이 추수한 곡물을 북쪽 사람들이 제사를 목적으로 사들이는 격이니 말입니다. 이렇게 북쪽의 돈이 남쪽으로 한 방향으로만 흘러 들어가는 일이 율법적인 의무에 따라서 일 년에 세 번씩 똑같이 반복되었습니다. 여기서 끝나는 것이 아닙니다. 율법을 보수적으로 지킨다고 자부하는 사람들의 눈에는 자기가 수고하고 노력한 곡물을 가져오지 않고 돈을 가지고 온 북쪽 사람들이 돈이면 다 된다고 생각하는 물질만

능주의에 사로잡힌 사람들로 보였을 수도 있었을 겁니다. 하지만 북쪽 사람들이라고 자기가 정성껏 경작한 곡물을 추수해서 가져오고 싶은 마음이 왜 없었겠습니까?

북쪽 사람들을 멸시하는 남쪽 사람들의 편견의 눈총에 대한 반감과 한 해 동안 열심히 일한 노력의 대가도 없이 계속 남쪽에 퍼주어야 한다는 피해의식이 서로 얽혀서 북쪽 사람들과 남쪽 사람들 간에 감정의 골이 점점 깊어만 갔습니다. 그러고는 솔로몬이 죽은 뒤에 드디어 그 감정이 폭발하게 된 거지요. 그래서 북쪽 지역 사람들은 여로보암을 왕으로 삼아 이스라엘이라는 왕국을 독립적으로 세웠습니다. 나라를 만들고 제일 먼저 시행한 정책사업의 하나가 절기를 새롭게 정하는 것이었습니다(왕상 12:32,33). 즉 유다 땅 중심으로 제정한 절기를 이제 북쪽 왕국의 현실에 맞게 고친 것이지요. 그래서 지금도 사마리아 사람들의 유월절은 일반적으로 지키는 유대력의 유월절보다 대략 한 달 더 늦습니다(해마다 조정이 되는 음력에 기초한 것이므로, 때로는 거의 비슷한 날짜가 되는 때도 있습니다).

　사실 절기를 북쪽 왕국의 현실에 맞게 날짜를 새롭게 정한다는 것이 그리 나쁘다고 생각하지는 않습니다. 날짜보다 그 날의 의미가 중요한 것이니 말입니다. 그러나 북쪽 왕국의 왕 여로보암은 백성들이 절기 때 예루살렘으로 가는 것을 막고 종교적인 문제를 북쪽에서 자체적으로 해결할 요량으로, 베델과 단에 계시는 하나님을 보여주기 위해서 금송아지를 만드는 치명적인 실수를 저지르고 맙니다(왕상 12:26-31). 하나님을 섬기는 이들이 가장 중요하게 생각하는 십계명의 둘째 계명을 어기고 만 것입니다. 또 광야에서 지었던 선조들의 죄를 그대로 되풀이했던 거지요. 결국 그 시작이 그리 썩 나쁘지 않았던 여로보암은 왕국을 가르고 분열시킨 주범의 하나로, 그리고 이스라엘 사람들을 미혹하게 하여서 십계명을 저버리게 한 신앙의 패륜아로 남게 되었습니다. 아무리 사람들의 요구가 그러한들, 그리고 시대적인 상황과 조건이 변한들, 그래서 어쩔 수 없이 받아들이고 새롭게 해석해야 하는 상황에 처한들, 근본적인 것은 지켜야 하지 않겠습니까? 십계명을 저버리고 역사에 악한 왕으로 낙인찍혀야 했던 여로보암의 역사가 바로 이곳 단에 묻혀 있습니다.

가나안 시대의 문　단 지파가 이곳에 정착하기 전에는 라이스라 불렸다(삿 18:7). 이스라엘 사람들이 정착하기 이전에 이미 가나안의 사람들이 살면서 드나들었던 이 문은 1,800 BCE에 만들어졌다.

단에 쌓은 제단　텔 단에서 발굴된 여로보암의 제단 터

단의 비문

> 그(아하시야)가 아합의 아들 요람과 함께 길르앗 라못으로 가서 아람 왕 하사엘과 더불어 싸우더니 아람 사람들이 요람에게 부상을 입힌지라(왕하 8:28)

고대의 바벨론과 이집트의 역사 기록물 중에서 왕에 대한 기록들은 대부분 전쟁에서 승리한 이야기이거나 어떤 신을 위해서 신전을 건축하였다는 이야기들로 빼곡 차 있습니다. 많은 나라의 역사 기록은 신들이 보호하는 왕들을 위한 기록이었습니다. 그러다 보니 왕들에 대한 기록들을 보면, 실패한 전쟁도 없고 실패한 정치도 없이 그야말로 왕에 대한 칭송 일색입니다. 그런데 고대 서아시아에서 왕에 대해 단편적이고 성공적인 통치와 건축에 관한 정보 전달 위주로 기록하는 것과는 달리, 구약성경에서 전하고 있는 왕들의 드라마틱한 이야기들은 그야말로 구약성경만의 독특한 역사 기록방식이었습니다.

왕의 긍정적이고 성공한 삶의 이야기와 더불어 그 왕이 저질렀던 온갖 악행들마저도 거름종이 없이 기록된 성서를 보면서,

텔 단 비문 이스라엘 박물관이 소장하고 있는 텔 단 비문

많은 학자들은 이 성서의 내용이 허구에 근거한 문학의 일종
일 뿐이라고 말하기도 했습니다. 세상에 어느 고대 국가의 역
사 기록이 자기 왕에 대한 죄악상을 그렇게 낱낱이 기록했냐
는 거지요. 그 대표적인 인물이 통일 이스라엘 왕국을 건설한
다윗입니다. 고난의 삶을 헤치고 왕이 된 영웅적인 인물만으로
도 충분한 이야기에 왕이 저질렀던 성적인 범죄들을 적나라하
게 기록한다는 것, 그리고 왕자들 간의 암투로 서로 죽고 죽이
는 이야기들을 드러낸다는 것은 고대 역사 기록의 상식과는 어
울리지 않는다는 것입니다. 이렇게 생각하고 주장하는 사람들
은 다윗과 다윗에 얽힌 이야기들을 통해 보건대, 다윗이 역사
적인 인물이었다기보다는 고대 이스라엘 문학에서 왕국의 시
조에 대한 역사를 소개하는 설화에 등장하는 허구적인 주인공
에 불과하며 역사성을 담보하기 힘들지 않느냐는 의구심을 품
습니다. 역사적인 증거를 중요시하는 학자라면 자연스럽게 제
기할 수 있는 질문일 수도 있겠습니다. 그리고 일군의 고고학
자들이나 역사학자들은 정말 그렇다고 주장하는 많은 논문을

아람 왕 하사엘의 시대에 고대 아람어로
기록했을 이 비문에서는 하사엘의 전쟁
상대였던 이스라엘과 유다를 말하고 있
는데, 파란색 글자는 "이스라엘의 왕", 빨
간색 글자는 "다윗 왕가"이다.

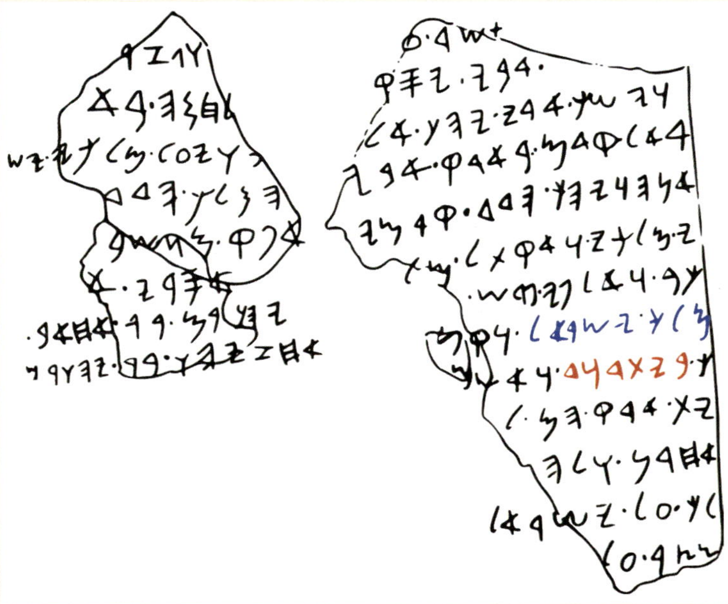

발표하기도 했습니다. 왜냐하면 다윗이 수많은 전쟁을 치렀다는 이야기들이 성경에 기록되어 있지만, 전쟁을 했다고 하는 그 나라의 기록을 아직 발굴하지 못했을 뿐더러 가끔씩 발굴되는 비문이나 토기에도 다윗과 벌인 전쟁 이야기가 없었기 때문입니다.

1993년과 1994년에 걸친 고고학 발굴이 텔 단(Tel Dan)에서 있었습니다. 사실 이때 발굴 책임자인 비란(Biran)이 발굴하고 싶었던 것은 북왕국 첫 번째 왕이었던 여로보암의 흔적들이었습니다. 그리고 정말 그곳에서 여로보암이 쌓은 제단 터부터 시작해서 고고학 역사에 오랫동안 회자될 중요한 많은 유적과 유물들을 발견했습니다. 그중에서 백미를 꼽으라면 현무암에 아람어로 새겨진 돌판일 겁니다. 기원전 9세기에 기록된 이 돌판에는 으레 고대 국가들이 그러하듯이 아람 왕 하사엘이 승리한 전쟁이 기록되어 있었습니다(돌판에는 하사엘이라는 이름이 직접 등장하지는 않습니다). 그런데 그가 치른 전쟁의 상대편이 눈에 띕니다. 왜냐하면 (북왕국)"이스라엘의 왕"과 "다윗 왕가"(남왕국 유다)라고 쓰여 있기 때문이지요. 아쉽게도 깨진 돌판에서는 도대체 이스라엘과 유다의 어느 왕들과 전쟁을 했는지 그 이름을 찾을 수는 없습니다. 그러나 성경은 이 돌판의 내용을 더 구체적으로 입증할 수 있는 단서를 주었습니다. 열왕기하 8장 7-15절은 하사엘이 아람의 왕이 되는 과정을 설명하고 있습니다. 그리고 하사엘이 왕이 되면 이스라엘의 자손들(북왕국과

남왕국 모두)이 벌이게 될 잔혹한 전쟁에 대한 엘리사의 예언이 나옵니다(왕하 8:12). 그리고 곧이어 서로 친족 관계인 요람(북왕국)과 아하시야(남왕국)가 길르앗 라못에서 아람 왕 하사엘과 전쟁했다는 이야기를 소개합니다(왕하 8:28). 현무암 돌판이 기록된 기원전 9세기에 아람 왕과 이스라엘, 그리고 유다 왕이 벌인 전쟁의 이야기는 아마도 열왕기서에 기록된 것처럼, 하사엘과 요람 - 아하시야의 전쟁일 것입니다. 그리고 많은 고고학자들이 이 의견에 동의하고 있습니다.

여기서 중요한 것은 하사엘이 남왕국 유다를 가리킬 때 "다윗 왕가"라고 말했다는 것입니다. 이미 기원전 9세기에 아람 사람들이 다윗을 알고 있는 겁니다! 이 돌판의 발견으로 성경에 등장하는 다윗이라는 인물이 후대에 글깨나 쓴다는 사람이 창작한 문학 작품이 만들어낸 허구의 인물일 것이라는 주장이 단번에 뒤집힌 것이지요. 그리고 다윗 왕이 역사적인 실존 인물이었고, 왕가의 시조인 다윗(기원전 10세기)을 따라 이스라엘의 주변 국가들이 유다 왕국을 이미 적어도 기원전 9세기부터 "다윗 왕가"라고 불렀다는 것이 확실해진 것입니다.

다윗의 역사성을 보증하는 묻혀 있는 고고학 유물들이 얼마나 더 많이 발견될지는 아무도 장담할 수 없지만, 매년 여름 이스라엘 이곳저곳의 발굴 지역에서 발견되는 발굴물들에 대한 소식을 들을 때마다 얼마나 기대가 되는지 모릅니다.

텔 단의 등고선 지도

기원전 1340년부터 사용되었던 텔 단의 제단 터 위에 세워진 여로보암의 제단과 성소
요단 강물의 수원지
가나안 시대(2200 BCE)의 성문
여로보암 2세 시대 (780 BCE)의 성문
여로보암 시대 (925 BCE)의 성문
텔 단 비문이 발견된 장소

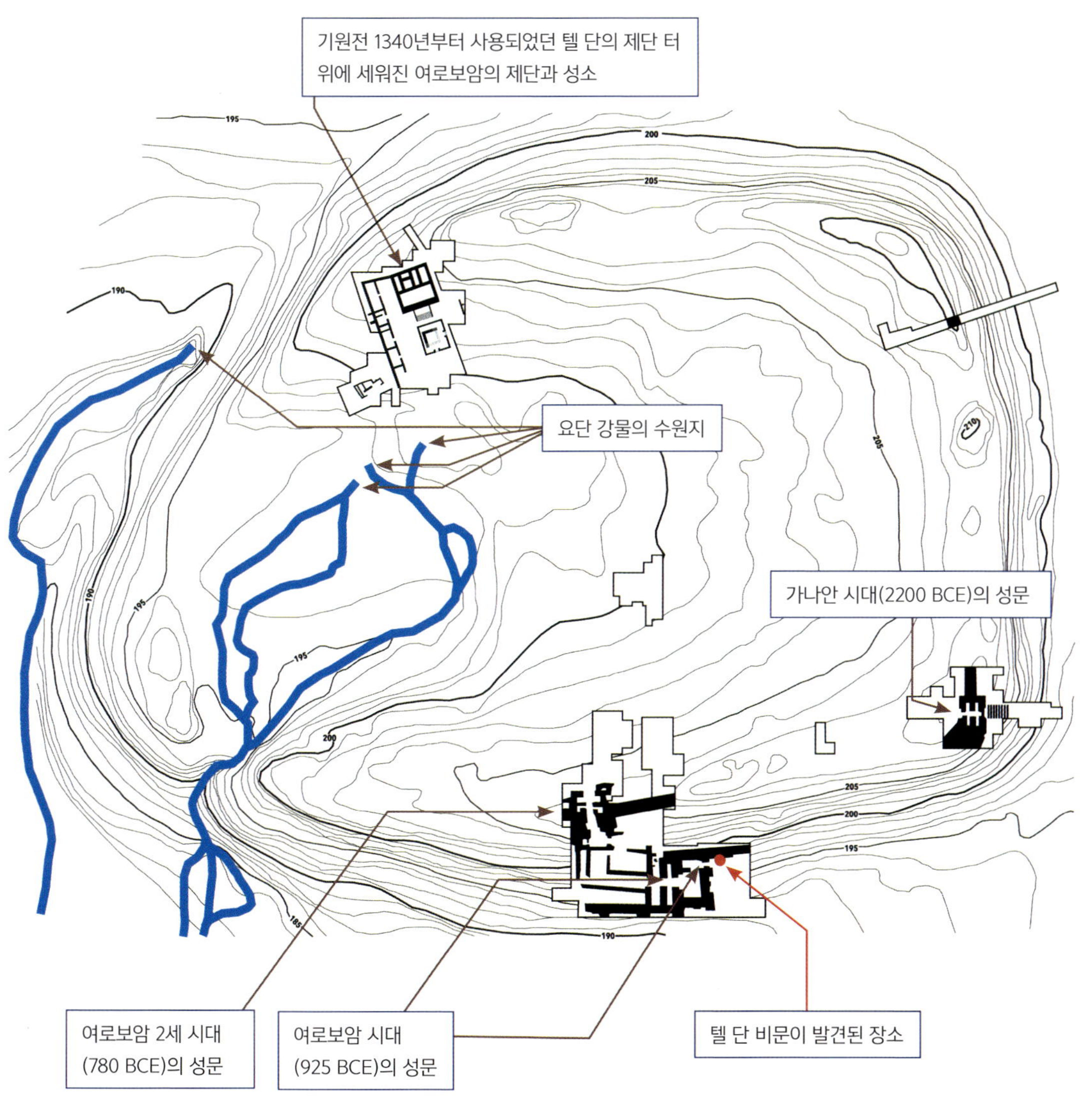

가이사랴 빌립보

⏻ BIBLE VIEWFINDER

예수께서 빌립보 가이사랴 지방에 이르러 제자들에게 물어 이르시되 사람들이 인자를 누구라 하느냐 이르되 더러는 세례 요한, 더러는 엘리야, 어떤 이는 예레미야나 선지자 중의 하나라 하나이다 이르시되 너희는 나를 누구라 하느냐 시몬 베드로가 대답하여 이르되 주는 그리스도시요 살아 계신 하나님의 아들이시니이다 _마 16:13-16

예수님을 박해하였던 헤롯 대왕이 죽은 뒤에 헤롯의 영토가 넷으로 나뉘었습니다. 그중의 하나를 빌립이 받습니다. 나누어진(分) 아버지의 영토 중 하나를 다스리며 로마 황제를 섬기는(奉) 왕(王)을 우리말 성경에는 "분봉왕"이라고 번역하는데, 누가복음 3장 1절에 나오는 이두래와 드라고닛 지방의 분봉왕 빌립은 자기를 왕으로 임명해준 로마 황제 가이사에 대한 감사의 표시로 당시 "파니아스"라고 불리던 지역에 로마식 도시를 건설합니다. 그리고 로마 황제(가이사)에게 자신(빌립)이 헌정한 도시라는 의미로 그 이름을 "가이사랴 빌립보"라고 불렀습니다. 그 이후로 가이사랴 빌립보는 빌립의 영토에서 행정 중심지이자 수도의 역할을 하게 됩니다.

빌립이 분배받은 지역은 골란 고원을 중심으로 그야말로 풍요로운 땅, 농사와 목축에 적합한 땅입니다. 현재 골란 고원으로 잘 알려진 이 지역을 와본 사람이라면, 므낫세 지파가 요단을 건너지 않고 요단 동편 골란 고원을 중심으로 살고 싶노라고 말했던 이유를 굳이 설명할 필요도 없이 이해할 수 있을 정도입니다(수 17:5).

기원전 3세기 이후로 헬레니즘의 영향을 받았던 이 지역 사람들은 자신들이 사는 지역을 관장할 신으로 하나님이 아닌, 그리스 신화에 나오는 '판'을 선택했습니다. 판은 상반신은 사람이고 하반신은 염소인 반인반수(半人半獸)의 신입니다. 동물들이 뛰어노는 푸른 초원의 신이면서 동시에 목동의 신이었습니다. 길르앗과 바산 골란의 푸른 목초지라는 환경에 적응한 사람들이 딴에는 가장 합리적인 선택이라고 여겼을지도 모릅니다. 판 신은 늘 가지고 다니는 피리(Pan's Flute, 우리말로는 팬플루트)로 사람과 동물들을 유혹하여 난잡한 성관계를 통해 쾌락을 즐기는 신이기도 했습니다. 그런데 사람들은 이 판을 동경했나 봅니다. 오죽했으면 판을 위한 신전을 짓고, 판을 위한 도시라는 뜻으로 파니아스라고 불렀을까요! 동경하면 따라 하게 마련입니다. 아마도 이 도시에서 판을 신으로 따르는 이들은 그들의 신처럼 난잡한 성관계를 했을지도 모를 일입니다. 빌립은 이 파니아스를 가이사랴 빌립보로 개명하고 나서도 여전히 그 도시의 가장 웅장한 절벽 아래를 판을 위한 동굴로 명명하고는 그 앞에 신전을 세우고, 신전의 앞에는 로마 황제 아우구스투스의 석상을 세웠습니다. 그 옆으로 나란히 제우스 신전, 그리고 네메시우스 신전을 건설하였습니다. 황제를 비롯하여 모두 네 신을 섬기던 곳이 가이사랴 빌립보입니다.

예수님께서 빌립보 가이사랴 지방에 가셨습니다. 웅장하고도 아름다운 로마식 도시와 주변을 감싸는 아름다운 풍경이 즐비하였지만, 예수님에게 거대한 기암절벽과 탄성을 지를 만한 화려한 건물 따위는 안중에도 없으셨습니다. 그저 일개 인간인 아우구스투스를 신으로 섬기는 어리석음과 그리스 - 로마 신화에 나오는 이야기의 주인공들을 석상으로 세워놓고 그것을 신이라고 숭배하는 사람들의 모습이 안타까울 뿐이셨습니다.

예수님의 눈에는 황제인 아우구스투스를 신으로 삼으며 권력을 탐하는 사람들이 보였습니다. 판을 숭배하며 풍요와 성적인 쾌락에 탐닉하는 사람들, 거리 곳곳에서 자기를 절제하지 못하는 사

가이사랴 빌립보의 신전 터 멀리 보이는 동굴이 판 신을 위한 동굴이며, 동굴 앞에는 판 신을 위한 신전이 서 있었고, 그 신전 앞에는 로마 황제의 석상이 있었다. 멀리 보이는 여인이 서 있는 곳은 판 신을 위한 제단 터이다. 그 동굴로부터 판 신전, 제우스 신전, 네메시우스 신전이 나란히 거대한 절벽 아래에 로마의 위용을 뽐으며 서 있었다. 그리고 절벽에 파인 홈들마다 작은 신상들이 즐비했다.

람들이 보였습니다. 복수의 여신 네메시스를 기억하며 내 손에 쥐어진 것을 절대로 빼앗기지 않으리라, 그리고 내 것을 가져가는 이에게는 철저한 응징을 하리라 다짐하고 가난한 이들과 약자들에게 인색한 사람들이 보였습니다. 제우스를 신이라 부르고 "나도 이 화려하고도 거대한 헬레니즘 제국의 시민이다!"라며 허영에 사로잡힌 사람들이 보였습니다. 하나님나라의 시민, 하나님의 아들이라는 자기 정체성, 하나님 말씀에 근거한 가치관을 잃어버리고 살아가는 사람들을 보니 기가 찰 노릇입니다. 그래서 예수님께서 제자들에게 물으셨습니다. "저들이 저 돌덩어리들을 신이라고 부르고 그것들을 숭배하는데, 사람들이 나를 누구라 하더냐? 또 너희는 나를 누

구라 생각하느냐?"

건강하게 오래 사는 것, 떼부자까지는 아닐지라도 돈을 많이 벌어서 부족함 없이 사는 것, 높은 지위와 권력을 갈망하는 것, 누군가로부터 인정받으려고 하는 것. 우리가 기대하며 그것이 옳은 목표인 양 나름대로 열심히 달려가는 인생살이에 예수님께서 불쑥 찾아오셔서 이렇게 물으십니다. "네 인생에서 나는 어떤 의미이니? 너는 나를 누구라 생각하니?"

예수님 시대의 지역 구분

N
지중해
시돈
두로
페니키아 PHOENICIA
이투레아 ITUREA
빌립2세
다메섹 (Damascus)
헬몬산
가이사랴 빌립보
라이스
기울란티스 GAULANTIS
대간선 도로 Great Trunk Road
가데스
하솔
악고
갈릴리 GALILEE
안티파스
가버나움
트라콘티스 TRACHON
라파나 (Raphana)
헤롯 빌립
TETRARCHY OF PHILIP
카나타 (Canatha)
아우란티스 AURANTIS
빌립2세
히포 (Hippos)
왕의 대로 Kings Highway
갈멜산
도르
다볼산
나사렛
모레산
므깃도
다아낙
가이사랴
아켈라우스
사마리아 SAMARIA
사마리아
길보아산
아르묵 강
야르묵 강
가다라 (Gadara)
길르앗 라못
벳샨/스키토폴리스 (Scythopolis)
펠라 (Pella)
디온 (Dion)
마하나임
에발산
세겜
디르사
그리심산
게라사 (Gerasa)
요단 강
데가볼리
DECAPOLIS
아벡 (Antipatris)
욥바
유대아
JUDEA
실로
벧엘
아이
숙곳
브누엘
압복 강
안티파스
베레아
PEREA
여리고
야브네
게셀
엠마오
살로메 에글론
아스돗
가드
아스겔론
마레사
라기스
헤브론
벧세메쉬
예루살렘
베들레헴
아켈라우스
유대아 JUDEA
암몬/필라델피아 (Philadelphia)
왕의 대로 Kings Highway
헤스본
마다바
마케루스
디본
아르논 강
가사
그랄
시글락 (?)
이두메 IDUMEA
브엘세바
아라드
도시
병거성
블레셋의 주요도시
산
데카폴리스

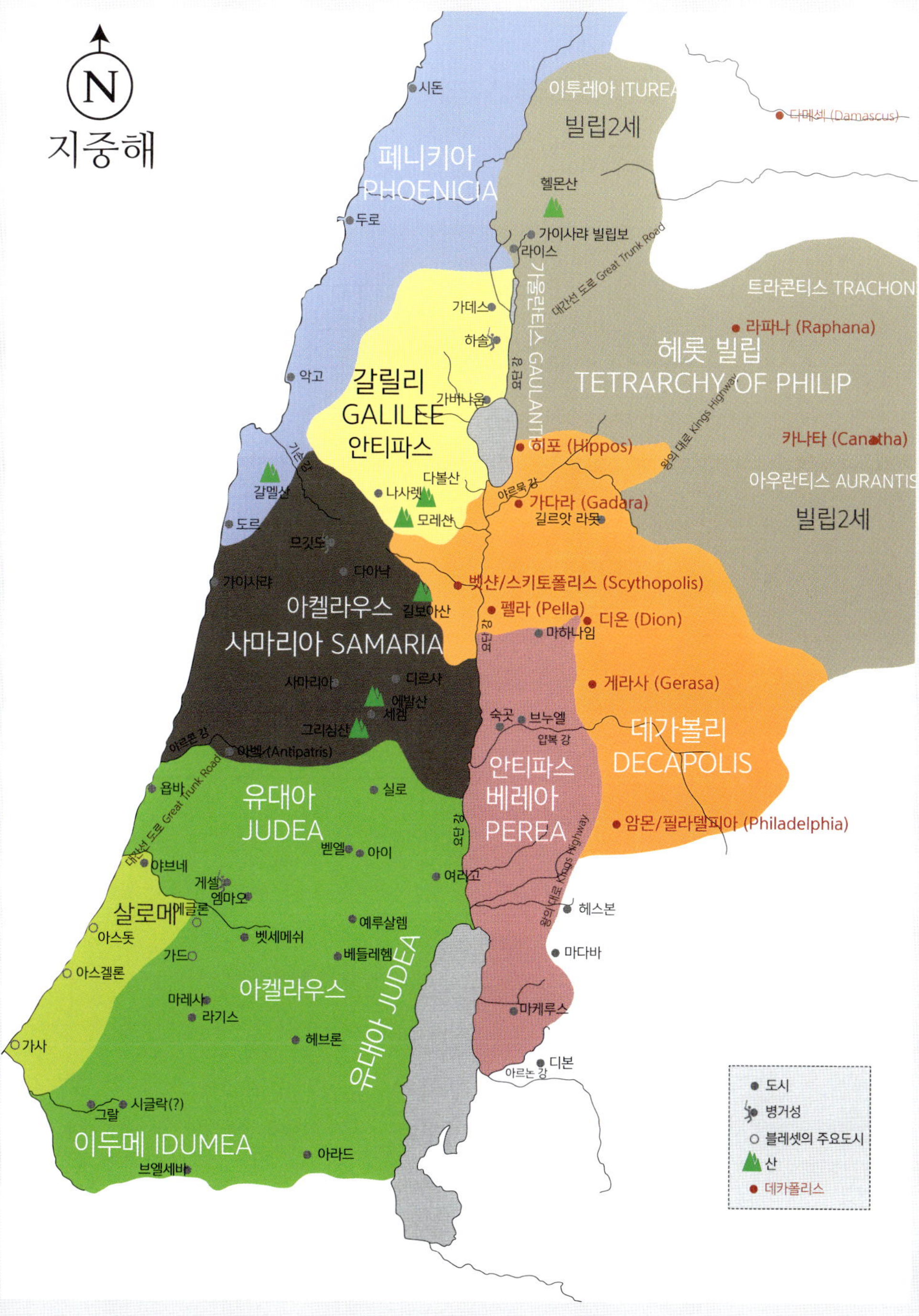

헤롯 대왕 집안의 가계도

친족
결혼관계
헤롯에 의해 죽은 사람들
안티파터
Antipater(Antipas)
남편
살로메
Salome
요셉
Joseph
페로라스
Pheroras
도리스
Doris
형제
미리암네 I
Miriamne I
엄마
하스모니아 가문
안티파터Anti-pater
알렉산더Alex-ander
아리스토불루스
Aristobulus
아들
아들
미리암네
Miriamne
칼키스
Chalcis
아그립바 1세
Agrippa I
37 CE-빌립 2세의 영토 관할
41-44 CE 유대아, 사마리아도 통치
행 12:1 이하
베레니스
Berenice
티투스와
좋은 관계를 맺음
드루실라
Drusilla
총독 펠릭스와
결혼
아그립바 2세
Agrippa II
50 CE 이후 갈릴리를
중심으로 일부 지역 통치
로마-유대 전쟁에서
로마의 편에 섬
행 25,26

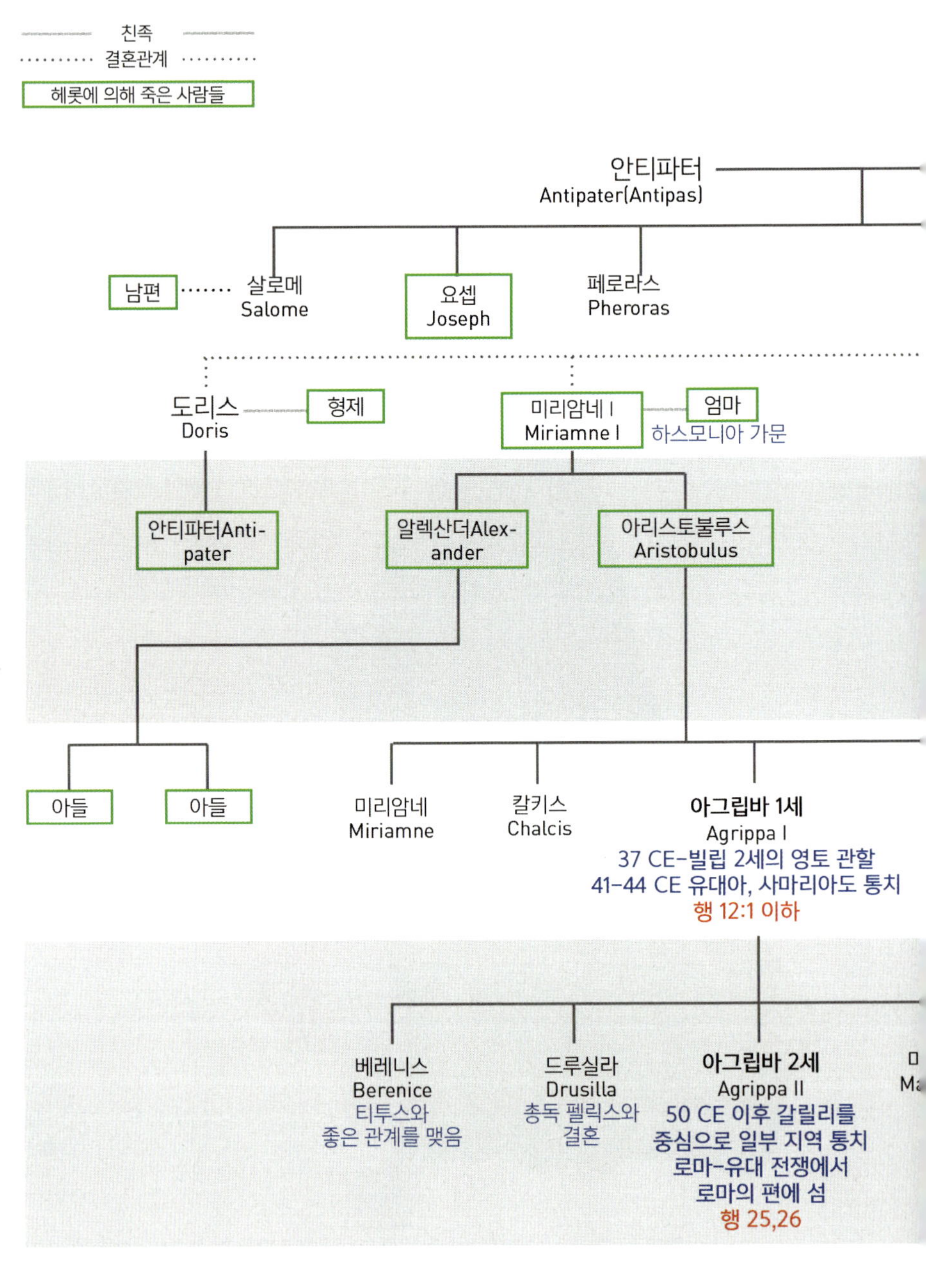

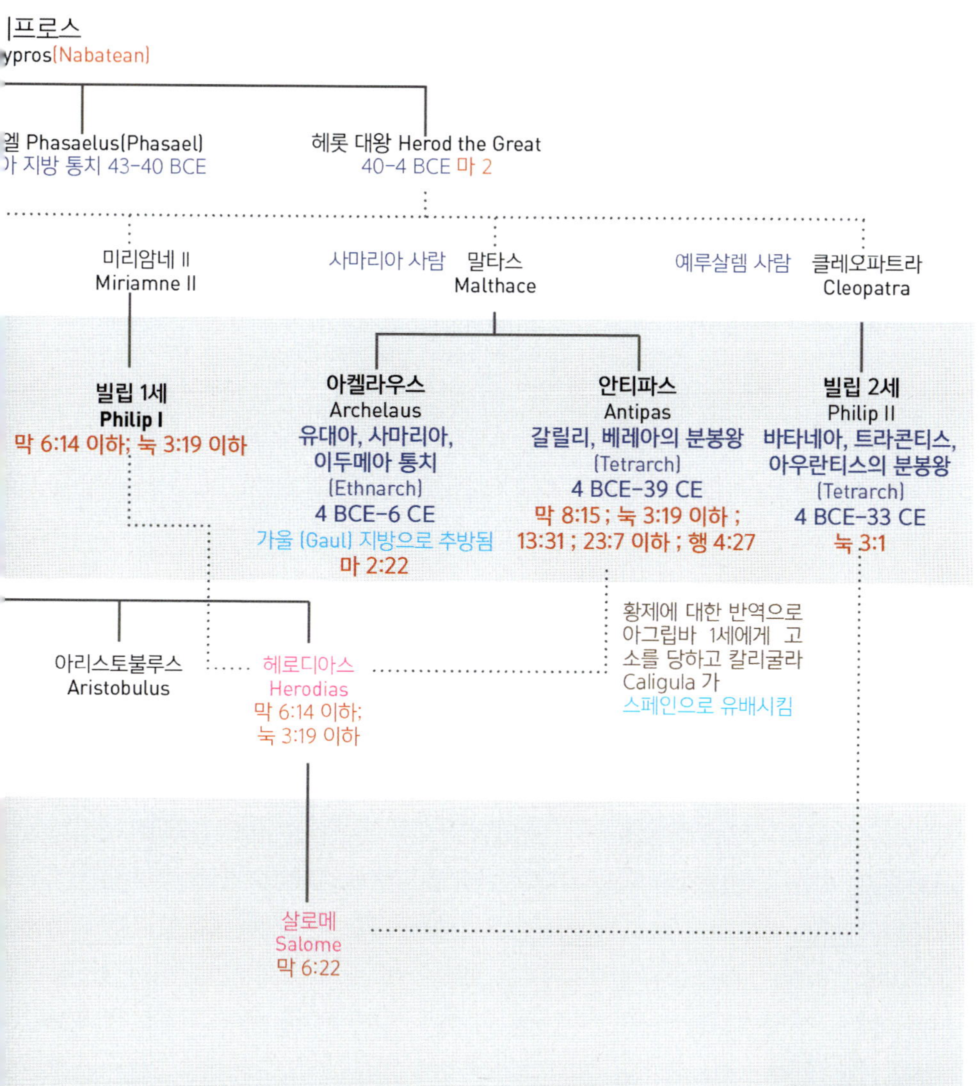
|프로스
ypros(Nabatean)
겔 Phasaelus(Phasael)
아 지방 통치 43-40 BCE
헤롯 대왕 Herod the Great
40-4 BCE 마 2
미리암네 II
Miriamne II
사마리아 사람 말타스
Malthace
예루살렘 사람 클레오파트라
Cleopatra
빌립 1세
Philip I
막 6:14 이하; 눅 3:19 이하
아켈라우스
Archelaus
유대아, 사마리아,
이두메아 통치
(Ethnarch)
4 BCE-6 CE
가울 (Gaul) 지방으로 추방됨
마 2:22
안티파스
Antipas
갈릴리, 베레아의 분봉왕
(Tetrarch)
4 BCE-39 CE
막 8:15 ; 눅 3:19 이하 ;
13:31 ; 23:7 이하 ; 행 4:27
빌립 2세
Philip II
바타네아, 트라콘티스,
아우란티스의 분봉왕
(Tetrarch)
4 BCE-33 CE
눅 3:1
아리스토불루스
Aristobulus
헤로디아스
Herodias
막 6:14 이하;
눅 3:19 이하
황제에 대한 반역으로
아그립바 1세에게 고
소를 당하고 칼리굴라
Caligula 가
스페인으로 유배시킴
살로메
Salome
막 6:22

08 *part*
사해
주변

여리고
쿰란
엔게디
마사다
소돔산
실로
아이
감람산
기브아
예루살렘
벧엘
기브온
베들레헴
아라드
헤브론 (기럇 아르바)
벧세메스
립나(?)
아삑
게셀
에글론
마레사
라기스
브엘세바
가드
욥바
야브네
시글락(?)
아스돗
그랄
아스겔론
가자

요단강

⏻ BIBLE VIEWFINDER

그는 근본 하나님의 본체시나, 하나님과 동등됨을 취할 것으로 여기지 아니하시고 오히려 자기를 비워 종의 형체를 가지사 사람들과 같이 되셨고 사람의 모양으로 나타나사 자기를 낮추시고 죽기까지 복종하셨으니 곧 십자가에 죽으심이라 _빌 2:6-8

헬몬산에서 터져 나온 샘들이 모여서 이루어진 요단강은 남북의 길이만으로도 약 250킬로미터나 되는, 이스라엘에서 가장 긴 강입니다. 수량이나 강폭과 관계없이 일 년 내내 쉬지 않고 흐르는 요단강은 이스라엘 사람들에게 매우 소중한 곳이었습니다.

구약 시대에 요단강은 기적의 장소였습니다. 첫 번째 기적은 출애굽 한 백성이 요단을 건널 때 생긴 일이지요. 이스라엘 백성이 요단강을 건너려고 궤를 멘 제사장들이 강에 발을 옮기자 강물이 멈추어 선 것입니다(수 3:16,17). 강물이 멈추어 선 이야기는 또 있습니다. 엘리야가 승천하기 전에 엘리사와 함께 요단강을 건널 때, 엘리야가 겉옷을 말아서 물을 치니 물이 갈라져 여리고 맞은편 요단강을 건넜습니다(왕하 2:8). 그리고 엘리야를 하늘로 보낸 후 엘리사가 다시 강을 건너 여리고로 돌아올 때, 엘리야가 두고 간 겉옷을 내려치니 강의 물줄기가 다시 한번 갈라졌습니다(왕하 2:14). 성경을 읽다 보면 참 이해할 수 없는 이야기들이 많이 있습니다. 여러분도 생각해보세요. 멀쩡한 한강 물이 흐르지 않게 된

지진으로 요단 강물을 상습적으로 막는 아담(Adam) 지역의 지형

▲1935년 여리고 앞 요단강의 홍수

다거나 강물이 멈추어 서고, 마른 땅을 건너 강남과 강북 사람들이 서로 왕래할 수 있다고 한다면 누가 믿을까요? "하나님께서 하신 기적이야"라고 말하면서도 마음 한편으로 이성은 또 다른 이야기를 하기도 합니다.

그런데 말입니다. 성경뿐 아니라 역사 기록에도 요단강의 물줄기가 끊어진 기록이 이곳저곳에 있습니다. 가장 가깝게는 1927년에 요단 계곡 여리고 북쪽 15킬로미터 지점에서 발생한 지진으로 강 주변의 진흙이 강을 덮치면서 강 물줄기가 몇 시간 동안 멈추어 섰고, 그 외에 기록으로 남아 있는 것만으로도 1906, 1834, 1546, 1534, 1267, 1160년에 강물이 멈추어 섰다는 기록이 있습니다. 짧게는 몇 시간에서 길게는 10시간까지 말이지요. 대부분은 지진으로 강 주변의 토사가 강으로 쏟아져 들어오면서 강의 물길을 막은 경우인데, 자연의 섭리를 통해서 역사하시는 하나님의 놀라운 능력을 의심했던 제 이성의 아픈 곳을 콕 찌르는 기록들이었습니다.

강물이 멈추어선 성경의 기록은 너무나 자세합니다. 성경에 보면 출애굽 한 이스라엘 백성이 요단강을 건널 때 "곧 위에서부터 흘러내리던 물이 그쳐서 사르단에 가까운 매우 멀리 있는 아담 성

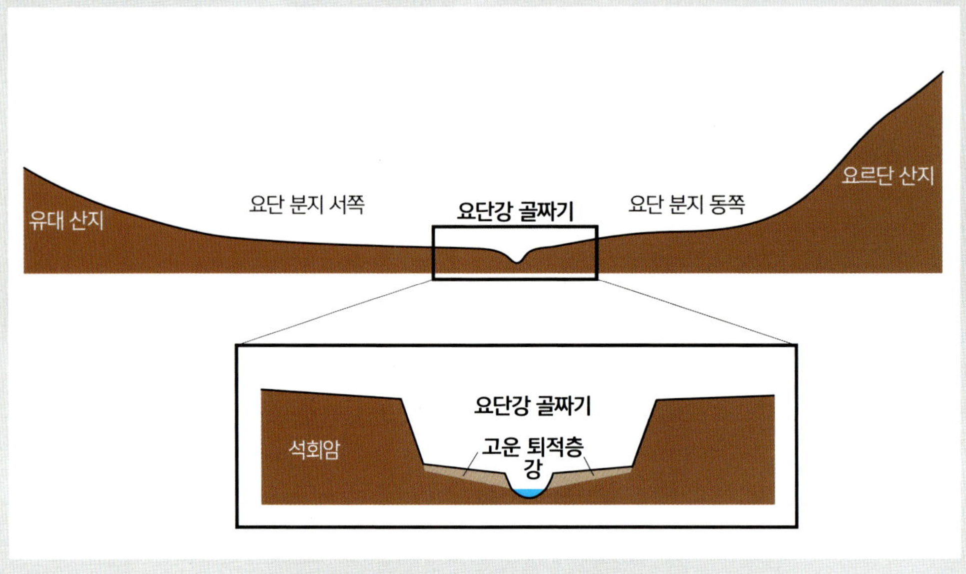

읍 변두리에 일어나 한 곳에 쌓이고 아라바의 바다 염해로 향하여 흘러가는 물은 온전히 끊어지매 백성이 여리고 앞으로 바로 건널새"(수 3:16)라고 되어 있습니다. 강물이 아담이라는 지역에서 끊어졌다는 이야기인데, 앞서 말했던 역사 기록들에서도 항상 요단강은 아담 주변에서 끊겼습니다. 왜냐하면 그 주변이 가장 부드러운 퇴적층인 데다가 강 옆으로 깎아지른 퇴적층 절벽이 있기 때문입니다.

요단강에 얽힌 또 다른 기적 이야기는 아람 왕의 군대 장관 나아만의 이야기입니다. 나아만이 나병에 걸렸을 때, 이스라엘 땅에서 잡혀가 나아만의 종노릇을 하던 여자아이로부터 엘리사에 대한 이야기를 듣고, 병을 고치고자 엘리사를 찾아옵니다. 엘리사는 그런 나아만을 쳐다보지도 않고서는 다짜고짜 요단강에 몸을 일곱 번 씻으라고 하지요. 그 물에 들어가서 씻으면 살이 회복되어 깨끗해질 거라고 말입니다(왕하 5:10). 그런데 나아만의 눈에 요단강은 들어가면 낫게 되는 강물이 아니라, 그저 흙탕물일 뿐이었습니다. 오히려 들어가면 피부병을 악화시킬 만한 흙탕물이요. 그보다도 깨끗한 물은 자기 나라에도 많지요. 다메섹강, 아바나강, 바르발강 모두 요단강물보다 더 깨끗하고 나은 강들이었습니다(왕하 5:12).

요단강물이 흙탕물인 이유는 강물이 흐르는 요단 계곡이 고운 흙으로 이루어진 퇴적층이기 때문입니다. 그중 가장 부드러운 퇴적층 지대가 아담 지역이고요. 깨끗하던 요단강물이 요단 계곡의 퇴적층을 지나면서 물이 탁해지기 시작하는데, 아담 지역에 오면 완전히 흙탕물이 되어버립니다. 나아만이 요단강의 어디쯤에서 들어갔는지는 알 수 없지만, 사마리아에 있는 엘리사에 대한 이야기를 나아만의 여종이 하는 것으로 보아서 사마리아나 그 주변 지역에 있었을 것이고, 그곳에서 나아만을 보냈다면 바로 아담 지역으로 내려와서 몸을 담갔을 것입니다. 완전히 흙탕물인 그곳 말입니다. 그런데 그 더러워 보이는 흙탕물에 몸을 씻었을 때 아이러니하게도 나병으로 더럽혀졌던 몸이 깨끗해졌다는 것은 또다시 우리의 이성을 뛰어넘는 일입니다. 그러니 제 이성적 사고와 관계없이 요단강물이 끊어졌듯이 나아만이 고침을 받은 이야기도 단지 제 이성이 이해하지 못한다는 이유로 더 이상 의심할 수는 없습니다.

그런 제게 있어서 요단강에서 일어난 가장 큰 기적과 같은 사건은 뭐니 뭐니 해도 예수님의 세례입니다. 요한의 세례는 죄인인 이스라엘 사람들이 그 죄로부터 돌아서는 자기 결단이자 내 모든 과거를 끊어버리겠다는 다짐이었습니다. 죄로부터의 단절과 새로 태어남! 이것이 요한의 세례였습니다. 그런데 그 세례 터에 예수님이 찾아오신 겁니다(요 1:28). 그냥 친척 요한을 만나러 온 것이 아니라, 그에게 세례를 받으러 나아오신 것입니다. 요한은 당황했습니다. "정말 포기해야 할 과거를 가진 이는 나인데 왜 주님께서 내게

카스르 엘 야후드 (Qasr el Yahud) 예수님께서 요한에게 세례를 받으신 세례 터. 현재는 이스라엘과 요르단의 국경이다. 이스라엘 쪽에서 요르단을 향하여 찍은 모습으로, 건너편의 데크는 요르단이다.

로 오십니까?" 그런데 예수님은 "허락하라. 이와 같이 하여 모든 의를 이루는 것이 합당하니라"라고 대답합니다. 요한은 세례를 주면서도 아마 그 말의 의미를 알지 못했을지 모릅니다. 도대체 예수님께서 포기해야 할 과거가 무엇이란 말이냐는 거지요. 또 무엇이 예수님께서 추구하시는 '의'냐는 말입니다.

요한처럼 저도 예수님께서 포기하셔야만 했던 과거에 대해서는 알 길이 없습니다. 하지만 조금 미루어 짐작해 보건대 철저하게 사람이 되시기 위한 자기 비움을 '의'라고 말씀하신 것 같습니다. 마태복음에서 '의'라는 말은 "하나님의 뜻과 의지에 순종함"을 의미하는 말이었습니다. 이것이 사람들에게 적용될 때에는 '율법'에 대한 순종이지만, 그분 스스로 하나님이신 예수님에게 적용될 때에는 율법이 아닌, "하나님의 의지", "자신의 계획" 정도로 이해할 수 있겠는데요, 인류의 구원을 위한 계획을 가지고, 하나님이신 예수 그리스도께서 신적인 지위와 특성을 스스로 포기하시고 완전한 사람이 되셔서 사람이 지켜야 할 도리를 따르시는 예수님의 자

기 비움, 스스로 선택한 내려놓음, 그리고 포기가 예수님의 세례
가 아니었나 합니다.

그리고 보면, 예수님의 공생애 시작과 더불어 우리 기독교인들에
게 던져주신 가장 처음의 메시지는 내려놓음, 자기 비움, 포기였습
니다. 알면 알수록 더욱 아는 척하게 되고, 내가 더 잘 보는 눈을
가졌다고 생각하면 점점 더 말이 많아지고, 내가 더 현명하다고
생각되면 점점 더 참견하게 되고, 내가 바르다고 생각하면 점점 더
지적하게 되는 것이 인지상정인데, 모든 것을 아시고 모든 것을 하
실 수 있는 하나님께서 자기를 내려놓으셨습니다. 세상에는 왜 이
리 잘난 사람이 많을까요? 왜 저는 늘 저를 내세울까요? 큰 숨 한
번 내쉬고, 이 기적이 제 삶 속에 있기를 기도합니다.

요단강 나룻터

BIBLE VIEWFINDER

길르앗 사람이 에브라임 사람보다 앞서 요단강 나루턱을 장악하고 에브라임 사람의 도망하는 자가 말하기를 청하건대 나를 건너가게 하라 하면 길르앗 사람이 그에게 묻기를 네가 에브라임 사람이냐 하여 그가 만일 아니라 하면 그에게 이르기를 쉽볼렛이라 발음하라 하여 에브라임 사람이 그렇게 바로 말하지 못하고 십볼렛이라 발음하면 길르앗 사람이 곧 그를 잡아서 요단강 나루턱에서 죽였더라 그때에 에브라임 사람의 죽은 자가 사만 이천 명이었더라 _삿 12:5,6

저는 수영을 못 합니다. 군대에 갔다 오고 나서 다 큰 녀석이 실내 수영장에서 인명 구조원에게 구조되어서 나왔다고 하면, 아마도 제 수영 실력을 다들 대충 짐작할 겁니다. 쑥스럽지만 아직까지 그 수영 실력은 어째 발전이라는 것이 없네요. 그래서인지 물만 보면 그렇게 겁이 납니다. 예전에 교회에서 길보아 산자락 아래의 하롯샘 근처로 수양회를 가서 산자락에서 터져 나오는 커다란 샘에서 다들 즐거운 오후를 보냈는데, 저는 역시 물가에서 발만 첨벙거리다가 왔네요. 수양회를 갔다가 요단강 옆을 따라서 예루살렘으로 돌아왔는데, 갑자기 이런 생각이 들더라고요. 장례나 발인 예배 때 찬송을 부르면 왜 꼭 "요단강 건너가서 만나자"라는 곡을 부르냐는 거지요. 지금의 요단강을 본다면 강 건너 하나님나라에 가기란 누워 자며 숨쉬기인데 말이지요. 그나마 벳산 국경을 통해서 요르단과 이스라엘을 왕래한다면 꽤 수량이 되는 요단강을 보실 수 있지만, 여리고 앞 알렌비 국경을 통해서 요단강을 건너거나, 예수님께서 요한에게 세례를 받으셨던 세례 터에서 요단

요단강 요단강은 보는 장소에 따라서 모양이 모두 다르다. 이 사진은 갈릴리 호수에서 사해로 강물이 흘러가는 초입, 야르데 닛이라는 곳이다. 아마 현재 볼 수 있는 요단강 중에서 가장 넓은 폭일 것이다.

강을 본다면 그야말로 폴짝 뛰면 건널 만한 도랑처럼 보이는 요단강을 만나게 됩니다.

예전 강의 모습은 이렇게 초라하지 않았는데요, 강의 좌우에 그동안 너무나 많은 농경지가 들어서는 바람에 저마다 강물을 끌어다 쓰느라고 정작 사해 바다로 들어가는 하류에는 도랑과 같은 물만 흐르게 된 거지요. 그러나 구약 시대로 거슬러 올라가면, 오늘의 요단강은 사뭇 다른 모습을 하고 있었던 것이 분명합니다.

사사기 11장에 길르앗 사람 입다에 관한 이야기가 있습니다. 길르앗 지방은 현재는 요르단에 있는 얍복강 북쪽 지역을 말합니다. 이스라엘 지파 중 갓 지파(또는 므낫세 지파)가 분할을 받은 땅이지요. 사사기 11장부터는 갓 지파의 입다가 암몬 족속과 싸움을 하는 내용입니다. 물론 입다가 승리합니다. 그러나 입다의 실언으로 입다의 딸이 하나님께 번제로 드려지는 불운을 맞이하게 됩니다.

"하나님이 암몬 자손을 내 손에 넘겨주신다면, 내가 암몬 자손을 이기고 무사히 돌아올 때에, 누구든지 내 집 문에서 먼저 나를 맞으러 나오는 그 사람은 주님의 것이 될 것입니다. 내가 번제물로 그를 드리겠습니다"(삿 11:30,31 새번역).

에브라임 지파와 갓 지파(길르앗 지역)는 요단강을 가운데 두고 서로 마주 보고 있다.

사랑하는 딸을 번제물로 드린 슬픔에 찬 입다에게 에브라임 사람들이 찾아옵니다. 왜 전쟁에 나갈 때 자기 지파를 부르지 않았냐는 거지요. 그런데 그들의 말투에 입다가 기가 찼습니다. 왜냐하면 사실 입다는 전쟁을 나가기 전에 에브라임 지파 사람들더러 전쟁에 참가하라고 종용했거든요(삿 12:2,3). 그런데 정작 오랄 때에 오지 않다가 전쟁이 다 끝나고 나니까 이제 와서 전리품이 탐나 전장으로 달려와서는 왜 부르지 않았냐고 꼬투리를 잡으니, 입다가 어찌 기분이 상하지 않겠습니까? 게다가 길르앗 사람들은 에브라임 지파 사람들에 대해서 별로 좋은 감정이 없었습니다. 에브라임 지파는 자기네들이 힘이 센 지파라고(여호수아가 에브라임 지파 사람이었으니, 사사기에서도 계속되는 정복 전쟁 가운데 여호수아가 속해 있던 에브라임 지파의 위상은 자못 컸습니다) 자기들보다 약한 길르앗 사람들을 보고 "너희 길르앗 사람은 본래 에브라임에서 도망친 자들이다"(삿 12:4)라고 비아냥거리는 조롱을 대놓고 해대니 누가 좋아하겠습니까?

입다를 위시한 길르앗 사람들이 화가 단단히 났습니다. 그간 쌓인 감정도 있었던 데다가 민족의 운명이 걸린 전쟁에 나오지 않은 것만으로도 미운털이 박혔는데, 입다에게 축하나 애도를 해주기는커녕 딴지를 거니 말입니다. 입다는 재빨리 에브라임 사람을 앞질러서 요단강 나루를 차지했습니다. 그러고는 에브라임 사람 토벌에 들어가지요. 에브라임 사람들을 골라내는 것은 매우 쉬웠습니다. 우리나라의 경상도 사람들이 '씨' 발음을 잘 못해서 "날씨가 살살하다"라고 말하는 것처럼, 에브라임 사람은 '쉬' 발음을 잘 못해서 "농작물의 이삭"이라는 의미의 '쉽볼렛'이라는 말을 '십볼렛'이라고 발음했기 때문이지요('쉽볼렛'이라는 말은 '이삭'이라는 의미도 있고, '물의 흐름'이라는 의미도 있습니다. 그래서 '쉽볼렛'의 의미가 '급류'라고 설명해 놓은 성경도 있어요). 그래서 지나가는 사람마다 '쉽볼렛'이라는 말을 해보라고 하고, '십볼렛'이라고 발음하는 사람들을 전부 다 나루터에서 죽였습니다. 죽은 에브라임 사람의 수만 4만 2천 명이었으니(삿 12:6), 대단히 많은 에브라임 사람이 요단강을 헤엄쳐서 건너지 못하고 나루를 통해 가려다 죽고 만 거지요.

요단강이 오늘날처럼 도랑이라면 이 사람들이 뻔히 죽을 것을 알면서 굳이 나루터로 도망할 필요가 없었을 겁니다. 그냥 폴짝 뛰어서 넘으면 되는 것 아니냐는 말입니다. 이유는 간단합니다. 예전에 요단강은 배로 건널 수밖에 없는 많은 물이 흘렀기 때문이지요. 요단강 서편의 에브라임 지파 사람들이 요단 동편에서 자기들의 땅으로 돌아가는 길은 요단강 나루 이외의 다른 선택이 없었습니다. 요르단의 마다바에 있는 교회 바닥의 모자이크가 바로 이 사실을 증명해주고 있습니다. 마다바의 모자이크는 현재 남아 있는 가장 오래된 중동 지역의 지도이자 성지순례 지도입니다. 1884년에 기독교 베두인 가족이

발견한 비잔틴 시대(6세기)의 교회 바닥 모자이크에는 예루살렘과 요르단에서 어느 곳이 성서와 관련된 지역인지, 그리고 당시의 사람들이 어떤 지역을 성지순례 했는지, 그곳의 모양은 어떠한지에 대해서 잘 묘사되어 있어요. 그중에서 눈에 띄는 것 중의 하나는 요단강의 모습입니다. 요단강에는 배가 한 척 띄워져 있는데, 이 배는 노를 저어서 가는 배가 아닙니다. 모자이크를 보면 강에 커다란 막대기 같은 것이 가로질러 있는 것을 볼 수 있습니다. 이 막대기는 배가 강을 건널 때 아래쪽으로 떠내려가지 않도록 잡고 갈 수 있게 만

들어놓은 막대기(또는 줄)예요. 그러니까 강의 물살이 급해서 그냥 노를 저어서 가기에는 적합하지 않아 강에 막대기나 굵은 동아줄 같은 것을 가로질러 두어서 배를 타고 강을 건널 때 잡고 가게 만들어놓은 것이지요. 예전에 텔레비전에서 우리나라에서도 이런 방식으로 강을 건너는 배를 영상에 담은 것을 보았는데, 세계 어디를 가나 삶의 지혜는 마찬가지인가 봅니다.

마다바의 모자이크를 보건대 요단강은 수영하여 건너기에는 강의 폭도 지금보다는 넓었을 뿐만 아니라 물살도 급해서, 수영해서

요단강이 흘러서 사해로 들어가는 모습이 묘사되어 있다.

강을 건너기가 쉽지 않았다는 것을 알 수 있습니다. 사실 수영도 그래요. 어떤 사람들은 에브라임 사람들이 수영해서 건너도 되지 않았겠냐고 생각할 수도 있겠습니다. 에브라임 지파 사만이천 명이 한결같이 저처럼 물에만 들어가면 제힘으로 못 나오는 잠수의 귀재들이 아니라면 그냥 수영을 해서 건너도 되었을 텐데 말이지요. 그런데 말이지요, 옛 이스라엘 사람들이 살던 땅은 요단강처럼 폭이 넓은 강, 사람의 키를 넘기는 물을 경험해 볼 수 없는 곳이었습니다. 블레셋 평야나 샤론 평야 쪽으로 가야만 수심과 강폭이 강이라고 쳐줄 수 있을 만큼이 되는데, 이 지역은 블레셋 사람들이 살고 있던 땅인지라 이스라엘 사람들이 그곳에서 한가하게 수영 강습을 받아보았다고 미루어 짐작하면 좀 우스운 이야기지요.

이스라엘에 처음 와서 지금의 요단강을 보면서 요단강을 우습게 생각하시는 많은 분들! 이분들을 다시 구약성서의 시대로 모시고 가면 같은 이야기를 하실 수가 있을까요?

여리고의 삭개오

BIBLE VIEWFINDER

예수께서 그곳에 이르사 쳐다보시고 이르시되 삭개오야 속히 내려오라 내가 오늘 네 집에 유하여야 하겠다 하시니 _눅 19:5

중학교 2학년 때였습니다. 담임선생님은 서울에서 좋은 대학을 졸업한 국사 선생님이셨고 늘 자신에 대해 자부심이 강했던 분이었습니다. 그런데 이 분의 한 가지 단점은 아이들의 이름을 부르지 않는다는 겁니다. 물론 몇몇 공부 잘 하는 아이들과 어머니회에 속한 아이들의 이름은 꼬박꼬박 불러주었지만 말이지요. 게다가 아침 조회 시간에 출석도 부르지 않으셨기 때문에 상당수 아이들의 이름은 출석부에는 있지만 일 년 내내 한 번도 불러본 적이 없는 글자였습니다. 그때에는 그런 생각을 하지 못했는데, 일 년을 마치고 선생님과 마지막 인사를 할 때 뜬금없이 한 친구가 손을 들고 이렇게 질문을 했습니다.

"선생님, 선생님은 제 이름을 아세요? 왜 선생님은 일 년 내내 저를 '야'라고 부르셨나요? 우리 반 아이들 중에서 이름을 외우시는 애들은 얼마나 되세요?"

저는 늘 제 이름이 불렸기 때문에 한 번도 그런 생각을 못 했는데, 그리고 보니 정말 선생님은 항상 아이들을 "야!"라고 불렀습니다. 선생님은 매우 난처해 하시면서 미안하다고, 잘 모른다고 인정했습니다. 그동안 콧대 높았던 자존심이 산산조각이 났지요. 누군가의 이름을 불러준다는 것은 너무나 소중합니다. 이름을 부르는 것은 그 사람의 존재를 인정해주는 거잖아요. 그래서 저도 전도사 생활을 하면서 제일 먼저 했던 것은 아이들의 이름을 외우는 일이었습니다. 꽤 오랜 시간이 지나갔지만, 그때 그 친구의 질문은 절대 잊혀지지 않아요.

신약성경에 우리가 너무나 잘 알고 있는 한 사람이 있습니다. 1만 년이라는 엄청난 역사를 가진 풍요로운 도시, 광야의 오아시

텔 여리고 텔 여리고에서 가장 오래된 도시의 망대 너머로 예수님께서 광야에서 금식하며 시험을 받으셨던 시험산이 보인다.

삭개오의 돌무화과나무 현재는 러시아 문화원에서 관리하고 있는 여리고의 돌무화과나무. 여리고에서 가장 오래된 돌무화과나무를 삭개오의 돌무화과나무로 이름 붙여 기념하고 있다.

스이면서 아름다운 요단강이 흐르는 종려나무 성읍에서 성공을 향해서 뒤돌아보지 않고 앞만 보고 달려가던 삭개오입니다. 주일 학교 때 선생님께서 보여주신 삭개오의 모습은 뚱뚱하고 코는 벌렁 들려져 있고 탐욕스럽게 생긴, 키 작은 땅딸보였습니다. 세금을 거두어들인 삭개오가 사람들에게 정해진 것 이상의 것을 거둬들였는지, 거둬들였다면 얼마나 거둬들였는지는 모르겠지만, 당시 유대인들은 세금 징수원에 대해서 아주 적대적이었습니다. 로마의 정책 중에 가장 중요한 것이 도시화 정책이었는데, 제대로 정비되지 않은 마을들을 도시화하는 토목사업에 로마가 공을 들인 가장 큰 이유는 도시화가 되어야 세금을 걷기가 수월했기 때문이지요. 사람들은 꼬박꼬박 때 되면 나타나서 세금을 걷어가는 삭개오를 볼 때마다 지긋지긋한 로마를 떠올렸을 겁니다. 그리고 로마라는 단어가 그대로 삭개오의 얼굴에 박혀버려서, 비록 유대인이지만 나라를 팔아버린 유대인이자 로마의 앞잡이로 여겼을 것이 분명합니다. 그토록 욕을 먹기는 했어도 삭개오의 생활은 윤택하고 부족함이 없었을 겁니다. 또 사람들이 욕한다손 치더라도 그 앞에서 대놓고 그러지는 못했을 거예요. 밉보여서 좋을 것은 없었을 테니 말이지요.

여리고에서 행세깨나 하고 거들먹거리는 삭개오가 값나가는 좋은 옷을 입고 예수님을 보기 위해서 돌무화과나무(συχομωραία)로 올라가는 것을 상상해보세요. 그러고 보니 교회학교에서는 뽕나무로 배웠는데 더 정확한 번역은 돌무화과나무, 또는 무화과나무입니다. 땅딸보 배불뚝이 아저씨가 나무에 기어 올라가는 모습이 얼마나 우스꽝스러웠을까요? 사람들은 저마다 그 삭개오를 보면서 깔깔거렸을 겁니다. 분명히 뒤에서 수군거렸을 거예요. "그렇게 잘난 척하고 거들먹거리더니만, 고작 예수라는 랍비를 보기 위해서 체면 구겨가면서까지 나무에 올라가냐?"

도대체 왜 삭개오가 그렇게 기를 쓰고 예수님을 보고 싶어 했는지는 모르겠습니다. 다 누려보았지만 아무것도 없더라는 허무함? 하도 사람들에게 욕을 들어서 이제 좀 잘 살아보겠다는 생의 전환점이 필요했기 때문에? 그냥 그 유명한 예수라는 랍비가 누군가 하는 호기심? 성경에 나온 대로만 이야기하자면, 아쉬울 것 없는 삭개오가 왜 예수님을 만나려고 돌무화과나무에 올라갔는지 알 길이 없습니다.

그런데 놀라운 일이 벌어졌어요. 나무 위에 올라가 예수님을 내려다보는 삭개오를 예수님께서 쳐다보신 것이지요. 삭개오의 심장은 쿵쾅쿵쾅 뛰었을 겁니다. 게다가 그 유명한 사람이 자기 이름을 이미 알고서는 "삭개오야!" 하고 부르신 거지요. 제가 중학교 때 저희 어머니가 담임목사님께 전화 심방을 받았습니다. 당시 집사님이셨던 어머니는 담임목사님이 집으로 전화하셨다는 것 자체가 놀라웠는데, 저희 삼남매의 이름을 불러가면서 다들 공부 잘하냐는 물음에 너무 감격하셨습니다. 큰 교회의 담임목사님께서 그리 뒤지도 않는 우리 어머니 같은 집사님의 아이들 이름, 그리고 당시에는 교회에 출석하지도 않으셨던 아버지의 이름까지 아시니 얼마나 놀랍고 감격하셨을까요! 지금도 두고두고 "우리 감독님이 말이야…" 하면서 그때 이야기를 하십니다. 그런데 예수님이 삭개오의 이름을 부르신 겁니다. 이름만 불렀나요? 그 집에 가서 오늘 주무신답니다!

예수님을 만난 삭개오는 자기 인생의 가장 중요한 가치를 버릴 수 있었습니다. 그리고 하나님나라의 가치를 자기의 가치로 삼았습니다. 자신의 소유를 포기하고 자기 소유의 절반을 가난한 자들에게 주고, 혹시 속여 빼앗은 것이 있다면 네 갑절이나 되갚겠다고 예수님께 약속한 것이지요. 낙타가 바늘귀 구멍을 통과한 것입니다. 율법을 잘 지키고 사람들에게 인정을 받았던 이름 모를 유대인 관리는 자기가 가장 중요하게 생각하는 가치인 돈을 포기하지 못했는데(눅 18), 경건한 사람들에게 손가락질당하고 항상 뒷말의 소재였던 삭개오는 그 모든 것을 버린 것이지요. 아마 삭개오를 계속 삐딱한 눈으로 쳐다보던 사람들은 "삭개오가 다 털어먹었군!" 하고 손가락질해댔을 겁니다. 하지만 삭개오는 부끄럽지 않았습니다. 그들 말처럼 재산은 다 털어먹었지만, 더 값진 구원을 얻었으니 말이지요.

오리겐의 선생이기도 한 초대 교부 알렉산드리아의 클레멘트(Clement of Alexandria, 150-215 CE)는 《스트로마타》(Στρώματα)라는 책을 저술하면서 예수님이 그의 이름을 부름으로 인생이 뒤바뀐 삭개오의 다른 이름이 '맛디아'라고 소개합니다. 이 맛디아는 우리가 잘 알다시피, 가룟 유다를 대신해서 열두 명의 사도에 들어간 사람입니다(행 1:21-26). 또 4세기에 기록된 《사도들의 법》(Constitutiones Apostolorum)이라는 책에서는 열두 명의 사도들이 어떤 삶을 살았는지 기록하면서, 삭개오가 가이사랴(Caesarea)의 첫 주교가 되었다고 말합니다. 그리고 중세부터 전해 내려오는 이야기에 의하면 삭개오는 그 후에 로마의 속주였던 갈리아 지방(Gallia 지금의 프랑스)으로 선교를 떠납니다. 로마의 지배 아래에서 초대 교회의 교인들이 신앙을 지키기가 얼마나 어려웠을까요? 그리고 예수님의 열두 제자에 대한 로마 당국의 감시와 관리는 얼마나 엄격했을까요? 가이사랴에서 주교직을 수행할 때도 그랬을 것이고, 갈리아로 가는 선교의 여정과 갈리아에서의 선교 활동 중에는 죽을 뻔한 고비와 말로 표현할 수 없는 고난이 많이 있었을 겁니다. 하지만 그때마다 삭개오를 흔들리지 않게 지켜주는 버팀목이 있었다면 "삭개오야"라고 그의 이름을 부르셨던 예수님의 목소리가 아니었을까 합니다.

세리

바리새인의 서기관들이 예수님께서 죄인 및 세리들과 함께 잡수시는 것을 보고 그의 제자들에게 이르되 어찌하여 세리 및 죄인들과 함께 먹는가(마 2:16)

로마에서 파견된 총독이 하는 주요한 일 중의 하나는 세금을 징수하는 일이었습니다. 로마 황제는 땅과 거래되는 상품, 그리고 사고파는 음식과 유산으로 증여받은 재산, 모든 일체의 상업과 금융 관련 일들과 상품에 세금을 매겼고, 심지어 로마 제국 안에서 사람들이 오갈 때 내는 통행세도 거두어들였습니다. 이렇게 거두어들인 세금으로 중앙과 지방 재정, 그리고 로마 군대들을 유지하고, 도로 건설과 유지 및 많은 사업에 사용하였습니다. 그러니까 로마의 찬란한 문명 뒤에는 그것을 떠받쳤던 사람들의 땀과 피가 있었던 것이지요.

로마에서 파견된 총독이 세금을 거두어들일 때에는 직접 로마에서 파견된 관리가 일하는 것이 아니었습니다. 지역의 실정을 잘 알고 있는 지역 주민들과 세금 징수에 대한 계약을 맺습니다. 이런 사람들을 퍼블리카누스(Publicanus)라고 부릅니다. 예수님 당시의 유대아(Judea) 지방은 시리아 주에 속해 있었고, 시리아 주에 속해 있는 모든 사람은 자기가 벌어들인 소득의 1퍼센트를 매년 정기적으로 세금으로 내야 했습니다. 하지만 이것이 전부가 아니었습니다. 여기에다가 수입, 수출세가 부과되었고, 농장을 가지고 있는 사람들은 곡물을 수확한 후 총량의 10퍼센트, 포도주나 과일, 올리브기름의 경우에는 총생산량의 20퍼센트를 세금으로 더 내야 했습니다. 상업에 종사하며 물건을 판매하는 사람도 물건 판매량에 따라 소득세를 달리 냈고, 기본적으로 가진 재산에 내는 재산세를 포함하여 긴급 편성되는 각종 세금이 허다했습니다. 이것들을 파악하고 거두어들일 세금의 총액을 계산해 내는 사람이 퍼블리카누스(세리장)입니다.

물론 퍼블리카누스가 직접 세금을 거두어들이는 것이 법리적으로는 맞지만, 세금 고지서를 발급하고 은행에 세금을 내거나 인터넷 자동이체를 하는 오늘날과는 달리, 일일이 돌아다니면서 다 거두어들이기에는 해야 할 일이 너무 많았습니다. 그래서 퍼블리카누스는 세금을 거두어들이는 권리를 다시 하도급을 주었지요. 하도급을 따내는 사람들은 내가 얼마만큼의 세금을 거두어서 퍼블리카누스에게 주겠노라 입찰을 거치게 되는데, 가장 높은 금액을 써 내는 사람들에게 세금 징수권이 돌아갈 것은 뻔한 이치였습니다.

예를 들어서 여리고의 삭개오는 퍼블리카누스입니다. 삭개오는 여리고 지역 어디에 누가 사는지, 그 집의 형편이 어떤지, 어떤 산업에 종사하고 그 수입이 어떤지를 모두 파악하고 있어야 합니다. 그래야 여리고에서 징수할 예상 세금 총액을 계산할 수 있을 테니까요. 이렇게 세금 총액이 계산되면 로마 총독과 계약을 맺습니다. 얼마의 세금을 언제까지 거두어들일지를 정하는 거지요. 그러나 삭개오가 직접 세금을 거두러 다니는 것이 아니지요. 삭개오가 거두어들일 세금 총액을 제시하고 입찰을 공고하면, 지역 사람들 가운데에서 삭개오에게 자기는 여리고 사람들로부터 얼마를 거두어들이겠노라고 자기가 거두어들일 수 있는 세금 징수액을 써 냅니다. 삭개오가 로마에 보낼 돈이 100원이라고 한다면, 삭개오의 입장에서는 그보다 많은 돈을 거두어들이는 것이 더 좋습니다. 세금을 내는 입장에서는 싫겠지만, 초과해서 받은 만큼 자기 주머니는 더 두툼해질 테니까요. 당연히 이런 삭개오의 마음을 아는 입찰자는 100원보다 많은 돈을 써 내겠지요. 이렇게 입찰에 성공한 사람들을 통칭하여 신약성경에서는 "세리"(τελῶναι)라고 합니다. 그리고 퍼블리카누스를 "세리장"(ἀρχιτελώνης)이라고 번역해놓았습니다.

세리들은 세리장을 위해서 자원봉사하는 사람이 아닙니다. 본인들도 그곳에서 무언가를 더 남겨 자기 몫을 챙겨야 했습니다. 그러니 입찰가로 115원을 써냈다 하더라도, 실제 징수하는 총액은 그보다 더 많을 수밖에 없겠지요. 결국 세금을 내야 하는 사람들만 그 부담이 더 커지는 겁니다. 그러니 누가 세리들을 좋아할까요?

성경에서는 삭개오가 퍼블리카누스였고, 그 외에 일반적으로 말하는 세리들은 하도급을 따낸 세금 징수 대행원들이라고 생각하시면 됩니다.

데나리온 예수님 당시(티베리우스 황제 시절) 사용되던 로마 기준 화폐 데나리온. 사람들은 이 데나리온으로 세금을 냈을 것이다.

렙돈 과부의 두 렙돈 이야기로 알려진 렙돈 동전의 문양. 예수님 시대에 사용된 렙돈으로 보이는 바와 같이 저 동전 두 개가 과부가 냈던 헌금 "두 렙돈"이다.

쿰란
쿰란의 두루마리들

⏻ BIBLE VIEWFINDER

모든 성경은 하나님의 감동으로 된 것으로 교훈과 책망과 바르게 함과 의로 교육하기에 유익하니 이는 하나님의 사람으로 온전하게 하며 모든 선한 일을 행할 능력을 갖추게 하려 함이라 _딤후 3:16,17

문득 예전에 교회에서 새해를 맞이하여 성도들이 직접 손으로 쓰는 필사(筆寫) 성서를 만들었던 기억이 납니다. 직접 한 글자 한 글자 성서를 옮겨 써가면서 마음과 신앙을 가다듬고자 하던 것이었습니다. 정말 그만큼 신앙적으로 한 사람을 한 단계 더 위로 올리는 좋은 방법이 없는 것 같습니다. 예전에 제가 섬기던 교회에서도 성경 필사를 했었습니다. 저도 한 부분을 맡아서 손으로 써야 했어요. 신학생이었기 때문에 빠지고 싶어도 빠질 수 없었지요. 그런데 사실 제가 쓰지 않고 학교 기숙사 후배에게 시켰습니다. 결국 저는 손도 대지 않았던 거지요. 내야 하는 주일 이틀 전에 벼락치기를 하고, 저는 밥 사주는 것으로 대신했었습니다. 정말 철없던 시절의 철부지 같은 행동이었지요.

신학을 했거나 교회에서 성서 공부를 조금 깊게 해보았다면 한 번쯤 들었을 법한 말이 쿰란과 사해 사본입니다. 사해 옆에 있는 쿰란에서 성서 두루마리들이 발견됨으로써, 그동안 가지고 있었던 가장 오래된 성서 사본보다 무려 1,000여 년 이전의 사본 두루마리들과 그 내용을 알게 되었으니 정말 놀라운 발견이 아닐 수 없습니다.

이 사본의 발견이 얼마나 중요한지는, 이 발견을 두고 정말인지 알 수 없는 수많은 에피소드가 있다는 것을 통해서도 잘 알 수 있습니다. 이 사본의 발견이 1947년이었는데, 약 60년 사이에 진위를 알 수 없는 많은 에피소드가 쏟아져 나왔습니다. 성지순례에 오시는 분들이 성지순례 안내자에게 사해 사본의 발견에 관한 이야기를 듣는 것은 그 수많은 에피소드 중의 하나일 뿐이지요. 그중에서 가장 잘 알려진 이야기 하나를 알려드리려고 합니다.

1947년 어느 날, 한 베두인('사막의 사람들'이라는 아랍어) 목동이 사해 북서쪽 언저리에서 양을 치고 있었습니다. 양과 염소도 생명이 있는 녀석들인지라, 그 땡볕에서 온종일 풀을 뜯거나 풀을 뜯으러 돌아다니는 일이 그리 쉬운 일은 아닙니다. 게다가 사해 주변은 일 년에 비가 오는 날도 많지 않고(하루이틀 정도나 제대로 내리는지 모르겠네요), 연평균 강수량도 20밀리미터 안팎밖에 되지 않습니다. 여름이 되면 쿰란 주변 지역의 온도가 섭씨 40도를 넘나들어요. 저도 여름 방학이 되어서 성지순례 안내를 하게 되면, 이 쿰란에서만 2리터 정도의 물을 1시간 안에 뚝딱 해치우는데, 그 녀석들이라고 견디어낼 도리가 있겠습니까? 그렇기 때문에 이 양들은 그늘이 있는 곳을 찾아 들어가게 됩니다.

유대 광야는 토양이 석회질이라 비가 오거나 물이 지나간 자리, 그리고 세월의 풍화에 이겨내지 못한 지반이 약한 곳에 헤아릴 수 없이 많은 자연 동굴이 있습니다. 그래서 이 광야 한복판에서 양들이 찾아내는 그늘이라는 것은 바위 아래이거나 이렇게 자연스럽게 만들어진 동굴일 수밖에 없지요. 그 날도 목동이 양을 치던 중에 갑자기 양이 한두 마리 사라져버렸습니다. 이 녀석들이 갈 데라고는 그늘을 만들어주는 커다란 바위 아래나 동굴밖에 없지요. 목동이 이리저리 둘러보다가 동굴 하나를 발견했습니다. 분명히 그 동굴 안에 양들이 들어갔을 것이라고 생각한 목동은 그 동굴을 향해 돌멩이를 던졌습니다. 찾아 들어갈 수도 있겠지만 목동도 귀찮

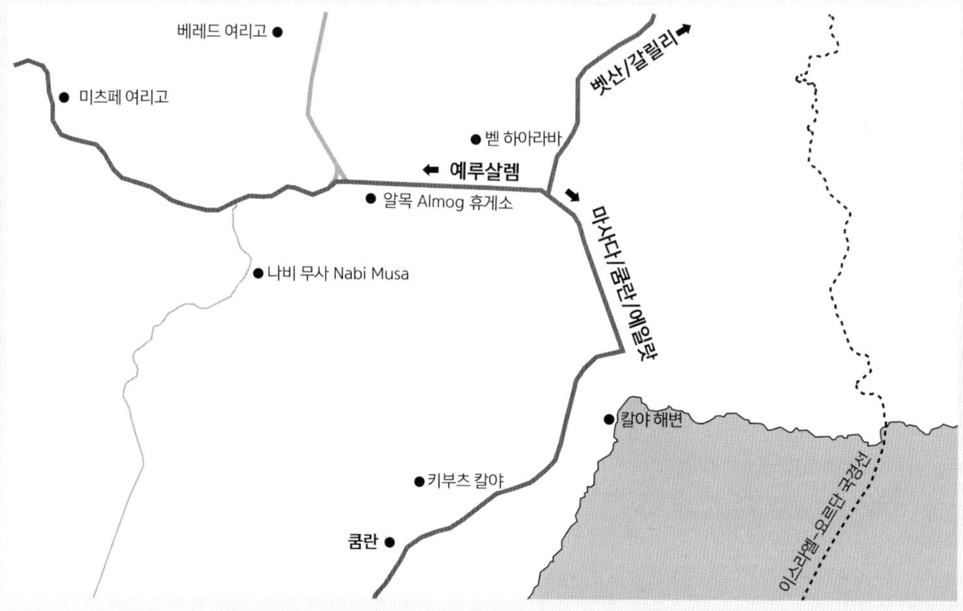

사해 바닷가에 있는 쿰란은 사해의 북서쪽에 위치해 있다. 오늘날 사해의 해수면이 예수님의 시대보다 약 50여 미터 낮아졌다는 것을 감안한다면, 쿰란의 언덕 아래까지 바닷물이 들어와 있었을 것이다.

았겠지요. 그 더운 땡볕에 언덕을 올라 동굴을 뒤진다고 생각해보세요. 있을지 없을지도 확실히 모르는데 말이지요.

동굴을 향해서 돌을 던졌습니다. 그런데 돌에 맞아서, 아니면 깜짝 놀라 울어야 할 양의 울음소리는 들리지 않고 '쨍그랑' 무언가가 깨지는 소리가 들린 거예요. 목동은 직감적으로 무언가가 있다는 것을 느꼈겠지요? 그래서 그 동굴로 들어가 보았는데, 그 안에는 방금 돌을 던져서 깨진 항아리와 깨지지 않은 항아리들, 그리고 항아리들 안에 오래되어서 엉겨 붙어버린 가죽 뭉치들이 있는 겁니다. 이 가죽 뭉치가 바로 지금까지 알려진 가장 오래된 히브리어 성서 사본인 사해 사본입니다. 여기까지가 가장 사실에 근접했을 법한 이야기입니다. 그리고 그 이후에 히브리대학교에서 사본을 손에 넣기까지는 재미있지만 근거는 없는 에피소드가 많이 있습니다.

쿰란에서는 성서의 사본과 함께, 당시 쿰란에 살던 사람들이 어떻게 살아야 했는지 공동체의 규칙을 기록한 글들과 그때 그 사람들의 생활을 추측해볼 수 있는 다른 글도 많이 발견되었습니다. 쿰란에 살던 사람들의 생활을 짧게 말하자면 저는 "정결하게"라고 말하고 싶습니다. 또 현재 우리에게 남겨진 그들 삶의 가장 인상적인 특징에 근거를 두어 그 삶을 묘사하자면 "성서처럼, 성서와 함께"라고 말할 수 있습니다. 쿰란에는 다양한 계층의 사람들이 살고 있었습니다. 제사장부터 시작해서 종파를 무론하고 각지에서 쿰란의 공동체생활을 동경하는 이들이 모여들었기 때문이에요. 그래서 쿰란의 사람들은 그 직업도 다양했습니다. 이 가운데에서 가장 눈에 띄는 사람들은 "성경을 필사하는 사람들"입니다.

일반적으로 예전에는 글을 돌조각이나 나무, 그리고 토기에 기록하였는데, 이렇게 기록하는 방법의 단점은 긴 글을 기록할 수 없다는 겁니다. 광개토대왕비가 아무리 크기로서니, 이사야서 1장부터 66장까지를 다 기록하기에 넉넉하겠습니까? 그러면서 발전하게 된 것이 파피루스나 양피지에 기록하는 방식입니다. 쿰란의 두루마리들도 대부분 양피지입니다. 양피지에 기록하게 되면서 예전보다 그 기록의 방법이나 분량도 많이 늘어나게 되었고, 더 수월하게 문서를 남길 수 있게 되었지요.

예전에 비해서 성서를 기록하고 보존하는 것이 쉬워졌다고 해서 마음대로 성서를 기록했던 것은 절대로 아니었습니다. 이 사람들

이 성서를 기록하는 방식은 매우 엄격했습니다. 전해 내려오는 전통에 의하면, 최소 2명에서 일반적으로는 3명이 함께 성서를 기록하게 됩니다. 한 사람은 원본 성서 두루마리를 읽는 사람이고, 한 사람은 읽어주는 두루마리를 쓰는 사람, 마지막 한 사람은 읽어주는 두루마리를 쓰는 사람이 제대로 쓰고 있는지를 옆에서 확인하는 사람입니다. 혹 잘못 기록하면 옆에서 지켜보던 사람이 지적할 테니, 잘못 필사하려야 할 수가 없겠지요. 그럼 쓰다가 잘못하면 어떻게 될까요? 새 양피지에 다시 처음부터!!! 그러니 거의 다 양피지를 채워가다가 잘못 쓰면 정말 난감하겠지요?

더욱 놀라운 것은, 이 사람들은 성서를 필사하다가 "하나님"이라는 말(엘로힘, 야웨 등등)이 나오면 쓰던 것을 멈추고서는 "정결례"라고 하여 필사하는 곳 옆에 있는 정결욕조(미크베: Miqveh)의 물에 몸을 완전히 담갔다가 나오는 예식을 거행하게 됩니다. 결국 창세기부터 시작한다면 절마다 거의 빠짐없이 나오는 "하나님"이라는 단어를 쓰기 전에 매번 정결례를 해야 했다는 말이지요. 베두인에 의해서 발견된 첫 번째 동굴의 이사야 두루마리를 예로 들자면, 전체 이사야서를 필사하기 위해서 이 필사자들은 하나님이라는 이름 때문에 적어도 544번까지 정결목욕을 해야 했습니다. 정말 대단하지요.

어떻게 보면 참 무식하고도 고지식한 필사의 전통인 듯하지만, 이렇게 철저한 성경 필

쿰란에서 바라본 사해 바다 쿰란에서 제일 처음 발견된 첫 번째 동굴에서 바라본 사해 바다

사의 전통이 있었기 때문에 우리 손에 쥐어진 성서가 세월이 지난 오늘까지도 변함없이 그때 그 모습 그대로 전해지는 것이 아닌가 합니다.

그에 비하면 오늘의 성서는 그 가치를 잃어버린 지 오래인 듯합니다. 현재까지도(정말 '현재까지도'인지는 알 수 없지만…) 최고의 베스트셀러가 성서라고 하지 않습니까? 예전에는 하나님의 말씀인 두루마리 한번 만져보는 것만으로도 최고의 영예였고, 여자들은 아예 그 두루마리를 죽는 날까지 한 번도 만져보지 못했는데, 이제는 가장 많이 팔리는 책(!)이 되었습니다. 새신자들이 많이 사서 그렇겠습니까? 하도 읽어서 낡고 해어져서 새로 사는 사람들 때문에 그런 걸까요? 더러는 잃어버린 사람들, 그리고 새롭게 예쁘게 인쇄된 성서와 각양각색의 새로운 가죽 표지 색과 디자인이 마음에 들어서 새로 사는 사람들, 뭐 이런 사람들까지 다 쳐서 그런 것이 아닐까 해요. 성서가 최고의 베스트셀러고 스테디셀러라면 하나님께 헌신하는 사람들도 비례적으로 많아져야 하는

데, 그렇지 않은 것을 보면 성서가 여전히 오늘을 살아가는 우리에게 대단한 가치가 있어서 베스트셀러가 아니라 그 가치의 소중함을 몰라서, 분실하고 마구 홀대해서 베스트셀러가 되었는지도 모를 일입니다.

그러고 보면, 예전 교회에서 필사 성서 만든다고 제게 떨어진(?) 분량을 채우려고 급급했던 제 손과 신앙이 이처럼 부끄러울 데가 없습니다.

쿰란
벼랑 끝에서의 용기

BIBLE VIEWFINDER

내 아들아 들으라 내 말을 받으라 그리하면 네 생명의 해가 길리라 _잠 4:10

쿰란에만 가면 저는 꼭 그 생각이 납니다. 약혼식을 하러 한국에 가기 전, 학교 친구와 쿰란을 잘 알고 있는 집사님과 함께 쿰란에서 성경 두루마리들이 발견된 동굴들을 일일이 다 돌아볼 기회가 있었습니다.

기원전 2세기 즈음, (쿰란 공동체 신앙의 입장에서) 타락한 예루살렘 성전을 떠나 사해 바닷가의 유대 광야에서 메시아의 때를 기다리던 사람들이 있었습니다. 그들은 자신들을 야하드 공동체라 불렀는데, 메시아를 맞이하기 위한 준비로 정결한 삶, 금욕적인 삶을 살려고 노력하였어요. 공동체 구성원에는 각계각층의 사람들이 있었는데, 특별히 서기관들이 필사한 성경 두루마리들이 1947년에 발견되면서 유명해졌습니다.

쿰란을 방문하면 옛 거주지의 흔적을 돌아보게 되는데, 대부분은 정결례를 하는 정결욕조와 정결례에 사용할 물을 공급하고 우기에 건천(Wadi)을 따라 흘러내리는 물의 방향을 돌려서 물 저장고에 물을 대던 수로의 흔적들, 공동체가 함께 식사하던 장소와

주거동굴 야하드 공동체가 살았던 동굴 중의 하나

서기관들이 성경을 필사하던 방, 필사한 문서를 보관하는 항아리들을 빚고 구워내던 가마들을 돌아봅니다. 그런데 이 거주지는 야하드 공동체가 살기 위해서 만든 마을은 아니고, 공동체가 함께 식사하고, 예배드리고, 몸을 정결하게 하기 위해서 만든 공공 건물들입니다. 정작 야하드 공동체는 이런 건물이 아니라 절벽 곳곳에 있는 동굴에서 주거생활을 했습니다. 그러다가 대(對)로마 항쟁 중, 마을이 파괴되기 전에 두루마리를 보호하기 위해서 급히 그 많은 동굴 중에 몇 개의 동굴로 옮겼고, 그중에 11개의 동굴이 발견된 거지요.

트래킹하며 발로 그 동굴들을 밟아 보는 것이 제게는 큰 의미가 있는 일이기는 했지만 생각만큼 쉬운 일은 아니었어요. 두루마리가 발견된 첫 번째 동굴을 답사하고, 두 번째 발견된 동굴로 올라가는 길은 가파른 오르막인지라 높은 곳을 무서워하는 저는 좀 긴장되기도 했는데, 더 문제는 그 동굴에서 세 번째로 발견된 동굴

쿰란의 절벽과 야하드 공동체의 공공 건물 쿰란 공동체 사람들은 사해와 맞닿은 유대 광야의 절벽에 자연적으로 생긴 동굴에서 살다가 공동체가 함께하는 예식이나 식사 시간에 함께 모이는 마을로 내려갔다. 사진에 보이는 절벽이 쿰란 공동체가 살던 절벽이고, 사진 오른쪽의 건물 유적이 공동체를 위한 모임 공간이다.

로 내려오는 길이었습니다. 쿰란의 동굴 답사를 이끄는 집사님이 워낙 모험심이 넘치는 분인지라 길도 없는 절벽을 타기 시작한 거예요. 저는 영문도 모르고 덩달아 절벽을 타기 시작했습니다. 뾰족뾰족한 쿰란의 바위들은 장갑을 끼지 않으면 잡기도 힘들었습니다. 게다가 떨어지지 않으려고 절벽에 얼마나 몸을 찰싹 붙였는지 뾰족한 돌들에 온몸이 쓸렸습니다.

그러다 난관에 부딪혔습니다. 절벽을 따라 내려가다가 팔을 뻗어 매달려 가는데 발이 땅에 닿지 않는 겁니다. "모골이 송연하다"라는 말이 꼭 맞았습니다. 그래서 급히 먼저 내려간 친구와 집사님을 불렀습니다. 그런데 집사님께서 너무나 태연하게 "이 전도사, 손을 놔" 그러는 겁니다. 그렇게 높지 않다는 것은 알겠는데, 조금이라도 균형을 잃으면 뒤는 완전 수직 절벽이기에 도저히 그럴 수 없었습니다. 손에 땀이 차오르고, 좀 더 간절하게 친구를 불렀습니다. 결국 친구의 도움으로 매달린 절벽에서 안전하게 착지할 수 있었는데요, 전혀 보태지 않고 딱 10센티미터였습니다. 땅

두루마리를 보관하던 항아리들 공동체 안에서 서기관들은 성경을 비롯한 각종 문서를 필사하고 생산하는 일을 담당하였다. 두루마리를 쓰고 나면 두루마리를 담는 항아리에 보관하여 선반 위에 올려놓는다.

293

쿰란 공동체 건물 평면도

1 물길이 들어가는 곳
2 - 3 물 저장고
4 망대
5 공동체가 모이는 작은 방
6 필사하는 방
7 부엌
8 공동체 식사하는 방
9 그릇 만드는 곳
10 두루마리 보관용 항아리 만드는 곳
11 칸막이 방
12 타작 마당
0 10m 20m
북
서 동
남

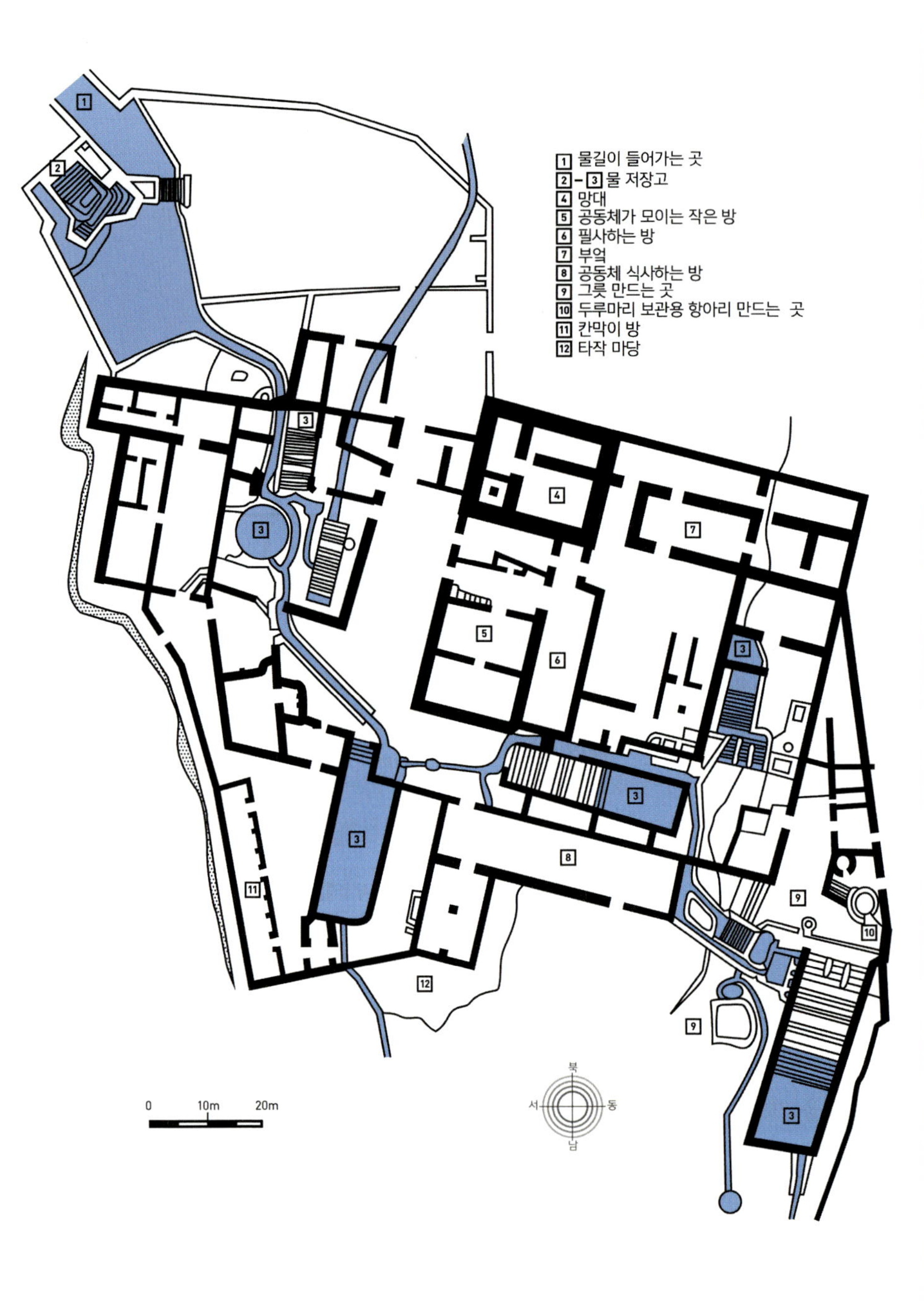

과 제 발이 떨어져 있었던 높이가요. 절벽에 매달려 절벽을 잡고 있는 손끝만 보고, 아래를 내려다볼 수 없으니 10센티미터인지 아닌지 누가 알았을까요? 딱 10센티미터 공중에 매달려서 떨리는 목소리로 집사님과 친구를 부르던 제 모습을 떠올리며 얼마나 창피했는지 모릅니다.

약혼식 겸 양가 상견례 내내, 제 배의 수많은 상처와 아물어가는 상처들의 따끔따끔한 고통이 알려준 교훈은 "벼랑 끝에서 손을 놓을 수 있는 용기"였습니다. 아마도 하나님은 그것을 저에게 원하시는 것이 아닌가 합니다. 손을 꼭 움켜잡아야 할지 아니면 놓아야 할지는 주님이 알려주시고, 저는 그저 그분의 말씀에 최선을 다해서 귀 기울이며 용기를 내어 그 명령을 따르기만 하라는 것 말입니다. 비록 제가 절벽에 매달려 있을지라도 말입니다.

사해 바다는 어떻게 만들어졌나?

지구가 물로 덮여 있던 시절입니다. 대륙은 거대한 하나의 땅덩어리였지요. 그러나 지각의 아래는 뜨거운 액체입니다. 지구는 탄생 이후, 계속해서 식어가고 있습니다. 지구가 식어가는 방법 중의 하나는 내부의 뜨거운 온도를 밖으로 내보내는 것인데, 지각의 연약한 부분을 뚫고 가스나 용암이 분출되는 것이 바로 지구가 스스로 식히는 방법의 하나입니다.

액체 상태의 지각 내부가 열을 방출하기 위해서 지각을 밀어 올리는데, 이때 가해지는

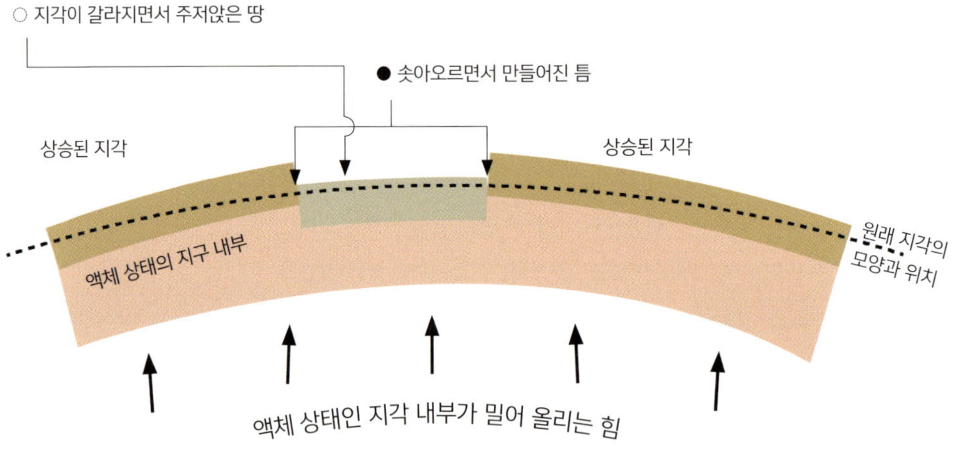

큰 힘이 지각을 갈라놓기도 합니다. 이 힘 때문에 '판'이라는 것이 형성되었습니다.

지금으로부터 약 200만 년 전에 이렇게 갈라지며 솟아오른(대륙의 융기) 땅의 현재 이스라엘 쪽은 아프리카 판이고, 요르단 쪽은 아라비아 판이라 불립니다. 그리고 이 양쪽의 틈 사이에 가라앉은(침강 작용) 땅이 사해 단층 지역입니다. 이 틈 사이로 바닷물이 쏟아져 들어온 것이 현재 사해 바다가 처음 생겨나게 된 배경입니다.

이 바다의 가장 큰 문제는 들어오는 곳도 빠져나갈 곳도 없는 호수와 같은 바다라는 겁니다. 그렇게 고여 있던 바닷물은 시간이 지남에 따라 증발합니다. 순수한 물인 H_2O는 증발하고, 나머지 광물질은 그대로 바다에 남게 된 것입니다.

세월이 지나면서 땅에서 솟아나는 샘과 강들이 바다로 흘러 들어가게 되면서 증발되는 물의 양과 유입되는 물의 양이 서로 일치하면서 평균 해수면이 확정된 겁니다.

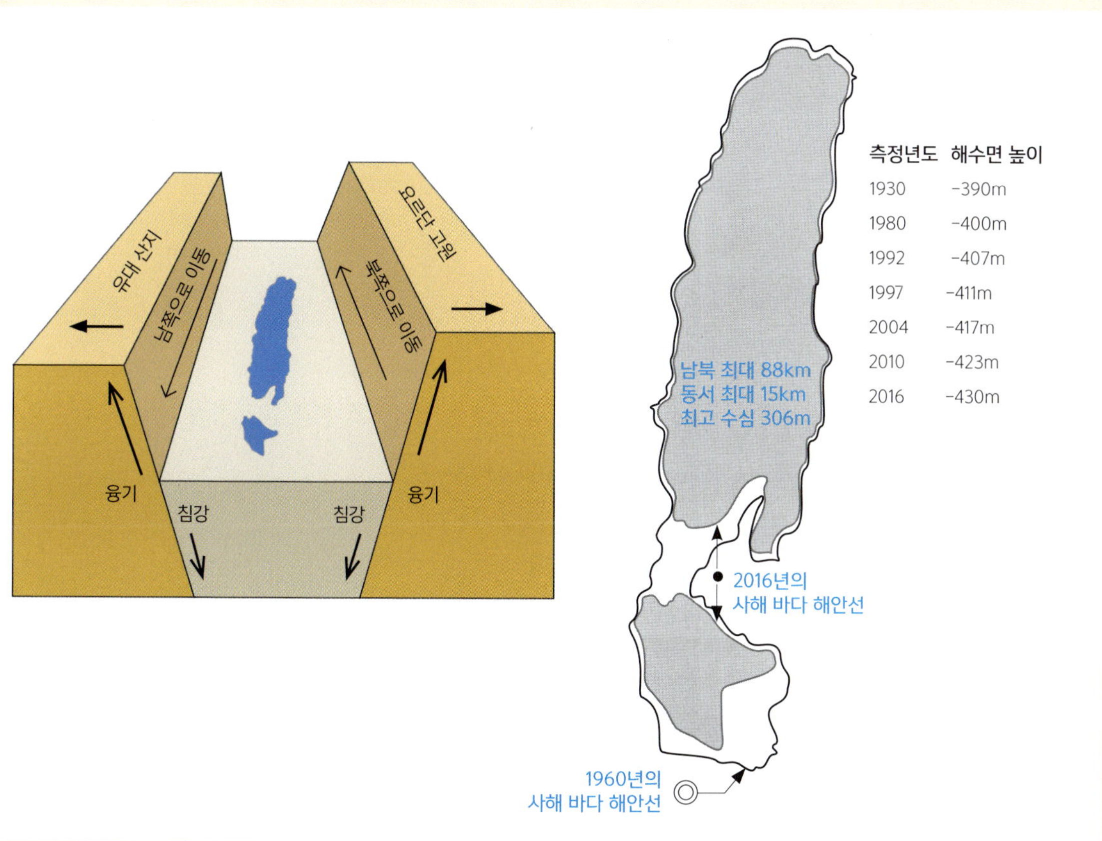

엔게디

강(江)나루 건너서
밀밭 길을

구름에 달 가듯이
가는 나그네

길은 외줄기
남도(南道) 삼백리(三百里)

술 익는 마을마다
타는 저녁 놀

구름에 달 가듯이
가는 나그네

박목월 시인의 시 '나그네'이지요? 이 시를 영어로 번역한다면 어떻게 될까요? 그리고 그 번역된 영시를 원문을 모르는 사람이 다시 한국어로 옮긴다면 어떻게 될까요?

"'번역'은 '반역'이다"라는 말이 있습니다. 기록된 언어는 번역이 되는 순간, 아무리 멋진 번역자를 만난다 하더라도 처음 그 글을 기록한 사람의 심상을 100퍼센트 전하기 어렵다는 것을 우회적으로, 그리고 가장 정확하게 표현한 말인 것 같아요. 언어에는 그 말을 사용하는 사람들의 전통과 문화, 그리고 생각이 담겨 있는데, 이 같은 배경에 대한 이해가 없이 사전식의 번역이 작자의 원래 의도를 그대로 전하기는 매우 어렵겠지요.

성서 번역도 예외가 될 수는 없는 듯합니다. 히브리어 또는 헬라어로 기록된 신구약성서를 이해하기 위해서는 히브리인들과 헬라인들의 전통과 문화, 그리고 그 정신의 이해가 필수적이라는 말이지요. 이렇게 힘든 번역 가운데에서 역시 최고봉은 시편이 아닌가 합니다. 시(詩)라는 것이 그렇잖아요. 운율과 대구, 은유와 상징, 두운과 각운, 그리고 같은 의미의 단어라고 할지라도 좀 더 그 상황에 어울리는 단어들을 선택하는 것이 '시' 아닙니까! 이런 히브리어 시를 우리말로 옮길 때 그 어려움은 굳이 말로 설명할 필요가 없겠지요. 히브리어 시에는 음절과 음절이 만들어내는 수(數)의 미학이 있고, 두운과 각운이 만들어내는 대구와 병렬이 있고, 한 줄 한 줄 만들어내는 단어 개수의 일치가 있습니다. 시편 강의를 하는 것은 아니니 제가 더 자세하게 말씀을 드릴 필요는 없겠으나, 여기서는 성서에 몇 번 등장하지 않기에 그 의미가 난해한 단어에 관해서 말씀을 드리려고 합니다.

국립공원 엔게디는 유대 광야 한가운데에 쏟아지는 신선한 오아시스가 있는 곳입니다. 국립공원에 들어서자마자 안쪽으로 들어가다 보면, 오른쪽의 골짜기로 푸릇푸릇 풀들이 돋아나 있고, 그 절벽의 이곳저곳에는 사람이 파놓은 듯 저절로 생긴 듯 많은 동굴이 있어요. 그 동굴들을 잘 보면, 원래 자연적으로 생긴 동굴에 사람의 손길을 불어넣어 주거 장소로 이용하였다는 것을 알

다윗의 동굴 엔게디 국립공원에 들어서서 골짜기를 따라 걷다 보면, 오른쪽 절벽에 옛적부터 사용되었던 주거지 동굴의 흔적이 남아 있다.

수 있습니다. 그 절벽의 동굴에 어떻게 사람이 살았을까 싶을 정도로 올라가는 길이 가파른 동굴은 이미 몇천 년에 걸쳐서 사람들이 살았던 주거지입니다. 엔게디 국립공원에 들어서면 가장 먼저 생각나는 성서의 사람은 다윗입니다.

사울을 피해 이리저리 도망 다니던 다윗은 이곳 엔게디까지 도착합니다(삼상 23:29). 다윗이 엔게디에 있다는 소식을 듣고서 사울은 3,000명의 병사를 이끌고 다윗을 잡으려고 엔게디에 오지요. 그 뜨거운 태양을 뚫고 달려온 사울이 시원한 물 한 모금 마신 뒤 잠시 열기를 식힐 휴식의 장소가 필요했을 겁니다. 주위에 있는 동굴에 들어가서 잠시 쉬던 사울의 옷자락을 다윗이 슬며시 베어가지고서는 사울과 이야기를 주고받던 그곳이 바로 이곳 엔게디입니다. 어느 동굴이 다윗이 숨어 있었던 그 동굴이었는지는 알 길이 없지만, 이 수많은 동굴 중에 어느 하나는 바로 다윗이 그날 숨어 있었던 동굴이겠지요.

동굴이 산재해 있는 골짜기를 따라 올라가다 보면 물 흘러가는 소리가 졸졸 나기 시작하더니만 곧 어른 키의 3배 정도 되는 폭포가 떨어집니다. 메마른 광야의 골짜기 한가운데서 옥색의 맑은 폭포를 보는 이스라엘 사람들의 마음을 한국에 사는 사람들은 좀처럼 이해할 수 없을 겁니다. 하나님이 주신 아름다운 산수 강산을 유산으로 받은 한국 사람들에게 이런 폭포는 셀 수 없고, 이런 물은 너무나 흔한 물 중 하나일 뿐이니까요. 하지만 이스라엘에 한 달만 살아보면 나무와 물과 흙을 대하는 마음이 완전히 달라집니다. 메마른 땅을 뚫고 올라온 나무와 풀들이 장하고, 척박한 땅에서도 풀과 나무들을 담아내는 흙들이 장하고, 그 땅을 흐르는 물줄기와 하늘의 비가 장합니다. 이스라엘에 와서 제가 가장 많이 변한 것은 작은 것에도 감동하고 놀라는 것인데, 이것 역시 이렇게 척박해 보이는 땅에서 살고 있기 때문에 가능했던 일이 아닌가 해요.

좀 더 좀 더 위로 물줄기를 따라 올라가면, 그 높이가 50미터를 훨씬 넘는 다윗의 폭포를 만나게 됩니다. 다윗의 폭포 앞에 서면 떨어지는 물줄기 소리에 옆 사람과 이야기하는 소리가 들리지 않을 지경이에요. 이 폭포는 오아시스에서 터져 나오는 샘 줄기가 만들어낸 장관 중의 하나인데, 한국에서도 이렇게 아름다운 폭포의 모습을 보기란 그리 쉽지 않지요.

해가 떨어질 무렵이 되면 광야의 동물들이 물가로 모여들기 시작합니다. 제가 갔던 날도 비가 온 다음 날이었는데, 질퍽한 땅에 가젤과 늑대, 그리고 사반들의 발자국이 어지럽게 산재해 있더라고요. 아마 이른 아침에 이미 이곳에 와서 물 한 모금 마시고 돌아갔나 봅니다.

이 폭포 앞에만 서면 저절로 시편 42편이 흘러나옵니다.

"하나님이여 사슴이 시냇물을 찾기에 갈급함 같이 내 영혼이 주를 찾기에 갈급하니이다 내 영혼이 하나님 곧 살아 계시는 하나님을 갈망하나니 내가 어느 때에 나아가서 하

다윗의 폭포 엔게디 골짜기 맨 위에 있는 이 폭포의 이름은 '다윗의 폭포'이다. 사울을 피해 엔게디로 도망 온 다윗이 이 폭포 아래에서 달아오른 몸의 열기를 식혔을 것이다.

나님의 얼굴을 뵈올까"(시 42:1,2).

그런데 이처럼 아름다운 구절을 이렇게 멋대가리 없게 번역한 구절도 드물어요. 굳이 그 의미를 담아서 번역한다면 표준새번역의 번역이 참 좋습니다.

"하나님, 사슴이 시냇물 바닥에서 물을 찾아 헐떡이듯이, 내 영혼이 주님을 찾아 헐떡입니다. 내 영혼이 하나님, 곧 살아 계신 하나님을 갈망하니, 내가 언제 하나님께로 나

아가 그 얼굴을 뵈올 수 있을까?"

히브리어 단어 아라그(ערג)는 참 난해한 단어입니다. 성서를 연구하는 학자들은 이 단어를 설명하면서 몇 가지 의견을 내어놓는데, 표준새번역에서 말하는 것처럼 "헐떡거린다", "찾으면서 울고 있다", "펄쩍펄쩍 뛰고 있다" 등이 있습니다. 제가 말해놓고서도 여기에 적합한 한국말을 찾기가 매우 힘드네요. 하여간 그 의미는 "매우 간절하게 애태우며 찾는다"라는 겁니다.

광야에 사는 동물들은 본능적으로 물이 있는 곳을 알고 있답니다. 그래서 광야에서 먹이를 찾아 어슬렁거리다가 지치면 가만히 그 자리에서 힘을 비축하고 있다가 해가 질 무렵에 자기들의 굴에서 나오는 동물들의 뒤를 따라가며 물이 있는 곳으로 갈 수 있지요. 대부분 광야에 이렇게 물이 있는 곳은 국립공원들이거나 주위에 베두인의 텐트들이 있으니 일단 "살았다" 할 수 있지요. 이 또한 광야에서 살아가는 법입니다.

그런 사슴이 타는 목마름을 견디어내며 물이 있는 오아시스에 도착한 겁니다. 물을 마시러요. 그런데 있어야 할 물이 없고 메마른 바닥만 쩍쩍 갈라져 있는 거예요. 불과 어제만 해도 굉음을 내면서 떨어지는 폭포의 시원한 물줄기가 한낮의 더위를 마치 에어컨처럼 냉기로 가시게 해주었는데, 이제 그 폭포는커녕 쩍쩍 갈라진 땅만 사슴을 기다리고 있는 겁니다.

사슴이 난리가 난 거지요. 더위와 건조함

에 목이 타들어 가는 사슴이 말라버린 샘 앞에서 펄쩍펄쩍 뛰면서 "아이고, 나 죽었다"를 연발하는 모습을 상상해보세요. 시편의 시인은 그런 사슴의 처지가 바로 자기 처지라고 말하고 있습니다. 아마 이 시편을 기록한 시인은 매우 곤란한 상태에 빠졌던 모양입니다. 엔게디에서 이 시편을 묵상하노라면 또다시 어김없이 다윗이 생각납니다. 사무엘에게 왕으로 추대되어 기름부음을 받은 다윗은 분명히 승승장구해야 했습니다. 축하받아야 하는 거지요. 그런데 그때부터 다윗은 사울에게서 생명의 위협을 받으며 광야를 전전하며 숨어다닙니다. 그런 다윗을 보면서 분명히 사람들은 이렇게 말했을 겁니다. "다윗아, 네 하나님이 어디에 있느냐?", "하나님은 너를 버리셨다!" 다윗도 사람인지라 그 지경에 빠져서 헤어날 길이 없으면 하나님을 원망할 만도 했을 텐데, 다윗의 삶을 들여다보면 저처럼 신앙이 조건적이지는 않았던 것 같습니다.

이 시편의 기자 역시 같은 상황을 겪었나 봅니다. 그래서 자기의 처지를 이렇게 비관합니다.

"사람들은 날이면 날마다 나를 보고 "너의 하나님이 어디 있느냐?" 하고 비웃으니, 밤낮으로 흘리는 눈물이 나의 음식이 되었구나. 기쁜 감사의 노래 소리와 축제의 함성과 함께 내가 무리들을 하나님의 집으로 인도하면서 그 장막으로 들어가곤 했던 일들을 지금 내가 기억하고 내 가슴이 미어지는구나."

광야의 동물들은 해 질 무렵이 되면 샘 곁으로 와서 물을 마신다. 이 시간에 맞추어 국립공원이 폐장하므로 이스라엘의 국립공원도 오후 4–5시 즈음이면 모두 문을 닫는다.

그런데 말이지요, 성경에 나오는 사람들은 역시 저와 같은 소인배가 아니더라고요. 이 정도가 되면 아마 저는 하나님께 "왜 나를 버리셨나요?", "내가 무슨 잘못을 그토록 하였기에 지금 이렇게 바닥으로 내동댕이치시나요?", "하나님은 저를 사랑하기는 하시는 건가요?" 이렇게 하나님께 따지듯이 되물었을 텐데, 시편의 시인은 이렇게 말하고 있는 겁니다.

"내 영혼아, 네가 어찌하여 그렇게 낙심하며, 어찌하여 그렇게 괴로워하느냐? 너는 하나님을 기다려라. 이제 내가, 나의 구원자, 나의 하나님을 또다시 찬양하련다. 내 영혼이 너무 낙심하였지만, 요단 땅과 헬몬과 미살산에서, 주님만을 그래도 생각할 뿐입니다. 주님께서 일으키시는 저 큰 폭포 소리를 따라 깊음은 깊음을 부르며, 주님께서 일으키시는 저 파도의 물결은 모두가 한 덩이 되어 이 몸을 휩쓸고 지나갑니다. 낮에는 주님께서 사랑을 베푸시고, 밤에는 찬송으로 나를 채우시니, 나는 다만 살아 계시는 내 하나님께 기도합니다."

역시 달라도 뭔가 다르지 않나요? 이 시편이 제게 매우 힘이 됩니다. 어려움이 있을 때 하나님을 향한 저의 태도는 원망과 하소연이 아니라, 그럼에도 불구하고 드려야 하는 찬양이 아닌가 합니다.

303

마사다

헤롯과 마사다

　헤롯은 유대아 땅의 왕으로 기원전 37년부터 기원후 4년까지 통치하였습니다. 헤롯 대왕은 살아생전 건축한 많은 요새와 수로, 극장과 공공건물 등으로 역사에 큰 발자취를 남긴 사람이지요. 헤롯의 아버지는 안티파터(Antipater)라 불리는 에돔 사람입니다. 에돔 사람이라고 하면 오늘날의 아랍인을 생각하면 됩니다. 이 당시 에돔 지역은 이스라엘의 사해 남부부터 에일랏까지 이르는 이스라엘의 남부 지역을 가리키는 말입니다. 안티파터는 하스모니아 왕조의 통치 아래에서 귀족 세력으로 영향력을 끼치던 가문이었습니다.

　안티파터는 정치적 감각이 있는 사람이었던 모양입니다. 로마의 카이사르(Caesar)와 폼페이(Pompey) 사이의 갈등 속에서 카이사르의 편을 들어서 승승장구하게 되거든요. 카이사르가 폼페이와 전쟁을 할 때 이집트의 알렉산드리아에 포위되어 오가지도 못하는 상황에 빠진 적이 있었는데, 안티파터가 직접 군대를 끌고 가 카이사르가 탈출할 수 있게 길을 열어주었어요. 그래서 기원전 47년에 카이사르는 안티파터를 유대아 지방을 다스리는 총독으로 임명합니다. 안티파터는 유대아 지방을 다스리는 총독으로 임명된 후 불과 4년 뒤에 암살당하지만, 당시 이 지역을 다스리던 로마의 장군 안토니우스(Antonius)는 안티파터의 아들들인 파사엘과 헤롯을 각각 분봉왕(Tetrarchy)으로 예루살렘과 갈릴리 지역을 통치하게 합니다(기원전 41년).

곧 유대인들이 헤롯의 통치에 불만을 품고 반란을 일으키게 돼요. 폼페이에 의해서 무너진 유대인 왕조인 하스모니아 왕국의 마지막 후계자 안티고누스(Antigonus)가 유대인들, 그리고 파르티아 사람들과 연합하여 기원전 40년에 헤롯을 반대하는 전쟁을 일으킨 것입니다. 헤롯은 자신의 통치권을 재확인하고 로마의 도움을 구하기 위해서 재빨리 로마로 갑니다. 그런데 뜻하지 않게 원로원에서 큰 선물을 받게 되지요. 갈릴리뿐 아니라 온 유대아를 다스리는 왕으로 임명받아서 돌아오게 되거든요. 여기에는 이유가 있었습니다. 헤롯을 왕으로 임명한 것은 안토니우스였지만, 안토니우스는 옥타비아누스와 경쟁 관계에 있었습니다. 원로원과 한 몸이었던 옥타비아누스는 점점 악화되는 안토니우스와의 관계에서 전쟁도 불사하겠다는 의지를 가지고 있었는데, 헤롯을 자기편으로 끌어들이기 원했습니다. 헤롯이 다스리는 갈릴리 지역

마사다를 오르는 뱀 길 400미터 높이의 마사다를 오를 수 있는 유일한 길은 뱀 길이라고 불리는 지그재그형의 좁은 길이다. 깎아지른 절벽에 한 사람이 다닐 만한 좁은 길이었던 뱀 길은 로마 군인들이 중무장을 한 채 오르기는 쉽지 않았다.

뿐 아니라, 유대아를 포함한 지역은 안토니우스가 다스리는 이집트와 동유럽의 땅을 연결하는 통로 역할을 했거든요. 여기를 막아버리면 혹 전쟁이 나게 되더라도 유리한 고지에 오를 수 있기에 헤롯의 도움이 필요했던 거지요. 결국 서로 이해관계가 맞아떨어지면서 헤롯이 갈릴리, 사마리아, 이두메아, 유대아 지역을 다스리게 된 것입니다. 로마가 왕으로 승인하기는 하였지만, 유대아 땅에서 내부 투쟁이 곧바로 멈춘 것은 아니었습니다. 3년에 걸친 전쟁으로 안티고누스를 따르는 유대인 세력을 진압하면서, 기원전 37년부터 실질적인 무소불위의 왕이 된 것입니다.

그렇다고 헤롯의 근심 걱정이 모두가 사라진 것은 아니었어요. 옥타비아누스와 손잡고 왕이 되었으나, 거대한 로마 제국의 영토 분할에 따르면 헤롯은 안토니우스의 영향력 아래에 있어야 했기 때문입니다. 헤롯과 옥타비아누스, 그들만의 밀약이라고 하더라도 세상에 영원한 비밀은 없습니다. 이것을 들켜버리면 안토니우스의 군대가 헤롯을 치러 올지도 모를 일입니다. 당시 안토니우스는 클레오파트라와 함께 이집트의 알렉산드리아에 있었기 때문에 유대아 땅에 진입하는 것은 순식간이었습니다. 헤롯은 만약에 안토니우스와 클레오파트라의 군대가 공격할 경우 자기의 통치 지역 남쪽에서 이들을 막을 요새가 필요했습니다. 그래서 선택된 곳이 마사다입니다. 이두메아 지역과 유대아 지역의 경계에 있는 마사다는 이미 기원전 40년에 벌어진

반헤롯 전쟁 때 헤롯이 가족들을 피신시켜 그 안전성이 검증된 장소였습니다. 사해 바다에서 400미터 떨어진 절벽과 급한 경사길 위에 솟아 있는 단독 봉우리의 마사다는 그야말로 천혜의 요새였거든요. 그래서 헤롯이 왕이 된 기원전 37년부터 마사다가 증축되고 보강됩니다. 기원전 31년에야 더 이상의 공사 없이 중단되었는데, 기원전 31년에 벌어진 악티움 해전에서 안토니우스의 군대가 옥타비아누스에게 패하면서 안토니우스와 클레오파트라도 죽었고 더 이상 헤롯을 위협하는 세력이 남지 않게 되었기 때문이지요.

헤롯 대왕 시대의 통치 영역

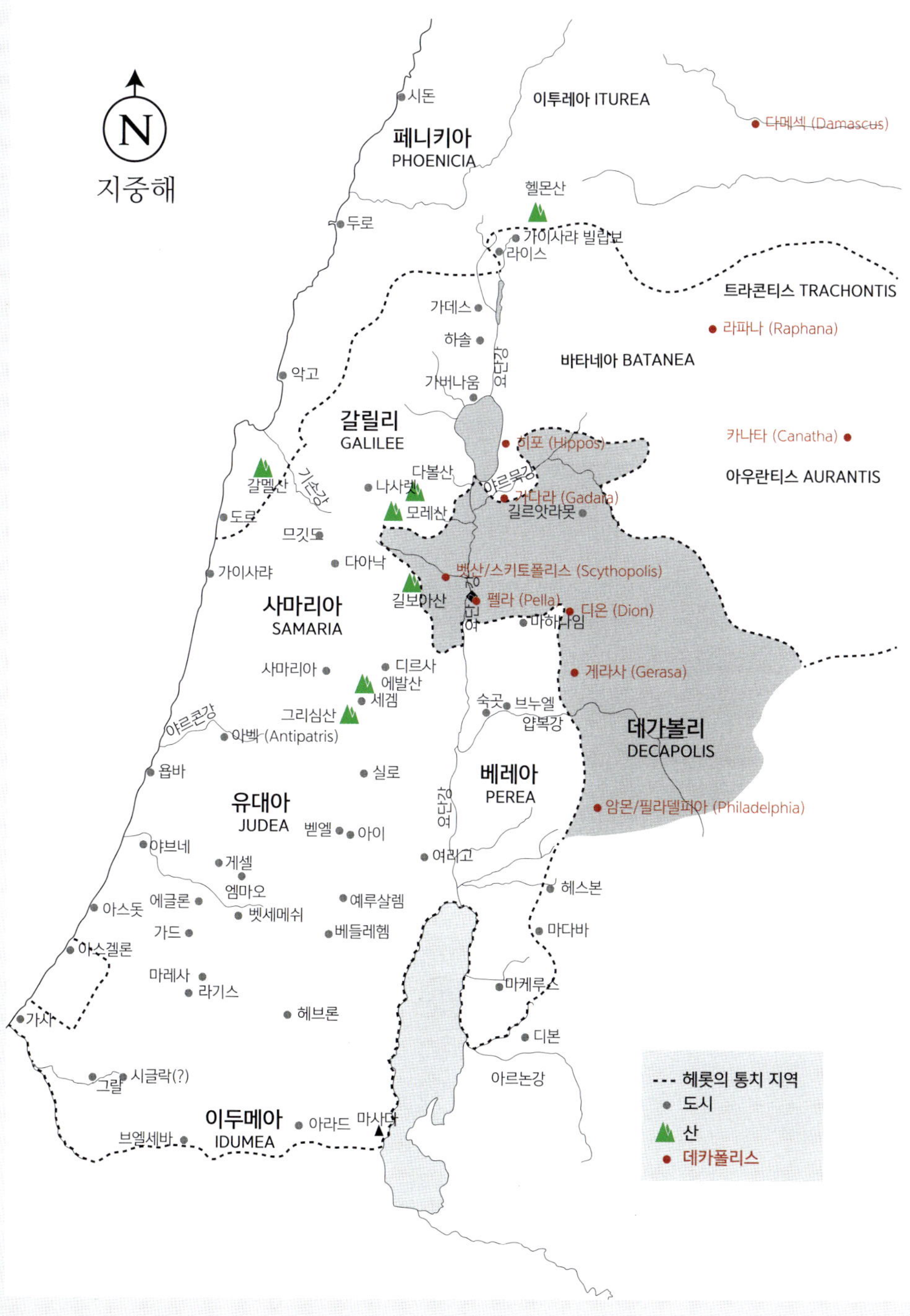

마사다
마사다와 유대인 항쟁

유대 지방은 기원전 63년부터 로마의 직접적인 영향권 아래에 있었습니다. 그러다 보니 유대인들 사이에서 로마에 반발심이 생기는 것은 당연한 것이었습니다. 그래서 로마에 대항하여 전쟁이 일어나거나 크고 작은 소요가 일어나기도 했습니다. 대표적으로 헤롯이 병상에 있던 기원전 4년에는 바리새인들이 헤롯과 로마에 반대하여 소요를 일으켰습니다. 헤롯은 유대인에게도 환심을 사고 로마 황제로부터도 신임을 얻기 위해서, 예루살렘의 성전을 공사한 다음(20 BCE), 성전 입구에 로마 황제를 상징하는 황금 독수리상을 세워 놓았습니다. 종교적으로 보수주의적 입장을 취하고 헬레니즘과 로마의 문화에 적대적이었던 바리새인들은 헤롯의 힘이 약해져 갈 무렵, 헤롯에 대해서 노골적인 적대감을 드러내며 성전 입구에 있던 이 황금 독수리상을 부숴버려요. 종교적으로야 자신들이 가지고 있는 신앙심의 표현이었지만, 정치적으로는 로마에 반대하는 소요의 불씨로 비쳤을 겁니다. 로마에서는 이것을 중요한 사태로 인식해 즉각적으로 반응하였고, 바리새인들의 소요는 곧 진압됩니다. 그리고 이 소요를 진압하는 데 로마와 함께 앞장을 선 헤롯의 아들들은 그 대가로 유대의 분봉왕(Tetrach)이 됩니다.

그러나 뭐니 뭐니 해도 가장 잘 알려진 유대인들의 반로마 항쟁은 예루살렘 성과 성전의 멸망을 야기한 66년의 항쟁이지요. 이 전쟁은 '제1차 유대 - 로마 전쟁'(The First Jewish-Roman War)이라고 불리기도 하고, '대항쟁'(The Great Revolt)이라고 불리기도 합니다. 이 항쟁의 원인은 하나님 뿐 아니라, 성전에서 황제에게도 신과 같은 급의 경의를 표해야 하는 종교적인 이유를 들기도 하지만, 직접적인 원인은 너무나 혹독한 로마의 세금 정책 때문이었습니다. 66년에 가이사랴 지역에서 처음 발발한 항쟁은 삽시간에 유대 땅 곳곳으로 퍼져나갔습니다. 시리아에 주둔하던 갈루스(Gallus) 장군이 진압을 시작하기는 했지만, 곧 황제 네로(Nero)는 베스파시안(Vespasian)을 마케도니아 지방에서 이집트를 거쳐 유다로 진격하게 하지요. 네로의 갑작스러운 하야로 유대 지방에 진군하였던 베스파시안이 황제가 되고 베스파시안은 자기 아들 티투스(Titus)를 유대인 항쟁을 정리할 새로운 장군으로 임명합니다.

황제의 문장 로마 황제를 상징하는 깃발 위의 독수리 장식

로마군이 건설한 비탈길 로마군은 유대인들을 노예로 잡아다가 3개월에 걸쳐 이 비탈길을 만들었다.

이러한 로마의 직접적인 군 개입으로 70년에 예루살렘이 함락됩니다.

대항쟁 시대 마사다의 역사는 그 치열한 전쟁에서 살아남았던 두 여인과 다섯 아이를 통해서 알려지게 되었습니다. 마사다는 대항쟁이 시작되던 66년에 열심당 중에서도 매우 과격한 분파였던 시카리(Sicarii)에 의해서 점령됩니다. 시카리(Sicarii)라는 말은 라틴어 'Sicarius'의 복수형으로, 그 의미는 "단검을 지닌 사람들"이라는 뜻입니다. 이들은 옷 주머니에 늘 단검을 지니고 다니면서 언제라도 싸울 준비, 급습할 준비가 된 사람들이어서 이런 이름이 붙게 되었는데, 이 시카리의 지도자는 엘르아잘 벤 야이르(Eleazar ben Yair)였습니다. 이 시카리는 같은 유대인 항쟁 그룹 안에서도 사사건건 부딪치는 일들이 많았습니다. 그래서 예루살렘이 포위당했을 때 예루살렘에 있었던 시카리는 유대인 그룹들 안에 서로 의견이 갈라지면서 같은 유대인들에게 예루살렘에서 추방을 당하게 됩니다. 그래서 예루살렘이 멸망하기 바로 직전에 시카리와 그 가족들이 이곳으로 이주하여, 이미 66년부터 주둔해 있던 시카리와 합류하게 됩니다.

티투스에 이어서 로마군을 이끈 실바(Silva)가 유대인 반란군의 마지막 무리가 모여 있는 마사다로 72년에 진군해 옵니다. 15,000명의 로마군들이 고작 960명의 반란군을 진압하기 위해서 온 것입니다. 그만큼 마사다가 로마인들에게는 상징적으로 매우 중요한 곳이었고, 그만큼의 병력이 있어야 점령할 수 있는 곳이었다고도 생각할 수 있는 대목입니다.

아무리 마사다가 천혜의 요새라고 하지만, 여름이 되면 40도를 훌쩍 넘는 온도에 그늘 하나 만들어줄 나무도 없는 곳에서 살아가

는 것이 쉽지는 않았을 겁니다. 66년에 시작
된 유대인들의 항쟁이 70년에 예루살렘의 함
락으로 일단락 지어진 후, 70년부터 73년까
지 약 4년 여를 이 마사다에서 살아야 했을
유대인 최후의 반란군들의 팍팍한 삶은 굳이
상상하지 않아도 충분히 이해할 수 있을 겁
니다.

실바도 바로 그 점을 간파했습니다. 마사
다 요새를 올라가기는 힘들지만, 그 많은 인
원이 그 위에서 얼마나 버틸까 하며 마사다를
포위하고 사람들을 고사시키는 작전을 감행
한 것이지요. 아직까지도 실바 장군의 로마
제10군단이 만들어놓은 마사다 주변의 로마
군 진지와, 마사다 안에 있는 사람들이 생필
품이나 군수 물자를 외부에서 옮겨오는 것을
방지하기 위해서 마사다를 360도 둘러싸 만
들어놓은 로마군의 포위 담이 고스란히 광야
에 남아 있습니다. 지금도 보면서 감탄할 만

마사다 점령 로마군은 비탈길을 만들고 이동식 공성탑을 이용하여 마사다를 점령한다.

한 로마군의 위엄 앞에서 2,000여 년 전의 유대인들은 또 얼마나 위축되었겠습니까만, 결과적으로 로마군의 작전은 실패였습니다. 마사다에는 충분한 물자가 넉넉히 준비된 데다가, 헤롯은 만약의 사태에 대비하려고 마사다에 이미 엄청난 양의 물을 저장할 수 있는 저장고들을 만들어놓았기 때문입니다.

결국 실바는 직접 마사다 안으로 진입하기 위한 군사적 용도의 비탈길을 만들기로 합니다. 비탈길의 위치는 비록 깎아지른 절벽이기는 하지만 가장 적은 공사기간이 소요될 서쪽 절벽을 선택합니다. 실바는 유대 땅에서 유대인들을 노예로 삼아 3개월에 걸친 대공사를 시작합니다. 마사다 안에 있었던 시카리는 이 공사를 그저 지켜 볼 수밖에 없었다고 하네요. 물론 적극적인 공격으로 공사 자체를 방해할 수도 있었겠지만, 이 공사에 동원된 노예들이 모두 자신들의 형제들인 유대인들이었기 때문에 제대로 된 공격조차 하지 못하고 그저 그 공사를 지켜볼 수밖에 없었다고 합니다.

로마군에 대항하여 싸우던 그 긴 전쟁이 끝나기 전 마지막 날 밤이었습니다. 시카리의 지도자였던 엘르아잘이 모든 가장(家長)을 회당으로 불러 모았습니다. 그리고는 아주 유명한 연설을 하지요.

"형제들이여, 우리는 이미 오래전에 진리 되시고 정의로우신 인류의 주인이신 오직 한 분 하나님의 종으로만 살아가겠노라고, 그리고 절대로 로마인들의 노예가 되지 않겠다고 결의하였습니다. 그리고 지금 그 약속을 지킬 때가 되었습니다. 이제 날이 밝으면 로마군은 총공격을 해올 겁니다. 형제들이여, 우리의 아내가 능욕을 당하기 전에, 우리 자식들이 노예가 되기 전에 죽음으로 자유를 선택합시다. 우리는 로마인들을 대항하여서 들고 일어선 첫 번째의 사람들이었고, 지금 그들과 대항하여 싸우는 마지막 사람들이 되었습니다. 이것은 하나님이 우리에게 주신 영예입니다. 우리에게 아직 힘이 있을 때 용감하게 자유인으로 죽읍시다!"

자살을 선택한 것입니다. 그러나 자살하기 전에 한 가지 해야 할 일이 있었습니다. 예로부터 전쟁에서 내가 남긴 물건은 적군의 보급품이 되는 법이지요. 그래서 물은 쏟아버리고 먹을 것은 태워버리고 화살은 꺾어버리기 마련입니다. 그렇지만 엘르아잘은 그렇게 하지 못하게 하였습니다. 먹을 것을 그대로 두라고 한 것이지요. 먹을 것이 없고 싸울 것이 없어서 죽는 것이 아니라, 스스로 명예로운 죽음을 선택했다는 것을 로마 군인들에게 보여주려고 했던 것이지요.

유대인들의 법에 자살은 엄격하게 금지되었습니다. 하나님이 주신 생명이기 때문이지요. 그래서 엘르아잘은 항아리를 깨뜨리고 깨진 항아리의 파편에 가장들의 이름을 씁니다. 그리고 제비뽑기를 해서 순서대로 자기 가족들을 모두 죽인 후에 다시 회당으로 돌아오게 합니다. 그러면 마사다에는 가장들만 남게 되겠지요. 마지막 가장들만 남았

마사다 회당 이스라엘 사람이 살던 주거지 어느 곳에나, 아무리 척박한 땅이라도 반드시 있는 곳은 안식일을 거룩하게 지키는 회당이다. 회당은 때로는 마을 회관과 같은 기능으로, 때로는 성경공부를 하는 곳으로, 때로는 기도하는 곳으로 사용되기도 하고, 심지어는 법정으로 사용되기도 했다. 마사다라는 곳의 특성상 이곳 회당의 주된 기능은 기도를 하거나 마을 회관과 같은 기능이 훨씬 더 강했을 것이다.

을 때 열 명을 선택해서 다른 이들을 죽이고, 나머지는 서로 죽여주기로 했습니다. 마지막 한 사람만이 스스로 죽어야 했으니, 사실 그

한 사람이 960명의 모든 짐을 다 짊어졌다고 해야 할 것 같아요.

소돔과 고모라

BIBLE VIEWFINDER

여호와께서 하늘 곧 여호와께로부터 유황과 불을 소돔과 고모라에 비같이 내리사 그 성들과 온 들과 성에 거주하는 모든 백성과 땅에 난 것을 다 엎어 멸하셨더라 롯의 아내는 뒤를 돌아보았으므로 소금 기둥이 되었더라 _창 19:24-26

사해 바다 남쪽에는 남북의 길이가 8킬로미터, 동서의 길이가 4킬로미터, 그리고 높이는 약 200미터 되는 독특한 산이 있습니다. 그런데 이 산은 분명히 산인데, 산이라고 부르기에는 뭔가 찜찜한 구석이 있습니다. 일단 주변의 산들이나 지형에 비해서 그 모양도 좀 다르고, 더군다나 '산'이라고 불리면서도 흙이 없기 때문입니다. 이 산의 이름은 소돔산인데 이 산의 80퍼센트는 소금입니다. 소돔산이라고 불리지만 소금산이라 불리는 것이 맞지 않나 싶습니다. 옛사람들은 소금으로 이루어진 이 산 주변 어딘가에 이제는 사라져버린 소돔과 고모라가 있었을 것으로 추측하였습니다. 그도 그럴 것이 두고 온 가족과 재산에 미련이 남았던지 도망가는 길에 뒤를 돌아본 롯의 아내가 소금 기둥이 되었다고 하니, 이 소금산이 아마도 성경의 그 이야기를 간직하고 있으리라는 생각이 이 소금산을 소돔산이라고 부르게 된 계기가 되었을 것입니다.

소돔과 고모라의 이야기는 워낙에 유명해서 구약성경에 대한 지식이 없는 사람일지라도 불로 망한 그 도시들에 대해서 한 번쯤은

소돔산 높이 220미터의 소돔산은 그 구성 성분의 80퍼센트가 소금으로 이루어졌다. 남북으로 8킬로미터, 동서로 5킬로미터인 이 산은 아프리카 단층 지대의 활발한 활동으로 매년 3.5밀리미터씩 위로 솟아오른다.

들어보았을 법합니다. 소돔과 고모라의 이야기는 오늘날에만 유명했던 것이 아니었습니다. 비참한 운명을 맞이했던 이 두 도시의 이야기에 대해서 고대 서아시아 지방의 사람들 역시 모르는 사람이 없을 정도였던 것 같습니다. 기원전 2500-2250년 사이에 시리아의 에블라 지역에서 기록된 약 1800개의 토판들 속에서 소돔과 고모라의 도시 이름이 발견될 정도이니 말입니다.

그러나 정작 소돔과 고모라가 어디에 있는지는 "바로 이곳이다"라고 확신을 가지고 말할 수 있는 곳이 아직 없습니다. 인터넷에 떠도는 소문으로는 소돔산 뒤편의 어딘가가 성경의 소돔이 있었던 곳이고, 마사다 남쪽 어딘가가 고모라가 있었던 곳이라는 황당무계한 이야기부터 소돔과 고모라가 사해 바다에 가라앉았다며 고대의 아틀란티스를 찾는 듯한 전설 같은 이야기들도 있습니다. 소돔과 고모라가 어디에 있는지 정확히 알 수 없다는 것보다 더 분명한 사실은 이렇게 떠도는 이야기들이 전혀 신빙성이 없다는 것입니다.

소돔과 고모라의 위치로 유력하게 추정되는 지역은 있습니다.

사해 바다의 해수면 높이

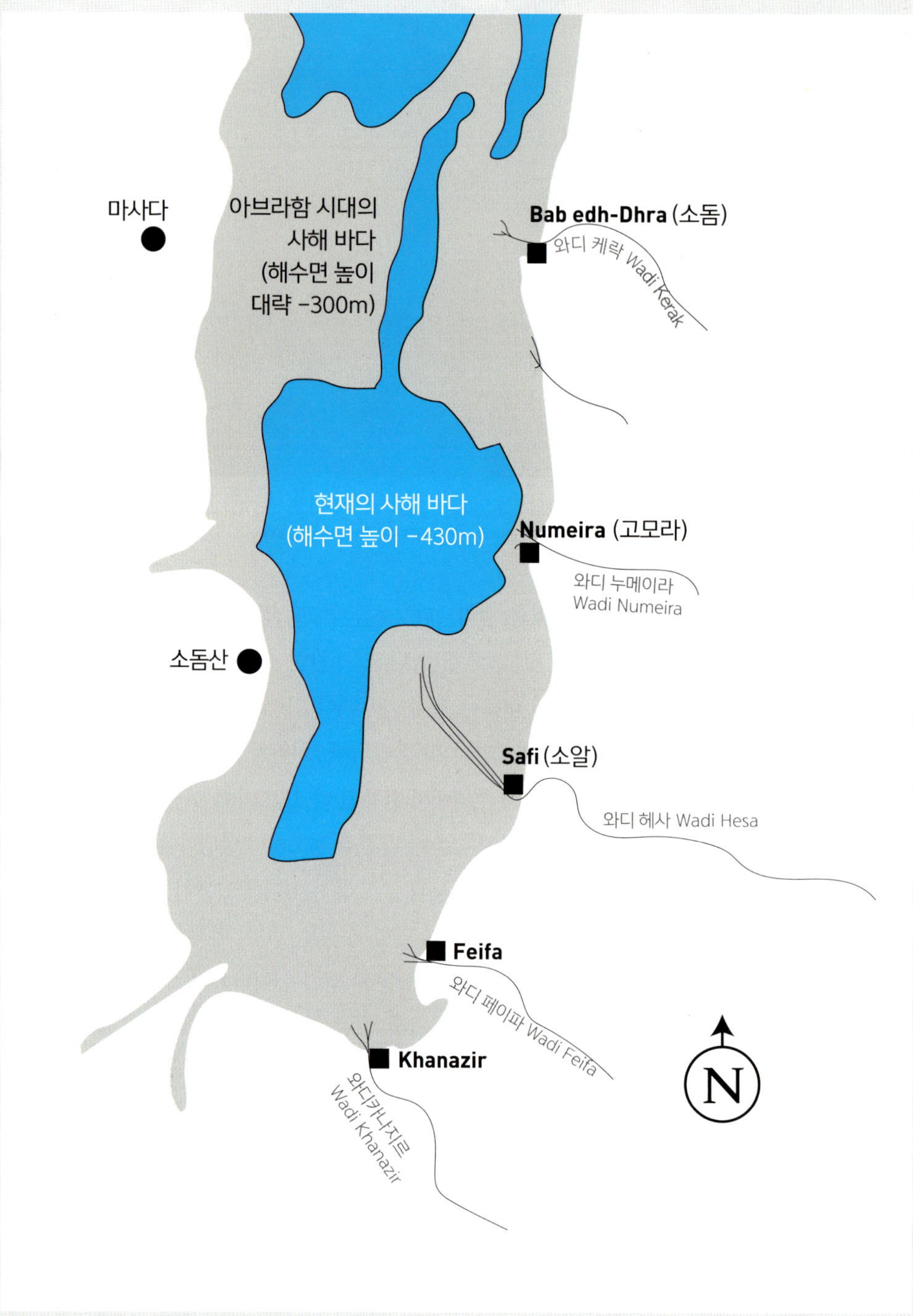

마사다
아브라함 시대의 사해 바다 (해수면 높이 대략 −300m)
Bab edh-Dhra (소돔)
와디 케락 Wadi Kerak
현재의 사해 바다 (해수면 높이 −430m)
Numeira (고모라)
와디 누메이라 Wadi Numeira
소돔산
Safi (소알)
와디 헤사 Wadi Hesa
Feifa
와디 페이파 Wadi Feifa
Khanazir
와디 카나지르 Wadi Khanazir
N

사해 바다의 요르단 쪽에 밥 엣-드라(Bab edh-Dhra)라는 곳이 있는데(1965년에 체계적 발굴 시작) 기원전 3,100년부터 대략 기원전 2,250년까지 있었던 이 도시가 소돔으로 매우 유력한 곳입니다. 그리고 그곳에서 남쪽으로 15킬로미터 아래에 누메이라(Numeira)라고 불리는 지역(1975년부터 체계적 발굴 시작)은 고모라로 생각되는 곳입니다. 밥 엣-드라는 가로세로 약 200미터의 거대한 도시(약 40,000제곱미터)로, 7미터 두께의 진흙으로 쌓은 성벽이 발견되었고, 도시의 면적으로 보아서 대략 2,300명의 사람이 살았을 것입니다. 그곳에서 발견된 무덤만도 2만 개가 넘고, 그 무덤에 장사된 사람들이 50만 명, 그리고 그 사람들과 함께 매장된 토기만도 3백만 개 이상 출토되었으니, 이 도시가 그 당시에 얼마나 규모가 크고 풍요로웠는지를 알 수 있습니다. 그러니 당연히 사람들은 그곳에서 살고 싶어 했을 겁니다.

풍요로움을 따지자면 고모라도 빼놓을 수가 없습니다. 누메이라는 소돔보다 그 면적이 두 배 정도 더 컸습니다(약 80,000제곱미터). 누메이라는 대표적인 천연 아스팔트 산지입니다. 고대 서아시아 및 이집트에서는 이 지역의 아스팔트를 수입해서 건물을 짓는 데 사용하였지요. 그래서 고모라는 아스팔트를 채취하는 사람들과 구입하고 판매하는 상인들로 붐볐던 도시였습니다. 뿐만 아니라 사해 바다의 그 뜨거운 온도를 버티고 대규모의 포도원이 있었던 지역입니다. 여름이면 40도가 넘는 그 뜨거운 태양 아래에서 말이지요. 비가 잘 오지 않는 지역이니, 이곳에서 생산한 포도로 만든 포도주는 매우 독했을 겁니다. 이렇게 포도 농사를 지을 수 있었던 것은 누메이라와 그 주변에 있는 샘들 때문이었습니다. 도시의 면적이 크다는 것은 사람들도 소돔보다 더 많이 살았다는 말입니다.

이 두 도시는 사해 바다 주변을 대표하는 풍요의 상징과 같은 도시였습니다. 상상해보세요. 황량한 광야, 마실 수도 없는 물인 사해 바닷가의 뜨거운 태양 아래에 푸른 대추야자나무들이 줄지어 서 있고, 신선한 샘물이 콸콸 흐르며 그 주변으로는 광활한

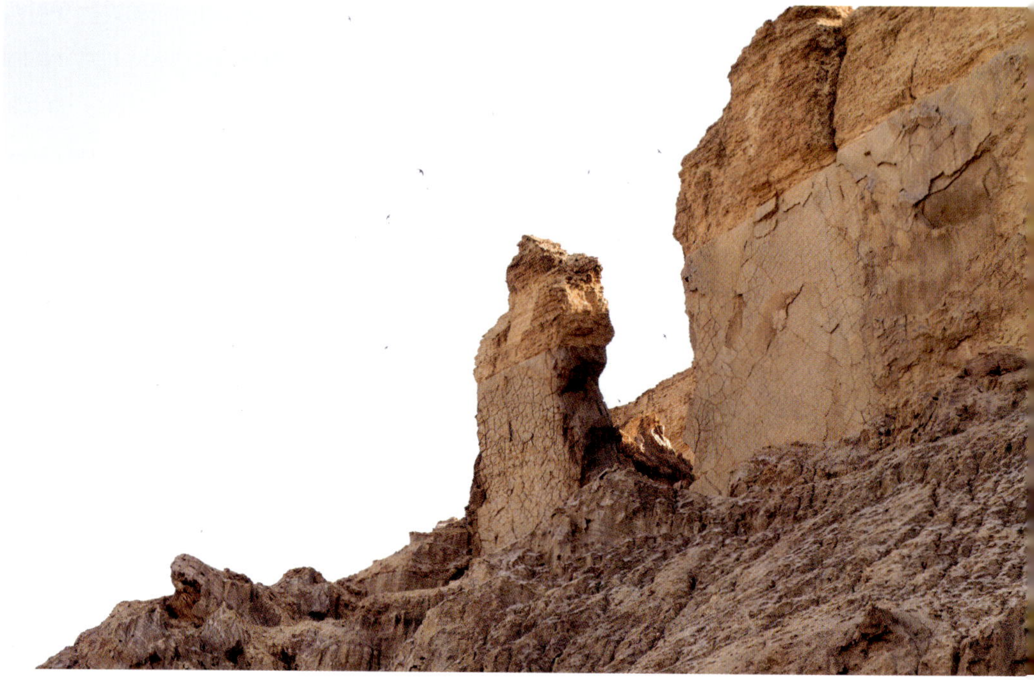

롯의 아내의 소금기둥 이스라엘 쪽 소돔산에 서 있는 롯의 아내의 소금기둥

롯의 아내의 소금기둥 요르단 쪽 사해 바닷가에 소금기둥이 된 롯의 아내를 기념하는 기둥

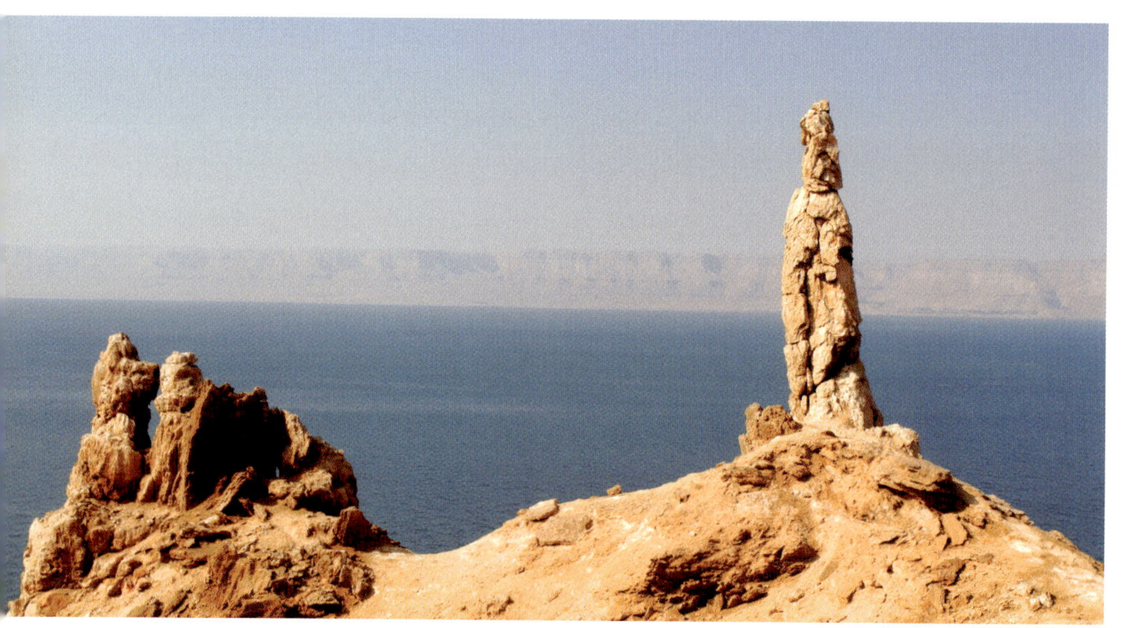

포도원이 펼쳐져 있는 오아시스의 도시를 말입니다. 얼마나 아름답고 풍성했는지, 창세기 13장 10절에서는 롯의 눈에는 그 땅이 주님의 동산 같기도 하고 이집트 같기도 했답니다.

그러나 사람의 눈에는 그렇게 보여도, 하나님의 눈과 기준은 달랐습니다. 드러나는 풍요의 뒤에는 그 풍요에 기대어 살아가는 사람들의 드러나 보이지 않는 은밀한 타락이 있었습니다. 풍요가 사람들의 눈과 귀를 막았기 때문에, 하나님을 보지 못했고 하나님의 음성에 귀를 기울이지 못했습니다. 처음에는 드러내 보일 수 없을 정도로 은밀했던 그 타락과 죄가, 이제는 드러내놓아도 부끄럽지 않을 만큼 하나님을 향한 양심도 무뎌졌습니다. 그래서 아이러니하게도, 정작 소돔과 고모라가 유명해진 이유는 그 풍요로움 때문이 아니라 그 참혹한 결말 때문이었습니다. 지금도 밥 엣-드라와 누메이라 지역에 가면, 전문적인 고고학자가 아니더라도 둥근 모양의 불에 탄 숯(아스팔트의 흔적)들을 발견할 수 있는데, 한때 약 1,000년 가까이 번창했던 도시들이 어떻게 하루아침에 폐허가 되었는가를 증명해주고 있습니다.

언제라도 하나님께서 부르시면 한 줌의 흙으로 돌아갈 우리가 죽어서 가져갈 수도 없는 풍요로움을 갈망하는 것은 저를 비롯한 사람들이 '소유'라는 것에 집착하기 때문이 아닌가 합니다. 눈에 보이고 손으로 만질 수 있는 일차적인 감각에만 사로잡힌 이들은 절대로 그것을 놓을 수 없습니다. 풍요의 쾌락을 이미 맛본 사람들은 절대로 그것을 놓치려 하지 않습니다. 잃어버린다 처도 다시 그것을 가지기 위해서 매달리는 거지요. 낚싯바늘의 미끼에 속아서 덥석 물었다가 주둥이가 찢어지는 경험을 한 물고기가 다시 그 낚싯바늘을 물듯이 말입니다.

롯의 아내가 그랬습니다. 살고 싶었다면 그저 앞만 보고 달려야 했습니다. 100미터 달리기 선수처럼 말입니다. 뒤를 돌아보지 말아야 했습니다. 앞에 어떤 돌부리가 튀어나와 있는지 살필 새도 없이 넘어질 수 있으니 말입니다. 그런데 두고 온 것들, 두고 온 사람들이 너무나 생각이 났나 봅니다. 멸망당할 소돔과 고모라를 뛰쳐나올 때 "이것 하나는 건져야 하는데…" 하는 그것 때문에 롯의 아내는 뒤를 돌아보았고, 소금 기둥이 되었습니다. 차를 타고 가다 이 기둥을 지날 때면 롯의 아내가 저를 보고서 "너는 그리 살지 말아라"라고 말하는 듯합니다.

유대 산지 남부

여리고
쿰란
소돔산
엔게디
마사다
실로
아이
감람산
가브아
예루살렘
벧엘
기브온
베들레헴
헤브론 (기럇 아르바)
아라드
벳세메스
게셀
립나(?)
아벡
예글론
마레사
라기스
가드
브엘세바
욥바
야브네
시글락(?)
그랄
아스돗
아스겔론
가자

헤브론

막벨라

⏻ BIBLE VIEWFINDER

아브라함의 향년이 백칠십오 세라 그의 나이가 높고 늙어서 기운이 다하여 죽어 자기 열조에게로 돌아가매 그의 아들들인 이삭과 이스마엘이 그를 마므레 앞 헷 족속 소할의 아들 에브론의 밭에 있는 막벨라 굴에 장사하였으니 이것은 아브라함이 헷 족속에게서 산 밭이라 아브라함과 그의 아내 사라가 거기 장사되니라 _창 25:7-10

헤롯 대왕이 헤브론에 건설한 웅장한 건물은 2,000여 년이 지난 지금까지 유대인들에게 가장 중요한 거룩한 땅의 하나가 되었습니다. 가로 61미터, 세로 36미터, 높이 15미터의 육면체 건물은 아브라함이 사라의 죽음을 슬퍼하며 사라를 매장할 무덤으로, 그리고 아브라함과 그 가족이 사용할 무덤으로 에브론에게서 구입한 막벨라 굴 위에 서 있습니다(창 23). 지금도 그 건물에는 막벨라 굴에 장사된 아브라함과 그의 아내 사라, 이삭과 그의 아내 리브가, 야곱과 그의 아내 레아를 기념하는 큰 돌들이 나란히 누워 있습니다.

이스라엘 사람들의 전통적인 매장 방식은 가족묘입니다. 죽음을 맞이한 사람을 세마포에 잘 싸서 동굴 무덤에 안치하고 나면 2,3년 뒤에는 세마포와 함께 시신은 모두 썩고 뼈만 남게 됩니다. 그러면 그 뼈들을 잘 수습해서 동굴 무덤의 한쪽에 쌓아 놓습니다. 시간이 지나면서 할아버지의 뼈와 아들의 뼈가, 아버지의 뼈와 어머니의 뼈가, 그리고 손자들의 뼈가 함께 뒤엉켜 쌓이게 되

막벨라 요세푸스의 기록에 의하면, 헤롯 대왕은 유대인들의 환심을 사기 위해서 가로 61미터, 세로 36미터, 높이 15미터의 거대한 건물을 막벨라 굴 위에 축조하였다. 투델라의 베냐민의 기록에 의하면, 적어도 12세기부터 막벨라 굴을 순례하는 순례자의 행렬이 있었던 것이 분명하다. 그 기록에 의하면, 막벨라 굴에는 사람들의 뼈가 가득했는데 이 뼈들은 순례하던 이들이 가져온 것으로, 돈을 내면 가지고 온 뼈들을 그곳에 던져 넣을 수 있었다고 한다.

겠지요.

이런 매장 방식은 유목 방식의 생활 때문에 생겨난 풍습입니다. 날씨가 더운 광야에서는 시신의 부패가 빠르기 때문에 사람이 죽으면 해가 떨어지기 전에 매장합니다. 집에서 죽음을 맞이했을 경우는 집 주변에 가족의 매장지로 사용하는 동굴 무덤에 매장할 수 있지만, 집을 떠나 하루 거리 이상의 장소에서 목축을 하다가 죽음을 맞이하게 되면 해지기 전에 집으로 돌아와 가족의 동굴 무덤에 매장하는 것이 쉽지 않습니다. 그래서 죽음을 맞이한 장소에 급하게 임시로 매장을 할 수밖에 없습니다. 급하게 매장을 한다고 해서 성의 없이 대충하는 것은 절대로 아닙니다. 내 가족의 시신이 광야의 동물들에게 훼손되지 않게 해야 하기 때문에 제일 먼저 하는 일은 주변에서 시신을 안전하게 보호할 만한 동굴을 찾는 것입니다. 일단 바위굴이나 그 비슷한 것이 있다면 그곳에 안치하고 그

막벨라

무슬림의 모스크를 통해서 막벨라에 접근하는 경로
무슬림이 모스크를 통해서 막벨라에 접근하는 경로
유대교 회당
이슬람교 모스크
레아의 기념무덤
사라의 기념무덤
리브가의 기념무덤
야곱의 기념무덤
아브라함의 기념무덤
이삭의 기념무덤
메카를 향하는 미흐라브
구멍코란을 읽는 민바르
모세 다얀이 12세 소녀를 들여보내서 처음으로 막벨라의 존재를 확인했던 구멍
막벨라 위에 만들어진 방이 보임
2006년에 헤브론의 유대인들이 깨고 들어간 헤롯시대의 막벨라 입구
요셉의 모스크
요셉의 기념무덤
유대교인의 회당, 막벨라로 가는 길
유대교인이 막벨라에 접근하는 경로

유대교/이슬람 구역을 나누는 안쪽 벽
막벨라 위에 만들어진 방을 내려다보는 구멍
이삭의 기념무덤
현재는 타일로 막혀진 막벨라로 들어가는 입구
이삭과 리브가의 기념무덤 모스크 바닥
막벨라로 들어가는 구멍
바깥 쪽 벽
막벨라 위에 만들어진 방
계단 (15개)
복도
막벨라로 향하는 지하 구조
두 번째로 만들어진 안쪽 동굴
첫 번째 만들어진 막벨라 동굴
야곱/이슬람 구역을 나누는 안쪽 벽
막벨라 위에 만들어진 방
첫 번째 만들어진 막벨라 동굴
막벨라 위에 만들어진 방을 내려다보는 구멍
두 번째로 만들어진 안쪽 동굴
복도
계단 (15개)
바깥 쪽 벽
현재는 타일로 막혀진 막벨라로 들어가는 입구
막벨라로 향하는 지하 구조를 위에서 내려다본 모습
유대교인들이 막벨라에 기도 쪽지를 넣는 구멍

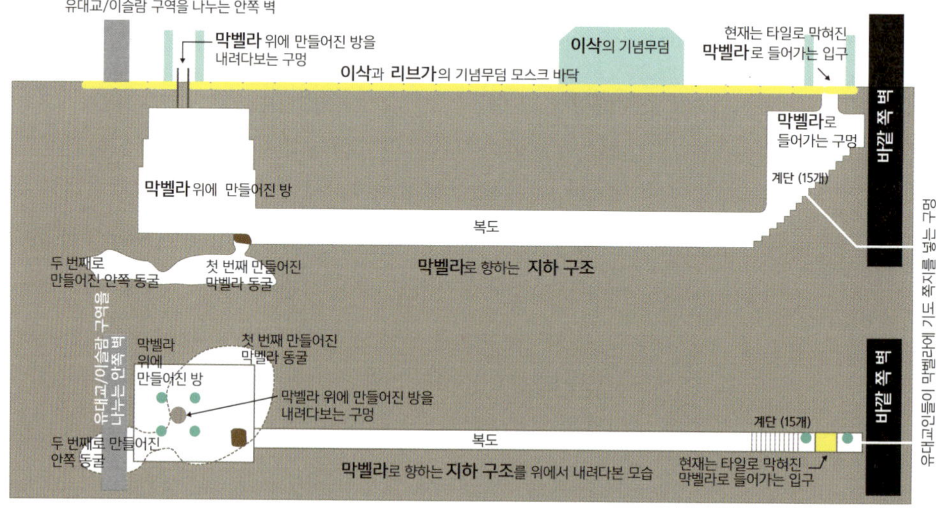

입구를 돌로 막아서 동물들이 시신을 훼손하지 못하게 합니다. 동굴이 없는 평지에서는 시신 위에 돌을 차곡차곡 쌓아 놓습니다. 동물들이 부패하는 시신의 냄새를 맡고 돌을 흩어버리지 못하도록 꼼꼼하고 튼튼하게 잘 쌓는 것입니다. 이렇게 급하게 매장된 시신 역시 2,3년 뒤면 뼈만 남고 모두 흙으로 돌아갑니다. 그러면 양을 치러 나갔다가 그 유골들을 수습해서 가족묘로 사용되는 동굴로 옮기는 것입니다. 결국 타지에서 죽음을 맞이해서 급하게 매장되었으나, 시간이 지나 다시 가족 곁으로 돌아가는 거지요. 성경에서는 이렇게 죽음 뒤에 그 주검이 선조들이나 가족들의 곁으로 돌아가는 가족무덤의 매장 방식에 근거해서, 왕들의 죽음을 이야기할 때 "열조와 함께 자다"라는 표현을 자주 사용합니다(열왕기 27번, 역대기 11번). 선조들과 함께한 동굴 무덤에 누웠다는 표현입니다.

헤브론은 1900년대 초까지 다수의 이슬람 사람들과 상대적으로 소수인 유대인들 약 1만 명이 평화롭게 섞여 살던 도시였습니다. 그러다가 1917년에 영국이 이스라엘 땅의 식민통치를 시작하면서 점차 이 조용한 도시가 거룩한 도시로 주목을 받기 시작하였고, 헤브론에 사람들이 몰려들기 시작했습니다. 이들 가운데에는 이슬람 사람들도 있었고 유대인들도 있었습니다. 시간이 지남에 따라서 유대교인들의 성장세가 이슬람의 성장세보다 더 급격히 커지자 이들 간에 긴장감이 돌기 시작했습니다. 유대인들의 수는 아직 이슬람

사람들의 수에 비교할 만한 수가 되지 못하였음에도 불구하고, 이슬람 원리주의자들과 급진주의자들은 늘어나는 유대인들의 수가 매우 불안했던 모양입니다. 급기야 1929년에 이슬람 과격주의자들이 회당에서 예배드리던 유대인 67명을 학살하면서 헤브론에서 지켜지던 평화는 깨졌고, 그릇된 종교적 열심으로 종교 갈등을 넘어 아랍인과 유대인의 민족적 대립으로 치닫게 되었습니다. 당시 이스라엘 땅을 실효 지배하던 영국은 회당이 있던 마을에 살던 750여 명의 유대인의 안전을 지킨다는 명분으로 이들 모두를 헤브론 밖의 다른 지역으로 강제이주 시켰습니다. 그리고 계속해서 헤브론 전역에 살던 유대인들을 강제이주 시키기 시작했습니다. 800년 넘게 그 땅을 지키며 살아왔던 유대인들은 식민통치 시대에는 영국군에 의해서, 그리고 1950년 이후에는 헤브론을 실효 지배하던 요르단에 의해서 헤브론에서 강제추방을 당했습니다.

헤브론에 다시 유대인들이 정착하게 된 것은 1967년 6일 전쟁 이후입니다. 이스라엘이 헤브론을 실효 지배하던 요르단을 몰아내고 헤브론을 수복하면서, 헤브론에 살았던 옛 유대인들이 자신들이 강제추방 당하면서 땅과 건물을 몰수당했던 지역으로 돌아오기 시작한 겁니다. 현재 20만 명의 거대 도시가 된 헤브론에는 약 800여 명의 유대인이 살고 있습니다. 이들은 생명의 위협에도 불구하고 스스로 무장을 한 채 그 땅을 지켜가고 있습니다. 그 이유는 하나입니다. 그곳에 그들

의 조상인 아브라함과 이삭과 야곱이 장사된 막벨라가 있기 때문입니다.

막벨라는 단지 오래된 무덤이 아닙니다. 이스라엘의 신앙 유산이자, 갈대아 우르를 떠나 하나님이 가라고 하신 땅인 가나안에 정착한 아브라함과 그 자손들의 정체성 그 자체입니다. 이 땅에 사는 이유를 아브라함에게서 찾고 있는 유대인들에게는 아브라함과 그 자손인 자신들에게 허락하신 복의 증거가 헤브론의 막벨라 굴입니다. 나라를 잃고 떠돌아다니던 유대인들이 시온에 대한 꿈을 그릴 때 그 희망의 토대가 바로 아브라함에게 주신 하나님의 약속이고, 그 약속을 고스란히 담고 있는 곳이 막벨라입니다. 그래서 정치적 입장에서의 옳고 그름을 떠나 죽음을 무릅쓰고서라도 그곳을 지켜가는 것입니다. 단

한 명이 살아남더라도 그 한 명이 아브라함의 약속을 이어가리라는 믿음이 그들에게 있기 때문입니다.

그러고 보면 시대가 지나도 변하지 않는 믿음의 토대를 남긴다는 것이 얼마나 소중한지 모릅니다. 순교의 순간에도 흔들리지 않은 신앙의 선배가 남겨놓은 그 거룩한 토대 위에 한국 교회가 서 있는 것처럼, 오늘 우리의 교회는 장래의 세대를 위해서 어떤 기초를 다지고 있는지 진심으로 곰곰이 되새겨보아야 하지 않나 싶습니다.

막벨라 굴의 입구를 볼 수 있는 곳　막벨라 굴로 내려가는 입구와 막벨라 굴의 입구는 이슬람의 모스크 쪽에 가야 볼 수 있다. 꽃 모양의 대리석 아래가 막벨라 굴의 입구이며, 뚜껑 가운데에 뚫린 놋구멍을 통해서 아래를 내려다보면 막벨라 굴 입구에 빛나는 등잔불을 볼 수 있다.

막벨라에서 기도하는 유대인과 무슬림　'막벨라'라는 말은 "두 개"라는 뜻이다. 랍비들은 "두 개"의 의미를 '한 쌍'으로 이해했다. 그리고 이 막벨라에 "아담과 하와", "아브라함과 사라", "이삭과 리브가", "야곱과 레아"가 묻혔다고 말한다. 랍비들의 전통은 이 막벨라가 유대인들에게 얼마나 의미 있는 곳인지를 알려준다. 뿐만 아니라 막벨라는 이슬람교인들에게도 거룩한 곳이다. 유대교와 이슬람교 모두가 아브라함을 믿음의 선조로 생각하기 때문이다. 그래서 이슬람교인들 역시 이스라엘로 성지순례를 오는데, 반드시 방문하는 곳이 바위사원이 있는 예루살렘과 헤브론의 막벨라이다.

헤브론

마므레

⏻ BIBLE VIEWFINDER

여호와께서 마므레의 상수리나무들이 있는 곳에서 아브라함에게 나타나시니라 날이 뜨거울 때에 그가 장막 문에 앉아 있다가 눈을 들어 본즉 사람 셋이 맞은편에 서 있는지라 그가 그들을 보자 곧 장막 문에서 달려나가 영접하며 몸을 땅에 굽혀 이르되 내 주여 내가 주께 은혜를 입었사오면 원하건대 종을 떠나 지나가지 마시옵고 물을 조금 가져오게 하사 당신들의 발을 씻으시고 나무 아래에서 쉬소서 _창 18:1-4

내가 만나는 모든 사람은 천사(Angel)입니다. 구약성경에서 천사(מלאך)는 "하나님께 보냄을 받은 사람들"이었습니다. 하나님이 보낸 메신저들은 모두가 천사입니다. 그들은 영적인 존재일 수도 있고 사람일 수도 있습니다.

나에게 좋은 말로 위로와 격려를 해주는 사람들, 그리고 내게 아픔을 주는 가시와 같은 말을 하는 사람들 모두가 내게 천사들입니다. 링 위에서 혼신의 힘을 다 쏟고는 주먹 한 번 내두를 수 없을 정도로 탈진해서 바닥에 쓰러져 있는 권투 선수와 같은 나를 찾아와서 어깨 한번 툭 치고 안아주는 친구는 내게 다시 일어날 힘을 채워주기 위해서 하나님이 보내신 천사입니다.

내가 하는 일이 너무나 잘되어서 누군가에게 내 자랑을 하고 싶어 입이 근질거리고, 주변에서 자꾸 나를 치켜세워주어 내가 대단한 사람인 양 착각하고 있을 때, 가시 돋친 말로 내 마음에 깊은 생채기를 내는 친구는 내가 교만하지 않도록 잠자는 내 양심과 신앙을 깨워주기 위해서 하나님이 보내신 천사입니다.

아브라함에게 세 사람이 찾아왔습니다. 천사들입니다. 아브라함은 그들이 천사인 줄 몰랐습니다. 천사들은 각각 자기가 해야 할 일이 있었습니다. 랍비들의 미드라쉬에서는 이 천사들의 역할을 말하면서 한 천사는 아브라함과 사라에게 아들이 태어날 것이라는 소식을 전해주는 천사였고, 다른 천사는 소돔을 심판할 천사였고, 마지막 세 번째 천사는 할례를 하고 난 후에 고통에 있는 아브라함을 찾아와 위로해주고 롯을 구하는 역할을 하는 천사라고 말합니다(Mid. Rab. Gen).

아브라함은 이 천사들을 극진하게 대접했습니다. 발 씻을 물을 준비하고는, 빵을 만들고 송아지를 잡아서 요리를 준비했습니다. 이만한 대접이 없습니다. 광야에 사는 사람들의 주식은 빵과 유제품인데, 특별한 날에만 먹는 고기 요리를 준비했다는 것

성삼위 수도원 19세기에 러시아 정교회가 이 땅을 구입해서 20세기에 수도원을 세웠다. 이스라엘의 교회들 중에서는 대단히 짧은 역사를 가진 교회이다.

아브라함의 상수리나무 성삼위 수도원의 마당에는 "아브라함의 상수리나무"라 불리는 나무가 있다. 하나님께서는 마므레의 상수리나무들이 있는 곳에서 아브라함을 찾아오셨다.

만으로도 아브라함이 이 사람들을 얼마나 지극 정성으로 대접했는지를 알 수 있지요. 이때까지만 해도 아브라함은 이들이 천사인지도 몰랐는데, 지나가는 나그네에게 이런 대접을 한다는 것은 평소에도 손님 대접이 몸에 배어 있는 것이 아닌가 합니다.

그런데 임신할 가능성도 없고 이제는 2세에 대한 소망조차도 없는 아브라함과 사라 부부에게 정말 몹쓸 이야기를 합니다. 내년 다시 아브라함을 찾아올 때는 아들이 있을 거라는 겁니다(창 18:10). 내용 자체야 몹쓸 이야기가 아니라 축복의 말이지요. 하지만 자녀에 대한 꿈은 접은 지 오래된 불임 가정입니다. 그러지 않아도 아이를 낳지 못해서 마음 한구석이 텅 비어 있었을 아브라함과 사라는 마음이 불편했을지도 모릅니다. 사라는 장막 뒤에서 그 이야기를 듣고는 속으로 웃었습니다. 아이를 낳을 수 없는 할머니에 대한 덕담치고는 너무 어이없는 이야기이기에 나온

실소, 또는 '이 사람들이 늙은이들을 앞에 놓고서 너무한 것이 아닌가?'라며 웃은 비웃음은 아니었을까요?

웃었다고 다그치고 혼내는 손님들이 저는 이상하기만 합니다. 본인들은 손님이고 정작 이 장막의 주인은 자기를 대접하는 아브라함과 사라 부부인데 말이지요. 저 같으면 너무 심한 농담이라고, 왜 내 아내에게 큰 소리냐고 오히려 화를 냈을 텐데 아브라함은 그러지 않았습니다. 오히려 끝까지 잘 대접한 후에 그들이 소돔으로 가려고 할 때 잘 가시라고 배웅까지 했습니다. 이 속도 없는 양반이 아브라함입니다. 그 손님들의 말대로 100살에 아들을 얻은 아브라함 말입니다.

마므레 상수리나무 앞에 섰습니다. 이 나무가 정말 아브라함이 그 세 천사를 만날 때 아브라함을 지켜보았던 나무인지는 모르겠습니다. 1996년에 이 나무가 죽었으니 사천 년을 살아온 나무는 아닐 것이 분명합니다. 하지만 이 나무는 제게 이렇게 말합니다. "너는 지금 날마다 천사를 만나고 있어. 내가 만났던 아브라함처럼 말이야. 그러니 네가 만나는 모든 사람을 주님 대접하듯 깍듯하게, 그리고 겸손하게, 무엇보다도 건성이 아니라 진심으로 대하렴. 그럼 너도 아브라함처럼 네가 알지 못하는 사이에 하나님을 만나게 될 거야"라고 말입니다. 그렇네요. 저는 날마다 천사를 만나고 있습니다.

삼위일체 성화

누가 그렸는지는 모르겠지만, 정교회에 대해서 잘 알지 못하는 기독교인들이라 할지라도 세 명의 천사가 앉아 있는 이 성화는 한 번쯤 보았을 겁니다. 이 성화는 15세기에 러시아의 화가인 안드레이 루블로프(Andrei Rublev)가 그린 것인데, 창세기 18장에서 아브라함이 세 명의 천사를 만나는 장면입니다.

성경의 말씀을 보면, 이 세 천사가 곧 "여호와"라고 말합니다(창 18:1). 초대 교회에서는 삼위일체를 이야기하면서 아브라함이 마므레 상수리나무 아래에서 만났던 세 하나님이 구약 성서에 투영된 삼위일체 하나님의 모습이라고 설명합니다. 그래서 아브라함이 맞이하였던 세 천사의 성화는 성부 - 성자 - 성령을 그림으로 표현한 동방 교회의 대표적인 성화가 됩니다.

1054년에 동방 교회와 서방 교회가 나뉘게 되는데, 이때 우리가 흔히 알다시피 문제가 되었던 것 중의 하나가 '아이콘'에 관한 문제였습니다. 동방 교회에서는 아이콘이 대부분 문맹이었던 당대 사람들에게 성경의 이야기를 알려주고 신앙 훈련에 요긴하게 사용될 수 있었기에 중시하였던 반면에, 서방 교회에서는 아이콘을 "우상숭배"라는 이름으로 금하였습니다. 지금은 서방 교회(가톨릭)에서도 거리낌 없이 아이콘을 사용합니다만, 신학적인 대립이 여전하였던 중세에 삼위일체 하나님, 그중에서도 성부 하나님을 감히(!) 인간의 모습을 한 천사로 묘사한 이 성화는 서방 교회에게는 대단히 불경스러운 것이었을 겁니다.

그런데 이 성화를 보면서 누구나 궁금해하는 것은 "누가 하나님이고 예수님이고 성령님이신가?"입니다. 생김새와 모습이 모두 비슷하기 때문에 구분하는 것도 힘들고, 특별히 그 천사들의 앞에 누구라고 써놓은 명찰도 없어서 성화를 읽는 기초적인 지식이 없는 사람들은 알 수가 없습니다.

그림을 잘 보면, 다 똑같아 보여도 입은 옷이 다르고 옷의 색도 다릅니다. 그리고 이들의 손동작도 다르고 들고 있는 소품도 다르지요. 아이콘에서는 이런 특징이 그 존재의 정체성을 보여주는 주요한 요소입니다. 예를 들자면, 삼위일체 하나님을

천사로 표현하면서 그 천사 아이콘의 크기가 셋 다 동일하다는 것은 비록 성부, 성자, 성령의 세 위격으로 있을지라도 그 역할이 다를 뿐 모두가 동일한 하나님이라는 것을 묘사하는 것입니다.

이 성화를 보는 사람들은 쉽게 생각해서, 세 명이 테이블에 앉아 있는데 그중에 제일 가운데가 아무래도 "성부 하나님"일 거라고 생각합니다. 그리고 오른쪽과 왼쪽이 각각 예수님과 성령님일 것이라고 생각하고 누가 예수님이고 누가 성령님일까를 고민하는데요, 정말 그럴까요?

그렇지 않습니다. 그림의 왼쪽에 앉아 있는 천사가 성부 하나님입니다. 성부 하나님 위에 그려진 건물은 아브라함의 장막이면서 동시에 천지를 창조하신 창조주 하나님이 만든 세상을 상징합니다. 그리고 그 건물의 문이 활짝 열려 있는데 이것은 우리 기독교인들에게 열려 있는, 그리고 우리가 가야 할 마지막 장소인 하나님의 집을 뜻하기도 합니다. 그리고 왼쪽 천사가 입은 옷을 보면, 다른 두 천사의 대비가 강한 색 옷이 아니라, 뭔가 빛바랜 듯 무슨 색이라고 딱히 말할 수 없는 묘한 빛깔을 띠고 있는데 이것 역시 하늘의 광채를 의미하는 하나님의 빛을 상징하는 것입니다. 그리고 가운데와 오른쪽에 앉은 천사의 시선이 왼쪽의 천사에게로 간다는 것이 중요합니다. 비록 앉아 있는 위치는 좌측이지만, 다른 모든 천사의 시선이 집중되고 있으니까요. 게다가 잘 보시면, 가운데와 오른쪽

천사는 왼쪽 천사를 향하여 약간 고개를 숙이고 마치 주의 집중해서 듣거나 인사하는 듯한 자세를 하고 있는 반면에 왼쪽의 천사는 꼿꼿한 자세를 유지하고 있습니다. 이것 역시 성부 하나님의 권위를 상징하는 포즈입니다. 손가락도 중요한 역할을 합니다. 왼쪽 천사의 손가락 두 개는 가운데 천사를 향하고 있고, 가운데 천사의 손가락 두 개는 오른쪽 천사를 향하고 있지만 오른쪽 천사의 손가락은 딱히 누군가를 가리키지 않습니다. 이것은 성부 하나님(왼쪽 천사)께서 성자 예수님(가운데 천사)을 보내셨고, 예수님께서 성령님(오른쪽 천사)을 보내셨다는 신학적 상징이기 때문입니다. 손의 위치도 중요합니다. 성부 하나님은 두 손 모두가 테이블에 있지 않습니다. 한 손은 홀을 잡고 있고 한 손은 성자 예수님을 가리키는 형태입니다. 반면 예수님과 성령 하나님은 한 손을 테이블 위에 놓고 있는데요, 이것은 성부 하나님은 '하늘에', 성령 하나님은 한 손은 '하늘에' 그리고 다른 손은 '땅에' 두고 있어서 하늘과 땅에서 역사하심을 상징합니다. 이것은 지팡이도 마찬가지예요. 하나님의 지팡이는 땅에 닿지 않고 있지만, 예수님과 성령님의 지팡이는 땅에 닿아 있지요. 이것 역시 손의 위치와 마찬가지의 의미입니다.

오른쪽에 앉은 천사는 "성령 하나님"입니다. 성령 하나님을 상징하는 천사는 녹색과 파란색 옷을 입고 있는데, 이것은 땅의 색을 상징하는 것입니다. 푸른 풀이 자라고 물이

풍성한 풍요로운 땅입니다. 동시에 파란색은 '하늘'을, 녹색은 '땅'을 상징한다고 말합니다. 하늘의 신성하고 거룩한 영(바람)을 땅에 전해주시는 성령 하나님을 묘사하는 것이지요. 그래서 정교회에서는 성령 하나님에 대해서 "세상 어디에나 계시고, 모든 것을 (풍요롭게) 채우시는 분"이라고 고백합니다. 이런 믿음에 근거해서 정교회의 오순절 교회력 색은 녹색입니다. 그리고 오순절 정교회의 교인들은 녹색의 옷이나 숄을 걸칩니다. 성령 하나님 위에 그려져 있는 것은 산(언덕 - 높은 곳)입니다. 이 산은 하나님과 사람들이 만나는 장소를 상징합니다. 또한 기독교인들이 올라야 할 믿음의 경지를 상징하기도 하지요.

가운데 앉아 있는 천사는 당연히 "성자 하나님"인 예수 그리스도라는 것을 알 수 있습니다. 예수님의 옷은 붉은 색과 파란색의 옷인데요, 붉은색(피)은 인성을 상징하고, 파란색(하늘)은 신성을 상징합니다. 때로는 당시 황제나 고관들이 자주색 옷을 입었기 때문에 붉은색이 범접할 수 없는 신성을 상징하고, 파란색이 인성을 상징한다고 말하는 사람들도 있습니다. 아이콘 해석의 문제인데요, 저는 전자의 것을 더 선호합니다. 어찌 되었든, 성화를 만났을 때 붉은색 옷을 입고 있는 아이콘을 만나시면 예수님이라고 생각하시면 됩니다. 이것은 아이콘의 불문율입니다. 예수님을 상징하는 가운데 천사의 오른쪽 어깨에는 금색의 어깨띠가 있는데 "그의 어깨에 정사를 메었다"라는 이사야서의 예언을 표현

한 것입니다. 그래서 이 금색은 왕권을 상징합니다. 예수님의 머리 위쪽에는 나무가 있습니다. 이 나무는 창세기의 내용에 근거해서 마므레 상수리나무이며, 동시에 이 상수리나무는 예수님이 지고 가실 십자가를 예표하고, 창세기와 계시록에서 말하는 생명나무를 상징합니다.

세 천사의 머리 뒤에 있는 아우라는 흰색입니다. 이 흰색은 하나님의 영광을 드러내는 색깔이며, 세 명이 둘러앉은 상에도 이 흰색이 그대로 사용됩니다. 이 테이블 위의 한가운데에는 잔이 하나 있는데요, 테이블은 성례전에 사용되는 교회의 성례전 상이고 잔은 예수님의 피와 살을 담는 성배입니다. 즉 예배에서 드리는 거룩한 성례전 가운데에 하나님의 영광이 깃든다는 것을 의미합니다. 또한 오른쪽과 왼쪽 천사의 다리 모양은 자연스럽게 성배의 모양을 하고 있다는 것을 눈치 챌 수 있습니다.

세 천사 위에 있는 각각의 '산'(높은 곳: 언덕), '나무', '하나님의 집'에 대해서는 이미 설명해드렸는데요, 성부, 성자, 성령님의 순서는 왼쪽에서 오른쪽으로 가는 것과 반대로 이 아이콘들은 오른쪽에서 왼쪽으로 가면서 이해하는 것입니다. 신자들의 신앙이 예수 그리스도를 통해서 하나님의 집에 이른다고 이해하는 거지요.

아라드

⏻ BIBLE VIEWFINDER

이스라엘아 듣고 삼가 그것을 행하라 그리하면 네가 복을 받고 네 조상들의 하나님 여호와께서 네게 허락하심 같이 젖과 꿀이 흐르는 땅에서 네가 크게 번성하리라 이스라엘아 들으라 우리 하나님 여호와는 오직 유일한 여호와이시니 너는 마음을 다하고 뜻을 다하고 힘을 다하여 네 하나님 여호와를 사랑하라 오늘 내가 네게 명하는 이 말씀을 너는 마음에 새기고 네 자녀에게 부지런히 가르치며 집에 앉았을 때에든지 길을 갈 때에든지 누워 있을 때에든지 일어날 때에든지 이 말씀을 강론할 것이며 _신 6:3-7

이스라엘 백성에게 오직 유일한 하나님은 여호와시라는 것(신 6:4)은 오늘날 유대교인들이 가장 소중하게 생각하는 하나님의 선언입니다. 하나님께서 한 분이라는 것을, 여호와께서 오직 이스라엘의 유일한 하나님이라는 것을 이토록 중요하게 생각하는 이유는 뭘까요? 무엇이 이스라엘의 역사 속에서 여호와 하나님의 유일하심을 고백하는 신앙에 가장 위협이 되었을까요? '문화'입니다. 흔히들 이방의 종교나 가나안의 신들이 창조주 하나님의 유일하심을 위협하는 적이라고 생각할 수도 있겠습니다만, 물리적인 '신들의 전쟁'이라는 것은 성경에 없습니다. 이런 이방의 신들은 반드시 '문화'라는 이름으로 이스라엘에 슬며시 들어와서 가랑비에 옷이 흠뻑 젖듯이 이스라엘 사람들을 적셨고, 이스라엘 사람들은 자신들의 옷이 젖고 있다는 것도 모르고 살아가다가 결국은 큰물에 빠져 죽게 되었습니다.

아라드(우리말 성경. 아랏)에 가면 남쪽 유대 광야에 살았던 사람들이 하나님께 예배를 드리던 성소가 있습니다. 그리고 그 성소에는 두 개의 돌기둥이 세워져 있습니다. 우리말 성경에 이렇게 세워진 돌기둥들을 "주상"이라고 번역하였는데요(출 34:13 참고), 이렇게 세워진 돌들은 "하나님"을 의미하는 것이었습니다. 그런데 문제가 있습니다. 이 성소가 정말 하나님께 예배를 드리던 성소라면 한 개의 돌기둥, 한 개의 향단이 있어야 하는데, 돌기둥도 두 개, 향단도 각각의 돌기둥 앞에 한 개씩 있는 거예요. 그러니 성소의 모양만으로 본다면 두 신을 섬기는 제단이 되는 셈입니다. 그곳은 분명히 하나님을 위한 성소인데 말입니다!

이스라엘 백성은 복잡한 국제관계 속에서 주변 국가나 민족들과 살을 부대끼면서 함께 살아야 했습니다. '살기 위해서' 그들과 전쟁을 하기도 했고, '더 잘살기 위해서' 교역을 하기도 했습니다. 과거에도 오늘날과 같은 복잡한 국제관계가 있었고, 그 가운데에서 어떤 선택을 하는가에 따라서 때로는 친구, 때로는 적이 되기도 했습니다. 국제관계에서 속국은 지배국의 강제 아래에서 그들의 문화를 받아들이고 그들의 종교를 수용할 수밖에 없었습니다. 또 요즈음 말로 선진국의 문물을 따라 하는 것이 자기의 사회적 지위를 드러내 보이는 수단이기도 했지요. 강제이든 자발적이든

아라드의 성소 뒤에 보이는 두 개의 돌기둥은 각각 여호와(왼쪽)와 아세라(오른쪽)를 의미한다.

간에 문화의 교류는 피할 수 없었다는 말입니다. 문제는 정체성이었습니다. "피할 수 없는 문화적인 교류 가운데에서 자기의 정체성을 어떻게 지켜나가는가?" 그런데 이스라엘 사람들은 그것을 지키지 못했습니다. 정체성은 '다름'에서 드러나는 것입니다. '나'와 '너'가 똑같다면 '나'의 정체성은 사라지는 것입니다. '하나님의 백성'이라는 정체성은 창조의 하나님, 여호와가 나의 유일하신 주인이라는 것에서 시작되는데, 이 정체성을 잃어버리면 "나의 하나님"과 "그들의 하나님"이 차이가 없

가나안의 남신과 여신 폭풍(천둥 번개)의 신인 바알은 그의 손에 칼 또는 번개를 들고 있다. 풍요와 다산의 여신인 아세라는 그의 태중에 쌍둥이를 잉태하고 있다.

게 되는 거지요.

이스라엘 사람들이 그랬습니다. 가나안 사람들은 이스라엘의 하나님을 '산의 신'이라고 생각했습니다. 그도 그럴 것이 이스라엘의 중요한 사건들은 산을 중심으로 일어났습니다. 아브라함은 "모리아 땅의 한 산"에서 믿음을 확증 받았고, 모세는 "호렙산"에서 하나님을 만났으며 "시내산"에서 율법을 받았고, 아론은 "호르산"에서 죽음을 맞이했고 모세는 "느보산"의 한 봉우리에서 죽었습니다. 여호수아는 "그리심산"과 "에발산"에서 율법을 낭송하였고, 예루살렘은 "시온산" 위에 세워졌습니다. 거기에 비해서 가나안 최고의 신인 바알과 그의 아내 아세라는 달랐습니다. 그들은 평지, 풍요로운 평야 지대 농경지의 신들이었거든요. 남편인 바알은 천둥과 번개의 신으로 하늘에서 비를 내리게 하고, 아내인 아세라는 땅에서 그 물을 머금고 마치 아이를 출산하듯이 소출을 내는 거지요.

출애굽 하여 광야에서 유랑하고 전쟁으로 가나안을 정복하던 백성들이 정복 전쟁을 마치고 그 땅에 정착하면서 상황이 달라졌습니다. 유목과 더불어 이제 농업이라는 새로운 사회 경제 구조에 적응해야 했기 때문입니다. 그러면서 가나안의 문화에 동화되기 시작했습니다. 좀 더 잘살아보겠노라고 하나님을 알지 못하는 주변 나라들과 "형-동생"하며 살기 시작하면서 그들의 문화에 젖어 들기 시작했습니다. 아무래도 노예생활을 하다가 이집트에서 탈출한 사람들보다는 안정적

으로 그 땅에 살아가던 사람들의 문화가 더 화려해 보일 수밖에 없었을 겁니다. 가나안 사람들과 만나고 주변 국가 사람들과 만나면서 그들의 것이 더 좋아 보이고, 더 합리적으로 보이고, 더 문명적으로 보였던 겁니다. 그래서 그들처럼 되고 싶었습니다. 그리고는 마침내 그들처럼 생각하게 되었습니다. 자기들의 최고신인 여호와 하나님은 버리지 않되, 단지 바알의 자리에 여호와 하나님만 앉혀 놓았을 뿐, 글쎄, 여호와 하나님의 아내가 아세라랍니다! 아라드의 성소에 있는 두 개의 돌기둥과 향단들은 바로 여호와 하나님과 그의 아내 아세라를 위한 것이었습니다.

문화적인 종속, 무분별한 문화의 흡수가 신앙의 타락으로 이어진다는 것을 요시야는 알고 있었습니다. 그래서 앗수르의 영향 아래에서 유다 땅에 범람하던 이방 문화와 그 문화의 탈을 쓰고 이스라엘 백성들의 삶 깊숙이 뿌리내린 이방의 종교와 철학들로부터 이스라엘 백성의 정체성과 그 정체성을 규정하는 유일하신 하나님 여호와를 향한 예배를 바로잡고자 요시야가 종교개혁을 단행하였습니다(622 BCE). 아라드의 그 성소가 훼파된 때가 기원전 7세기, 그러니까 그 훼파된 성소는 요시야의 종교개혁의 고고학적인 증거입니다.

시대가 변하였습니다. 새로운 문화와 풍조들이 오늘을 살고 있는 기독교인들에게 소개됩니다. 그 안에서 기독교인들의 정체성은 위협을 받습니다. 그 문화를 따르지 않으면 시대에 뒤떨어지는 것 같기도 하고, 생각이나 소견이 좁은 사람처럼 느껴지기도 합니다. 반대로 '소위' 문화에 개방적인 사람들은 뭔가 있어 보입니다. 하지만 우리 기독교인들이 기억할 것은 기독교인들이 아닌 다른 사람들이 좋다 좋다 해도 그것이 우리, 하나님을 경외하는 사람들에게도 "다 좋은 것은 아니다"라는 겁니다. 하나님의 유일하심을 위협하고 우리 신앙의 기준과 동떨어진 문화이거나 그 반대의 풍조라면, 좀 답답한 사람이라는 소리를 듣고 꽉 막힌 사람이라는 소리를 듣더라도 거절할 수 있어야 합니다. 그것이 기독교인의 '정체성'입니다. 그 문화 속에서 우리를 창조하신 한 분 하나님을 잃어버리고 성경을 통해서 명령하신 말씀들을 잃어버린다면 우리도 그때 아라드에 살던 사람들처럼 두 개의 돌기둥을 세우게 될 테니 말입니다.

아브라함의 우물

BIBLE VIEWFINDER

그들이 브엘세바에서 언약을 세우매 아비멜렉과 그 군대 장관 비골은 떠나 블레셋 사람의 땅으로 돌아갔고 아브라함은 브엘세바에 에셀 나무를 심고 거기서 영원하신 여호와의 이름을 불렀으며 그가 블레셋 사람의 땅에서 여러 날을 지냈더라 _창 21:32-34

사람들은 저마다 믿는 것이 있는데, 그것이 경제력이든 사회적인 지위이든 간에 결국 그 기저에 깔려 있는 것은 '힘'일 겁니다. 무언가를 할 수 있는 힘, 누군가를 움직일 수 있는 힘, 현재의 상태를 내가 원하는 대로 바꿔놓을 수 있는 힘 말이지요. 내가 누구보다 더 큰 힘을 가지고 있다고 생각하는 순간, 대부분은 목에 힘이 들어가고 오만방자해집니다. 그도 그럴 것이 오늘날의 사회나 옛 시대 역시 인류는 승자독식의 사회였기 때문입니다. 그런데 말입니다. 그렇게 힘을 가진 사람이 자기가 가지고 의지하는 그 힘이 '잠시'라는 것을 안다면 절대로 자기가 가지고 있는 힘을 함부로 사용할 수 없습니다.

아비멜렉은 네게브의 맹주였습니다. 브엘세바 아래쪽 남쪽 유대 광야에서 그의 이름을 모르는 사람이 없었고, 그의 명성은 더 멀리까지 소문이 났을 겁니다. 블레셋 평야의 동쪽 끝자락인 비옥한 그랄 땅에서 왕 노릇 하면서 풍요로운 평야가 주는 경제적인 여유로움과 그로부터 얻은 경제력으로 사들인 아나톨리아 출신

의 군대 장관 비골은 아비멜렉이 다스리는 나라의 경제적인 넉넉
함과 그 나라의 군사적 우위를 그대로 보여줍니다. 하지만 아비멜
렉에게도 두려운 존재가 있었습니다. 아브라함이라는 사람이요.
　　아브라함은 자기처럼 왕도 아닙니다. 그런데 그의 가솔들은 웬
만한 군사들 뺨치는 놀라운 전쟁 수행 능력이 있었습니다(창 14).
뿐만 아니라 그에게는 뒤를 봐주는 엄청난 이가 있었습니다. 하나
님! 그저 북쪽 유대 광야에서 남쪽으로 유랑하며 내려온 베두인의
하나로만 깔보며 고압적인 자세로 아브라함을 대하던 아비멜렉
이 하나님에게 혼쭐이 나고서 아브라함에게 다시 사라를 건네준

텔 쉐바 아브라함과 아비멜렉이 서로 약속을 하고 우물 계약을 한 브엘세바는 현재 텔 쉐바(Tel Sheva)라고 부른다. 텔 쉐바
의 입구에는 아브라함의 시대부터 있음직한 우물이 있다.

이후로 아비멜렉은 아브라함을 함부로 대할 수 없었습니다. 굳이
스스로 마음을 위로해보자면, 그저 우연의 일치로 꿈에 알지 못하
는 한 사람이 나타나서는 오히려 자기를 보호하기 위해서 사라가
아브라함의 아내였다는 것을 알려주었다며 에둘러 궁색한 자기변
명을 해볼 수도 있었을 겁니다. 그러나 100세의 나이에 자녀를 보

는 아브라함의 일반적이지 않은 삶을 보고는 아브라함과 그의 뒤를 돌보고 계시는 하나님을 두려워할 수밖에 없었습니다.

아브라함에게 아들 이삭이 태어나자 아브라함이 잔치를 베풀고 아비멜렉을 초대한 것인지, 아니면 그렇게 놀라운 일들의 연속 가운데에서 아브라함에게 잘 보이기 위해서 아비멜렉이 찾아갔는지는 잘 모르겠습니다. 그런데 이삭이 태어난 뒤에 아브라함과 아비멜

에셀나무 우브닷(Uvdat)의 샘가에서 에셀나무 새순이 돋아 올라 자라기 시작한다. 에셀나무는 우리나라에서 위성류라고 불린다.

렉의 만남이 있었던 것으로 보아, 하여간 이삭이 태어난 것을 축하하며 덕담을 나누는 자리가 아니었나 싶어요. 아브라함만으로도 두려웠는데, 그에게 이제 적자인 이삭이 태어났으니 그 후손과 자기의 후손들이 공생하며 살아갈 그 땅과 그 주변 모든 지역의 미래가 걱정되었을 겁니다. 왕이라는 거창한 수식어와는 관계없이 아비멜렉은 자기의 자존심을 다 내려놓았습니다. 아브라함을 만나자마자 아브라함의 후원자가 되시는 하나님을 찬양하고, 이제부터 아브라함과 그의 가족들이 그 땅과 주변 지역에 미칠 힘과 영향력을 인정하며 자기와 자기의 후손들과 자기의 땅에 대한 안전을 확증받기 원했거든요.

잔치 자리에서 아브라함이 슬쩍 이야기를 꺼냅니다. "지난번에 말이지요, 왕의 종들이 제 우물을 가져갔습니다. 빼앗은 거지요." 부드럽지만 책망하는 듯한 아브라함의 나지막한 목소리에 아비멜렉은 등골이 서늘해졌을 겁니다. 자기는 알지 못하는 일이었노라 발뺌을 해보지만 그 말을 곧이곧대로 들을 사람은 없었습니다. 광야에 사는 사람들에게는 가장 큰 재산인 우물이 갑자기 생겼는데 그것을 모를 리가 없으니 말입니다. 비록 왕이라고 불리는 아비멜렉이지만 창세기 20장 이후로 갑과 을의 관계는 완전히 뒤바뀌었습니다. 아브라함이 '갑'이고 아비멜렉이 '을'이 된 셈이지요. 그런데 '갑'인 아브라함은 아비멜렉을 '을'처럼 대하지 않았습니다. 원래 아브라함의 것이었고 아브라함과 그 식솔들이 파놓은 것이기는 하지만, 어찌 되었든 간에 지금은 아비멜렉의 손에 있는 그 우물을 정당

하게 되찾는 것이기는 하지만, 원래부터 자기의 것인 우물을 다시 소유하면서 그냥 다시 가져가라는 아비멜렉과 상징적으로나마 계약을 세웁니다. 우물에 '암양 새끼 일곱 마리'라는 것은 우물의 가치에 비해서 턱없이 부족한, 말도 안 되는 계약이기는 합니다. 그러나 아브라함은 원래 그것이 자기의 것이었고 아비멜렉의 종들이 그것을 강탈하였다는 사실관계만을 확인시켜준 채, 오히려 자기의 암양을 줌으로 분명한 사실관계를 넘어서 확고한 계약을 이룬 것입니다.

왜 아브라함은 그것을 그냥 돌려받지 않았을까요? 저는 그것이 너무나 궁금했습니다. 성경에는 어떤 이유도 설명하고 있지 않으니 그저 상상할 수밖에는 없지만, 제 생각에는 하나님의 이름을 들먹이며 살아가는 사람들이 세상의 사람들과 지켜야 하는 최소한의 예의(?) 또는 태도를 알려주는 것이 아니었을까 합니다. 아브라함도 아비멜렉과 마찬가지로 그냥 가져왔다면 빼앗은 것과 다를 바가 없을 겁니다. 사실관계를 모르고 둘러 둘러 들은 주변 사람들은 아브라함이 빼앗았다고 생각할 것이 분명했습니다. 하지만 주변 사람들이 아브라함과 아비멜렉이 우물을 놓고 단지 암양 새끼 일곱 마리라는 이상한 계약을 했다는 소식을 들었다면 왜 그런 이상한 계약을 하게 되었는가 궁금해할 것이고, 자연스럽게 아브라함과 아비멜렉이 잔치 자리에서 우물을 두고 나누었던 이야기가 전해지면서 아비멜렉은 쿨한 사람으로 아브라

함은 대인배로 알려질 테니 둘 모두가 상생한 셈입니다. 이것이 사람과 사람 관계에서 서로를 세워주는 인생의 지혜일 겁니다.

아브라함이 아비멜렉과 싸움 한판 벌여서 잃어버렸던 우물을 찾을 능력이 없었던 것이 아니지요. 아브라함에게는 힘이 있었습니다. 저 같았으면 광야에서 생존을 위해 꼭 필요한 우물, 대규모의 인력으로 공사를 벌여 만든 우물을 빼앗긴 뒤에 곧바로 아비멜렉을 쫓아가서는 멱살잡이라도 했을 겁니다. 불과 얼마 전 북쪽의 왕들을 쫓아가서 롯과 그 재산을 되찾은 군사 318명을 이끌고 아비멜렉 앞에 가서 내 우물 내놓으라고 무력시위라도 했을 겁니다. 그런데 하나님은 아브라함에게 때를 기다리는 지혜를 주셨습니다. 내가 그를 쫓아가 멱살을 잡지 않아도 시간이 지난 후에 하나님의 때에 너무나 자연스럽게 이 문제가 해결되었잖아요. 그저 내 혈기 같았으면 분명히 아브라함과 아비멜렉 간에 싸움이 났을 겁니다. 싸움만 났다 뿐이겠습니까? 누군가는 그 다툼에서 다치기도 하고, 심지어 생명이 위태로운 지경에 처했을지도 모를 일이지요. 그러나 그런 싸움과 피 흘림 없이 너무나 자연스럽게 잔치 분위기 속에서 물 흐르듯이 문제가 해결된 것은 아브라함에게 있었던 '기다림의 지혜', '때를 기다리는 지혜' 덕분이 아니었나 싶습니다.

10
part

쉐펠라
지역

요단강
벳산
길보아산
여리고
쿰란
엔게디
에발산
실로
아이
감람산
기브아
예루살렘
사마리아
벧엘
기브온
베들레헴
헤브론 (기럇 아르바
아벡
게셀
벳세메스
립나
아로
에글론
마레사
가이사랴
라기스
가드
욥바
야브네
아스돗
시글락
그랄
아스겔론
가자

엠마오

어떻게 그럴 수가 있지요? 예수님을 몰라보다니요! 잠시 스쳐 지나간 거리의 행인이었던 것도 아닌데 말입니다.

운동 경기에서 자기가 응원한 팀이 진 사람들은 허탈하게 집에 돌아갑니다. 그리고 "나는 원래 스포츠에 일희일비하는 소견 좁은 사람이 아니다"라고 자신을 다독이며, 언제 그랬냐는 듯 일상으로 돌아가려고 하지요. 그리고 며칠 뒤에는 머릿속에서 패배의 기억은 사라집니다. 아니, 아예 그 기억을 지워버리는 거지요.

예수님을 싸고 있었던 세마포는 보았으나 부활한 예수님을 아직 만나보지는 못한 제자들을 비롯해 예수님의 열렬한 지지자들은 적잖이 당황했을 겁니다. 믿기지 않는 예수님의 죽음 앞에서 예수님을 따르던 사람들의 반응은 다양했습니다. "나는 원래 예수라는 사람에 대해서 호감을 가지고 있었지만, 그렇다고 예수에 목매어 살던 사람도 아니고…"라고 스스로를 다독이며 마치 언제 그랬냐는 듯 일상으로 돌아가는 사람부터, 괜히 예수라는 사람에게 얽혀서 자기에게도 불똥이 튈까 봐 모른 척하는 사람 등, 많은 사람이 불과 며칠 만에 예수님을 까맣게 잊어버리려고 노력했습니다. 그런 사람들에게 예수님의 부활은 그저 예수님을 따르는 몇몇 열렬한 추종자들이 만들어낸 근거 없는 소문에 불과했지요. 우리에게 잘 알려져 있는 도마는 부활의 소식 앞에서도 직접 확인하지 않으면 믿지 못하겠노라고 공공연히 말했습니다(요 20:24-29).

도마뿐 아니라, 예수님의 부활 소식을 믿지 못하고 일상으로 돌아가려던 또 한 무리의 제자가 있었습니다. 그 둘은 예수님께서 돌아가신 예루살렘을 떠나 엠마오로 가고 있었지요. 그중 한 명의 이름은 '글로바'라고 합니다(눅 24:18). 엠마오로 가는 그들에게 한 낯선 사람이 나타났습니다. 그분은 부활하신 예수님이었어요. "낯선 사람"이라고 제가 표현하기는 했으나, 예수님은 그들에게 절대로 낯선 사람이 아니었습니다. 불과 며칠 전까지만 해도 함께 했던 존경하는 선생님(랍비)이었으니 말입니다. 그런데 어떻게 그

엠마오 엠마오(Emmaus Nicopolis) 지역에 있는 두 개의 교회 중 하나

럴 수가 있지요? 예수님을 몰라보다니요!

엠마오의 교회 터에 걸터앉아서, 제자들을 찾아오셨던 부활하신 예수님을 상상하다 보니 예수님이 참 불쌍해 보였습니다. 그토록 그분의 주님 되심과 메시아 되심을 가르치고 삶으로 보여주었지만, 감히 "제자"라고 불리던 자들이 하는 말이라는 것이 "나사렛 예수는 말과 일에 능했던 선지자"(19절)였답니다!

그동안 예수님을 따르기는 하였으나 예수님을 "길이요, 진리요, 생명이신 하나님"도 아니고, "그리스도시요 살아 계신 하나님의 아들"도 아니고, 마지막 날에 세상을 심판하실 "메시아"도 아니라, 그저 구약 시대에 이 땅에 와서 하나님의 말씀을 선포했던 선지자와 같은 사람 중의 하나로 여겨왔으니, 부활하신 예수님이 찾아오셨던들 그분이 불과 사흘 전에 돌아가셨던 "그분, 예수님"이라고 어찌 상상이나 할 수 있었을까요? 그저 달변이어서 율법학자와 서기관들과 이야기를 나누어도 절대로 지지 않고, 성경을 기가 막히게 설명하고, 기적도 행하는 유다 땅의 유명 인사로 예수님을 이해했고, 그런 예수님과 남들보다 더 가까운 거리에서 다닌다는 것에 만족한 것은 아니었는가 하는 의심마저 듭니다. 그러니 그들이 예수님을 알아보았을 리가 만무합니다.

자신들이 바랐던 예수님의 상(21절)은 있었지만 예수님이 바라셨던 믿음과 신앙이라고는 찾아볼 수 없었던 그들의 무지함을 보면서 저도 참 부끄럽습니다. "과연 오늘 부활하신 예수님을 알아볼 만한 믿음을 가진 이가 바로 '나'인가?"하는 질문 때문에 말입니다.

 예수님의 부활을 믿지 않은 제자는 도마만이 아니었다. 글로바라고 불리는 제자와 또 다른 제자 역시 도마와 같이 예수님의 부활을 믿지 못했다.

벧세메스

⏻ BIBLE VIEWFINDER

암소가 벧세메스 길로 바로 행하여 대로로 가며 갈 때에 울고 좌우로 치우치지 아니하였고 블레셋 방백들은 벧세메스 경계선까지 따라 가니라. 벧세메스 사람들이 골짜기에서 밀을 베다가 눈을 들어 궤를 보고 그 본 것을 기뻐하더니 _삼상 6:12,13

임마누엘! 하나님이 우리와 함께하신다는 이 말은 우리 기독교인들에게는 복음입니다. 우리가 그토록 찾고 찾는 하나님, 그리고 그토록 보고 싶어 하는 하나님이 나와 함께하신다면 얼마나 놀라울까요. 그래서 많은 기독교인은 하나님 그리고 예수님께서 나와 동행하심을 기원하는 기도를 하기도 합니다. 그런데 말이지요, 주님이 나와 함께 계시는 것이 모두에게 정말 복이고 즐거움일까요?

암소 두 마리가 수레에 무언가를 싣고서는 블레셋 평야 저 멀리서 오고 있습니다. 벧세메스 사람들이 골짜기에서 밀을 베다가 그 모습을 보고서는 무슨 일인가 하여 한걸음에 달려왔습니다. 그 수레에는 하나님의 궤가 실려 있었습니다. 얼마나 놀랍고 행복했을까요? 일곱 달 전에 전쟁터에서 블레셋 사람들에게 빼앗긴 법궤(삼상 6:1)를 아무 피 흘림 없이 다시 찾았을 뿐 아니라, 거룩한 법궤가 자기 마을로 들어왔으니 말이지요.

율법에 따르면 성막의 성소에서 제사장들, 그것도 대제사장만 법궤를 일 년에 한 번 속죄일에 볼 수 있었습니다. 그것도 어쩔 수 없이 드러나는 법궤를 보는 것이지, 그 법궤의 뚜껑인 그룹이 앉아 있는 속죄소는 볼 수 없었고, 법궤의 안쪽을 들여다보는 것은 상상도 할 수 없는 일이었습니다(레 16). 대제사장이나 볼 수 있는 법궤를 레위인도 아닌 벧세메스 주민들이 직접 눈으로 보게 되었으니 얼마나 신기했을까요? 기쁨에 넘친 벧세메스 사람들은 그 수레를 패다가 장작을 만들고, 수레를 끌고 온 암소들을 번제로 드렸습니다(삼상 6:14).

악몽은 그때부터 시작되었습니다. 하나님을 섬길 때는 지켜야 할 법도가 있습니다. 소로 드리는 번제라면 흠이 없는 수컷으로 드리라는 것이 하나님의 명령입니다(레 1:3). 벧세메스 사람들은 그 하나님의 율법을 몰랐는지, 아니면 알기는 했지만 그래도 본인들이 생각하기에 나름대로 좋은 것, 값어치 있는 것을 드려야겠다는 마음이 있어서 그랬는지, 수레를 끌고 올라온 암소들을 번제로 드린 거예요.

게다가 벧세메스의 사람들은 감히 할 수 없는 일을 하나 더 벌였습니다. 성경에는 나오지 않는 제 발칙한 상상이긴 합니다만, 법궤를 싣고 온 수레 위에는 블레셋 사람들이 자기들 마을의 수만큼 보낸 쥐 모양의 금덩이들이 상자에 담겨 있었는데, 아직 법궤가 이스라엘 땅으로 들어왔다는 것을 알리지 않은 터라, 다른 이스라엘 주민들에게 말하지만 않는다면 그 쥐 모양의 금덩어리들은 벧세메

 벧세메스 언덕 위에서 찍은 사진이다. 가운데 보이는 낮은 언덕의 산이 삼손의 고향인 소라이다. 소라와 벧세메스 사이의 골짜기(평지)가 소렉 골짜기이며, 골짜기의 왼쪽으로 가면 블레셋 평야가 나오고 오른쪽으로 올라가면 예루살렘으로 갈 수 있다.

법궤의 정확한 형태를 재구성하는 것은 어렵다. 이 법궤의 모양은 이스라엘 딤나 공원에 복원된 성막의 것이다.

스 사람들의 것이 된다는 것이죠. 그 조그마한 상자에도 금 쥐가 다섯이나 들어가 있는데, 이 큰 법궤에는 얼마나 값진 것이 들어 있을까요? 욕심은 또 다른 욕심을 불러옵니다. 법궤 안에 그 금덩어리보다 훨씬 더 값어치 있는 무언가가 들어 있으리라 기대한 건 아니었을까요? 벧세메스의 주민들은 너나 할 것 없이 그 법궤 안을 들여다보았습니다. 그리고는 그 자리에서 70명이 죽었습니다. 두려움에 사로잡힌 벧세메스 사람들은 그제야 자기 마을에 법궤가 들어왔다는 사실을 기럇여아림 사람들에게 알리고 옮겨 가주기를 간청했습니다(삼상 6:21).

임마누엘! 그 말처럼 하나님, 예수 그리스도께서 나와 늘 동행하신다면, 그 삶은 복을 받고 늘 은혜 가운데 있으리라 막연한 상상을 합니다(삼하 6:11). 그러나 주님이 우리와 함께하시나(임마누엘) 그분을 통해서 경제적인 이익을 보려 하고 하나님과 동행하는 사람으로서 지키고 마땅히 해야 할 바를 온전히 지키지 못한다면, 임마누엘의 하나님은 우리에게 재앙으로 다가올 수도 있다는 것을 벧세메스에서 다시 기억해봅니다.

엘라 골짜기

BIBLE VIEWFINDER

너는 칼과 창과 단창으로 내게 나아오거니와 나는 만군의 여호와의 이름 곧 네가 모욕하는 이스라엘 군대의 하나님의 이름으로 네게 나아가노라 _삼상 17:45

교회 청년들과의 모임 중에 지난 한 해의 내 모습을 떠올리는 기회가 있었습니다. "나는 어떻게 지난 한 해를 살아왔는가?" 내게 있었던 큰 변화도, 큰 진전도, 그렇다고 대단한 시련이라고 부를 만한 것도 마땅히 찾을 수 없었습니다. 그리고 보면 제 삶은 은근한 내리막길이 아니었나 합니다. 내가 걷고 있는 길이 평지인 줄로 착각하지만, 나도 모르는 사이에 은근한 내리막길을 걷고 있는 겁니다. 그러다가 "아, 이 길이 아니구나!"라는 것을 알고 뒤돌아서서 다시 온 길을 거슬러 올라가려면 너무나 힘이 들어요. 분명히 내 눈에는 평지인데 걷는 것이 힘들거든요. 은근한 내리막길을 걸어왔으니 은근한 오르막길을 다시 걸어 올라가야 하는 것은 당연한 이치잖습니까?

제 삶을 돌아보며 고백할 수 있는 말은 "혼자서는 못 해요. 하나님이 계셔야 해요. 그분이 하셔야 해요"입니다. 제 건강 문제도 그랬고 학업 문제도 그랬습니다. 제 가정의 문제도 그랬고 아이들 양육 문제도 그랬습니다. 뒤돌아보면 어느 것 하나 제가 제힘으로 이룬 것은 없었습니다. 때가 되면 놀랍게 하나님이 역사하셨습니다. 그렇기 때문에 또 다른 문제에 맞닥뜨릴 때는 곧바로 "하나님"을 찾습니다. 그런데 그렇게 문제와 시련을 넘기고 나면 이 고백과 간절함을 곧 잊어버립니다. 그리고는 "내가 했다!"라고 외치지요. 그리고 이 결과를 얻기 위해서 내가 얼마나 노력했는지 보여주고 싶고 그 증거물을 내놓으려고 합니다. 또 눈에 보이는, 그래서 곧 손에 잡을 수 있을 것 같은 좋은 것을 이루기 위해서 칼과 창과 단창을 갈고 닦기를 멈추지 않습니다. 그리고는 전쟁터에 그것을 들고 나가지요. 마치 골리앗처럼! 그게 저입니다.

헬스로 다져진 다부진 몸매, 원래부터 타고난 육중한 체격, 고도의 기술력으로 빚어진 무기. 도무지 지려야 질 수 없는 완벽한 조건과 준비를 갖춘 골리앗이 되어 전쟁터에 나가지만, 결과는 뻔합니다. 돌에 맞아 죽겠지요. 하나님의 이름으로 나서는 소년 다윗, 아직 전쟁에 나설 나이도 되지 못했고 준비되어 있지도 않고 자격도 없다고 내가 비웃던 그

이에게 말입니다.

맞습니다. 그것이 '나'입니다. "너는 칼과 창과 단창으로 내게 나아오거니와 나는 만군의 여호와의 이름 곧 네가 모욕하는 이스라엘 군대의 하나님의 이름으로 네게 나아가노라 … 또 여호와의 구원하심이 칼과 창에 있지 아니함을 이 무리에게 알게 하리라 전쟁은 여호화께 속한 것인즉 그가 너희를 우리 손에 넘기시리라"(삼상 17:45,47)라는 말씀에 감동받으면서도 정작 최신식의 칼과 창과 단창을 들고 내가 싸워 이기겠노라고 허세를 부리고 있는 골리앗이 '저'입니다.

아세가(삼상 17:1)에 올라서서 골리앗과 다윗이 서로 맞닥뜨렸던 엘라 골짜기를 바라봅니다. 그리고 이스라엘의 군사들을 마주하고 서서는, 양을 치던 복장을 하고 손에 무언가를 쥔 채 저를 이겨보겠다고 나오는 어린 소년을 보며 비웃고 있는 제 모습을 봅니다.

엘라 골짜기 아세가 언덕 위에 서서 동편의 유다 산지 쪽을 바라보면, 아세가 아래로 엘라 골짜기가 굽이쳐 돌아간다.

아둘람

⏻ BIBLE VIEWFINDER

그러므로 다윗이 그곳을 떠나 아둘람 굴로 도망하매 그의 형제와 아버지의 온 집이 듣고 그리로 내려가서 그에게 이르렀고 환난 당한 모든 자와 빚진 모든 자와 마음이 원통한 자가 다 그에게로 모였고 그는 그들의 우두머리가 되었는데 그와 함께한 자가 사백 명 가량이었더라 _삼상 22:1,2

대학교 1학년 때의 일입니다. 첫 학기가 얼마나 어렵던지, 정말 학교를 그만두고 싶었습니다. 무언가 결단을 내려야겠다는 마음에 무작정 밤 기차를 타고서는 청평으로 갔습니다. 청평에 내려서 ○○산으로 무조건 걸었습니다. 그 밤, 하나님의 음성을 꼭 듣고 싶었어요. 그런데 산으로 오르는 어두운 밤길이 얼마나 무섭던지, 어둠 속에서 바스락거리는 소리만 들려도 머리카락이 쭈뼛 서더라고요. 종종 개 짖는 소리도 들렸는데, 혹시나 그놈들이 제게 덤비지는 않을까 하는 두려움에 계속 찬양을 부르며 마음을 달래면서 산길을 올랐습니다. 금방 누군가 덮칠 것 같은 밤길을 말이지요.

아둘람은 성서에는 단 일곱 번 나오기 때문에 그리 낯익은 곳이 아닐 수도 있겠네요. 다윗은 사울이 자기 목숨을 노린다는 것을 알자 급하게 도망을 합니다. 그리고는 놉 땅의 제사장 아히멜렉에게서 진설병과 골리앗에게서 빼앗은 칼을 얻어 가지고 블레셋 땅 가드로 도망하지요. 그 후에 가드도 안전하지 않다는 것을 알고 아둘람으로 다시 도망을 갑니다. 다윗이 아둘람에 있다는 소식을

아둘람은 지표 부분 1-2미터를 제외하고 그 아래가 초크로 되어 있는, 땅이 무른 지형이다. 이 초크 부분을 동굴로 파고 들어갔다. 낮은 구릉 지역(쉐펠라)의 언덕에는 곳곳에 셀 수 없이 많은 동굴이 있다.

듣고 다윗의 가족과 다윗을 따르기 원하는 이들이 아둘람으로 내려갑니다(삼상 21,22). 그때 다윗이 사울의 눈을 피해 숨어 지내던 아둘람은 든든하고 견고한 요새가 세워져 있는 번듯한 마을이 아니라, 자연적으로 생기거나 사람의 손으로 만든 동굴이었던 것 같습니다. 그래서인지 성서에서는 아둘람을 말할 때 "아둘람 굴"이라는 표현을 사용합니다(삼상 22:1 ; 삼하 23:13 ; 대상 11:15). 그도 그럴 것이 지금의 아둘람을 가보면 온 산이 전부 동굴 천지예요. 어느 동굴이 다윗이 숨어 있었던 동굴인지, 그때의 동굴이 아직도 남아 있기는 한지 알 수는 없습니다만, 이 동굴 중 어느 하나는, 아니면 이미 무너져내린 동굴 중 하나는 다윗이 숨어 지내며 숨 쉬던 동굴일 거예요. 이 도피처는 세대와 세대를 거쳐 무려 1000년을 훌쩍 뛰어넘는 기원후 2세기에도 반로마 항쟁을 하던 유대인들의 도피처로도 사용되었습니다.

아둘람을 휘돌아 가다 보면, 이 동굴 중에서 유독 눈에 띄는 동굴이 하나 나옵니다. 땅으로 푹 꺼져 들어간 움푹한 구덩이에

는 아기가 네 발로 기듯이 기어들어 가야만
하는 동굴이 있어요. 이 동굴은 마치 미로처
럼 연결되어서 길을 모르는 사람이 동굴에 들
어갔다가는 겁먹고 놀라기 십상입니다. 정말
한 2미터쯤 기어들어 가니 너무나 무서웠습
니다. 거의 빛이 들어오지 않는 데다가 공기
도 그리 상쾌하지 않은 것이 겁이 덜컥 나더
라고요. 공포감에 숨이 턱 막힐 것 같았습니
다. 함께 간 사람들이 있었는데, 체면에 다시
돌아가자는 말도 못 하고 동굴 안의 첫 번째
작은 공간에서 망설이다가 또다시 안쪽으로
마지못해서 따라 들어갔습니다. 이런 동굴인
줄 알았더라면 손전등이라도 준비했을 텐데

하는 후회만 하면서 울고 싶은 마음으로 안
으로 안으로 따라 들어갔습니다.

어찌나 빛이 없던지, 눈앞으로 손가락을
가져가 보았는데 전혀 보이질 않더라고요.
이 동굴이 어떻게 생겨 먹었는지도 모른 채,
그냥 앞에서 가는 일행의 소리만 듣고 계속
따라갔습니다. 그런데 앞서가시는 집사님이
너무 빨리 가시는 것 같은 느낌이 드는 거예
요. 그래서 중간중간 계속해서 "집사님" 하
고 부르면서 앞에 집사님이 가시는 것을 확
인하며 계속 따라 들어갔습니다. 이 정도 되
면 정말 눈물이 찔끔 날 지경입니다. 아무것
도 보이지 않는데 무릎은 아프고 손바닥도

동굴 입구 저 동굴 입구로 사람이 기
어들어 간다. 이 동굴은 바르 코흐바의
대로마 항쟁(132–135년) 기간 동안 사
용된 동굴이다.

아둘람 동굴 아둘람의 동굴 중에는
기어다닐 수 있는 동굴 외에도 주거용
으로 잘 만들어놓은 동굴들이 산재해
있다. 그 동굴 중 하나에서 바깥을 향해
본 모습. 빛과 어두움이 조화를 이룬다.

아프고, 가끔 돌부리에 머리나 무릎을 부딪
히고, 앞서가시는 집사님의 발바닥에 부딪
히기도 하면서 앞으로 앞으로 갔습니다. 속
으로는 '에잇, 이번에도 집사님에게 또 속았
네' 하고 원망하면서 말이지요. 지난번에도
무작정 따라나선 쿰란 길에 길도 없는 절벽
을 온종일 매달리면서 온몸이 멍투성이, 상처
투성이가 되었고, 제가 겁이 많다는 것이 들
통 나서 망신을 당했던 차라, 오늘도 '또 당
했구나'라는 생각이 들더라고요. 얼마쯤 갔
을까요. 갑자기 넓은 공간이 느껴졌습니다.
그곳에서 집사님께서 잠시 쉬자고 하더라고
요. 어둠 속에서 아무것도 보이지는 않았지
만, 쉬자는 집사님의 말씀에 일단은 어디 궁
둥이 붙일 곳을 손으로 더듬더듬 찾아보았습
니다. 그런데 집사님이 제게 "이 전도사, 휴대
폰 있어? 휴대폰 있으면 한번 열어봐" 하시는
것 아닙니까? 이 동굴 속에 휴대폰 가지고 들
어온들 어디 안테나나 뜨겠습니까? 동굴 속
으로 족히 30-40미터는 기어들어 온 것 같은
데 말이지요. 하여간에 제 휴대폰 성능이 얼
마나 되나 궁금하기도 해서 폴더로 된 휴대
폰을 열었는데, 휴대폰 액정에서 나오는 빛에
눈이 부시더군요. 집사님께서 휴대폰 빛을 손
전등 삼아 이리저리 비춰보라고 하시기에 사
방을 둘러보았습니다. 세상에나, 휴대폰 액

정 빛이 그렇게 밝은 줄은 처음 알았습니다. 이리저리 비추어보는데, 사방이 훤히 보이는 것 아닙니까? 워낙 어둡다 보니 구형 모토로라 휴대폰의 그 약한 빛에도 마치 밤중 깊은 산속에서 촛불을 켠 듯 그 넓은 공간이 한눈에 들어왔습니다. 그날그 동굴에서 집사님과 저는 빛과 어둠에 관해서 이야기를 나누고, 기도했습니다.

그 동굴에서 문득 제가 1학년일 때의 생각이 나더라고요. ○○산을 오르던 그날밤 저는 참 무서웠습니다. 길이 있는 것도 확실하고 그 길이 기도원으로 가는 길인 것도 확실한데, 눈에 보이는 것이 아무것도 없으니 너무나 두려웠습니다. 한 시간 반쯤 지났을까, 멀리 기도원 불빛과 가로등 불빛이 보이는데 얼마나 반갑던지요. 기도원에 뛰어들어가 그날밤 참 열심히 기도했더랬습니다. 왜 있잖습니까? "오늘 답을 주시지 않으면, 오늘 음성을 들려주시지 않으면 학교 그만두고 다른 길을 찾아보겠습니다" 하는 떼깡 말이지요. 그런데 그날밤 한잠도 자지 않고 밤새워 기도했는데도 아무 음성이 들리지 않더라고요. '정말 하나님이 계시기는 하는 분인가?' 하는 마음에 더 늦기 전에 대입시험 준비나 해야겠다는 마음으로 새벽 산을 내려오는데, 신비롭게 안개가 낀 골짜기와 계곡에는 울긋불긋 단풍이 들어 있고 옆에 조그마한 개울도 흐르고 있는 것 아닙니까? 어젯밤에는 하나도 보지 못하고 듣지 못했던 전혀 새로운 산의 모양새, 냇물 소리, 말로 표현할 수 없는 아름다움이 드러난 아침의 상쾌한 공기를 마시며 알게 된 것은 "보이는 것이 전부가 아니다"라는 것과 '보이는 것 뒤에 숨어 있는 보이지 않는 참된 모습'이었습니다. 채 스무 살이 되지 않았던 제가 경험했던 그때의 그 감격은 제가 다시 공부할 수 있는 힘이 되어주었습니다.

어둠 속, 앞서가는 집사님의 소리를 들으면서도 집사님의 존재를 확인하기 위해서 집사님을 불러야 했던 제 믿음 없음과, 집사님이 앞에 가고 있는 것이 분명하나 단지 보이지 않기에 앞으로 나아가기를 두려워했던 제 모습을 보면서 제가 어떻게 보이지 않는 하나님을 믿는다고 할 수 있겠는가 하는 생각에 정말 많이 부끄러웠습니다. 보이지 않으나 내 앞길을 인도하고 있는 그분! 아마 다윗도 이 동굴 속에서 그 하나님을 만났을 테고, 그래서 그렇게 찬양할 수 있었나 봅니다.

* 이 글을 쓰며 하늘나라에서 보고 계실 이상익 집사님께 감사드립니다. 이 책의 '쿰란 - 벼랑 끝에서의 용기'에서 함께 동행하셨던 분도 이상익 집사님이십니다. 이상익 집사님은 제게 이스라엘의 참 모습을 보여주셨던 너무나도 감사한 분입니다. 금요일마다 집사님 댁에 모여서 함께 기도하던 때를 잊지 못할 겁니다. 그리고 집사님과 함께했던 많은 추억은 고스란히 제 기억 속에 남아 있습니다.

가드

'팔레스타인 사람들'(Palestinian)이라고 하면 종종 그들의 기원을 '블레셋 사람들'(Philistines)이라고 착각하기 쉽습니다. 발음도 비슷하고, 심지어 그 영문 표기 방법까지 비슷하기 때문에 생긴 오해입니다. 블레셋 사람들은 오늘날의 그리스에 기원을 두고 가나안 땅에 이주한 이주민들이었습니다. 그래서 문화와 인종, 말이나 체격이 이스라엘 사람들과는 분명히 구분되었지요. 다윗과 골리앗의 싸움을 보면, 기본적으로 블레셋인들의 골격이 얼마나 대단했는지를 어림잡아 알 수 있습니다. 이 블레셋 사람들이 가나안 땅으로 이주해 와서 살았던 대표적인 다섯 도시의 이름이 성경에 소개되고 있는데, 그중 하나가 '가드'입니다.

가드라는 이름이 생소할 수 있겠습니다만, 다윗이 물리친 골리앗이 가드에 살던 사람입니다. 2005년도에 이스라엘의 바르일란 대학교(Bar-Ilan University)에서 성경의 도시 가드(Tel es Safi)를 발굴하던 중에 토기 조각 하나를 발견했는데 그 토기에는 '골리앗'이라고 읽을 수 있는 사람의 이름이 적혀 있었습니다. 그리고 그

글씨가 새겨진 때는 기원전 10세기에서 9세기 중반으로 다윗의 시대(기원전 11-10세기) 즈음이었지요. 그 토기에 쓰여 있는 이름 '골리앗'이 성경에서 다윗이 죽인 바로 그 골리앗인지는 모르겠지만, 블레셋 사람들의 도시 가드에 '골리앗'이라는 이름을 가진 사람이 살았던 것은 분명하게 되었습니다.

가드 사람들에게 다윗은 철천지원수와 같은 사람입니다. 가드에 살고 있었을 골리앗의 가족에게는 두말할 나위도 없었겠지요(삼상 17:4). 그런데 어떻게 운명이 그렇게 얄궂을 수가 있을까요? 자기 민족, 자기 나라 이스라엘의 왕인 사울의 위협을 피하여 다윗이 도망쳐 간 곳이 하나님을 경멸하고 하나님의 백성들을 죽이려던 나라 블레셋이었으니 말입니다. 더군다나 가드는 다윗이 죽인, 블레셋이 자랑하던 용사 중의 용사 골리앗의 고향이잖습니까? 하기야 사울의 나라 어디가 안전할까요? 다윗이 가드로 간 것은 더 이상 이스라엘 땅에 발붙일 수 없었던 다윗의 비참한 현실을 우회적으로 보여주는 것이 아닐까 합니다.

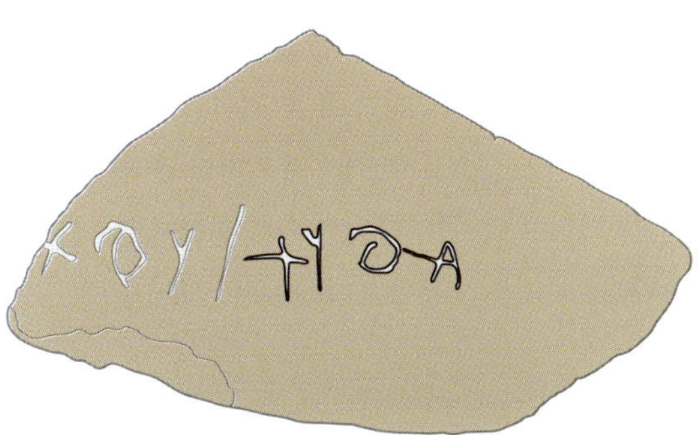

텔 에스 사피 토기 (Tel es Safi Ostracon) 이 토기에는 두 사람의 이름이 기록된 것으로 생각되는데, 진하게 표시된 부분이 '골리앗'이라고 읽을 수도 있는 부분이다. 이 토기는 2005년 텔 에스 사피 Area F에서 발견되었으며, 그 연대는 기원전 10세기에서 9세기 중반까지로 추정된다.

골리앗의 원수를 갚기 위해서 가드 사람들이 다윗을 붙잡았습니다. 다윗은 살아야만 했습니다. 그래서 미친 사람인 척 연기를 했지요. 침을 흘리면서 문짝에 자기 몸을 그적거리던 다윗, 살아보겠노라고 도망친 곳에서 몸 하나 의탁할 수 없는 신세가 되어버린 다윗이 겪어야 했던 그 비참함은 이루 말할 수 없었을 것입니다. 고난과 수치의 수렁에 빠져서 헤어 나오지 못하는 자신을 무덤덤하게 바라보시는 하나님이 원망스러웠을지도 모릅니다. 그러나 다윗은 자기를 죽여야 한다고 흥분하며 고함지르던 가드 사람들의 비난과 고발 속에서 하나님을 찾아냈습니다.

"사울이 죽인 자는 천천이요, 다윗은 만만이로다!" 다윗이 골리앗과 블레셋 사람들을 전쟁에서 죽이고 돌아올 때 이스라엘 여인들이 부르던 노래! 지금 그 노래를 블레셋 사람들이 말하고 있는 것입니다(삼상 18:7, 21:11). 수염 밑으로 흐르는 침이 옷을 적시고 있지만, 또 미친 모습으로 이 거리 저 거리를 술 취한 듯 다니고 있지만, 다윗은 이제 두렵지 않습니다. 과거를 뒤돌아보면, 다윗이 대단한

용사여서 골리앗을 죽인 것이 아니었습니다. 전쟁에 참전할 수 있는 나이가 되지도 않았던 소년 다윗이 골리앗을 이길 수 있었던 것은 하나님이 하셨기 때문입니다. 뛰어난 장수라고 해서 늘 백전백승하는 것은 아닙니다. 하지만 서정적인 감수성과 냉철한 용맹함 모두를 가지고 있었던 다윗이 블레셋과 싸울 때마다 이길 수 있었던 것은 하나님께서 다윗과 함께하셨기 때문이었습니다. 가드 사람들이 말한 이스라엘 여인들의 노래가 그동안 잊고 있었던 다윗의 그 기억들을 떠올리게 했던 것입니다. 자신이 어떤 삶의 구석에 내몰렸든 간에, 하나님의 이름으로 나아갈 때 하나님은 분명히 자신과 함께하신다는 사실을 알게 되었습니다. 과거에 그러셨던 하나님께서 지금과 미래에도 그러하실 것이라는 믿음이 생겼습니다. 그래서 가드에서 인생의 가장 바닥에 처박힌 다윗은 오히려 하나님만을 바라보면서 그분을 노래하는 사람이 되었습니다.

사람들이 들을세라, 제가 지금 서 있는 이 언덕 어디에선가 조용하고 낮은 목소리로 시편을 읊조리고 있었을 다윗을 생각하니 가슴

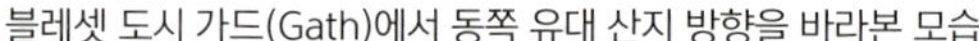
블레셋 도시 가드(Gath)에서 동쪽 유대 산지 방향을 바라본 모습

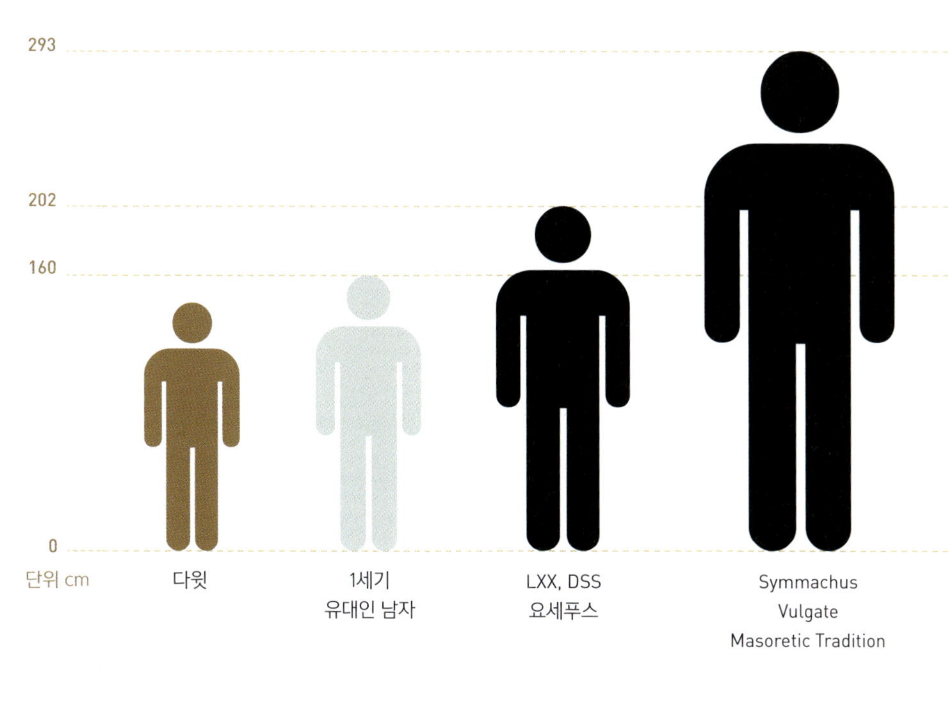

골리앗의 키는 대략 2미터가 조금 넘었을 것이라는 견해가 우세하다.

이 마구 요동칩니다.

"내가 아뢰는 날에 내 원수들이 물러가리니 이것으로 하나님이 내 편이심을 내가 아나이다 내가 하나님을 의지하여 그의 말씀을 찬송하며 여호와를 의지하여 그의 말씀을 찬송하리이다 내가 하나님을 의지하였은즉 두려워하지 아니하리니 사람이 내게 어찌하리이까"(시 56:9-11).

블레셋
사람들의
기원에 관한
학설

블레셋 사람들의 기원에 대해서는 크게 두 가지의 설이 있습니다. 그리스에서 배를 타고 지중해를 건너서 이주하였다는 설과 육상을 통해서 왔다는 설인데요, 관심이 있으신 분들을 위해서 정리해보았습니다.

Barako, Tristan and Yasur-Landau, Assaf, "Philistines upon the Sea," Biblical Archaeology Review 29[2], 2003.

바다를 통해서 가나안으로 들어왔다
(Barako)

"아주 잘 건조된 전투선들로 구성된 무적함대가 팔레스타인 사람들을 태우고 왔다. 그리고 다른 해양 민족들이 레반트의 해변에 도착하였다. 동시에 소들이 끄는 수레들이 팔레스타인 전사들과 여인들, 그리고 그 아이들을 이끌고 북쪽으로부터 내려왔다. 이와 같은 해상과 육상의 절묘한 조화를 이룬 강력한 공격 때문에 가나안의 마을과 도시들이 파괴되었다."

이 이야기는 이집트의 메디넷 하부(Medinet Habu)에 있는 파라오 람세스 3세의 묘실에 남겨진 것입니다. 20대 왕조의 가장 강력한 파라오였던 람세스 3세는 그의 통치 18년 되던 해에 이 해양 민족이 이집트를 공격하기 전에 이들을 물리쳤다고 기록했습니다(1176 BCE).

성서는 상대적으로 블레셋 사람들이 가나안 땅에 정착하게 된 경위를 말하고 있지 않습니다. 비록 사사기와 사무엘서에 이들에 대한 이야기가 나오고 이스라엘의 가장 강력한 라이벌로 등장하기는 하지만, 여기에도 역시 아쉬돗, 아쉬켈론, 에글론, 갓, 가자와 같은 남쪽 해안 평야의 견고한 5대 도시를 중심으로 이들이 거주하였다는 것만을 이야기할 뿐, 그 이상의 것 그러니까 블레셋 사람들이 어디서 왔는지, 무엇 하던 사람인지에 대해서는 기록하지 않았습니다(삼상 6:3,4,17). 성서를 기록한 이들은 이들이 어떻게 가나안 땅에 정착하게 되었는지에 대해서 전혀 알고 있지 못하거나 별로 그것에 관심이 없었던 것 같습니다.

고고학 발굴이 체계적으로 이루어지기 이전의 시기에, 학자들은 블레셋 사람들에 관해서 다음과 같은 의견을 제시했습니다 :

1. 블레셋 사람들과 다른 해양 민족들은 자기들의 고향을 떠나 가나안에 정착했으며, 그들의 고향은 에게해 주변이었다.

2. 그들은 이집트 국경 근처에서 람세스 3세의 군대에 패배하기 전까지, 대부분 지중해 동쪽 지역에서 거주하였다.

3. 그들은 전쟁 포로나 고용된 용병으로 가나안에서 수비대의 임무를 하고 있었다.

4. 그들이 강력한 힘을 가지게 된 이후, 이집트에서 해방되어 가나안의 남쪽 해안 평야 지대에 도시를 건설하였다.

고고학적 자료들도 위의 설명을 뒷받침하고 있습니다. 예를 들자면, 그리스식의 채색된 도자기들이 블레셋의 수많은 지역에서 발견되었는데, 특별히 아쉬돗, 아쉬켈론, 에글론(Tel Miqne)에서 집중적으로 발견되었습니다. 이러한 도자기들은 가나안 지방에

람세스 3세의 묘실 벽화 배를 타고 온 블레셋 사람들과 전쟁을 하고 있다.

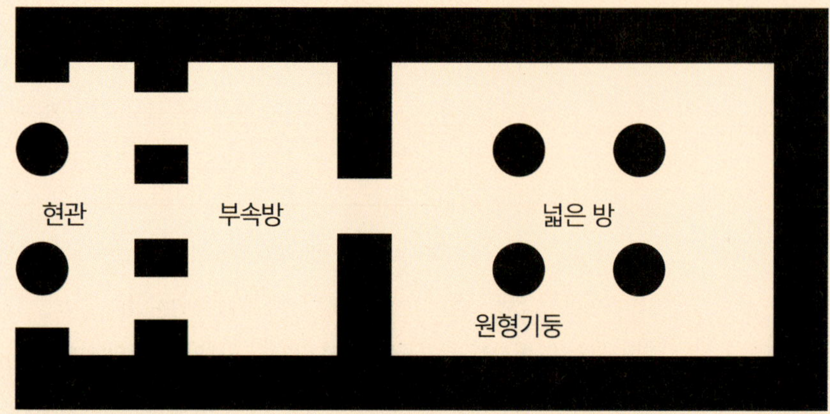

메가론 형태의 건축물 메가론 형태(Megaron Style)는 주로 왕궁이나 성전과 같은 건물의 구조로 사용된다.

서는 유례없는 새로운 도자기의 형태입니다. 이 도자기의 유형은 철기가 시작되는 기원전 1175년의 것이며, 그 형태나 장식들은 후기 청동기 시대에 에게해를 중심으로 한 주변 지역에서 널리 유행하였던 모양입니다. 그리고 이런 도자기의 모양은 그리스 지역에서 지중해 지역으로 널리 수출되던 형태와 장식을 모방하고 있습니다.

종교 제의와 연관된 독특한 건축 형태 역시 블레셋 사람들이 그리스 문화에 근거를 두고 있다는 것을 증명합니다. 특별히 에글론에서 발견된 성소의 기둥 형태는 미케네의 전형인 메가론 형태(Megaron style)과 아주 유사합니다. 문헌에 의하면, 에글론의 통치자 이름은 'Ikausu'인데 이 말은 그리스어 "Axaios"에서 기원한 것으로, 에글론의 통치자가 그리스인이라는 강력한 증거가 됩니다. 신전에서 예배를 받는 여신의 이름을 봐도 알 수 있습니다. 이 여신의 이름은 자음으로 'Ptgyh'인데, Christa Schaefer-Lichtenberger에 의하면 이 신의 이름은 'Pytogayah'이며 "Pytho에서 숭배되는 여신 가이아(대지의 여신)"라는 것입니다.

고대 이집트와 우가릿 문서들은 이 해양 민족들을 배를 잘 다루는 선원과 해적들로 소개하고 있습니다. 따라서 바라코(Barako)는 블레셋 사람들이 지중해 동쪽에서 가나안까지 오는데 육상으로 통한 길보다는 바다를 따라 배로 오는 것이 훨씬 더 용이했을 것으로 추정합니다. 그렇다면 얼마나 많은 해양 민족이 가나안으로 왔을까요? 이것을 추측하기는 무척이나 어려운 일입니다. 그러나 가나안 5대 도시의 크기와 고고학 발굴을 토대로 추정해본다면, 블레셋의 다섯 도시는 대략 180에이커의 면적을 가지고 있고 에이커당 합리적인 거주 인원을 100명으로 환산하면 약 만팔천 명의 블레셋 사람들이 당시 이 다섯 도시에 살았다고 추측할 수 있습니다. 그리고 동화된 가나안 원주민들의 수를 제외하고, 약 50퍼센트에 가까운 사람들이 이주해왔다고 양보하더라도, 약 만 명의 해양 민족(블레셋 사람)이 이주해왔다고 추정할 수 있습니다.

터키 연안에서 발견된 그 당시 배의 크기를 보면 약 15톤급의 배로 블레셋 사람들이 이주하였다는 것을 알 수 있습니다. 후기 청동기 시대 에게해의 배들을 그린 그림들을 보면 좌우 각각 25개, 그러니 총 50명의 노 젓는 사람들이 있습니다. 고대의 문서들을 보면 100척이나 그 이상이 되는 블레셋 함대들이 움직이고 있고, 우가릿의 문서에서는 우가릿의 군대 지휘관이 해양 민족(블레셋) 150척의 배와 맞서 싸우기 위해 왕에게 긴급하게 도움을 요청하고 있는 글을 찾아볼 수 있습니다. 그러니 100척의 함대가 가나안 땅에 상륙했다고 친다면 노 젓는 사람만도 5,000명에 100톤이 넘는 화물들이 동시에 상륙할 수 있는 것이지요.

후기 청동기 시대에 이집트는 가나안 지방까지 일일이 챙기기에는 힘이 너무나 약해지고 있었습니다. 이런 상황에서 해양 민족들은 쉽게 가나안 땅에 정착할 수 있었습니다. 그들은 에게 지방에서 해상으로 이주하여 가나안의 남쪽 해안 평야 지방을 기원전 1175년 경에 점령하였다는 것이 바라코의 주장입니다.

해안길을 따라 이주하였다
(Yasur – Landau)

육상을 통해서 블레셋인들이 가나안 땅에 정착하였다는 야수르 란도(Yasur-Landau)의 주장은 기본적으로 기원전 1200년 경에 미케네 문명이 멸망하고 이들이 가나안 땅에 정착하였다는 '해상을 통한 가나안 정착'과 그 출발은 같습니다. 그런데 미케네 문명 기원설과 반대하는 의견도 있습니다. 반대하는 학자들의 견해는 다음과 같습니다.

1. 만약 미케네 문명이 멸망한 뒤 이들이 곧바로 가나안으로 배를 타고 이주하였다면, 분명히 블레셋의 도시에서는 그리스 문명이 멸망할 당시인 Helladic IIIB의 도자기들이 나타나야 한다. 그러나 이 형태의 도자기들이 가나안 지방에서는 나타나지 않는다.

2. 그들의 건축물 역시 그리스식의 거대한 돌들을 올려 쌓은 미케네의 양식을 따르지 않고 있다.

3. 발견되는 도자기들은 대부분 후기 Helladic IIIC 시대의 것이다. 그리스식으로 조직화된 대부분의 건축 양식들은 그 이후 시대에 건축된 것이다.

이러한 반박에도 블레셋 사람들의 기원에 대한 대세는 그들이 미케네 문명의 멸망과 함께 에게해 주변 지역에서 가나안으로 유입되었다는 것입니다. 육상을 통하여 블레셋 사람들의 가나안 땅 이주가 가능하였던 것은 기원전 1200년에는 미케네, 에게 문명만 멸망한 것이 아니라 아나톨리아와 시리아 지방 역시 같은 역사를 걸었기 때문입니다. 그리스에서 가나안 땅으로 이르는 지중해 연안을 끼고 있는 민족들이 함께 멸망하면서 그리스 지방의 사람들이 육로를 통하여 가나안 지방으로 대거 이동하는 데 큰 어려움이 없었던 것이지요. 게다가 해상을 통해서 이동하는 데는 많은 돈의 지출이 필요하고, 그 수도 제한될 수밖에 없었습니다. 그래서 알렉산더 대왕과 십자군들도 대부분 대규모의 군대와 여행객들을 해상이 아니라 육로를 통하여 이동시켰습니다. 그렇다면 당시 이 해양 민족들이 아나톨리아를 거쳐 육로로 이동하였다는 증거는 어디 있을까요?

첫 번째로 위에서 말했던 것과 같이 기원전 1200년 당시 이들의 이동을 막을 만한 능력을 가진 이들이 지중해 연안 지역(레반트)에는 없었습니다. 이 지역도 역시 미케네처럼 문명의 종말을 맞았기 때문입니다. 이 당시에 트로이도 멸망하였고 서아나톨리아의 아르자와 역시 멸망하였습니다. 중앙 아나톨리아의 타르훈타싸도 심각한 타격을 입고 고통에 허덕이고 있었습니다. 시리아 지역으로 통하는 관문인 실리시아 왕국이 멸망하였고 그 수도인 타르수스가 불탔습니다. 이와 함께 우가릿 역시 멸망하였습니다(1190-1185 BCE). 이로써 유럽에서 가나안으로 가는 해안의 길들이 전부 열린 셈입니다.

두 번째로, 메디넷 하부의 비문에 의하면 해양 민족이 육상을 통해서 가나안 땅으로 들어왔다는 말이 있습니다. 그리고 해상전 벽화와 함께 육상전 벽화도 있습니다. 벽화를 통해서 알 수 있는 이들 배의 특징은 전형적인 전투선이지, 여행객이나 짐을 실어 나르는 수송선이 아닙니다. 이 배에는 여자들이나 어린아이, 노약자와 같은 사람은 탈 수가 없었습니다. 그리고 벽화에는 군인들만 그려져 있고, 여자나 노인과 같은 일반인들은 나오지 않습니다. 그러나 육상전을 그린 벽화에는 어린이들과 여인들이 등장합니다.

새로운 곳으로 이주하기 위해서는 반드시 먼저 정탐을 하는 전초병들을 보내기 마련이지요. 바닷길에 익숙한 해양 민족인 블레셋 사람들은 가나안 땅에 이주하기 위해서 육로보다는 훨씬 빠른 바닷길을 이용하였을 것입니다. 그리고 이들의 정탐 보고가 이주에 불씨를 댕겼을 것입니다. 그러나 이러한 정탐 활동이 곧 이주를 말하는 것은 아닙니다. 본격적인 대단위의 이주는 육로를 통하여 이루어졌다는 것이 야수르 란도의 주장입니다.

결론적으로 학자들이 가장 많이 받아들이는 블레셋 사람들의 기원에 대한 견해는 에게 해 주변 지역을 중심으로 번창하던 미케네 문명이 멸망한 뒤, 그리스 사람들(해양 민족)이 해상과 육상을 통해서 가나안 지역으로 대거 이동하였다는 것입니다.

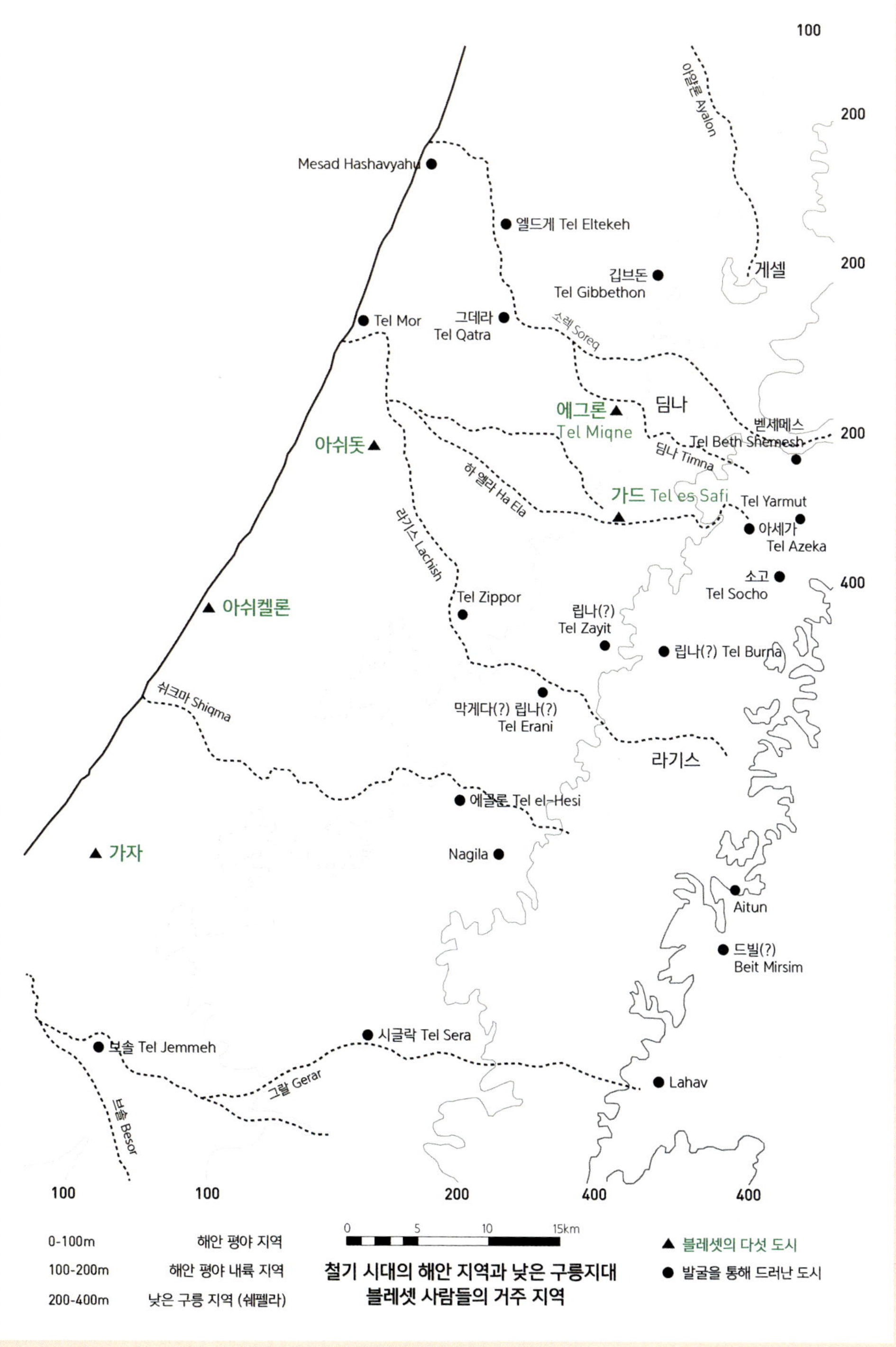

철기 시대의 해안 지역과 낮은 구릉지대
블레셋 사람들의 거주 지역

11 *part* 사마리아 지역

거라사
나움
디베랴
벳산
요단강
여리고
쿰란
다볼산
길보아산
나인
모레산
나사렛
에발산
실로
아이
기브아
예루
사마리아
벧엘
기브온
므깃도
기손강
갈멜산
가이사랴
게셀
에글론
욥바
야브네
지중해

벧엘

야곱의 사다리

⏻ BIBLE VIEWFINDER

한 곳에 이르러는 해가 진지라 거기서 유숙하려고 그 곳의 한 돌을 가져다가 베개로 삼고 거기 누워 자더니 꿈에 본즉 사닥다리가 땅 위에 서 있는데 그 꼭대기가 하늘에 닿았고 또 본즉 하나님의 사자들이 그 위에서 오르락내리락 하고 또 본즉 여호와께서 그 위에 서서 이르시되 나는 여호와니 너의 조부 아브라함의 하나님이요 이삭의 하나님이라 _창 28:11-13

성경을 읽다 보면 목회자이면서 구약을 전공하는 저로서도 이해하기 힘든 장면들이 많이 있습니다. 그중 하나는 벧엘에서 야곱을 만나시는 하나님 이야기예요. 야곱이 누군가요? 배고파 죽겠다는 형에게 자비와 온정을 베풀기는커녕 팥죽 한 그릇에 큰아들의 권리를 빼앗았던 인정머리 없는 냉혈한 같은 사업가이고, 아버지의 축복을 쟁취하기 위해서 어머니 리브가와 함께 아버지를 속인 사기꾼입니다. 에서는 아버지에 대한 분풀이로 가나안 여인들을 아내로 맞아 아버지에게 반항하게 되는데, 이 모든 비극 뒤에는 야곱이 있었습니다. 그렇죠! 야곱이 모든 문제의 시작이었습니다. 에서의 입장에서는 쳐 죽여도 모자랄 동생이 야곱이지요. 야곱은 자기가 지은 잘못 때문에 차마 형 에서에게 고개 들지는 못하겠고, 또 이렇게 가다간 자기의 생명마저도 부지하지 못하겠다는 두려움이 있었습니다. 그래서 선택한 것이 외삼촌 라반의 집이 있는 하란으로 가는 것이었습니다. 아무리 미사여구로 하란 행(行)을 포장한들 그저 도망일 뿐입니다. 도망 길에 벧엘에서 꿈에 하늘

현재는 베틴(Betin)이라 불리는 아랍 마을에는 중기 청동기 시대부터 살았던 마을의 흔적이 남아 있다. 현재 십자군 시대에 사용되었던 망대를 중심으로 한창 발굴이 진행되고 있으나, 팔레스타인 지역이라는 한계로 활발히 진행되지는 못하고 있다.

을 오르내리는 사다리를 보게 됩니다. 왜 하필 야곱에게? 내가 아는 하나님이라면 실의에 찬 형 에서에게 찾아가 그를 위로할 텐데, 왜 벌 받아 마땅한 사기꾼 야곱에게 꿈을 보여주셨는지 하나님을 도무지 이해할 수 없습니다. 뭐 특별히 야곱이 잘한 일이 있다고!

야곱은 성공을 향해서 앞만 보고 달려가는 경주마 같은 사람입니다. 성공이 인생의 목적이었기 때문에 그의 앞에 서 있는 모든 사람이 경쟁자일 수밖에 없지요. 내 성공에 도움이 되는 것은 '선'이고, 내 가는 길에 걸리적거리는 것이 '악'입니다. 그런 야곱에게 무엇을 기대할 수 있을까요? 그러고 보면 야곱의 모습은 오늘날의 기독교인들을 그대로 보여주고 있는 듯합니다. 2013년 감리교신학대학교의 이원규 교수가 한목협의 주도로 발표한 2012년의 설문조사에 의하면, 현재 기독교인들의 19퍼센트가 건강, 재물, 성공을 얻기 위해서 교회에 다닌다고 응답했다고 해요. 설문이라는 형식적인 틀 속에서 자기를 감춘 사람들이 더 있다고 친다면, 19퍼센트보다 더 많은 사람이 건강과 재물, 성공을 얻기 위해서 하

나님을 사다리 삼아 하늘로 하늘로 올라가고자 한다는 말입니다.

하나님은 야곱을 철저하게 부숴버리셨습니다. 형도 두려워하지 않고 아버지도 두려워하지 않았던 야곱이 가족의 보호가 없는 광야에 들어섰습니다. 혹시나 형이 따라와서 혼찌검을 낼지도 모른다는 생각에 얼마나 두려웠을까요? 바람 하나 막아줄 수 없는 빈 들에서 얼마나 추웠을까요? 어둠 속에서 바스락거리는 동물의 소리에도 공포에 휩싸였을 겁니다. 다시는 집에 돌아가지 못할 수도 있다는 생각이 들었다면 얼마나 외로웠을까요? 그때 하나님께서 야곱에게 꿈을 보여주셨습니다. 하늘에서 내려온 사다리! 내가 하나님을 사다리 삼아 올라가려고 할 때는 이리 부딪치고 저리 차이는 인생이지만, 하나님께서 위에서 내려주시는 사다리를 통해서는 하나님과 내가 만나고 하나님과 나 사이에 천사가 오르내리는 신앙의 원리를 그제야 알게 된 것이지요. 그렇기 때문에 라반의 집에서 과거의 자기와 똑같은 외삼촌의 사기 행각에도 아랑곳하지 않고 14년을 하나님의 사다리를 기억하며 기다릴 수 있지 않았나 싶습니다.

에브라임

타이베

⏻ BIBLE VIEWFINDER

그러므로 예수께서 다시 유대인 가운데 드러나게 다니지 아니하시고 거기를 떠나 빈 들 가까운 곳인 에브라임이라는 동네에 가서 제자들과 함께 거기 머무르시니라 _요 11:54

늘 다니던 길이라고 새로운 것이 없는 것은 아닙니다. 늘 드리던 예배 가운데에서 갑자기 예수님을 만나게 되는 경우도 있고, 계속 알아오던 그 사람이 어느 날 갑자기 전혀 낯선 사람으로 다가올 때도 있습니다. 베델(Bethel)과 아이(Ai)를 가기 위해서 늘 지나던 마을 타이베(Taybeh)가 제게는 바로 그런 마을이었습니다.

타이베는 광야 한가운데 있는 작은 아랍 마을입니다. 예루살렘에서 북동쪽으로 35킬로미터 떨어져 있는 작은 마을 타이베는 구약성서 시대의 "오브라"(Ophra)이자(수 18:23), "에브라임"이라는 도시이기도 합니다(삼하 13:23). 또 신약성경에서는 요한복음 11장 54절에 단 한 번 나오는 마을이기도 하지요. 그런데 이 마을은 다른 아랍 마을과는 조금 다릅니다. 마을 주민 전체가 기독교인이거든요. 거대한 광야와 이슬람 마을 가운데에 외로운 섬과 같은 마을입니다.

항상 지나가기만 하던 길이었지만, 오늘은 그냥 지나치지 않고 섰습니다. 오래된 교회의 옛터에 섰습니다.

세월의 힘 앞에 무너져내린 비잔틴 시대 교회의 흔적(5세기)에는 여전히 사람들이 다녀간 자리가 고스란히 남아 있습니다. 비록 멜카이트, 그리스 정교회, 로마 가톨릭교회의 건물이 건재해 있지만, 아직도 사람들은 바로 이곳 무너진 교회를 찾아와 향을 피우고 기도를 드리고 있다는 것을 한눈에 알 수 있습니다.

무너진 교회의 제단 뒤로 벽처럼 펼쳐 보이는 광야는 나사로를 살리신 예수님께서 유대인들을 피해 잠시 몸을 숨기셨던 이야기를 들려줍니다. 팔레스타인 Area A, B 지역을 지날 때마다 드는 긴장감 따위는 이제 없습니다. 그저 예수님의 숨소리만 바람을 타고 들려오니 말입니다. 다시 예루살렘으로 돌아가서 유월절을 준비하셔야 했던 예수님. 자신의 죽음을 준비해야 했던 예수님의 거친 숨소리를 듣고 싶다면, 이 교회의 한구석에 앉아 눈을 감고 잠시라도 고요하게 있어 보면 됩니다.

타이베 '타이베'라는 말은 12세기 십자군 전쟁 때 살라딘(Saladin)이 붙여준 이름이다. 살라딘은 이 마을 사람들은 마을을 지나는 모든 사람을 잘 대접해주는 사람들이라고 칭찬하였는데, 'Taybeh'는 아랍어로 'good'이라는 의미이므로 "선한 사람들이 모여 사는 선한 마을"이라는 뜻일 것이다.

성 조지 교회 성 조지 교회(St. George Church)의 무너진 제단 뒤로 보이는 유대 광야의 작은 언저리. 제단에 올라 무너진 벽 너머를 보면 요르단에 이르는 드넓은 광야가 펼쳐져 있다. 금세라도 광야는 사람들을 빨아들일 것 같다.

교회 곳곳의 구석진 곳에는 이렇게 마리아의 성상들과 정교회 교인들이 기도하며 피웠던 향과 재들이 남아 있다. 아직 타고 있는 촛불은 이곳이 그저 보여주기 위한 장소가 아니며, 아직도 많은 이들이 찾아와 예수님을 기억하고 있다는 것을 보여준다.

380

예수님은 이곳에 잠시 계셨지만 그 예수님 때문에 한 마을이 온전한 예수 그리스도의 마을이 되었고, 그곳에 교회가 섰습니다. 잠시 오셨던 예수님이 아니었다면 이 마을은 다른 마을과 마찬가지로 때가 되면 모스크에서 코란을 읽는 소리가 들렸을 것입니다. 하지만 이제 그 예수님 때문에 시간이 되면 아름다운 교회 종소리가 들리고, 새벽에는 성경을 읽는 사제들의 목소리가 텅 빈 광야를 채웁니다.

예수님께서 잠시 머무셨던 그 메마른 광야의 척박한 마을이 그럴진대, 예수님을 구주로 고백하는 내 마음에는 어떤 마을이 세워졌는지, 내 마음의 깊은 곳에서는 어떤 소리들이 텅 빈 내 영혼을 채우고 있는지 광야에서 귀 기울여 봅니다.

실로

⏻ **BIBLE VIEWFINDER**

너희는 내가 처음으로 내 이름을 둔 처소 실로에 가서 내 백성 이스라엘의 악에 대하여 내가 어떻게 행하였는지를 보라 _렘 7:12

표현의 방법은 제각기 다르더라도, 세상의 모든 아버지들이 자기 아들딸을 사랑하는 마음이야 별반 다르지 않을 겁니다. 제2차 세계 대전 중 유대인 어린아이들을 가스실로 보내던 나치(Nazi) 군인들도 알고 보면 한 아내의 남편이자 사랑하는 자녀들을 둔 아버지였습니다. 한 아이의 아버지로서, 강제 수용소에 수용되어 있는 자기 아들딸 또래의 유대인 아이들이 이 비극적인 전쟁, 그리고 독일이 겪은 정치·경제적 어려움과 아무 상관이 없다는 것 정도는 이미 잘 알고 있었을 것입니다.

그런데도 어찌 그리 혹독하게 그 아이들을 죽음으로 내몰았는지, 나치 군인들의 양심은 도대체 어떻게 이해해야 할까요? 낮에는 수용소에서 아이들을 죽이는 사람으로, 그리고 집에 돌아와서는 자기 아이들을 입 맞추고 돌보는 자상한 가장으로 살았던 나치 군인들의 양심은 무엇으로 만들어졌을까요?

심리학에서 '동조 현상'이라는 것이 있는데요, 정답이 확실히 이것이 아닌데도 주변 사람들이 모두 그것을 선택한다면 자신도 그

아우슈비츠의 아이들

들에게 동조해서 오답을 선택할 확률이 매우 높아진다는 이론입니다. 즉 집단(군중) 속에서 양심이 무뎌지고 나중에는 내 일상의 태도가 변질되어도, 이것을 인지하지 못하게 된다는 것이지요. 눈을 부릅뜨고 나를 철저하게 뜯어보지 않는다면 말이지요.

사무엘이 살았던 실로(Shiloh)는 교육적으로 좋은 환경은 아니었습니다. 출애굽한 이스라엘 백성이 가나안 땅에 들어와서 여호수아의 주도로 회막을 세웠던 곳이 실로인데(수 18:1), 사무엘의 시대에 이르기까지 몇백 년 동안 하나님의 거룩한 성소였던 실로가 교육적으로 그리 좋은 환경이 아니었다는 것이 참 역설적입니다. 이런 비교육적 환경의 단초를 제공한 사람은 엘리였습니다.

엘리는 두려워할 하나님보다 아들들을 더 소중히 여긴 사람이었습니다(삼상 2:29). 엘리의 두 아들 홉니와 비느하스는 하나님께서 제사장들에게 정해준 몫이 아닌 것에 아무런 양심의 가책 없이 손을 댔던 제사장들이었습니다. 뿐만이 아닙니다. 하나님께 드려야 할 것을 자기 것으로 삼았습니다(삼상 2:13-17). 성적으로도 타락하였습니다(삼상 2:22). 그쯤 되면 아버지 엘리가 아들들에게 회초리를 들어야 했어요. 그런데 엘리는 그리지 않았습니다. 아들들이 무엇을 하든 그저 방치해버렸습니다. 아예 신앙교육이라는 것에 대해서 관심이 없었을지도 모르겠어요. 엘리와 그 아들들의 무뎌진 신앙의 양심 때문에 이제 이스라엘 땅에 여호와 하나님의 말씀마저도 희귀해졌고, 하나님께서는 더 이상 엘리와 대화하지 않으셨는데(삼상 3:1), 엘리와 그 아들들은 그것에 대한 어떤 긴장감도 두려움도 없었습니다. 그러니 홉니와 비느하스의 오만방자함은 마치 그들이 하나님인 양 생각하게 했을지도 모릅니다.

비록 혈통으로는 엘리의 집안과 아무런 관계가 없었을지라도 사무엘은 그 집 식구와 마찬가지로 엘리의 아들들과 함께 자랐고 그들의 부정한 모습을 똑똑히 지켜보았습니다. 그렇지만 그들이 하나님의 법을 떠나서 먹고 싶은 것을 먹고 그들이 하고 싶은 것을 할 때, 사무엘은 그들에게 동조하지 않았습니다. 옳고 그름을 가릴 것 없이 마음대로 할 수 있었던 홉니와 비느하스, 또 마음대로 하게 내버려두었던 엘리 가정의 무절제한 틈바구니에서 그들에게 동화되지 않았습니다. 짧은 인생 쉽게 살려면, 누군가에게 질투를 받지 않으려면, 그냥 그들처럼 살면 훨씬 편했을지도 모릅니다. 그런데 사무엘은 그렇지 않았습니다. "홉니와 비느하스도 그렇게 하는데, 나 정도야…" 하는 마음을 가지지 않았던 것입니다. 그리고는 엘리가 듣지 못했던, 날카로운 하나님의 목소리에 귀를 기울

출애굽기의 성막 성경을 연구하는 학자들은 이런 크기와 모양의 성막이 건물의 형태로 실로에 있었을 것으로 생각한다.

384

성소가 있었을 장소 실로는 완전히 폐허가 된 뒤로 어디에 성소가 있었는지 정확히 알 수 없다. 그러나 성경에서 말하는 성막의 크기를 기초로 그만한 터를 추정해 보건대, 위의 사진에서 보이는 붉은 색의 넓은 공간이 유력한 장소 중의 하나이다.

인 것입니다(삼상 3).

결국 엘리 집안의 타락이 곧 하나님의 집이 있었던 실로의 몰락으로 이어지게 됩니다. 하나님의 임재를 상징하는 법궤는 블레셋 사람들에게 빼앗겼고, 그 전쟁통에 엘리의 두 아들은 죽습니다. 엘리는 아들의 죽음 소식과 하나님의 궤가 빼앗겼다는 소식을 듣고는 목이 부러져 죽는 비극을 맞이합니다. 그 이후로 실로는 역사 속에서 그런 곳이 있었나 싶은 폐허가 되었습니다.

예레미야는 폐허가 되어 버린 실로를 가리키며 역사 속에서 유다가 나아갈 길을 배우라고 했습니다(렘 7:12). 실로가 무너졌다고 하나님의 역사가 단절된 것은 아닙니다. 역사는 그렇게 끝나지 않았습니다. 불의한 환경에 동화되지 않고 하나님의 말씀에 귀 기울였던 사무엘의 손에 의해서 또 다른 새 역사가 준비되었기 때문입니다.

새로운 해에 새 역사 쓰기를 기도한다면, 우리가 따라야 할 모범은 사무엘입니다.

세겜

⏻ BIBLE VIEWFINDER

만일 여호와를 섬기는 것이 너희에게 좋지 않게 보이거든 너희 조상들이 강 저쪽에서 섬기던 신들이든지 또는 너희가 거주하는 땅에 있는 아모리 족속의 신들이든지 너희가 섬길 자를 오늘 택하라 오직 나와 내 집은 여호와를 섬기겠노라 _수 24:15

팔레스타인 아이들이 무리를 지어서 뛰어놀고 있었습니다. 아이들의 손에는 장난감 총이 쥐어져 있었고, 한 아이가 가장 높은 언덕에 올라서서는 뭐라고 외쳐대니 다들 따라 하는 모습이 흡사 팔레스타인 청년들이 이스라엘 군인들을 앞두고 시위를 하는 것 같습니다. 돌무더기 위에서 뛰어내리기도 하고 언덕을 기어 올라가기도 하던 아이들이 다들 자기 집으로 돌아간 듯하여, 아이들이 놀이터 삼아 뒹굴던 자리로 가서 서쪽을 바라보았습니다. 왼쪽으로는 그리심산이, 그리고 오른쪽으로는 에발산이 한눈에 들어왔습니다. 맞습니다. 아이들이 뛰어놀던 그곳은 갈대아 우르를 떠나 하나님께서 약속하신 그 땅에 들어온 아브라함이 제일 먼저 제단을 쌓았던 세겜입니다.

지금은 팔레스타인 땅이 되어서 모스크에 포위당하고 있지만, 약 4,000년 전에는 아브라함이 이곳에 장막을 쳤고, 3,200년 전에는 여호수아가 온 이스라엘을 이곳에 불러 모았습니다. 그리고 마치 팔레스타인 아이들이 그랬듯이, 여호수아가 율법을 낭독할 때 여호수아를 따르며 그리심산과 에발산에 서서는 "아멘, 아멘"을 외쳤습니다(신 27장). 다른 것이 있다면 아이들의 손에는 장난감 총이, 여호수아의 손에는 하나님의 율법이 들려 있었다는 것입니다. 두 장면이 서로 겹쳐 제 머릿속으로 들어오니 가슴 속에 왠지 모를 아린 감정이 있습니다.

죽음을 앞둔 여호수아가 이스라엘의 역사를 세겜에서 되짚었습니다. 다른 신들을 섬기던 아브라함의 가족들을 가나안으로 인도하시고, 노예의 삶을 살아야 했던 이스라엘을 이집트에서 탈출시키신 일들을 다시 기억하게 한 것이지요. 하나님께서 이스라엘에게 보여주신 사랑은 그뿐이 아니었습니다. 죽음의 위협에서 그 백성을 살려내시고 이스라엘 백성에게 쏟아지던 저주들을 축복으

세겜 그리심산에서 내려다본 세겜은 중앙 산지의 주요한 교통로이다.

로 바꾸셨던 역사를 하나하나 열거하면서, 아마도 여호수아의 심장은 감격스러움으로 마구 요동쳤을 것입니다. 그리고는 마지막으로 일갈합니다.

"우리의 조상과 우리를 지금까지 이렇게 이끄셨던 여호와 하나

구약성경 시대의 세겜 현재 텔 발라타(Tel Balata)라고 불리는 세겜의 한가운데에는 여호수아가 세웠다는 증거의 돌이 서 있다.

님이 너희에게 좋지 않게 보이거든, 갈대아 우르에 살았던 우리 조상들이 그랬던 것처럼 이방의 신들을 섬겨라. 하지만 어떤 일이 있어도 나와 내 집은 여호와를 섬기겠노라! 자, 이제 내 마음을 너희에게 보여주었으니, 너희도 너희가 섬길 자를 오늘 택하라!"

일백십 세의 노구이지만, 이스라엘 백성의 결단을 요구할 때 여호수아의 모습은 모세로부터 지도자의 자리를 이제 갓 물려받았을 때처럼 당당했으리라 생각됩니다. 백성들은 일제히 "우리가 여호와를 섬기겠나이다!"라고 대답했습니다. 여호수아는 이 맹세를 잊지 말라며 큰 돌을 가져다가 증거를 삼았습니다. 그리고 그 돌이 증거가 되리라고 선언했습니다.

그 돌이 아직도 그 자리에 서 있습니다! 아이들이 뛰어놀던 돌무더기, 그리고 누가 더 멋지게 뛰어내리는지 겨루듯 서로를 보면서 뭐라고 이야기하며 아이들이 뛰어내리던 그 돌이 여호수아가 이스라엘 백성에게 증거로 세워놓은 돌이었습니다. 그러고 보면 우리 모두에게는 그런 증거들이 하나씩 다 있습니다. 제게도 지우려야 지울 수 없는 그리스도의 흔적들이 있습니다. 하나님만 섬기겠노라고, 예수님만 따르겠노라고 고백할 수밖에 없었던 절박한 상황, 말할 수 없는 기쁨의 순간들이 있습니다. 그러나 가나안 땅에 안주하던 이스라엘 백성들이 그러했듯이, 저도 하나님께서 허락하신 이 삶에 안주하면서 결국은 하나님을 잊고 살아간 적이 얼마나 많은지 모릅니다. 그리고는 하나님이 아닌, 다른 보기 좋은 것들을 추구하며 살아갑니다. 입으로는 그렇지 않은 양 그럴듯하고 번지르르한 말들을 쏟아놓은 채 말입니다.

큰 숨 한번 들이마시고 그 돌을 한 손으로 짚고서는 그리심산과 에발산을 쳐다보았습니다. 여호수아의 목소리가 들리는 듯합니다. "너희가 섬길 자를 오늘 택하라!" 백성들의 함성이 들리는 듯합니다. "우리가 여호와를 섬기겠나이다!" 그 외침이 귓가에서 우렁차게 울리는데, 저는 점점 작아지는 것 같습니다.

사마리아 사람들

흔히들 북왕국 이스라엘의 멸망(722 BCE, 왕하 17:24-41)과 함께 북왕국에 살던 사람 모두가 국외로 강제 이주를 당했고, 텅 빈 사마리아 지역은 이방인들로 채워졌다고 생각합니다만, 유대인 역사가 요세푸스의 기록에 의하면, 사마리아 지역에는 여전히 북왕국의 사람들(므낫세와 에브라임 지파 사람들)이 그리심 산에서 여호와 하나님의 신앙을 지키고 살고 있었습니다(Ant 9.290). 그러다가 페르시아의 통치를 받던 시대에 이르러 세겜을 중심으로 옛적부터 있었던 토착 종교의 관습과 여호와 하나님을 섬기는 신앙이 서로 섞이기 시작했다고 합니다. 이것이 스룹바벨, 에스라, 느헤미야 시대에 포로로 잡혀갔다가 돌아온 유다 사람들과 갈등의 원인이 된 것이지요. 사마리아 사람들을 이방인처럼 대하기 시작했거든요. 적어도 이것이 요세푸스가 사마리아인들을 바라보는 시선입니다.

사마리아 사람들과 유다 사람들의 갈등은 하나님이 주신 땅 너머, 알렉산드리아에서도 있었습니다. 알렉산더 대왕이 죽은 후, 알렉산더의 뒤를 이어 이집트 지역을 통치하였던 프톨레미 1세가 팔레스타인 땅을 정복하면서 유다와 사마리아 지역에 살고 있었던 사람들을 이집트로 포로삼아 끌고 갔습니다. 기원전 3세기 중반에 기록된 이집트의 파피루스에 이집트 땅 안에 '사마리아'라고 이름 지어진 마을이 있었다고 하니, 이집트에서 사마리아 사람들의 영향력도 대단한 듯합니다. 그런데 이 둘의 종교적인 갈등은 거기에서도 마찬가지였습니다.

기원전 3세기 프톨레미 2세의 시대에 온 세계의 사상을 하나로 모아보리라는 거대한 꿈을 가지고 그리스어로 온 땅의 철학과 사상을 번역하는 일이 한창이었습니다. 그리고 그 엄청난 계획 안에는 여호와 하나님을 따르는 이들의 신앙의 기준인 구약의 두루마리들도 있었지요. 그런데 "토라"라고 불리는 율법이 조금씩 다른 두 가지 판본이 있는 겁니다. 유다 사람들이 읽는 토라와 사마리아 사람들이 읽는 토라가 아주 큰 차이는 없습니다만, 부분적으로 조금씩 있는 전통의 차이를 놓고 어느 하나를 선택해야 했습니다. 프톨레미 2세는 유다의 지도자들과 사마리아의 지도자들을 놓고 이 문제에 대해 토론을 붙였습니다. 이 집트의 파라오 앞에서 누구의 기록이 더 참된지, 그리고 예루살렘이 여호와 하나님 종교의 중심지인지, 아니면 그리심산이 그러한

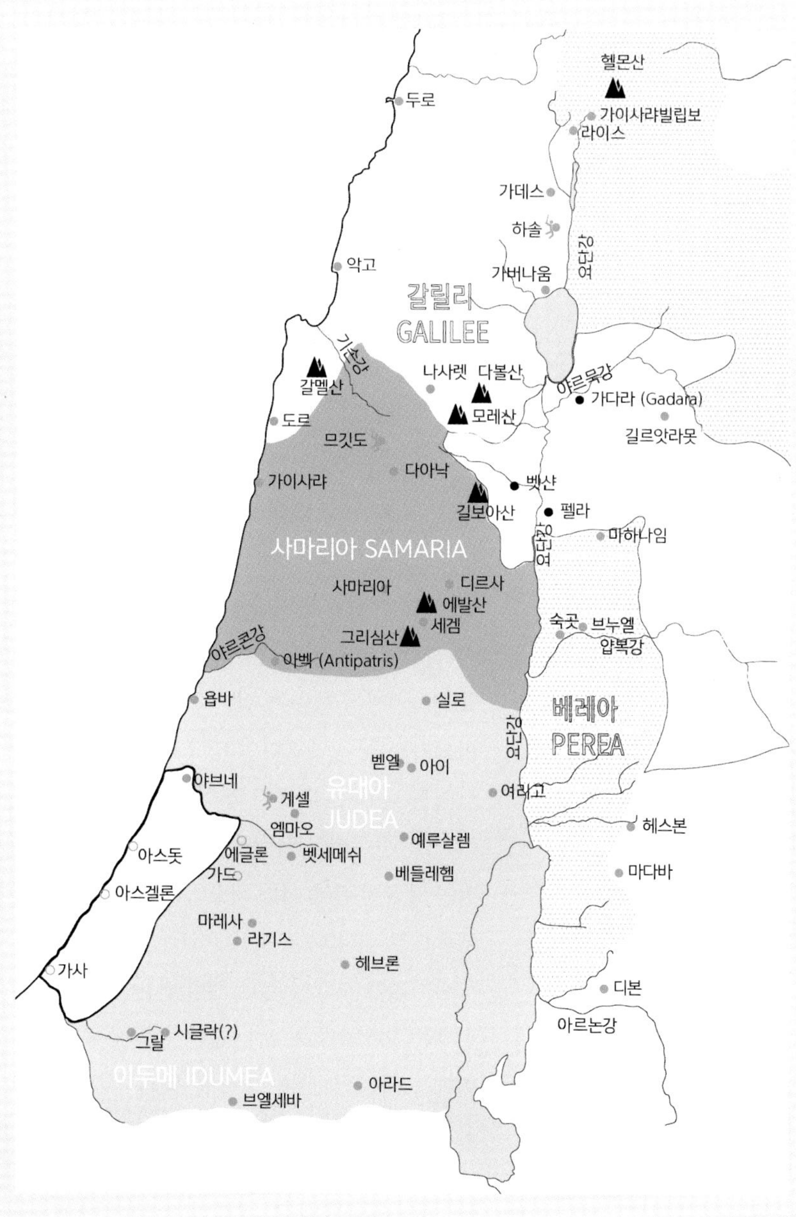

가를 놓고 신학적인 언쟁을 벌인 것이지요(Ant 13.3). 유다 사람들의 토라, 그러니까 우리가 현재 읽고 있는 모세오경이 승리(?)하였습니다. 그런데 말입니다. 그래서 "우리(유다 사람들)가 가지고 있

 사마리아 사람들은 모세오경만을 정경으로 인정한다. 우리가 읽는 구약성경 가운데 역사와 예언서들은 모두 유다 사람들의 입장에서 기록된 유다 사람들의 기록으로 편파적이라는 것이 사마리아 사람들의 생각이다.

는 것이 더 권위가 있다"는 선에서 끝났으면 좋았을 것을! 사마리아 사람들의 토라는 참되지 않다는 이유로 사마리아의 학자들을 살해하기까지 했다는 겁니다. 팔레스타인 땅 바깥에서 벌어진 이 이야기는 곧 팔레스타인 땅으로 전해졌고, 단지 종교적인 입장의 차이를 넘어서, 그 둘은 돌아올 수 없는 다리를 건너버리고 만 것이지요. 사마리아 사람들이 가지고 있었던 종교적인, 그리고 지역적인 앙금이 결국 헤롯 대왕이 죽은 뒤 12년째 되던 해에 극단적인 행동으로 터져 나온 것입니다(야곱의 우물 참조).

사마리아 사람들은 네 개의 믿음의 기준을 가지고 있습니다. 첫 번째는 오직 여호와 하나님만이 한 분 하나님이시라는 것이고, 두 번째는 하나님께서는 역사를 통해서 오로지 단 한 명의 예언자만을 보내주셨는데, 그가 모세라는 것입니다(유대인들에게는 모세 이외에도 수많은 예언자들이 있지요). 세 번째는 거룩하고 참된 하나님

의 말씀은 오로지 모세오경이고 그 모세오경은 사마리아 사람들이 가지고 있다는 것입니다("사마리아 오경"이라 불립니다. 이들은 흔히 말하는 예언서, 역사서, 성문서, 지혜문학들을 인정하지 않습니다), 마지막 네 번째로 하나님께서 선택하신 예배의 성소는 그리심산이라는 것입니다.

현재는 52가정(대략 800명)의 사마리아인들이 이스라엘에 살고 있습니다. 기원후 4-5세기까지만 해도 그 수가 대략 150만 명이었지만, 많은 수가 이슬람과 기독교로 개종을 했거든요. 그러나 끝까지 사마리아에서 여호와 하나님의 신앙을 지킨 이들의 대부분은 그리심산과 홀론(Holon)이라는 도시에 살고 있는데, 홀론에 살고 있는 사마리아 사람들은 그리심산에도 자기 집을 두어서 스스로 사마리아 사람이라는 정체성을 잊지 않으려고 노력합니다. 매년 유월절이 되면, 이 모든 가정들이 한 곳, 그들이 말하는 오직 유일한 예배 장소인 그리심산에 모여서 유월절 양을 잡으며 제사를 드리며, 한 가족이라는 것, 그리고 여호와 하나님이 선택한 한 민족이 바로 자신들이라는 것을 되새깁니다.

그리심산 돌이 있는 마을은 옛 세겜의 성터이며, 그 뒤로 나무가 듬성듬성 심어져 있는 그리심산이 보인다.

세겜
야곱의 우물

⏻ BIBLE VIEWFINDER

유대를 떠나사 다시 갈릴리로 가실 새 사마리아를 통과하여야 하겠는지라 사마리아에 있는 수가라 하는 동네에 이르시니 야곱이 그 아들 요셉에게 준 땅이 가깝고 거기 또 야곱의 우물이 있더라 예수께서 길 가시다가 피곤하여 우물 곁에 그대로 앉으시니 때가 여섯 시쯤 되었더라 사마리아 여자 한 사람이 물을 길으러 왔으매 _요 4:3-7

"팔레스타인" 하면 가장 먼저 떠올리는 이미지는 사람마다 다르겠지만, 제가 제일 먼저 떠올리는 이미지는 엄청나게 높고 위압적인 '장벽'입니다. UN에서 사용하는 공식적인 명칭은 "거대한 벽"(immense wall)이지요. 유대인에게는 그 장벽이 자신들의 안전을 보호해주는 '안보'의 상징이고, 팔레스타인 사람들에게는 자신들을 가두어 옥죄려는 유대인들에 대한 '분노'의 상징입니다. 예루살렘 주변에 호전적인 아랍인들의 거주지를 장벽으로 둘러싼 이후로 예루살렘에서 발생하는 테러가 약 90퍼센트 넘게 감소하였으니 '안보'의 상징인 것도 맞지만, 동시에 허가증이 없는 팔레스타인 사람들이 유대 지역으로 들어오지 못하게 하기 위해서 장벽을 만든 이래로 팔레스타인 경제가 무너졌고, 테러와 관련이 없는 이들에게도 오롯이 그 피해가 돌아갔기 때문에 '분노'의 상징이라고 부르는 것도 맞습니다. 2015년 UN 보고서에 의하면 전체 약 470만 명의 팔레스타인 사람 중에서 약 55,250명 정도(대략 1퍼센트 내외)만이 이스라엘 지역으로 나와서 일을 할 수 있습니다. 국제법상 팔

세겜으로 들어가는 입구의 검문소 세겜으로 들어가고 나가는 입구에는 이스라엘군의 검문소가 있어서 이스라엘 사람들이 팔레스타인 지역으로 들어가는지, 또는 팔레스타인 주요 인물이 Area A를 나가는지 확인한다.

레스타인 지역인 요단강 서안 지역과 이스라엘이 맞대고 있는 국경의 길이가 약 304킬로미터인데, 이미 이스라엘 정부는 약 140킬로미터에 걸쳐서 콘크리트 장벽을 설치하였고(2017년 기준), 국경선의 개념으로 701킬로미터의 담장을 만들었습니다. 매년 허가증 발급이 줄어들고 있으니 팔레스타인 사람들의 내부경제 의존도는 더욱 높아질 겁니다. 이런 장벽도 있지만 검문소는 더 대단합니다. 자동차가 다니지 못하도록 폐쇄한 도로와 팔레스타인 사람들을 일일이 검문하는 검문소가 요단강 서안 지역에만 522개가 있는데(2012년 기준), 팔레스타인 자치 지역에서 나오는 사람들은 이 검문소에서 짧게는 몇 분, 길게는 몇 시간을 기다리는 일도 허다하거든요. 이런 상황에서 유대인이 팔레스타인 지역에 들어가는 것은 자살행위나 다름없습니다. 팔레스타인 사람들이 유대인에 대한 적대감이 매우 높은지라, 성지순례객이 넘쳐나는 베들레헴 지역(팔레스타인 자치 지역) 같은 경우에도 유대인 운전사가 운전하는 버스는 성지순례객을 태우고 있어도 출입이 금지되고 있거든요.

현재 팔레스타인 정치와 경제의 중심지는 요단강 서안 지역의

오슬로 협정에 따라서 나뉜 요단강 서안 지역의 지역 구분

요단강 서안 지역은 1967년에 발발한 6일 전쟁에서 당시 실효 지배를 하던 요르단으로부터 획득한 땅이다. 이 지역에는 현재 다수의 이스라엘 정착촌이 건설되었다.

정착촌(settlement)은 6일 전쟁에서 이스라엘이 점령한 요단강 서안(요르단) 지역과 골란 고원(시리아) 지역에 만들어진 이스라엘의 주거 지역을 가리키는 말이다.

6일 전쟁 기간 동안에 점령한 시나이 반도(이집트)에도 정착촌이 있었으나(18개) 1979년 이스라엘 – 이집트 평화 협정 이후 철거하였고, 가자 지역의 정착촌(21개)은 2005년에 철거되었다. 2014년 현재 131개의 정착촌과 97개의 전초 기지가 있다.

◎ 전초 기지(outpost)란? 정착촌 건설 이전에 가건물을 설치하고 이스라엘 시민들이 6일 전쟁에서 획득한 영토에 강제 진입하여 거주하는 곳.

라말라입니다. 그리고 예루살렘을 기준으로 북쪽의 요단강 서안 지역은 우리가 잘 알고 있는 ‘사마리아’입니다. 사마리아 사람들은 지금이나 옛적이나 환영받지 못하는 사람들입니다. 사마리아 사람들이 언제부터 홀대를 당했는지는 알 수 없습니다. 포로기부터다, 북왕국의 멸망 때부터다, 아니 그 이전 통일 왕국 시대부터다, 또는 야곱의 시대부터다 많은 이론이 있지만, 중요한 것은 예수님 시대에 유대인과 사마리아인들의 갈등은 매우 심각한 수준이었다는 겁니다.

헤롯 대왕이 죽은 후 12년째 되던 때(아마 예수님이 청소년기에 이르렀을 때 즈음이 아닐까 합니다) 사마리아 사람들이 유월절 날 유대인의 회당과 예루살렘 성전의 성소에 사람의 뼈를 뿌리는 극단적인 행동을 했습니다. 급진적인 사마리아 사람들 때문에 유대인의 유월절 축제는 중단되었고 유대인들이 사마리아인들에 대해 예전부터 가져왔던 증오심은 더 거세져 갔습니다. 예수님 시대에 “사마리아 사람”(쇼므로니)이라는 말은 지독한 욕설이기도 했지요(학문적으로는 논쟁이 있을 수 있는 표현이기는 하지만).

하나님께서 약속하신 가나안 땅에 살고 있는 한 민족인 유대인과 사마리아 사람들은 서로 왕래도 대화도 하지 않았습니다. 유대인들의 다수는 갈릴리 지역에서 유대 지역으로 오가기 위해서 사마리아를 통과하지 않고 요단강 동편의 베레아 지역으로 돌아다니는 수고를 마다하지 않았고, 어쩔 수 없이 사마리아 지역을 통과할 때는 사마리아 사람들이 유대인에게 숙소를 제공하려 하지 않았습니다(눅 9:51-56). 심지어는 물조차 얻어먹지 못했지요(요 4:9). 유대인과 사마리아 사람 사이에는, 오늘날 유대 지역과 팔레스타인 지역을 나누는 벽처럼, 보이지 않는 거대한 벽이 세워져 있었습니다. 누구에 의해서 세워졌는가의 문제가 아니라, 모두가 함께 세운 높은 벽입니다.

예수님께서는 그 벽을 허물고 사마리아로 들어가셨습니다. 그리고 그 중심지 세겜(수가 성)에 이르렀습니다(요 4). 예수님께서 사마리아인과 유대인들 모두가 조상이라고 부르는 야곱의 우물 앞에 도착했을 때는 햇빛이 머리 꼭대기에 있는 정오였습니다. 가나안 땅에 살던 여자들이 하는 주요한 일은 아침이 되자마자 제일 먼저 우물에서 물을 긷는 것이었습니다. 그런데 이 여인은 어쩐 일인지 남들이 오지 않는 대낮에 우물을 찾았습니다. 그 여인이 게을러서인지 아니면 사람들에게 따돌림을 당했거나 사람들과 섞여 살지 못해서인지는 모르겠지만, 유대인인 예수님의 입장에서는 상종할 수 없었던 부류의 사람들, 그 사람들 가운데에서 사람을 헤아리는 수에도 들지 못하는 한 여성, 그 여성 가운데에서도 사람들과 동화되지 못하고 남들이 오지 않는 시간에 우물을 찾아와야 하는 숨겨진 사연이 있는 여인을 예수님께서 찾아간 것입니다. 그러니 예수님과 그 여인의 만남은 우연이라고 할 수 없습니다.

이 여자의 반응은 쌀쌀맞았습니다. 그러나 모든 시작은 '만남'부터입니다. 반목하던 유대인 예수님과 사마리아 여인의 단 한 번의 만남으로 여인의 운명이 바뀌었으니 말입니다. 이 여인은 예수님을 만나고 난 후 곧바로 전도를 시작했습니다. 아마 성경에서 예수님을 만나고 가장 빠른 반응을 보이고, 가장 열정적으로 그리고 많은 수를 전도한 사람이 바로 이 여인이 아닐까 합니다. 성경을 보니 이 여인 때문에 그 동네의 많은 사마리아 사람들이 예수님을 믿게 되었으니 말이지요 (요 4:39). 그뿐이 아닙니다. 사마리아 사람들은 유대인이라면 치를 떨며 싫어하고 그들에게는 잠자리는커녕 마실 물조차도 주기를 꺼렸는데, 그런 그들이 나서서 예수님께 자기들과 함께 더 지냈으면 하였다는 것, 그리고 예수님도 흔쾌히 이를 받아들이고 이틀 동안 그곳에 머무시며 하나님 나라의 복음을 전하였다는 것 모두가 큰 변화입니다. 그 기간 동안 더 많은 사람이 예수님을 직접 만나서 믿음의 뿌리를 내리기 시작했습니다. 이 모든 놀라운 변화들은 벽을 허물고 사마리아 땅에 들어가신 예수님과 그 여인의 만남으로 시작되었습니다.

야곱의 우물가에서 예수님과 만난 여인에 대해서는 그리스 정교회에서 매우 중요하게 생각하고 있습니다. 그리스 정교회에서는 이 여인이 예수님으로부터 세례를 받은 후 포테이네(깨우친 사람)라는 이름을 가지게 되었다고 말합니다. 눈에 보이는 물만을 알던 사람에서 영원히 목마르지 않는 영생의 물(요 4:14)을 깨달은 여인이 된 것입니다. 정교회의 전승에 따르면 이 여인은 자기 가족을 모두 전도하였고 두 아들을 포함한 전 가족이 북아프리카로 전도하러 떠납니다. 그곳에서 많은 이들을 전도하고, 환상 중에 들은 예수님의 명령을 좇아 로마로 가지요. 북아프리카의 믿음의 동역자들과 포테이네의 가족이 대거 로마로 들어오자 많은 사람이 그들에 관한 이야기를 하지 않을 수 없었을 겁니다. 그들의 이야기가 당시 황제였던 네로에게 전해집니다. 네로는 그들을 자기를 숭배하는 사람들로 바꾸고 싶어 했습니다. 하지만 네로가 죽은 딸을 대신해서 매우 아끼던 돔니나(Domnina)와 그 가족, 그리고 하인들을 비롯한 모든 식솔마저 기독교로 개종하자 포테이네와 그 가족을 모두 죽입니다. 포테이네는 감옥을 하나님의 집으로 바꾸었고, 죽음을 두려워하지 않았다고 합니다. 왜냐하면 이미 생명의 물, 영생의 물을 마셨기 때문이지요. 그 모든 시작은 예수님과의 만남에서부터였습니다.

야곱의 우물가에서 예수님과 낯선 여인의 만남이 보여주듯, 만남은 변화의 시작이고 기적의 디딤돌입니다. 유대인과 팔레스타인 사람들 사이에 세워진 벽을 쓰러뜨리는 것도 만남이고, 경계를 넘어 서로 하나 되는 것도 만남에서 시작합니다. 교회는 '만나는 곳'입니다. 하나님과 만나고, 예수님과 만나고, 성령님과 만나고, 믿음의 동역자들과 만나는

야곱의 우물 그리스 정교회 "야곱의 우물" 교회가 지키고 있는 야곱의 우물은 예수님께서 수가성에서 여인을 만났던 장소이다.

곳입니다. 하지만 보이지 않는 벽이 있다면 서로 만날 수 없습니다. 벽 너머에서 일어나는 일에 무감각해질 수밖에 없겠지요. 예수님처럼 그 벽을 허물고 벽 너머로 들어간다면 우리가 사는 세상은 지금과는 완전히 다를 거예요.

이스라엘 따라 걷기

초판 1쇄 발행	2018년 5월 21일
초판 5쇄 발행	2018년 7월 13일

지은이	이익상		
펴낸이	여진구		
책임편집	안수경, 최현수		
편집	김아진, 이영주, 김윤향		
책임디자인	마영애 | 노지현, 조아라		
기획·홍보	김영하	해외저작권	기은혜
마케팅	김상순, 강성민, 허병용	마케팅지원	최영배, 정나영
제작	조영석, 정도봉	경영지원	김혜경, 김경희
이슬비전도학교	최경식	303비전성경암송학교	박정숙
303비전장학회 & 303비전꿈나무장학회	여운학		
펴낸곳	규장		

주소 06770 서울시 서초구 매헌로 16길 20(양재2동) 규장선교센터
전화 02)578-0003   팩스 02)578-7332
이메일 kyujang0691@gmail.com   홈페이지 www.kyujang.com
페이스북 facebook.com/kyujangbook   인스타그램 instagram.com/kyujang_com
카카오스토리 story.kakao.com/kyujangbook
등록일 1978.8.14. 제1-22

ⓒ 저자와의 협약 아래 인지는 생략되었습니다.
이 출판물은 저작권법에 의해 보호를 받는 저작물이므로 무단 전재와 무단 복제를 할 수 없습니다.

책값 뒤표지에 있습니다.
ISBN 978-89-6097-536-1 03230

규 | 장 | 수 | 칙

1. 기도로 기획하고 기도로 제작한다.
2. 오직 그리스도의 성품을 사모하는 독자가 원하고 필요로 하는 책만을 출판한다.
3. 한 활자 한 문장에 온 정성을 쏟는다.
4. 성실과 정확을 생명으로 삼고 일한다.
5. 긍정적이며 적극적인 신앙과 신행일치에의 안내자의 사명을 다한다.
6. 충고와 조언을 항상 감사로 경청한다.
7. 지상목표는 문서선교에 있다.

하나님을 사랑하는 자 곧 그의 뜻대로 부르심을 입은 자들에게는 모든 것이 合力하여 善을 이루느니라 (롬 8:28)

규장은 문서를 통해 복음전파와 신앙교육에 주력하는 국제적 출판사들의
협의체인 복음주의출판협회(E.C.P.A:Evangelical Christian Publishers
Association)의 출판정신에 동참하는 회원(Associate Member)입니다.